18th Edition

An Introduction to Administrative Law

신행정법입문

홍정선

박영사

제18판 머리말

    제18판에서는 행정에 관한 나이의 계산 및 표시, 행정지도의 법적 한계, 즉 시강제 절차상 사전고지와 사후고지 등에 관해 신설 또는 보완하였다. 그리고 지난해 나온 판례 중에서 기본적인 판례를 소개하였다.

    끝으로, 이 책을 출간해주신 박영사 안종만 회장님, 안상준 대표님, 편집 등을 맡아준 김선민 이사님에게 감사한다. 제18판을 발간하게 된 것도 독자들의 끊임없는 큰 호응이 있었기에 가능하다고 믿는다. 독자들의 건승을 기원하면서 …

2025년 1월 1일

우거에서
홍 정 선 씀

머 리 말

[이 책의 출간배경] 여러 학생들과 수험생들로부터 "행정법은 공부하기 어렵다"는 이야기를 참 많이 들어 왔다. 대학에서 행정법을 연구하고 강의하는 저자로서는 이러한 이야기를 들을 때마다 마음이 불편하였다. 이 때문에 오래 전부터 누구나 읽기 쉽고, 이해하기 쉽고, 기억하기 쉬운 행정법입문서를 집필해 보고자 하는 뜻을 가지고 있었고 이제 「신행정법입문」을 출간함으로써 그 뜻을 조금은 이루게 되었다.

[이 책의 특징] 이 책은 거의 모든 행정법 이론과 관련하여 사례를 제시하고 해설하는 방식으로 기술되었다. 그 사례들은 일상생활에서 쉽게 경험할 수 있는 것들이므로, 누구나 이 책으로 행정법에 쉽게 다가갈 수 있을 것이고, 행정법에 관심이 있는 독자라면 더더욱 행정법에 대하여 흥미를 느낄 수 있을 것이다. 저자로서는 이 책이 새로운 형태의 행정법입문서라고 생각한다.

[이 책의 독자들] 이 책은 행정법의 기초를 세우고, 행정법의 기초를 튼튼히 하고자 하는 이들을 대상으로 하였다. 따라서 행정법을 처음 공부하려는 대학생, 9급·7급 공무원채용시험을 준비하고 있거나 준비하려는 이, 경찰시험 등 각종 채용시험을 준비하고 있거나 준비하려는 이, 승진시험을 준비하고 있거나 준비하려는 이, 사법시험·행정고시·입법고시·법원고시를 준비하려는 이, 로스쿨에 진학을 희망하면서 행정법을 선행 학습하고자 하는 이, 그 밖에 행정법에 관심을 가진 이들에게 이 책을 읽어 볼 것을 권하고 싶다.

[행정법의 심화학습] 이 책은 행정법의 기본개념들을 중심으로 이해하기 쉽게 서술하였다. 행정법의 기본개념에 대한 정확한 이해가 있어야만 행정법 전반

에 대한 깊은 이해도 가능하다. 이 책에 대한 이해가 충분해지면, 자연스럽게 보다 전문화된 행정법이론서를 용이하게 읽을 수 있게 될 것이다. 처음부터 전문화된 행정법이론서를 가지고 행정법에 접근하는 것도 행정법 학습의 한 방법이긴 하지만 그 방법에는 무리가 따른다. 기본개념을 사례와 더불어 상세하게 해설한 본서를 먼저 읽는 것이 행정법 정복이라는 목표를 향해 바로 가는 것이 아니라 돌아가는 듯 보일지라도, 정확하고 체계적인 행정법 이해를 위해서 오히려 효과적인 방법이 될 수 있을 것이라 고 생각한다. 한편, 이 책에 대한 이해가 충분한 독자들이 심화학습을 하고자 한다면, 저자가 쓴 「행정법특강」이나 「행정법원론(상)(하)」를 계속하여 읽는 것도 좋은 방법일 것이다.

[독자들에 권하는 말] 저자의 경험에 비추어 볼 때 행정법공부가 그렇게 쉬운 것만은 아니다. 아무리 쉽게 쓴 책이라도 진지하게 읽고 진지하게 생각하여야만 그 효과를 기대할 수 있다. 이 책의 활용은 독자의 몫이다. 부단히 공부하는 자에게는 이 책이 분명히 쉽고도 알찬 책이 될 것이라고 믿는다. 공부라는 것은 성실히 노력하는 것이지 그 이상도 그 이하도 아닐 것이다. 삶이란 성실히 일하는 것, 바로 그것 아니겠는가.

[감사의 말씀] 이 책을 펴내는데 여러 분의 도움이 있었기에 감사를 표하고자 한다. 「신행정법입문」의 출간을 권한 김기홍 강사, 그리고 이 책의 원고를 처음부터 끝까지 읽고 조언을 해 준 진석원 강사와 김정환 강사에게 감사한다. 세 분 모두 박사학위논문을 준비·작성하는 과정에서 학문하는 보람이 늘 함께 하기를 기원한다. 이 책을 출간해 주신 박영사 안종만 회장님, 편집과 교정을 맡아 준 김선민 부장님, 서무를 처리해 준 조성호 차장님과 송창섭 대리에게 감사한다.

洪 井 善 씀

차 례

제 2 장 행정의 행위형식

제 1 절 행정입법

제 1 항 법규명령

제 2 항 행정규칙

제 4 절 기타의 행위형식

제 1 항 공법상 계약

제 2 항 공법상 사실행위(사실행위론 1)

제 3 항 행정지도(사실행위론 2)

제 4 항 사법형식의 행정작용

제3장 행정절차·행정정보

제1절 행정절차

제1항 일 반 론

제2항 행정절차의 종류

제1목 처분절차

제2목 신고절차

제3목 행정상 입법예고절차

제4목 행정예고절차

제5목 행정지도절차

제3항 당사자등의 권리

제 5 장 국가책임법(배상과 보상)

제 1 절 손해배상제도

제 1 항 일 반 론

제 2 항 손해배상책임의 성립요건

제 3 항 손해배상책임의 내용, 손해배상의 청구권자와 책임자

제 4 항 손해배상금의 청구절차

제6장 행정기관에 의한 분쟁해결(광의의 행정심판)

제7장 법원에 의한 분쟁해결(행정소송)

1장

행정법 일반론

제1절 행정법의 의의와 법원

제1항 행정법의 의의

[1] 입법·행정·사법, 통치행위

1. 입법·행정·사법

(1) 실질적 의미의 입법·행정·사법　　　서울에 주소를 둔 대학생 甲이 자동차를 운전하려고 하면, 서울지방경찰청장으로부터 운전면허를 받아야 한다. 왜냐하면 도로교통법이 제80조 제1항 본문에서 "자동차등을 운전하려는 사람은 지방경찰청장으로부터 운전면허를 받아야 한다"라고 규정하고 있기 때문이다. 여기서 국회가 도로교통법 등 법률을 만드는 작용을 입법(立法)이라 하고, 행정기관인 지방경찰청장이 도로교통법 제80조 제1항이 정하는 바에 따라 사인에게 운전면허를 내주는 것과 같이 법률을 집행하는 작용을 행정(行政)이라 한다. 만약 甲이 운전면허시험에 합격하였음에도 불구하고 서울지방경찰청장이 운전면허를 내주는 것을 거부하면, 甲은 서울행정법원에 운전면허거부처분의 취소를 구하는 행정소송을 제기할 수 있고, 행정소송이 제기되면 법원은 재판을 하게 되는데, 법원의 이러한 재판작용을 사법(司法)이라 한다. 이와 같이 국가작용의 성질(실질, 내용)에 초점을 맞춘

입법·행정·사법의 개념들을 실질적 의미의 입법, 실질적 의미의 행정, 실질적 의미의 사법이라 부른다.

(2) **형식적 의미의 입법·행정·사법**   국회가 하는 작용을 입법, 정부가 하는 작용을 행정, 법원이 하는 작용을 사법이라 부르기도 한다. 이와 같이 국가기관이라는 제도(형식, 기관)에 초점을 맞춘 입법·행정·사법의 개념들을 형식적 의미의 입법, 형식적 의미의 행정, 형식적 의미의 사법이라 부른다. 형식적 의미의 입법에는 실질적 의미의 입법 외에 실질적 의미의 행정(예: 국회 소속 공무원의 임용행위)과 실질적 의미의 사법(예: 국회 소속 공무원의 징계에 대한 소청심사)이 포함되며, 형식적 의미의 행정에는 실질적 의미의 행정 외에 실질적 의미의 입법(예: 대통령령·총리령·부령의 제정·개정)과 실질적 의미의 사법(예: 정부 소속 공무원의 징계에 대한 소청심사)이 포함되고, 형식적 의미의 사법에는 실질적 의미의 사법 외에 실질적 의미의 입법(예: 법원규칙의 제정·개정)과 실질적 의미의 행정(예: 법원 소속 공무원의 임명)이 포함된다.

2. 통치행위

학설이나 판례는 대통령이 일반 사병을 이라크에 파병하기로 하는 결정이나 계엄을 선포하는 행위 등은 사법심사(재판)의 대상이 되지 아니하는 것으로 본다. 왜냐하면 이러한 행위들은 고도의 정치적 성격을 갖기 때문에 재판의 대상으로 하는 것은 적절하지 않기 때문이라는 것이다. 이러한 행위들과 같이 국가행위 중에서 고도의 정치성을 갖기 때문에 사법심사가 제한되는 행위를 통치행위(統治行爲)라 한다. 통치행위도 넓은 의미에서는 행정이라 할 수 있으나, 일반적인 행정과 구분하는 것이 학설의 일반적인 경향이다.

[2] 행정법의 개념

1. 정   의

행정법(行政法)이란 행정에 특유한 국내법으로서 공법의 전체를 말한다. 나누어서 말한다면, ① 행정법은 행정(行政)에 관한 법이다. 행정법은 입법(법률의 제정·개정)에 관한 법인 입법법(立法法)(예 : 국회법)이나 사법(재판)에 관한 법인 사법법(司法法)(예 : 법원조직법)과 구별된다. 행정의 의미는 앞에서 말한 바와 같다. ② 행정법은 국내법(國內法)이다. 국제법은 우리의 행정법이 아니다. 그러나 헌법 제 6 조 제1 항은 "헌법에 의하여 체결·공포된 조약과 일반적으로 승인된 국제법규는 국내법과 같은 효력을 가진다"고 규정하고 있으므로 우리나라가 외국과 체결한 조약(예 : 한미상호방위조약) 등은 우리나라 행정법의 한 부분이 된다. ③ 행정법은 공법(公法)이다.

2. 공법의 의의

우리의 법은 공법(公法)과 사법(私法)으로 구분된다. 사인(私人)들이 계약을 체결하면 민법이 적용되는데, 민법과 같이 사인 사이에 적용되는 법을 사법이라 한다. 한편, 국가나 지방자치단체가 국민들이나 주민들에게 세금을 부과하려고 하면 소득세법이나 지방세법 등 세법에 따라야 하는데, 소득세법이나 지방세법과 같이 국가와 국민 사이 또는 지방자치단체와 주민 사이에 적용되는 법을 공법이라 한다. 그러나 국가와 국민 사이 또는 지방자치단체와 주민 사이에도 매매계약과 관련하여서는 민법이 적용될 수 있으므로 국가와 국민 사이 또는 지방자치단체와 주민 사이에 적용되는 모든 법이 언제나 공법이라고 말할 수는 없다.

3. 공법과 사법의 구분

법을 공법과 사법으로 구분하는 것은 현행 법제상 재판절차와 적용법규 등에 차이가 있기 때문이다. 말하자면 사인 사이에서 토지소유권을 다투는 소송은 민사소송(民事訴訟)으로서 민사법원에 제기하여야 하지만, 지방경찰청장의 운전면허를 취소해달라는 소송은 행정소송(行政訴訟)으로서 행정법원에 제기하여야 한다. 그리고 사인이 타인에게 폭행 등을 가하면, 폭행으로 피해를 입은 피해자는 민법에 근거하여 가해자를 상대로 손해배상을 청구할 수 있지만, 공무원이 공무수행 중에 사인에게 폭행을 가하면 폭행으로 피해를 입은 사인은 민법이 아니라 국가배상법을 근거로 하여 국가나 지방자치단체를 상대로 손해배상을 청구할 수 있다.

제 2 항 행정법의 법원

[3] 법원의 관념

1. 법원의 개념

행정법의 법원(法源)이란 정부나 지방자치단체가 따르고 집행하여야 할 법의 총체를 말한다. 학술적으로는 행정법의 법원을 행정권이 준수하여야 할 행정법의 인식근거라고 한다. 행정법의 법원으로서 가장 기본적인 것으로 행정기본법이 있다.

2. 법원의 특징

행정법은 직업의 자유, 국방의 의무와 납세의무 등 국민의 국가에 대한 권리와 의무에 관한 사항을 주요 규율대상으로 한다. 국민들의 안정된 생활을 보장하기 위해서는 국민의 국가에 대한 권리와 의무의 내용을 명백히 할 필요가 있다. 이 때문에 행정법은 문자로 기록된 성문법을 원칙으로 한다. 이를 성문법주의(成文法主義)라 한다.

[4] 법원의 종류

1. 성문법

(1) 헌 법   헌법(憲法)은 국가의 최고법이다. 헌법은 행정법의 최상위의 법원이다. 모든 행정법은 헌법의 가치결단과 기본원칙에 구속된다. 행정법은 헌법을 구체화한 법이어야 한다.

(2) 법 률   법률이란 국회가 헌법이 정한 입법절차에 따라 정하는 법 또는 법률이라는 명칭을 가진 법을 말한다. 법률에는 ① 행정기본법,

행정절차법과 같이 경찰행정 등을 포함하여 모든 행정영역을 적용대상으로 하는 법률과 ② 건축법, 도로교통법, 식품위생법 등과 같이 특정 행정영역을 적용대상으로 하는 법률이 있다.

(3) **행정입법**   행정입법(行政立法)이란 대통령이 법령의 위임을 받아 만드는 법인 대통령령, 국무총리가 법령의 위임을 받아 만드는 법인 총리령, 장관이 법령의 위임을 받아 만드는 법인 부령을 말한다. 대통령령의 예로서 대통령이 법률인 건축법의 위임을 받아 만드는 건축법 시행령을 볼 수 있고, 부령의 예로서 국토교통부장관이 법률인 건축법이나 대통령령인 건축법 시행령의 위임을 받아 만드는 건축법 시행규칙을 볼 수 있다. 대통령령은 실무상 □□시행령이라 부르고, 총리령이나 부령은 실무상 □□시행규칙이라 부른다.

(4) **자치입법**   자치입법(自治立法)에는 조례와 규칙 및 교육규칙이 있다. 조례(條例)는 지방의회가 법령이 정하는 절차에 따라 정하는 조례라는 명칭을 가진 법을 말한다. 조례의 예로서 서울특별시 수도조례와 서울특별시 강남구 쓰레기 줄이기와 자원순환 촉진에 관한 조례를 볼 수 있다. 규칙(規則)이란 특별시장·광역시장·특별자치시장·도지사·특별자치도지사나 시장·군수·구청장과 같이 지방자치단체의 장이 법령이나 조례의 위임 또는 직권으로 정하는 규칙이라는 이름을 가진 법을 말한다. 규칙의 예로서 서울특별시 수도조례 시행규칙과 서울특별시 강남구 쓰레기 줄이기와 자원순환 촉진에 관한 조례시행규칙을 볼 수 있다. 교육규칙(敎育規則)이란 서울특별시 학원의 설립·운영 및 과외교습에 관한 규칙과 같이 특별시·광역시·특별자치시·도·특별자치도의 교육감이 법령이나 조례의 위임 또는 직권으로 정하는 규칙이라는 이름을 가진 법을 말한다.

[참고] 행정기본법 제2조 제1호에서 국내법상 성문법의 유형을 대부분 볼 수 있다.

■ **행정기본법** 제2조(정의) 이 법에서 사용하는 용어의 뜻은 다음과 같다.
1. "법령등"이란 다음 각 목의 것을 말한다.
가. 법령 : 다음의 어느 하나에 해당하는 것

1) 법률 및 대통령령 · 총리령 · 부령
2) 국회규칙 · 대법원규칙 · 헌법재판소규칙 · 중앙선거관리위원회규칙 및 감사원규칙
3) 1) 또는 2)의 위임을 받아 중앙행정기관(「정부조직법」 및 그 밖의 법률에 따라 설치된 중앙행정기관을 말한다. 이하 같다)의 장이 정한 훈령 · 예규 및 고시 등 행정규칙
나. 자치법규 : 지방자치단체의 조례 및 규칙

2. 불문법

불문법(不文法)이란 문자로 기록되지 아니한 법을 말한다. 불문법에는 관습법과 판례법이 있다. 성문법주의를 취하는 우리나라에서 불문법은 성문법이 없는 경우에 적용여부가 문제된다.

(1) **관습법**   관습법(慣習法)이란 문자로 기록된 것은 아니지만, 일정한 사실들이 장기간 반복되고, 국민들이 그러한 장기간 반복되는 사실에 대하여 국민들이 법적인 확신 내지 법적인 믿음을 가지게 될 때, 이러한 사실을 관습법이라 부른다. 예컨대 낙동강변에서 농사를 짓는 농민들이 오래 전부터 강물을 끌어다가 농사를 해왔다면, 정부는 함부로 농민들에게 낙동강의 강물사용을 금지할 수 없다. 왜냐하면 조상대대로 낙동강의 물을 끌어다가 농사를 해온 농민들에게는 국가에 대하여 강물을 끌어다가 농사에 사용할 수 있는 관습법상 권리가 인정된다고 보아야 하기 때문이다. 수산업법 제2조 제11호와 제47조에 의하면, "수산업법 제47조에 따라 어업신고를 한 자로서 마을어업권이 설정되기 전부터 해당 수면에서 계속하여 수산동식물을 포획 · 채취하여 온 사실이 대다수 사람들에게 인정되는 자 중 대통령령으로 정하는 바에 따라 어업권원부에 등록된 자"인 입어자는 고기잡이를 할 수 있는데, 입어자에게 어업권을 인정하는 것은 오래 전부터 관행적으로 고기잡이를 해 온 사람들에게 관습법상 권리가 있다는 것을 성문법으로 보장하는 것이라 하겠다. 관습법의 예는 많지 않다. 법률의 유보의 원리상 침익적(侵益的) 관습법은 인정하기 어렵다. 관습법은 성문법이 없는 경우에 보충적으로 적용된다.

■ **수산업법** 제 2 조(정의) 이 법에서 사용하는 용어의 뜻은 다음과 같다.
11. "입어자"란 제47조에 따라 어업신고를 한 자로서 마을어업권이 설정되기 전부터 해당 수면에서 계속하여 수산동식물을 포획·채취하여 온 사실이 대다수 사람들에게 인정되는 자 중 대통령령으로 정하는 바에 따라 어업권원부에 등록된 자를 말한다.
제47조(신고어업) ① 제 8 조(면허어업)·제41조(허가어업)·제42조(한시어업허가) 또는 제45조(시험어업 및 연구어업·교습어업)에 따른 어업 외의 어업으로서 대통령령으로 정하는 어업을 하려면 어선·어구 또는 시설마다 시장·군수·구청장에게 해양수산부령으로 정하는 바에 따라 신고하여야 한다.

(2) **판례법**　　　　판례법(判例法)이란 판례에서 동일한 원칙이 반복되어 사람들이 그러한 원칙을 법적인 것으로 확신하게 되는 경우, 그러한 원칙들을 판례법이라 부른다. ① 헌법재판소법 제47조 제 1 항과 제 2 항의 규정에 비추어 헌법재판소의 위헌결정(일반적으로 법원의 재판을 판결이라 하고, 헌법재판소의 재판을 결정이라 하고, 판결의 예와 결정의 예를 합하여 판례라 부른다)은 정부와 법원이 따라야 하는 행정법의 법원이 된다. ② 대법원판결이 법원이라는 일반적인 규정은 없다. 다만 소액사건심판법 제 3 조 제 2 호의 규정에 비추어 대법원판결은 소액사건 등에서 부분적으로 법원의 성격을 갖는다.

■ **헌법재판소법** 제47조(위헌결정의 효력) ① 법률의 위헌결정은 법원과 그 밖의 국가기관 및 지방자치단체를 기속한다.
② 위헌으로 결정된 법률 또는 법률의 조항은 그 결정이 있는 날부터 효력을 상실한다.
③ 제 2 항에도 불구하고 형벌에 관한 법률 또는 법률의 조항은 소급하여 그 효력을 상실한다. 다만, 해당 법률 또는 법률의 조항에 대하여 종전에 합헌으로 결정한 사건이 있는 경우에는 그 결정이 있는 날의 다음 날로 소급하여 효력을 상실한다.

■ **소액사건심판법** 제 3 조(상고 및 재항고) 소액사건에 대한 지방법원 본원 합의부의 제 2 심판결이나 결정·명령에 대하여는 다음 각 호의 1에 해당하는 경우에 한하여 대법원에 상고 또는 재항고를 할 수 있다.
2. 대법원의 판례에 상반되는 판단을 한 때

3. 국제법

국제법(國際法)도 헌법이 정하는 바에 따라 우리의 법원이 될 수 있다. 국제법에도 성문의 국제법과 불문의 국제법이 있다.

■ **헌법 제 6 조** ① 헌법에 의하여 체결·공포된 조약과 일반적으로 승인된 국제법규는 국내법과 같은 효력을 가진다.

[5] 법원의 효력

1. 시간적 효력

(1) **효력의 발생(시행일)**   법원의 효력의 발생시점은 법령을 공포한 날일 수도 있고, 공포한 날 이후의 날일 수도 있다. 행정기본법은 시행일에 관해 다음의 규정을 두고 있다

■ **행정기본법 제 7 조**(법령등 시행일의 기간 계산) 법령등(훈령·예규·고시·지침 등을 포함한다. 이하 이 조에서 같다)의 시행일을 정하거나 계산할 때에는 다음 각 호의 기준에 따른다.
1. 법령등을 공포한 날부터 시행하는 경우에는 공포한 날을 시행일로 한다.
2. 법령등을 공포한 날부터 일정 기간이 경과한 날부터 시행하는 경우 법령등을 공포한 날을 첫날에 산입하지 아니한다.
3. 법령등을 공포한 날부터 일정 기간이 경과한 날부터 시행하는 경우 그 기간의 말일이 토요일 또는 공휴일인 때에는 그 말일로 기간이 만료한다.

국가의 법령의 공포는 원칙적으로 관보(官報, 국가의 중요한 사항을 알리기 위하여 정부가 발행하는 매체를 말한다)에 게재하는 방법으로 한다(법령 등 공포에 관한 법률 제11조). 지방자치단체의 자치입법의 공포는 원칙적으로 당해 지방자치단체의 공보(公報, 지방자치단체의 중요한 사항을 알리기 위하여 지방자치단체가 발행하는 매체를 말한다)에 게재하는 방법으로 한다(지방자치법 제33조).

(2) **주지기간**   법령을 시행하기 위해서는 사전에 일정한 기간 동

안 국민들에게 그 법령의 내용을 알리는 것이 일반적이다. 여기서 국민에게 알리는 기간을 주지기간(周知期間) 또는 시행유예기간(施行猶豫期間)이라 부른다. 법률은 특별한 규정이 없는 한 공포한 날로부터 20일을 경과함으로써 효력을 발생한다(헌법 제53조 제7항). 다만, 국민의 권리 제한 또는 의무 부과와 직접 관련되는 법률, 대통령령, 총리령 및 부령은 긴급히 시행하여야 할 특별한 사유가 있는 경우를 제외하고는 공포일부터 적어도 30일이 경과한 날부터 시행되도록 하여야 한다(법령 등 공포에 관한 법률 제13조의2).

(3) **불소급의 원칙(소급적용의 금지)**   시행일 이전에 발생한 사항에 대하여 법령을 적용하는 것을 소급적용(遡及適用)이라 한다. 행정기본법은 불소급을 원칙으로 하고, 법령등에 특별한 규정이 있는 경우에는 예외적으로 소급적용을 인정한다. 국민들은 행위 당시의 법령등을 보고 자신의 행동을 결정하는 것이지, 행위 당시에는 없었으나 사후에 만들어질 법령의 내용을 예측하여 자신의 행동을 결정할 수는 없기 때문에 불소급을 원칙으로 하는 것이다.

■ **행정기본법** 제14조(법 적용의 기준) ① 새로운 법령등은 법령등에 특별한 규정이 있는 경우를 제외하고는 그 법령등의 효력 발생 전에 완성되거나 종결된 사실관계 또는 법률관계에 대해서는 적용되지 아니한다.

(4) **효력의 소멸**   "A법률을 폐지한다"는 내용을 가진 「A법률의 폐지에 관한 법률」을 제정하거나 기존의 법률의 내용과 충돌되는 새로운 법률을 만들거나, 헌법재판소의 위헌결정이 있거나 하면, 기존의 법률은 소멸한다.

2. 지역적 효력

행정법규는 그 법규의 제정권자의 권한이 미치는 지역적 범위 내에서만 효력을 갖는다. 지역(地域)이란 영토뿐만 아니라 영해(바다)와 영공(하늘)까지 포함하는 개념이다. 예컨대 대통령령·부령은 전국에 미치고, 조례는 해당

지방자치단체의 관할구역에 미친다. 「제주특별자치도 설치 및 국제자유도시 조성을 위한 특별법」과 같이 국가의 법령이 국내의 일부 지역에만 미치는 경우도 있다. 한편, 국제법상 외교 특권(외교관 특권, 치외법권)이 미치는 구역(예: 외국공관)에는 우리의 행정법규의 효력이 미치지 않는다.

3. 인적 효력

행정법규는 지역적 효력이 미치는 당해 지역 안에 있는 모든 사람에게 적용된다. 자연인·법인, 내국인·외국인을 불문한다. 서대문구 주민이 강남구에서 담배꽁초를 버리면 강남구의 관련 자치법규에 의해 과태료가 부과될 수 있다. 서대문구에 주소를 둔 법인(法人)인 기업은 서대문구에 당연히 재산세를 납부하여야 한다. 외국거주 한국인에게도 우리 행정법규의 효력은 당연히 미친다. 미국 등에 거주하는 한국인이 서대문구에 재산을 갖고 있다면, 당연히 서대문구에 재산세를 납부하여야 한다. 한국에 거주하는 외국인도 우리 행정법의 적용을 받는다. 예컨대 미국인이 강남구에서 담배꽁초를 버리면 강남구의 관련 자치법규에 의해 과태료가 부과될 수 있다. 한편, 외교 특권(외교관 특권, 치외법권)을 가진 주한 외교사절도 우리 행정법의 적용을 받지만, 집행으로부터 면제된다. 예컨대 주한 A국대사도 도로교통법을 준수하여야 하지만, 위반한 경우에 처벌은 할 수가 없다

제 3 항 행정기본법상 행정의 법원칙

행정기본법은 모든 행정에 적용되는 법원칙으로 법치행정의 원칙, 평등의 원칙, 비례의 원칙, 성실의무 및 권한남용금지의 원칙, 신뢰보호의 원칙, 부당결부금지의 원칙을 규정하고 있다. 모든 행정기관은 반드시 이러한 원칙을 따라야 한다. 이러한 원칙에 반하는 행정작용은 위법한 행정작용이 된다.

[6] 법치행정의 원칙

1. 법치행정의 의의

넓은 의미로 법치행정이란 「행정은 법률의 범위 내에서 이루어져야 하며, 만약 법률에 어긋나는 행정으로 인해 사인이 피해를 입게 되면, 그 사인은 법원에 의해 구제를 받을 수 있어야 한다」는 것을 말하며, 넓은 의미로 법치행정이란 「행정은 법률의 범위 내에서 이루어져야 한다」는 것을 말한다. 「행정은 법률의 범위 내에서 이루어져야 한다」는 것은 행정은 법률에 반할 수 없다는 것과 행정은 법률의 근거를 필요로 한다는 것을 의미한다.

(2) **법적 근거**　　　행정기본법 제 8 조는 법치행정의 원칙이라는 명칭 하에 "행정작용은 법률에 위반되어서는 아니 되며, 국민의 권리를 제한하거나 의무를 부과하는 경우와 그 밖에 국민생활에 중요한 영향을 미치는 경우에는 법률에 근거하여야 한다"라고 하여 좁은 의미의 법치행정의 원칙을 규정하고 있다. 내용상으로 보면, 행정기본법 제 8 조 전단은 법률의 우위의 원칙, 후단은 법률의 유보의 원칙을 규정하고 있다. 나누어서 본다.

2. 법률의 우위의 원칙

법률의 우위(優位)의 원칙이란 "행정작용은 법률에 위반되어서는 아니 된다"는 원칙을 말한다(행정기본법 제 8 조 전단). 바꾸어 말하면 "국가의 행정은 합헌적 절차에 따라 제정된 법률에 위반되어서는 아니 된다"는 것을 의미한다. 법률의 우위의 원칙으로 인해 대통령이나 장관은 법률에 위반되는 대통령령이나 부령을 만들 수 없고, 하급기관이나 공무원에게 법률에 위반되는 내용을 지시할 수도 없다. 뿐만 아니라 17세의 청소년에 대한 징병검사를 명하거나 혈중알코올 농도 0.03%의 음주운전자에 대한 운전면허취소처분(도로교통법령상으로는 혈중알코올 농도 0.08% 이상인 경우에 운전면허취소의 대상이 된다)과 같이 법률에 위반되는 처분을 국민들에게 할 수도 없다. 특별시장·광역시장·특별자치시장·도지사·특별자치도지사 그리고 시장·군수·구청장도 마찬가지로 법률의 우위의 원칙에 반할 수 없다. 법률의 우위의 원칙은 행정의 종류와 내용을 불문하고 적용되는 법원칙이다.

■ 도로교통법 제44조(술에 취한 상태에서의 운전 금지) ① 누구든지 술에 취한 상태에서 자동차등(「건설기계관리법」 제26조 제 1 항 단서에 따른 건설기계 외의 건설기계를 포함한다. 이하 이 조, 제45조, 제47조, 제93조 제 1 항 제 1 호부터 제 4 호까지 및 제148조의2에서 같다), 노면전차 또는 자전거를 운전하여서는 아니 된다. ④ 제 1 항에 따라 운전이 금지되는 술에 취한 상태의 기준은 운전자의 혈중알코올농도가 0.03퍼센트 이상인 경우로 한다.

3. 법률의 유보의 원칙

법률의 우위(優位)의 원칙이란 "행정작용은 … 국민의 권리를 제한하거나 의무를 부과하는 경우와 그 밖에 국민생활에 중요한 영향을 미치는 경우에는 법률에 근거하여야 한다"는 원칙을 말한다(행정기본법 제 8 조 후단). 바꾸어 말하면 행정권의 발동에는 법률의 근거가 필요하다는 것을 의미한다. 법률의 유보의 원칙으로 인해 법률의 근거 없이 국민들에게 세금이나 범칙금을 부과할 수 없고, 청년들에게 입영을 명할 수도 없다. 특별시장·광역시장·특별자치시장·도지사·특별자치도지사 그리고 시장·군수·구청장도 마찬가지로 법률의 유보의 원칙에 반할 수 없다. 행정기본법상 법률의 우위의 원칙은 모든 행정에 적용되지만, 법률의 유보의 원칙은 국민의 권리를 제한하는 경우, 의무를 부과하는 경우, 그 밖에 국민생활에 중요한 영향을 미치는 경우에만 적용된다.

[참고] 법률유보의 원칙에 관한 판례   오늘날의 법률유보원칙은 단순히 행정작용이 법률에 근거를 두기만 하면 충분한 것이 아니라, 국가공동체와 그 구성원에게 기본적이고도 중요한 의미를 갖는 영역, 특히 국민의 기본권 실현에 관련된 영역에 있어서는 행정에 맡길 것이 아니라 국민의 대표자인 입법자 스스로 그 본질적 사항에 대하여 결정하여야 한다는 요구, 즉 의회유보원칙까지 내포하는 것으로 이해되고 있다. 이때 입법자가 형식적 법률로 스스로 규율하여야 하는 사항이 어떤 것인가는 일률적으로 확정할 수 없고 구체적인 사례에서 관련된 이익 내지 가치의 중요성, 규제 내지 침해의 정도와 방법 등을 고려하여 개별적으로 결정할 수

있을 뿐이나 적어도 헌법상 보장된 국민의 자유나 권리를 제한할 때에는 그 제한의 본질적인 사항에 관한 한 입법자가 법률로써 스스로 규율하여야 할 것이다(헌재 2024. 8. 29, 2020헌마389등).

[7] 평등의 원칙

1. 의 의

평등의 원칙이란 "행정청은 합리적 이유 없이 국민을 차별해서는 아니된다"는 원칙을 말한다(행정기본법 제9조). 행정기본법상 평등의 원칙은 헌법 제11조가 규정하는 평등권·평등원칙이 행정의 영역에서 구체화된 것이다. 행정기본법 제9조의 반대해석상 합리적 이유 있는 차별은 허용된다. 상대적 평등(합리적 이유의 유무)의 판단기준으로 자의금지, 형평, 합리성 등이 활용되고 있다. 행정의 실제상 평등의 원칙은 종래 행정의 자기구속의 원칙의 방식으로 적용되어 왔다.

> [참고] 평등원칙에 관한 판례
> [1] 헌법 제11조 제1항은 "모든 국민은 법 앞에 평등하다. 누구든지 성별·종교 또는 사회적 신분에 의하여 정치적·경제적·사회적·문화적 생활의 모든 영역에 있어서 차별을 받지 아니한다."라고 규정하고 있다. 헌법상 평등원칙은 본질적으로 같은 것을 자의적으로 다르게 취급함을 금지하는 것으로서, 일체의 차별적 대우를 부정하는 형식적·절대적 평등을 뜻하는 것이 아니라 입법을 하고 법을 적용할 때에 합리적인 근거가 없는 차별을 하여서는 아니 된다는 실질적·상대적 평등을 뜻한다(대판 2024. 7. 18, 2023두36800).
> [2] 행정기본법 제9조는 "행정청은 합리적 이유 없이 국민을 차별하여서는 아니된다"라고 규정하여, 행정청에 헌법상 평등원칙에 따라 합리적 이유가 없는 한 모든 국민을 동등하게 처우해야 할 의무를 부과하고 있다(대판 2024. 7. 18, 2023두36800).

2. 행정의 자기구속의 원칙

행정의 자기구속(自己拘束)의 원칙이란 행정청은 동일한 사안에 대하여는 동일한 결정을 하여야 한다는 원칙을 말한다. 예컨대, 식품위생법상 단란주점영업자가 19세 미만의 청소년에게 술을 팔면 허가권자인 시장·군수·구청장은 6월 이내의 기간을 정하여 영업정지처분을 할 수 있는데, 강남구청장은 단란주점영업자가 처음으로 청소년에게 술을 팔다 적발되면 1개월의 영업정지처분을 할 것을 정해놓았다고 하자. 그런데 강남구에 소재하는 A 단란주점이 2월 5일에 처음으로 청소년에 술을 팔다가 적발되어 강남구청장으로부터 영업정지 1개월의 행정처분을 받았는데, 규모와 시설이 유사한 B단란주점이 또한 처음으로 3월 10일에 청소년에 술을 팔다가 적발되었다면 강남구청장은 특별한 사정이 없는 한 자신이 정해놓은 기준에 구속을 받아서 B단란주점에 대하여도 영업정지 1개월의 행정처분을 하여야 한다. 행정의 자기구속의 원칙에 위반되는 행위는 위법한 것이 된다.

[8] 비례의 원칙

비례원칙이란 "행정작용은 ① 행정목적을 달성하는 데 유효하고 적절하여야 하고, ② 행정목적을 달성하는 데 필요한 최소한도에 그쳐야 하고, ③ 행정작용으로 인한 국민의 이익 침해가 그 행정작용이 의도하는 공익보다 크지 아니하여야 한다"는 원칙을 말한다(행정기본법 제10조). 비례원칙은 "대포로 참새를 쏘아서는 아니 된다"는 법언으로 표현되기도 한다. 강학상 ①을 적합성의 원칙, ②를 필요성의 원칙(최소침해의 원칙), ③을 상당성의 원칙(협의의 비례원칙)이라 한다. ①·②·③을 모두 합하여 광의의 비례원칙이라 부르기도 한다. 예컨대 대통령표창을 여러 번 수상한 모범공무원이 술취한 상태에서 뇌물로 2만원을 받은 것이 발각된 경우, 그 공무원에게 파면처분을 한다면, 그러한 파면처분은 비례원칙에 어긋나는 것이 된다. 왜냐하면 그러한 공무원의 경우에는 파면보다 경미한 징계인 감봉처분이나 견책처분만으로도 그 비행을 응징하고, 비행의 재발을 방지하고, 또한 다른 공무원에게 경종을 올리는데 충분하다고 판단되기 때문이다. 감염병이 발생한 지역에서 소독을 철저히 함으로써 감염병의 확산을 방지할 수 있음에도 불구하고, 그 지역의 모든 가옥을 태워버린다면, 그것 역시 비례원칙에 어긋나는 것이 된다. 비례원칙에 반하는 행정작용은 위법한 것이 된다.

> **[참고] 비례원칙에 관한 판례**　비례의 원칙은 법치국가 원리에서 당연히 파생되는 헌법상의 기본원리로서, 모든 국가작용에 적용된다. 행정목적을 달성하기 위한 수단은 그 목적달성에 유효·적절하고, 또한 가능한 한 최소침해를 가져오는 것이어야 하며, 아울러 그 수단의 도입으로 인한 침해가 의도하는 공익을 능가하여서는 안 된다(대판 2024. 7. 11, 2023두62465).

[9] 성실의무 및 권한남용금지의 원칙

1. 성실의무의 원칙

성실의무의 원칙이란 "행정청은 법령등에 따른 의무를 성실히 수행하여야 한다"는 원칙을 말한다(행정기본법 제11조 제1항). 예를 들어, 민원인이 건축허가를 신청하면, 군수는 아무런 까닭 없이 허가절차를 지연시켜서는 아니 되고, 성의를 다하여 법령이 정하는 허가절차를 진행시켜야 한다. 행정청은 국민을 위해 존재하고, 행정청의 인적 구성요소인 공무원은 국민에 대한 봉사자인 까닭에 행정청은 자신의 양심과 인격을 바탕으로 성의를 다하여 법령이 정하는 대로 행정사무를 수행하여야 하는바, 여기에 성실의무의 원칙이 인정되는 이유가 있다.

2. 권한남용금지의 원칙

권한남용금지의 원칙이란 "행정청은 행정권한을 남용하거나 그 권한의 범위를 넘어서는 아니 된다"는 원칙을 말한다(행정기본법 제11조 제2항). 예를 들어, A가 필요한 요건을 모두 갖추어 건축허가를 신청하였음에도, B시장이 허가 시 민원이 야기될 우려가 있다고 하면서 허가를 거부하면, B시장은 자신에게 주어진 권한을 남용한 것이 된다. 이와 같이 행정청은 자신에게 부여된 권한을 그 권한이 부여된 목적에 어긋나게 행사하여서도 아니 되고 주어진 권한을 넘어서 행사하여서도 아니 된다는 원칙을 권한남용금지의 원칙이라 한다.

[10] 신뢰보호의 원칙과 실권의 원칙

1. 신뢰보호의 원칙

신뢰보호의 원칙이란 "행정청은 공익 또는 제 3 자의 이익을 현저히 해칠 우려가 있는 경우를 제외하고는 행정에 대한 국민의 정당하고 합리적인 신뢰를 보호하여야 한다"는 원칙을 말한다(행정기본법 제12조 제 1 항). 예를 들어, A가 운전면허정지처분의 사유가 되는 도로교통법 위반행위를 범하였고, 경찰관이 이를 단속하였음에도 불구하고 관할 지방경찰청장이 아무런 조치를 취하지 아니하다가 5년이 지나가는 시점에 와서 운전면허취소처분을 한다면, 그러한 처분은 신뢰보호의 원칙에 반하는 것이 된다. 왜냐하면 도로교통법 위반행위가 있은 지 5년 동안 관할 지방경찰청장이 아무런 조치도 하지 아니하였다면, A는 관할 지방경찰청장이 아무런 조치를 취하지 아니한다는 믿음을 가지게 되었고, A는 정당한 믿음을 바탕으로 자신의 생활을 영위한다고 볼 것이므로, 그러한 믿음을 바탕으로 한 A의 평화로운 생활은 보호되어야 하기 때문이다. 신뢰보호의 원칙은 국민들의 안정된 법생활을 위해 인정되는 법 원칙이다.

> [참고] 헌법상 신뢰보호원칙의 의의에 관한 판례   신뢰보호원칙은 헌법상 법치국가의 원칙으로부터 도출되는데, 그 내용은 법률의 제정이나 개정 시 구법질서에 대한 당사자의 신뢰가 합리적이고도 정당하며 법률의 제정이나 개정으로 야기되는 당사자의 손해가 극심하여 새로운 입법으로 달성하고자 하는 공익적 목적이 그러한 당사자의 신뢰의 파괴를 정당화할 수 없다면, 그러한 새로운 입법은 신뢰보호의 원칙상 허용될 수 없다는 것이다(헌재 2019. 8. 29. 2014헌바212등 참조). 그러나 사회환경이나 경제여건의 변화에 따른 필요성에 의하여 법률은 신축적으로 변할 수밖에 없고, 변경된 새로운 법질서와 기존의 법질서 사이에는 이해관계의 상충이 불가피하다. 따라서 국민이 가지는 모든 기대 내지 신뢰가 헌법상 권리로서 보호될 것은 아니고, 신뢰의 근거 및 종류, 상실된 이익의 중요성, 침해의 방

법 등에 의하여 개정된 법규·제도의 존속에 대한 개인의 신뢰가 합리적이어서 권리로서 보호할 필요성이 인정되어야 한다(헌재 2024. 5. 30, 2023헌마820등).

2. 실권의 원칙

실권의 원칙이란 "행정청은 권한 행사의 기회가 있음에도 불구하고 장기간 권한을 행사하지 아니하여 국민이 그 권한이 행사되지 아니할 것으로 믿을 만한 정당한 사유가 있는 경우에는 그 권한을 행사해서는 아니 된다"는 원칙을 말한다(행정기본법 제12조 제2항 본문). 그러나 "공익 또는 제3자의 이익을 현저히 해칠 우려가 있는 경우"에는 실권의 원칙이 인정되지 아니한다(행정기본법 제12조 제2항 단서).

[11] 부당결부금지의 원칙

부당결부금지의 원칙이란 "행정청은 행정작용을 할 때 상대방에게 해당 행정작용과 실질적인 관련이 없는 의무를 부과해서는 아니 된다"는 원칙을 말한다(행정기본법 제13조). 달리 말하면, 행정청이 사인에게 처분을 하면서 그 사인에게 처분의 대가(對價)를 부담하도록 하는 경우, 그 처분과 사인이 부담하는 대가(반대급부)는 부당한 내적인 관련을 가져서는 아니 되고 또한 부당하게 상호결부되어서도 아니 된다는 원칙을 말한다. 예컨대 A시장이 B에게 C아파트의 건축허가(처분)를 하면서 아무런 법적 근거도 없이 C아파트 건축부지의 인근에 있는 B의 D토지를 A시에 기부하라(대가)는 조건을 붙인다면, 그러한 조건은 부당결부금지의 원칙에 어긋난다. 왜냐하면 C아파트의 건축허가와 D토지는 서로 아무런 관련이 없을 뿐만 아니라, 법적 근거가 없음에도 불구하고 A시장이 일방적으로 C아파트의 건축허가시에 D토지를 기부하도록 하는 것이 가능하다면, B의 사유재산의 보호는 불가능해지기 때문이다.

제 2 절 행정법관계

제 1 항 행정법관계의 당사자

[12] 행정의 주체

1. 국가 · 지방자치단체

운전을 면허하거나, 세금을 부과하거나, 단란주점영업을 허가하는 등 행정을 하는 국가나 지방자치단체를 행정의 주체(主體)라 부른다.

2. 행정청

(1) **행정조직법상 의미의 행정청**　　　행정의 실제상 국가의 행정은 정부조직법이나 개별 법률에 의거하여 장관이나 청장 등에 의해 이루어지고, 지방자치단체의 행정은 지방자치법 등에 근거하여 특별시장 · 광역시장 · 특별자치시장 · 도지사 · 특별자치도지사, 시장 · 군수 · 구청장에 의해 이루어지고 있다. 행정기본법은 "행정에 관한 의사를 결정하여 표시하는 국가 또는 지방자치단체의 기관(장관 · 청장, 특별시장 · 광역시장 · 특별자치시장 · 도지사 · 특별자치도지사, 시장 · 군수 · 구청장)"을 행정청이라 부른다(행정기본법 제 2 조 제 2 호 가목). 강학상 이를 행정조직법상 의미의 행정청이라 부른다.

(2) **기능적 의미의 행정청**　　　　　행정기본법은 "그 밖에 법령등에 따라 행정에 관한 의사를 결정하여 표시하는 권한을 가지고 있거나 그 권한을 위임 또는 위탁받은 공공단체 또는 그 기관이나 사인(私人)"도 행정청이라 한다. 강학상 이를 기능적 의미의 행정청이라 부른다(행정기본법 제2조 제2호 가목). 예컨대 항공보안법 제22조 제1항에 따라 비행기의 기장은 운항 중인 항공기의 보안을 해치거나, 인명이나 재산에 위해를 주거나, 항공기 내의 질서를 어지럽히거나 규율을 위반하는 행위를 하려는 사람에 대하여 그 행위를 저지하기 위한 필요한 조치를 할 수 있다. 기장이 이러한 권한을 행사하는 경우, 기장은 경찰기관의 지위에서 경찰권을 행사하는 것이 된다. 이러한 기장의 행위는 경찰의 행위와 동일한 것으로 간주된다.

[13] 행정의 상대방(객체)

1. 의 의

운전면허를 받거나, 과세통지를 받거나, 단란주점영업허가를 받는 등 행정청으로부터 행정을 받는 사인을 행정의 상대방(相對方) 또는 행정의 객체(客體)라 한다. 행정의 상대방인 사인에는 자연인과 법인이 있다. 운전면허를 받거나 신체검사통지서를 받는 청년은 자연인으로서 행정의 상대방이 되고, 납세통지서를 받는 법인인 주식회사는 법인으로서 행정의 상대방이 된다. 시위를 벌이는 군중들에게 해산명령을 하는 경우에는 여러 명의 자연인이 동시에 행정의 상대방이 된다.

2. 자격의 제한으로서 결격사유

(1) **의 의**　　　　모든 국민은 직업선택의 자유를 가진다(헌법 제15조). 직업의 자유에는 영업의 자유, 기업의 자유, 경쟁의 자유가 포함된다. 그러나 사회질서나 공공복리를 위해 필요한 경우, 직업의 자유는 제한될 수 있다(헌법 제37조 제2항). 그 제한의 방법으로서 특정한 직업이나 영업에 일정한 자격을 요구하고, 요구되는 자격을 갖추지 못한 자에게는 그러한 직업이나 영업

에 종사할 수 없게 하는 제도를 자격제도라 한다. 자격제도에서 자격을 취득할 수 없는 사유를 결격사유라 한다.

(2) **결격사유 법정주의**   자격이나 신분 등을 취득 또는 부여할 수 없거나 인가, 허가, 지정, 승인, 영업등록, 신고 수리 등(이하 "인허가"라 한다)을 필요로 하는 영업 또는 사업 등을 할 수 없는 사유(이하 이 조에서 "결격사유"라 한다)는 법률로 정한다(행정기본법 제16조 제 1 항). 이를 결격사유 법정주의라 한다.

■ **건축사법** 제 9 조(결격사유) 다음 각 호의 어느 하나에 해당하는 사람은 건축사 자격을 취득할 수 없다.
2. 이 법 또는 「건축법」에 따른 죄를 범하여 금고 이상의 형을 선고받고 그 집행이 끝나거나 집행을 받지 아니하기로 확정된 후 3년이 지나지 아니한 사람 (이하 생략)

■ **관광진흥법** 제 7 조(결격사유) ① 다음 각 호의 어느 하나에 해당하는 자는 관광사업의 등록등을 받거나 신고를 할 수 없고, 제15조 제 1 항 및 제 2 항에 따른 사업계획의 승인을 받을 수 없다. 법인의 경우 그 임원 중에 다음 각 호의 어느 하나에 해당하는 자가 있는 경우에도 또한 같다.
3. 이 법에 따라 등록등 또는 사업계획의 승인이 취소되거나 제36조 제 1 항에 따라 영업소가 폐쇄된 후 2년이 지나지 아니한 자

제 2 항   행정법관계의 의의

[14] 행정법관계의 개념

행정의 주체인 국가와 행정의 상대방인 국민 사이의 법관계 또는 행정의 주체인 지방자치단체와 행정의 상대방인 주민 사이의 법관계 중 공법관계를 행정법관계(行政法關係)라 부른다. 예컨대 세무서장이 소득세법이 정하는 바에 따라 A에게 종합소득세의 납부를 명하면, 국가와 A 사이에는 국가의 세금징수권과 A의 납세의무를 내용으로 하는 행정법관계가 존재하고, 구청

장이 B에게 단란주점영업허가를 취소하면, B에게는 단란주점영업을 하지 말아야 할 의무와 구청장에게는 만약 B가 영업을 하는 경우에는 제재를 가할 수 있는 권리(권한)를 내용으로 하는 행정법관계가 존재한다.

[참고] 국가·지방자치단체와 국민·주민의 관계에는 공법관계(예 : 세금 징수와 납부의 관계)도 있고, 사법관계(예 : 국가·지방자치단체가 국민·주민으로부터 사무용품을 구매하는 관계)도 있다. 양자의 관계를 합하여 행정상 법률관계라 부르는데, 이 중에서 공법관계가 행정법관계에 해당한다.

[15] 행정법관계의 특징

1. 법관계

국가와 국민의 관계와 지방자치단체와 주민의 관계는 국가나 지방자치단체가 법과 무관하게 자신의 자유로운 판단에 따라 명령만 하면 국민이나 주민은 무조건 복종하여야 하는 관계가 아니다. 국가와 국민의 관계 또는 지방자치단체와 주민의 관계는 국민의 대표자인 국회가 정한 법에 따라 이루어지는 관계이다. 따라서 국가와 국민의 관계 또는 지방자치단체와 주민의 관계는 법에 따라 형성되는 법관계(法關係)이지, 법과 관계없이 이루어지는 사실상의 명령·복종관계는 아니다.

2. 불대등관계

사인 간의 법관계는 당사자 간에 대등(對等)한 것이 특징이다. 예컨대 A와 B가 임대차계약을 체결하는 경우, A와 B 사이의 대등한 협의에 의해 임대차계약의 내용이 정해진다. 만약 체결된 임대차계약이 제대로 이행되지 아니하면, 임대인이 일방적으로 강제할 수 없고 법원의 도움을 받아 권리를 실현하게 된다. 말하자면 임차인이 계약기간이 경과하였음에도 이사를 가지 아니하면 임대인은 임차인의 가구들을 마음대로 끌어낼 수 없고, 법원에 임대주택의 명도소송을 통해 계약의 내용을 강제할 수 있다. 임차인이 억울하다면, 민사법원에 가서 다툴 수 있다. 그러나 행정법관계는 기본적으로 국가나 지방자치단체가 우월한 지위에서 일방적으로 그 내용을 정하는 것이 특징이다. 예컨대 세무서장이 세금을 부과할 때에 금액이나 납부기한 등을 납세자와 상호 협의하여 정하는 것이 아니라 세법이 정한 범위 안에서 세무서장이 일방적으로 정한다. 또한 행정법관계에서 의무가 이행되지 아니하면 행정청은 법원의 도움 없이 일방적으로 그 이행을 실현시킬 수 있다. 예컨대 납세자가 세금을 납부기한 내에 납부하지 아니하면, 세무서장은 국세징수법이 정한 바에 따라 강제로 징수할 수 있다. 납세자는 다만 강제징수에 문제가 있는 경우에 행정심판절차와 행정소송절차를 통해 다툴 수 있을 뿐이다.

제 3 항 행정법관계의 종류

[16] 권력관계 · 비권력관계

행정법관계는 공법관계이다. 행정법관계에는 권력관계와 비권력관계가 있다. 권력관계(權力關係)란 세무서장의 세금납부고지서 발부에 의한 납세관계와 같이 행정청이 우월한 지위에서 일방적으로 형성해내는 행정법관계를 말한다. 도로상에서 푸른신호등이 켜져 있음에도 불구하고 교통경찰관이 교통혼잡을 정리하기 위하여 운전자에게 정지를 명하면 운전자는 정지하여야 하는 도로교통관계도 역시 권력관계이다. 비권력관계(非力關係)는 고용노동부가 실시하는 직업교육에 참여하는 관계와 같이 강제를 수반하지 아니하고 이루어지는 행정법관계를 말한다.

[17] 특별권력관계

1. 특별권력관계의 의의

종래에는 당사자의 신청에 의하여 일단 공무원이 되면, 개별적인 법률의 근거가 없다고 하여도 임명권자는 포괄적인 명령권(命令權)과 강제권(强制權)을 갖고서 소속 공무원의 기본권을 제한할 수도 있고, 기본권을 제한하는 행위는 사법심사의 대상이 되지도 않는다고 하였다. 예컨대 시장이 소속 공무원들에게 법률의 근거 없이 일정한 지역에 거주할 것을 명령한다면, 소속 공무원은 시장의 명령을 따라야 하고, 그러한 시장의 명령이 소속 공무원의 거주·이전의 자유라는 기본권을 침해하는 것이라 하여도 소속 공무원은 법원에서 소송으로 다툴 수도 없다고 하였다. 국가와 공무원의 이러한 관계를 특별권력관계라 불렀다. 국공립학교와 학생의 관계, 교도소장과 재소자(在所者)의 관계도 특별권력관계(特別權力關係)에 해당하였다. 이에 반해 국가와 국민 사이의 관계를 일반권력관계(一般權力關係)라 불렀다.

2. 특별권력관계의 특징

일반권력관계는 법률에 의한 행정이 이루어지고, 기본권이 보장되는 관계이지만, 특별권력관계는 법률에 의한 행정이 아니라 임명권자나 학교장 또는 교도소장의 자의(恣意)에 의한 행정이 이루어지고, 기본권이 보장되지 아니하는 관계였다. 공무원의 지휘나 학생의 교육 또는 재소자의 관리는 법률이 아니라 임명권자나 학교장 또는 교도소장의 판단에 따르게 하는 것이 보다 합리적이라는 사고를 바탕으로 하였다.

3. 특별권력관계의 부인

인권이 보장되고 법치주의가 전면적으로 시행되는 오늘날에는 특별권력관계를 인정할 수 없다. 공무원이나 학생 또는 재소자도 인간으로서의 존엄과 가치를 가진 인격체이므로 법률의 근거 없이 그들의 기본권을 제한할 수 없다. 만약 법률의 근거 없이 특별권력관계라는 논리를 근거로 공무원이나 학생 또는 재소자의 기본권을 침해한다면, 그러한 침해는 당연히 법원에서 구제받을 수 있다. 더 이상 특별권력관계론이 주장되어서는 아니 된다.

판례도 같은 입장이다.

[대판 2018. 8. 30, 2016두60591] 사관생도는 군 장교를 배출하기 위하여 국가가 모든 재정을 부담하는 특수교육기관인 육군3사관학교의 구성원으로서, 학교에 입학한 날에 육군 사관생도의 병적에 편입하고 준사관에 준하는 대우를 받는 특수한 신분관계에 있다(육군 3 사관학교 설치법 시행령 제 3 조). 따라서 그 존립 목적을 달성하기 위하여 필요한 한도 내에서 일반 국민보다 상대적으로 기본권이 더 제한될 수 있으나, 그러한 경우에도 법률유보원칙, 과잉금지원칙 등 기본권 제한의 헌법상 원칙들을 지켜야 한다.

[18] 사법관계(국고관계)

국가나 지방자치단체가 사인과 토지를 매매하는 경우에는 사인과 사인이 토지를 매매하는 경우와 같이 사법(私法)의 적용을 받는다. 말하자면 국가와 국민의 법관계와 지방자치단체와 주민의 법관계에는 공법관계 외에도 사법이 적용되는 사법관계가 있다. 사법관계는 국고관계(國庫關係)라고도 한다.

제 4 항 행정법관계의 발생과 소멸

[19] 발생원인

1. 개 관

행정법관계의 발생원인은 다양하다. 대체적으로 말하면, 행정법관계는 ① 행정주체의 의사작용(意思作用)에 기한 공법행위, ② 사인의 의사작용(意思作用)에 기한 공법행위 등에 의해 발생한다. 설명의 편의상 ①에 관해 먼저 살피고, 이어서 ②에 관해 보기로 한다.

2. 행정주체의 의사작용

앞에서 언급한 ①의 예로 대통령이 식품위생법 시행령을 만들면 국민이 식품위생법 시행령을 따라야 하는 법률관계가 발생하고, 국토교통부장관이나 시·도지사가 도시계획을 입안·시행하면 국민이나 주민이 도시계획에 따라야 하는 법률관계가 발생하고, 시장·군수·구청장이 재산세납부를 명하면 주민이 재산세를 납부하여야 하는 법률관계가 발생한다.

[참고] 행정에 관한 나이의 계산 및 표시   종래 나이와 계산 방법으로 세는 나이(출생한 날부터 한 살로 세는 나이), 연 나이(현재 연도에서 출생 연도를 빼는 나이), 만 나이(출생한 해를 0세로 시작하여 매해 생일마다 한 살씩 더 하는 나이)가 있어 왔다(예를 들어, 2030년 2월 5일 기준, 2000년 10월 20일 출생자의 나이를 보면, 세는 나이는 31세, 연 나이는 30세, 만 나이는 29세이다). 이러한 문제점을 예방·해소함을 목적으로 2022. 12. 행정기본법 제7조의2가 신설되었다. 민사상 나이의 계산은 민법에 따른다. 민법은 만 나이를 채택하고 있다(민법 제156조).

■행정기본법 제 7 조의2(행정에 관한 나이의 계산 및 표시) 행정에 관한 나이는 다른 법령등에 특별한 규정이 있는 경우를 제외하고는 출생일을 산입하여 만(滿)나이로 계산하고, 연수(年數)로 표시한다. 다만, 1세에 이르지 아니한 경우에는 월수(月數)로 표시할 수 있다.

[참고] 시효제도
(1) 의   의   시효제도(時效制度)란 일정한 사실관계가 일정한 기간 계속되면, 그 사실관계가 진실에 부합하는가의 여부와 관계없이 그 사실관계를 진실한 법률관계로 인정하는 제도를 말한다. 시효제도에는 취득시효와 소멸시효가 있다.

(2) 취득시효   ① 사인의 취득시효(取得時效)와 관련하여 국유재산법 제 7 조 제 2 항과 공유재산 및 물품 관리법 제 6 조 제 2 항은 행정재산의 시효취득을 금지할 뿐 일반재산의 시효취득을 금지하지 아니한다. 따라서 사인이 국가나 지방자치단체의 일반재산(구법상 잡종재산)을 일정한 요건 아래 일정한 기간 점유하면 소유권을 취득할 수 있다. 사인의 시효취득은 사법이 적용되는 일반재산의 경우에만 가능하므로 시효취득은 사법관계의 발생원인이 된다. 한편, ② 행정주체의 취득시효에 관해서는 명시적으로 규정되고 있는 것은 없지만, 사인과 마찬가지로 가능하다.

■ 국유재산법 제 7 조(국유재산의 보호) ② 행정재산은 「민법」 제245조에도 불구하고 시효취득의 대상이 되지 아니한다.

■ 공유재산 및 물품 관리법 제 6 조(공유재산의 보호) ② 행정재산은 「민법」 제245

조에도 불구하고 시효취득의 대상이 되지 아니한다.

(3) **소멸시효**　　사인이나 행정주체의 소멸시효(消滅時效)에 관해서는 국가재정법 제96조와 지방재정법 제82조에서 명시적으로 규정되고 있다. 따라서 국가나 지방자치단체가 세금을 부과한 후 아무런 조치를 취하지 아니하고 5년이 경과하면 국가나 지방자치단체의 징세권은 소멸하고, 납세자의 납세의무도 소멸한다. 국민이나 주민이 국가나 지방자치단체에 대하여 받아야 할 돈이 있음에도 아무런 조치를 취하지 아니하고 5년이 경과하면 역시 국가나 지방자치단체는 국민이나 주민에게 돈을 줄 의무가 소멸한다. 소멸시효는 행정법관계의 소멸원인의 하나이다([24]④를 보라).

■**국가재정법** 제96조(금전채권·채무의 소멸시효) ① 금전의 급부를 목적으로 하는 국가의 권리로서 시효에 관하여 다른 법률에 규정이 없는 것은 5년 동안 행사하지 아니하면 시효로 인하여 소멸한다.
② 국가에 대한 권리로서 금전의 급부를 목적으로 하는 것도 또한 제1항과 같다.

■**지방재정법** 제82조(금전채권과 채무의 소멸시효) ① 금전의 지급을 목적으로 하는 지방자치단체의 권리는 시효에 관하여 다른 법률에 특별한 규정이 있는 경우를 제외하고는 5년간 행사하지 아니하면 소멸시효가 완성한다.
② 금전의 지급을 목적으로 하는 지방자치단체에 대한 권리도 제1항과 같다.

[20]　사인의 공법행위

1. 의　의

누구든지 이사를 가면, 주민등록법이 정하는 바에 따라 새 주소지의 동 주민센터에서 전입신고를 하여야 한다. 주민이 전입신고를 하면, 그 주민은 새 주소지가 속한 지방자치단체의 주민이 되고, 그 지방자치단체의 주민으로서의 권리와 의무를 갖게 된다. 지방자치단체의 주민이 되고, 주민으로서의 권리와 의무를 갖게 되는 것은 공법적이다. 전입신고는 사인이 하는 것이지만, 그 효과는 공법적이다. 이와 같이 공법적 효과를 가져오는 사인의 행위를 사인(私人)의 공법행위(公法行爲)라 부른다.

■**주민등록법** 제16조(거주지의 이동) ① 하나의 세대에 속하는 자의 전원 또는 그 일부가 거주지를 이동하면 제11조나 제12조에 따른 신고의무자가 신거주지에 전입한 날부터 14일 이내에 신거주지의 시장·군수 또는 구청장에게 전입신고(轉入申告)를 하여야 한다.

제40조(과태료) ④ 정당한 사유 없이 … 제16조 제 1 항 … 따른 신고 또는 신청을 기간 내에 하지 아니한 자에게는 5만원 이하의 과태료를 부과한다.

2. 종 류

사인의 공법행위에는 ① 사인의 행위만으로 법적 효과가 완성되는 경우와 ② 사인의 행위는 다만 국가나 지방자치단체의 행위의 전제요건이 될 뿐이고, 국가나 지방자치단체의 행위에 의해 법적 효과가 완성되는 경우가 있다. ①의 예로 전입신고·혼인신고·출생신고·사망신고 등을 볼 수 있고, ②의 예로 건축허가신청·단란주점영업허가신청·운전면허신청·행정심판제기 등을 볼 수 있다. ①에 속하는 사인의 공법행위를 자체완성적(自體完成的) 사인의 공법행위라 부르며, 자족적(自足的) 공법행위 또는 자기완결적(自己完結的) 공법행위라 부르기도 한다. ②에 속하는 사인의 공법행위는 행정요건적 사인의 공법행위라 부른다.

3. 일반법

사인의 공법행위에 관한 일반법(一般法)은 없다. 다만 행정절차법과 민원사무 처리에 관한 법률 등에서 사인의 공법행위에 관한 몇몇 규정이 나타난다. 개별 규정이 없는 사항에 관해서는 학설과 판례가 정하는 바에 의할 수밖에 없다.

[21] 사인의 공법행위로서 신고

1. 의 의

사인의 공법행위로서 신고란 "사인이 공법적 효과의 발생을 목적으로 행정주체에 대하여 일정한 사실을 알리는 행위"를 말한다. 일반인의 화재발생신고나 산사태발생신고와 같이 일정한 사실을 알리지만 아무런 법적 효과를 가져오지 아니하는 행위는 사실로서의 신고일 뿐, 사인의 공법행위로서 신고에 해당하지 아니한다.

2. 종 류

사인의 공법행위로서 신고에는 수리를 요하지 않는 신고(예 : 체육시설의 설치 · 이용에 관한 법률상 당구장업 신고)와 수리를 요하는 신고(예 : 체육시설의 설치 · 이용에 관한 법률상 골프장업 등록)가 있다. "법령등으로 정하는 바에 따라 행정청에 일정한 사항을 통지하여야 하는 신고로서 법률에 신고의 수리가 필요하다고 명시되어 있는 경우(행정기관의 내부 업무 처리 절차로서 수리를 규정한 경우는 제외한다)"의 신고가 수리를 요하는 신고이다(행정기본법 제34조).

■ **행정기본법** 제35조(수리 여부에 따른 신고의 효력) ① 법령등으로 정하는 바에 따라 행정청에 일정한 사항을 통지하여야 하는 신고로서 법률에 신고의 수리가 필요하다고 명시되어 있는 경우(행정기관의 내부 업무 처리 절차로서 수리를 규정한 경우는 제외한다)에는 행정청이 수리하여야 효력이 발생한다.

3. 수리를 요하는 신고

(1) **효력발생시기**   수리를 요하는 신고는 신고에 대한 수리가 있어야만 신고의 효과가 발생한다. 신고(등록신청)만으로는 골프장업을 적법하게 경영할 수 없고, 신고(등록신청)에 대한 수리가 있어야만 골프장업을 경영할 수 있다. 수리하기 전에 영업한다면, 그것은 불법영업이 된다.

■ **체육시설의 설치 · 이용에 관한 법률** 제10조(체육시설업의 구분 · 종류) ① 체육시설업은 다음과 같이 구분한다.
1. 등록 체육시설업 : 골프장업, 스키장업, 자동차 경주장업
2. 신고 체육시설업 : 요트장업, 조정장업, 카누장업, 빙상장업, 승마장업, 종합 체육시설업, 수영장업, 체육도장업, 골프 연습장업, 체력단련장업, 당구장업, 썰매장업, 무도학원업, 무도장업, 야구장업, 가상체험 체육시설업, 체육교습업, 인공암벽장업

(2) **부적법한 신고**　　　등록요건에 미비가 있다고 하여도 수리가 되었다면 적법하게 영업을 할 수 있다. 왜냐하면 수리라는 절차를 통해 행정청의 심사를 받았고, 사인은 행정청의 심사를 신뢰할 수밖에 없기 때문이다. 물론 행정청은 신고요건(등록요건)의 미비를 이유로 신고수리(등록)를 취소할 수 있다.

4. 수리를 요하지 않는 신고

(1) **효력발생시기**　　　혼인신고나 수영장업 신고 등은 신고요건을 갖추고서 접수기관에 도달하면 신고의 효력이 발생한다(행정절차법 제40조 제 2 항). 신고가 접수기관에 도달한 이상, 신고필증을 교부받지 못했다고 하여도 혼인은 성립하며, 신고업인 수영장업을 경영할 수 있다. 물론 혼인의 신고는 가족관계의 등록 등에 관한 법률, 수영장업의 신고는 체육시설의 설치·이용에 관한 법률이 규정한 모든 요건을 구비한 적법한 신고이어야 한다.

■행정절차법 제40조(신고) ② 제 1 항에 따른 신고가 다음 각 호의 요건을 갖춘 경우에는 신고서가 접수기관에 도달된 때에 신고 의무가 이행된 것으로 본다.
1. 신고서의 기재사항에 흠이 없을 것
2. 필요한 구비서류가 첨부되어 있을 것
3. 그 밖에 법령등에 규정된 형식상의 요건에 적합할 것
③ 행정청은 제 2 항 각 호의 요건을 갖추지 못한 신고서가 제출된 경우에는 지체 없이 상당한 기간을 정하여 신고인에게 보완을 요구하여야 한다.
④ 행정청은 신고인이 제 3 항에 따른 기간 내에 보완을 하지 아니하였을 때에는 그 이유를 구체적으로 밝혀 해당 신고서를 되돌려 보내야 한다.

(2) **부적법한 신고**　　　만약 행정절차법 제40조 제 2 항 및 가족관계의 등록 등에 관한 법률이 규정한 모든 요건을 구비한 신고가 아니라면 부적법한 신고로서 혼인은 성립하지 아니한다. 만약 행정절차법 제40조 제 2 항 및 체육시설의 설치·이용에 관한 법률이 규정한 모든 요건을 구비한 신고가 아니라면 부적법한 신고이고, 신고자는 수영장업을 경영할 수 없다.

[22] 소멸원인

　　행정법관계의 소멸원인은 다양하다. ① 세금을 납부하면, 과세처분에 따른 납세관계가 소멸하는 것처럼 급부를 내용으로 하는 법률관계는 급부의 이행(履行)에 의해 행정법관계는 종료한다. ② 2018년 2월 1일부터 2020년 12월 31일까지 영업허가를 하는 경우, 2020년 12월 31일이 경과하면 영업허가에 따른 법률관계는 종료하는 것처럼 기간(期間)의 경과도 행정법관계의 소멸사유이다. ③ 화재로 인하여 건축물이 다 타버리면 건축허가의 효력이 소멸하는 것처럼 대상의 소멸(消滅)도 행정법관계의 소멸사유가 되고, 사망하면 운전면허의 효력이 소멸하는 것처럼 사람의 사망(死亡)도 행정법관계의 소멸사유가 된다. ④ 소멸시효가 완성하는 것도 행정법관계의 소멸사유이다.

제 5 항　행정법관계의 내용

[23]　의　의

　　법관계는 권리주체 사이의 권리와 의무의 관계이다. 행정법관계는 행정법상 권리와 의무의 관계이다. 따라서 행정법관계의 내용(內容)이란 행정법상 권리와 의무를 말한다. 국가나 지방자치단체가 사인에 대하여 갖는 공권을 국가적 공권이라 하고, 사인이 국가나 지방자치단체에 대하여 갖는 공권을 개인적 공권이라 부른다. 개인적 공권을 주관적 공권이라고도 한다. 한편, 국가나 지방자치단체가 사인에 대하여 부담하는 공의무를 국가적 공의무라 하고, 사인이 국가나 지방자치단체에 대하여 부담하는 공의무를 개인적 공의무라 부른다.

[24] 국가적 공권

1. 의 의

국가나 지방자치단체가 법령이 정하는 바에 따라 국민이나 주민에게 과세처분을 할 수 있는 권리를 가질 뿐만 아니라, 현실적으로 국민이나 주민에게 과세처분을 하면, 국가나 지방자치단체는 국민이나 주민에 대하여 세금을 징수할 수 있는 권리를 갖게 되는데, 이와 같이 행정법관계에서 국가 등 행정주체가 사인에 대해 갖는 권리를 국가적 공권(國家的 公權)이라 한다.

2. 권력과 권리

국가적 공권은 권리(權利)인가 아니면 권력(權力)인가의 문제가 있다. 행정주체와 사인 간에서 행정주체가 갖는 국가적 공권은 모두 법령에 근거를 둔 법관계의 내용이므로, 국가적 공권은 모두 권리의 성질을 갖는다. 다만 과세권이나 징세권과 같이 국가적 공권 중에는 국가나 지방자치단체가 일방적으로 그 내용을 정하고 또한 사인이 의무를 불이행하면 국가나 지방자치단체가 법원의 도움 없이 스스로 강제할 수 있다는 점에서 권력적 성질을 갖는다고 말할 수 있다. 따라서 권리는 법관계에 관련된 개념이고, 권력은 국가적 공권의 일반적 성질과 관련된 개념으로 볼 수 있다.

[25] 개인적 공권의 개념

1. 의 의

모든 국민은 공공기관의 정보공개에 관한 법률이 정하는 바에 따라 국가기관 등에 대하여 자신이 원하는 정보의 공개를 청구할 수 있고, 청구를 받은 국가기관은 동 법률에서 정한 공개거부사유가 존재하지 아니하는 한 반드시 공개를 하여야 한다. 예컨대 甲이 서울특별시장에게 서울특별시 A구역의 개발계획에 관한 자료의 공개를 청구하면, 서울특별시장은 공공기관의 정보공개에 관한 법률에서 정한 거부사유가 없는 한 반드시 甲에게 그 정보를 공개하여야 한다. 이와 같이 사인(개인)이 국가 등 행정주체에 대하여 갖는 권리, 즉 사인이 자기의 이익을 추구하기 위해 국가 등 행정주체에 대하여 일정한 행위를 요구할 수 있는 법적인 힘을 개인적 공권(個人的 公權)이라 한다.

> ■**공공기관의 정보공개에 관한 법률** 제 5 조(정보공개 청구권자) ① 모든 국민은 정보의 공개를 청구할 권리를 가진다.
> ② 외국인의 정보공개 청구에 관하여는 대통령령으로 정한다.
> 제 9 조(비공개 대상 정보) ① 공공기관이 보유·관리하는 정보는 공개 대상이 된다. 다만, 다음 각 호의 어느 하나에 해당하는 정보는 공개하지 아니할 수 있다.
> 1. 다른 법률 또는 법률에서 위임한 명령(국회규칙·대법원규칙·헌법재판소규칙·중앙선거관리위원회규칙·대통령령 및 조례로 한정한다)에 따라 비밀이나 비공개 사항으로 규정된 정보
> 2. 이하 생략

2. 법률상 이익

법률에서 개인적 공권이라는 용어를 사용하는 경우는 보이지 아니한다. 개별 법률에서는 개인적 공권이라는 용어 대신에 법률상 이익(法律上 利益)(공법영역의 법률상 이익 + 사법영역의 법률상 이익)이라는 용어를 사용하는 경우가 나타난다(행정소송법 제12조, 행정심판법 제13조). 과거의 일반적 견해는 개인적 공권과 공법영역의 법률상 이익을 다른 개념으로 보았으나, 오늘날의 일반적 견해는 양자를 같은 개념으로 이해하고 있다. 이 책에서는 개인적 공권, 공법영역의 법률상 이익·법률상 보호이익·법률상 보호되는 이익을 모두 같은 의미로 사용한다.

> ■**행정소송법** 제12조(원고적격) 취소소송은 처분등의 취소를 구할 법률상 이익이 있는 자가 제기할 수 있다. 처분등의 효과가 기간의 경과, 처분등의 집행 그 밖의 사유로 인하여 소멸된 뒤에도 그 처분등의 취소로 인하여 회복되는 법률상 이익이 있는 자의 경우에는 또한 같다.

> ■**행정심판법** 제13조(청구인 적격) ① 취소심판은 처분의 취소 또는 변경을 구할 법률상 이익이 있는 자가 청구할 수 있다. 처분의 효과가 기간의 경과, 처분의 집행, 그 밖의 사유로 소멸된 뒤에도 그 처분의 취소로 회복되는 법률상 이익이 있는 자의 경우에도 또한 같다.

② 무효등확인심판은 처분의 효력유무 또는 존재여부의 확인을 구할 법률상 이익이 있는 자가 청구할 수 있다.

③ 의무이행심판은 처분을 신청한 자로서 행정청의 거부처분 또는 부작위에 대하여 일정한 처분을 구할 법률상 이익이 있는 자가 청구할 수 있다.

3. 반사적 이익

개인적 공권과 구별하여야 할 개념으로 반사적 이익(反射的 利益)이 있다. 예컨대 기획재정부 등 국가기관은 금융기관을 감독한다. 국가의 금융기관에 대한 감독으로 사인들은 안전한 금융거래를 하는 이익을 갖는다. 그렇지만 특정 금융기관이 파산하는 경우, 예금주들은 자신들이 입은 피해의 보상을 국가에 청구할 수는 없다. 왜냐하면 국가의 금융기관에 대한 감독은 공공의 안전을 위한 것이지 피해를 입은 예금주를 위한 것은 아니기 때문이다. 이와 같이 국가가 일정한 제도를 시행함으로 인해 국민들이 이익을 받는다고 하여도, 그 이익이 침해되는 경우에 법적으로 보호받지 못하는 경우, 그러한 이익을 반사적 이익이라 한다. 요컨대 국민들이 법적으로 보호받지 못하지만 사실상 누리는 이익이 반사적 이익이다.

■**정부조직법** 제27조(기획재정부) ① 기획재정부장관은 중장기 국가발전전략수립, 경제·재정정책의 수립·총괄·조정, 예산·기금의 편성·집행·성과관리, 화폐·외환·국고·정부회계·내국세제·관세·국제금융, 공공기관 관리, 경제협력·국유재산·민간투자 및 국가채무에 관한 사무를 관장한다.

4. 개인적 공권의 구체성

개인적 공권은 개인이 갖는 구체적 권리(具體的 權利)를 뜻하는 것이지, 개인이 갖는 추상적 권리(抽象的 權利)를 뜻하는 것은 아니다. 헌법 제34조 제 1 항이 "모든 국민은 인간다운 생활을 할 권리를 가진다"고 규정하고 있다고 하여, 소득이 적은 사람은 누구나 국가에 대하여 상당한 수준의 생계비를 지원해 달라고 요구할 수 있는 권리를 갖는 것은 아니다. 소득이 적은 사람이 국가에 대하여 상당한 수준의 생계비를 지원해 달라고 요구할 수 있기 위해서는 국회가 법률로 저소득 국민의 생계비지원에 관해 구체적으로 정하여야 한다. 헌법 제34조 제1항이 정하고 있는 「인간다운 생활을 할 권리」는 「추상적인 권리로서 인간다운 생활을 할 권리」이다. 「구체적인 권리로서 인간다운 생활을 할 권리」는 헌법 제34조 제1항 등을 전제로 국민기초생활 보장법 등에서 나온다. 소득이 적은 사람은 국민기초생활 보장법이 정하는 바에 따라 비로소 생계비지원을 청구할 수 있는 권리(개인적 공권)를 갖는다.

> ■ **국민기초생활 보장법** 제2조(정의) 이 법에서 사용하는 용어의 뜻은 다음과 같다.
> 1. "수급권자"란 이 법에 따른 급여를 받을 수 있는 자격을 가진 사람을 말한다.

[26] 개인적 공권의 종류

1. 기본권인 개인적 공권

개인적 공권은 ① 헌법상 기본권(基本權)으로 보호되는 개인적 공권과 ② 법률상으로 보호되는 개인적 공권으로 구분할 수 있다. 기본권인 개인적 공권의 예로 접견권과 국민투표권을 볼 수 있다. 수감중인 피고인 또는 피의자가 타인을 만날 수 있는 권리인 접견권은 형사소송법이 아니라 헌법 제10조에서 바로 나오는 권리라는 것이 판례의 입장이다. 국민투표권도 헌법 제130조 제2항 등에서 바로 나오는 기본권으로서의 개인적 공권이다.

> ■ **헌법** 제10조 모든 국민은 인간으로서의 존엄과 가치를 가지며, 행복을 추구할 권리를 가진다. 국가는 개인이 가지는 불가침의 기본적 인권을 확인하고 이를 보장할 의무를 진다.
> 제130조 ② 헌법개정안은 국회가 의결한 후 30일 이내에 국민투표에 붙여 국회의 원선거권자 과반수의 투표와 투표자 과반수의 찬성을 얻어야 한다.

2. 기본권이 아닌 개인적 공권

기본권이 아닌 개인적 공권의 예로 주민투표권을 볼 수 있다. 주민투표권은 헌법 제117조(지방자치제도)에 근거하여 입법자인 국회가 주민투표법을 제정함으로써 국민들이 갖게 되는 개인적 공권이다. 요컨대 국민투표권이 헌법이 보장하는 기본권으로서의 개인적 공권인데 반하여, 주민투표권은 법률적 차원의 개인적 공권일 뿐 헌법이 보장하는 기본권으로서의 개인적 공권은 아니다.

> ■**헌법** 제117조 ① 지방자치단체는 주민의 복리에 관한 사무를 처리하고 재산을 관리하며, 법령의 범위 안에서 자치에 관한 규정을 제정할 수 있다.

> ■**주민투표법** 제 5 조(주민투표권) ① 18세 이상의 주민 중 제 6 조 제 1 항에 따른 투표인명부 작성기준일 현재 다음 각 호의 어느 하나에 해당하는 사람에게는 주민투표권이 있다. 다만, 「공직선거법」 제18조에 따라 선거권이 없는 사람에게는 주민투표권이 없다.
> 1. 그 지방자치단체의 관할 구역에 주민등록이 되어 있는 사람
> 2. 출입국관리 관계 법령에 따라 대한민국에 계속 거주할 수 있는 자격(체류자격 변경허가 또는 체류기간연장허가를 통하여 계속 거주할 수 있는 경우를 포함한다)을 갖춘 외국인으로서 지방자치단체의 조례로 정한 사람

[27] 개인적 공권의 성립

1. 헌법에 의한 개인적 공권

헌법상 기본권(基本權)이라 일컬어지는 모든 권리가 구체성을 띠는 개인적 공권이라고 말할 수는 없다. 헌법상 기본권에는 구체성을 띠는 개인적 공권도 있고, 추상성만을 갖기 때문에 구체성을 띠는 개인적 공권이라 할 수 없는 기본권도 있다. ① 괴한이 강의 중인 대학의 강의실에 무단으로 침입하면, 교수와 학생은 헌법상 학문의 자유에 근거하여 침입자에게 퇴거를 요구할 수 있는 것처럼, 학문의 자유와 같은 자유권적 기본권은 소극적 방어권이라는 측면에서 구체성을 띠는 기본권으로서 개인적 공권이다. 그러나 교수와 학생이 헌법상 학문의 자유에 근거하여 국가에 보다 나은 교육시설을 제공해줄 것을 요구할 수 있는 권리가 있다고 보기는 어렵다. ② 헌법상 생존권적 기본권은 법률에서 구체화되기 전에는 구체성을 띠는 개인적 공

권으로 보기 어렵다. 예컨대 헌법 제34조 제1항이 "모든 국민은 인간다운 생활을 할 권리를 가진다"고 규정하고 있다고 하여 국민들이 헌법 제34조 제1항을 근거로 정부에 대하여 생계비지원을 요구할 수 있는 권리가 나온다고 보기 어렵다. ③ 알 권리나 접견권은 헌법에서 바로 나오는 구체적인 권리로서 개인적 공권이다.

2. 법률에 의한 개인적 공권 — 명문에 의한 인정

개인적 공권의 성립여부에 결정적인 역할을 하는 것은 법률(法律)이다. 헌법은 선언적·강령적·정책적·추상적 성질을 갖기 때문에 법률로서 구체화가 이루어진다. 따라서 개인적 공권의 성립 내지 인정여부는 기본적으로 법률에 의해 이루어진다. 그러나 법률에서 개인적 공권이 인정되는 방식은 다양하다. 공공기관의 정보공개에 관한 법률 제5조 제1항이 "모든 국민은 정보의 공개를 청구할 권리를 가진다"고 규정하는 것과 같이 개별 법률 자체가 권리가 있다고 규정하면, 그 법률 조항에 의해 당연히 개인적 공권은 성립한다. 개별 법률에서 권리가 있다고 명시적으로 규정하지 않는 경우에 개인적 공권이 인정되는가의 여부는 관련 법률의 해석 문제가 된다.

3. 법률에 의한 개인적 공권 — 해석에 의한 인정

일반적으로 말해 ① 법률이 국가나 지방자치단체에 대하여 행위의무(行爲義務)를 부과하고 있고, 아울러 ② 오로지 공익실현만을 목적으로 하는 것이 아니라 적어도 사익보호(私益保護), 즉 개인의 이익보호도 목적으로 하고 있다면, 개인적 공권이 성립한다. 예컨대 甲이 단란주점을 경영하기 위하여 근거법률인 식품위생법이 정하는 요건을 모두 갖추어 단란주점영업허가를 신청하였음에도 구청장이 거부하였다고 하면, 구청장은 甲의 단란주점영업의 자유라는 개인적 공권을 침해한 것이 된다. 왜냐하면 ① 식품위생법상 구청장은 단란주점영업허가의 신청에 대하여 처분(허가)이라는 행위의무를 부담하고 있을 뿐만 아니라 ② 식품위생법상 단란주점영업의 허가제는 오로지 공익을 위한 제도라고 볼 것은 아니고 오히려 공익을 도모함과 동시에 법령이 정하는 요건을 구비하여 단란주점을 경영하려고 하는 사인의 이익을 보호하는 목적도 갖는다고 볼 것이기 때문이다. 또한 甲이 도로교통법이 정하는 요건을 구비하여 운전면허를 신청하였음에도 불구하고, 관할 지방경찰청장이 운전면허를 거부하였다면 역시 관할 지방경찰청장은 甲의 운전의 자유라는 개인적 공권을 침해한 것이 된다. 왜냐하면 ① 도로교통법상 지방경찰청장은 운전면허의 신청에 대하여 처분(면허)이라는 행위의무를 부담하고 있을 뿐만 아니라 ② 도로교통법상 운전의 면허제는 오로지 공익을 위한 제도라고 볼 것은 아니고 오히려 공익을 도모함과 동시에 법령이 정하는 요건을 구비하여 운전을 하고자 하는 사인의 이익을 보호하는 목적도 갖는다고 볼 것이기 때문이다.

4. 계약 · 관습법에 의한 개인적 공권

계약직 공무원이 공법상 계약(公法上 契約)을 통해 국가나 지방자치단체에 대하여 공무원으로서의 권리를 갖게 되는 바와 같이, 개인적 공권은 공법상 계약에 의해서도 성립될 수 있다. 또한 개인적 공권은 관습법에 의해 인정될 수도 있다. 조상대대로 낙동강의 강물을 끌어다가 농사를 지어온 농민은 공물(公物)인 낙동강의 강물을 농사를 위해 사용할 수 있는 개인적 공권을 갖는다. 국가나 지방자치단체가 임의로 그 농민이 사용하는 물줄기를 끊으면, 농민의 개인적 공권인 수리권(용수권)을 침해하는 것이 된다.

[28] 제 3 자의 법률상 이익

1. 문제상황

개인의 권리의식의 강화, 사인 사이의 이익충돌현상의 증대 등과 더불어 처분의 상대방이 아닌 제 3 자도 처분의 상대방과 관련하여 행정청에 일정한 행위를 청구할 수 있는 개인적 공권을 갖는 경우가 증대하고 있다. 제 3 자의 개인적 공권은 경쟁자관계, 경원자관계, 그리고 이웃관계에서 나타나고 있다.

2. 경쟁자소송

경쟁자들의 관계에서 나타나는 경쟁자소송(競爭者訴訟)에 관해서 보기로 한다. ① A운수회사와 B운수회사는 모두 서울역에서 청량리역까지 운행하는 버스회사이다. A회사는 50대의 버스운행면허를 받았고, B회사는 25대의 버스운행면허를 받았다. 그런데 A운수회사를 우대해주어야 할 특별한 사유가 없음에도 불구하고 버스운송사업면허권자인 서울특별시장이 A운수회사에는 10대의 버스를 증차해 주면서 B운수회사에는 1대의 버스도 증차해 주지 않았다면, 서울시장은 B의 경영상 이익을 침해한 것이 된다. 그런데 여객자동차 운수사업법상 경영상 이익은 법률상 이익, 즉 개인적 공권으로 이해되고 있으므로, 서울특별시장은 B운수회사의 법률상 이익을 침해한 것이 된다. 여기서 자신의 법률상 이익이 침해된 B운수회사는 서울특별시장의 A운수회사에 대한 10대의 위법한 증차처분의 취소를 구하는 소송을 제기할 수 있다. ② 이와 같이 경쟁관계에 있는 자들 사이에서 특정인(A운수회사)에게 주어지는 수익적 행위(10대의 증차)가 제3자(B운수회사)에게 법률상 불이익을 초래하는 경우에 그 제3자가 자기의 법률상 이익의 침해를 다투는 소송을 경쟁자소송이라 한다.

3. 경원자소송

경원자의 관계에서 나타나는 경원자소송(競願者訴訟)에 관해서 보기로 한다. ① 보건복지부장관은 여러 제약회사 가운데 단 하나의 제약회사에 A약품의 제조를 허가할 것을 공고한 후에 신청을 받았다. 허가신청에는 10개의 제약회사가 참여하였고, 보건복지부장관은 그 중에서 甲제약회사를 선정하여 허가하였다. 허가를 받지 못한 제약회사들은 A약품의 제조와 판매를 위한 영업의 자유 내지 직업의 자유가 침해되었다. 여기서 허가대상자 선정에서 탈락되어 법률상 이익이 침해된 乙제약회사 등은 보건복지부장관의 甲제약회사에 대한 위법한 허가처분의 취소를 구하는 소송을 제기할 수 있다. ② 이와 같이 면허나 인·허가 등의 수익적 행정처분(A약품의 제조허가)을 신청한 수인(數人)이 서로 경쟁관계에 있어서 특정인(甲제약회사)에 대한 면허나 인·허가 등의 수익적 행정처분이 다른 경쟁자(乙제약회사 등)에 대하여 불면 허나 불인가·불허가를 가져올 수밖에 없는 경우, 불허가 등으로 인해 자기 의 법률상 이익이 침해된 자(乙제약회사 등)가 수익적 행정처분(甲제약회사에 대한 A약품제조허가)을 다투는 소송을 경원자소송이라 한다.

4. 이웃소송

이웃하는 자 사이에서 나타나는 이웃소송에 관해서 보기로 한다. ① 甲 은 관할관청으로부터 황산제조공장설립허가 및 황산제조허가를 받았다. 甲 에 대한 허가로 황산제조공장부지에 이웃하는 주민 乙등은 황산의 냄새 등 으로 인해 생활환경상의 이익을 침해받게 된다. 이웃주민의 생활환경상의 이익은 환경관련법령이 보호하는 이익, 즉 법률상 이익으로 이해된다. 만약 관할관청이 甲에게 내준 허가가 위법하다면, 법률상 이익의 침해를 받은 주 민 乙등은 관할관청을 피고로 하여 甲에 대한 황산제조공장설립허가 및 황 산제조허가의 취소를 구하는 소송을 제기할 수 있다. ② 민법 제242조(경계선 부근의 건축) 제 1 항은 "건물을 축조함에는 특별한 관습이 없으면 경계로부터 반미터 이상의 거리를 두어야 한다"고 규정하고 있다. 丙은 서대문구청장에 게 경계까지 건축물을 축조하는 내용의 설계도를 첨부하여 건축허가를 신 청하였고, 서대문구청장은 착오로 丙에게 건축허가를 내 주었다. 그런데 건 물을 축조할 때에 경계로부터 반미터 이상의 거리를 두도록 하는 것은 이웃 하는 자들의 생활환경상의 이익을 조절하기 위한 것이고, 그러한 생활환경상 의 이익은 법률상 이익으로 이해되고 있다. 따라서 법률상 이익이 침해된 丙 의 이웃인 丁은 서대문구청장을 피고로 하여 丙에 대한 건축허가의 취소를 구하는 소송을 제기할 수 있다. ③ 이와 같이 이웃하는 자들 사이에서 특정 인(甲 또는 丙)에게 주어지는 수익적 행위(허가)가 타인(乙 또는 丁)에게는 법률상 불이익을 가져오는 경우에 그 타인이 자기의 법률상 이익의 침해를 다투는 소송을 이웃소송이라 한다. 이웃소송은 인인소송(隣人訴訟)이라고도 한다.

[29] 무하자재량행사청구권

1. 일반건축물 건축허가

건축법 제11조 제 1 항 본문은 "건축물을 건축 … 하려는 자는 특별자치시장·특별자치도지사 또는 시장·군수·구청장의 허가를 받아야 한다"고 규정하고 있다. 건축법 제11조 제 1 항은 일반 건축물의 건축허가에 관한 조항이다. 건축법 제11조 제 1 항에 따라 甲이 일반 건축물을 짓기 위하여 건축법령이 정하는 요건을 구비하여 관할 행정청에 건축허가를 신청하면, 관할 행정청은 반드시 건축허가를 하여야 한다(이와 같이 요건을 구비한 행위의 경우에 행정청은 선택의 자유가 없이 반드시 허가나 허가를 거부하여야 하는 행위를 기속행위라 한다). 학설과 판례는 건축법 제11조 제 1 항에 의한 일반 건축물의 건축허가의 경우, 건축법령이 정하는 요건을 구비하는 한, 허가권자는 반드시 허가를 하여야 한다고 새긴다. 따라서 일반 건축물의 축조의 경우, 모든 국민은 건축법령이 정하는 요건을 구비하는 한 건축허가를 반드시 받을 권리가 있다. 만약 관할 행정청이 甲에게 거부처분을 한다면, 甲은 취소소송의 제기를 통해 거부처분의 취소를 구할 수 있다.

2. 숙박용건물의 건축허가

건축법 제11조 제 4 항 단서는 "다만, 다음 각 호(1. 위락시설이나 숙박시설에 해당하는 건축물의 건축을 허가하는 경우 해당 대지에 건축하려는 건축물의 용도·규모 또는 형태가 주거환경이나 교육환경 등 주변 환경을 고려할 때 부적합하다고 인정되는 경우, 2. 「국토의 계획 및 이용에 관한 법률」 제37조 제 1 항 제 4 호에 따른 방재지구(이하 "방재지구"라 한다) 및 「자연재해대책법」 제12조 제 1 항에 따른 자연재해위험개선지구 등 상습적으로 침수되거나 침수가 우려되는 지역에 건축하려는 건축물에 대하여 지하층 등 일부 공간을 주거용으로 사용하거나 거실을 설치하는 것이 부적합하다고 인정되는 경우)의 어느 하나에 해당하는 경우에는 이 법이나 다른 법률에도 불구하고 건축위원회의 심의를 거쳐 건축허가를 하지 아니할 수 있다"고 규정하고 있다.

건축법 제11조 제 4 항 단서 제 1 호는 위락시설 또는 숙박시설에 해당하는 건축물의 건축허가에 관련된 조항이다. 甲이 여관건물을 짓기 위하여 건축법령이 정하는 요건을 구비하여 관할 행정청에 건축허가를 신청하였다고 하여도, 관할 행정청은 건축허가를 할 수도 있고 아니할 수도 있다(이와 같이 요건을 구비한 행위일지라도 행정청의 선택에 따라 허가를 할 수도 있고 허가를 거부할 수도 있는 행위를 재량행위라 한다). 왜냐하면 건축법 제11조 제 4 항 단서는 명시적으로 " … 건축허가를 하지 아니할 수 있다"고 규정하고 있기 때문이다. 따라서 여관건물의 축조의 경우, 모든 국민은 건축법령이 정하는 요건을 구비하는 한 건축허가를 반드시 받을 권리가 있다고 말할 수는 없다.

"건축물의 용도·규모 또는 형태가 주거환경이나 교육환경 등 주변 환경을 고려할 때 부적합하다고 인정되는 경우"가 아니라면 건축허가를 받을 권리가 있다고 하겠지만, "건축물의 용도·규모 또는 형태가 주거환경이나 교육환경 등 주변 환경을 고려할 때 부적합하다고 인정되는 경우"라면 건축허가를 받을 권리가 있다고 말할 수 없다. 따라서 만약 관할 행정청이 甲의 여관건물 건축허가를 거부한다면, 甲은 관할 행정청의 "여관건물의 용도·규모 또는 형태가 주거환경이나 교육환경 등 주변 환경을 고려할 때 부적합하다"는 판단이 잘못된 것임을 이유로 여관건물 건축허가 거부처분의 취소를 구할 수 있을 뿐, 건축허가 거부처분이 무조건 위법하니 취소하라고 요구할 수는 없다.

3. 허가청구권의 성질

앞에서 논의한 바를 요약하면 다음과 같다. ① 건축법령이 정하는 요건을 구비하여 이루어진 일반 건축물의 건축허가신청에 대해서는 반드시 허가를 내주어야 하지만, ② 건축법령이 정하는 요건을 구비하여 이루어진 여관용 건축물의 건축허가신청에 대해서는 허가를 내줄 수도 있고, 내주지 않을 수도 있다. 한편, 만약 ① 일반 건축물의 경우에 요건을 구비한 허가신청에 대하여 관할 행정청이 허가를 거부하면, 거부처분은 무조건 위법한 것이 된다. 따라서 건축허가신청자는 건축허가라는 특정행위를 구하는 청구권을 갖는다고 말할 수 있다. 그러나 ② 여관용 건축물의 경우에 요건을 구비한 허가신청에 대하여 관할 행정청이 허가를 거부하면, 거부처분은 무조건 위법한 것이 된다고 말할 수는 없고, 다만 "건축물의 용도・규모 또는 형태가 주거환경이나 교육환경 등 주변 환경을 고려할 때 적합한지 또는 부적합한지의 여부에 대한 판단, 즉 재량행사에 잘못이 있는 경우"에만 건축허가신청자는 건축허가라는 특정행위를 구하는 청구권을 갖는다고 말할 수 있다. 따라서 ① 기속행위인 일반 건축물의 건축허가를 신청한 자가 갖는 허가받을 권리는 특정행위청구권의 성질을 갖지만, ② 재량행위인 여관용 건축물의 건축허가를 신청한 자가 갖는 허가받을 권리는 허가를 하지 않은 것이 하자 있는 재량행사가 되는 경우에만 특정행위청구권의 성질을 갖는다고 하겠는데, 이것은 "하자 없는 재량행사를 전제로 한 특정행위청구권"으로 부를 수도 있으나, 일반적으로는 무하자재량행사청구권(無瑕疵裁量行使請求權)이라 부르고 있다.

[30] 행정개입청구권

1. 본인에 대한 처분의 청구

국민기초생활 보장법 제 8 조 제 2 항은 생계급여 수급권자를 규정하고 있다. 甲은 국민기초생활 보장법 제 8 조 제 2 항이 정하는 생계급여 수급권자에 해당한다. 그럼에도 甲은 보장기관으로부터 생계급여 수급권자로 인정을 받지 못하고 있다고 하자. 지배적 견해에 의하면, 이러한 경우에 甲은 보장기관에 자신을 수급권자로 인정하는 처분을 하라고 요구할 수 있는 권리가 있다고 본다. 이러한 권리는 자신의 이익을 위해 자신에게 처분을 할 것을 청구할 수 있는 권리이다.

■ **국민기초생활 보장법** 제 2 조(정의) 이 법에서 사용하는 용어의 뜻은 다음과 같다. 1. "수급권자"란 이 법에 따른 급여를 받을 수 있는 자격을 가진 사람을 말한다. 4. "보장기관"이란 이 법에 따른 급여를 실시하는 국가 또는 지방자치단체를 말한다. 제 8 조(생계급여의 내용 등) ① 생계급여는 수급자에게 의복, 음식물 및 연료비와 그 밖에 일상생활에 기본적으로 필요한 금품을 지급하여 그 생계를 유지하게 하는 것으로 한다.

② 생계급여 수급권자는 부양의무자가 없거나, 부양의무자가 있어도 부양능력이 없거나 부양을 받을 수 없는 사람으로서 그 소득인정액이 제20조 제 2 항에 따른 중앙생활보장위원회의 심의·의결을 거쳐 결정하는 금액(이하 이 조에서 "생계급여 선정기준"이라 한다) 이하인 사람으로 한다. 이 경우 생계급여 선정기준은 기준 중위소득의 100분의 30 이상으로 한다.

제19조(보장기관) ① 이 법에 따른 급여는 수급권자 또는 수급자의 거주지를 관할하는 시·도지사와 시장·군수·구청장[…]이 실시한다. 다만, 주거가 일정하지 아니한 경우에는 수급권자 또는 수급자가 실제 거주하는 지역을 관할하는 시장·군수·구청장이 실시한다.

2. 제 3 자에 대한 처분의 청구

건축법 제79조(위반 건축물 등에 대한 조치 등) 제 1 항은 "허가권자는 이 법 또는 이 법에 따른 명령이나 처분에 위반되는 대지나 건축물에 대하여 이 법에 따른 허가 또는 승인을 취소하거나 그 건축물의 건축주·공사시공자·현장관리인·소유자·관리자 또는 점유자(이하 "건축주등"이라 한다)에게 공사의 중지를 명하거나 상당한 기간을 정하여 그 건축물의 해체·개축·증축·수선·용도변경ㅍ사용금지·사용제한, 그 밖에 필요한 조치를 명할 수 있다"고 규정하고 있다. 예컨대 甲의 이웃인 乙은 5층 건물의 건축허가를 받았으나 실제로는 7층 건물을 짓고 있다. 乙의 위법한 건축으로 甲은 조망권과 일조권에 침해를 받게 되었다. 지배적 견해에 의하면, 이러한 경우에 甲은 허가권자에게 「'乙은 6층과 7층을 철거하라'는 내용의 처분을 할 것을 요구할 수 있는 권리」가 있다고 본다. 이러한 권리는 자신의 이익을 위해 타인에게 처분을 할 것을 청구할 수 있는 권리이다.

3. 의 의

지배적 견해는 사인이 자신의 이익을 위해 행정청에 대하여 자기(앞의 1.의 경우) 또는 제 3 자(앞의 2.의 경우)에게 허가처분 등 행정권을 발동해 줄 것을 청구할 수 있는 권리를 행정개입청구권(行政介入請求權)이라 부르고 있다.

4. 비판론

앞의 1.에서 "자신을 수급권자로 인정하는 처분을 하라고 요구할 수 있는 권리"는 수급권(급여를 받을 권리) 그 자체와는 다르다. 논자에 따라서는 수급권을 근거로 급여를 신청하고, 만약 보장기관이 급여를 거부하면, 급여거부처분의 취소를 구하는 소송을 제기하여 급여를 받을 수 있으므로, 수급권 외에 "자신을 수급권자로 인정하는 처분을 하라고 요구할 수 있는 권리"를 인정할 필요가 없다고 한다. 또한 앞의 2.에서 「乙은 6층과 7층을 철거하라」는 내용의 처분을 할 것을 요구할 수 있는 권리」는 '乙의 건축물 중 6층과 7층의 철거를 신청한다'는 것을 청구할 수 있는 권리와는 다르다. 논자에 따라서는 허가권자에게 乙의 건축물 중 6층과 7층의 철거를 신청하고, 만약 허가권자가 철거를 거부하면, 철거거부처분의 취소를 구하는 소송을 제기하여 허가권자로 하여금 철거토록 할 수 있으므로, 乙에 대한 철거신청권 외에 「허가권자에 대하여 '乙은 6층과 7층을 철거하라'는 내용의 처분을 할 것을 요구할 수 있는 권리」를 인정할 필요가 없다고 한다.

5. 인정실익

(1) **앞의 1.의 경우**　　　급여거부처분을 다투는 소송에서 원고승소판결의 주문(主文)은 「급여거부처분을 취소한다」라는 형식이 되지만, "자신을 수급권자로 인정하는 처분을 하라고 요구할 수 있는 권리"를 다투는 소송에서 원고승소판결의 주문은 「"甲을 수급권자로 인정한다"라는 처분을 하라」는 형식이 된다. 「급여거부처분을 취소한다」라는 판결은 단순히 '급여거부처분을 취소한다'라는 의미일 뿐 그것이 '甲에게 급여를 하라' 또는 '甲은 급여를 받을 권리를 갖는다'는 것을 내용으로 한다고 보기는 어렵기 때문에 「급여거부처분을 취소한다」라는 판결보다는 「"甲을 수급권자로 인정한다"라는 처분을 하라」는 판결이 甲의 권리보호에 보다 효과적이다. 따라서 甲에게 수급권(급여를 받을 권리) 외에 보장기관에게 "자신을 수급권자로 인정하는 처분을 하라고 요구할 수 있는 권리"를 인정할 필요성이 있다.

(2) **앞의 2.의 경우**   철거거부처분을 다투는 소송에서 원고승소판결의 주문은 「철거거부처분을 취소한다」라는 형식이 되지만, 「철거하라」는 내용의 처분을 할 것을 요구할 수 있는 권리를 다투는 소송에서 원고승소판결의 주문은 「乙에게 철거를 명하는 처분을 하라」는 형식이 된다. 「철거거부처분을 취소한다」라는 판결은 단순히 '철거거부처분을 취소한다'라는 의미일 뿐, 그것이 '乙은 철거를 하라' 또는 '乙에게 철거를 명하라'는 것을 내용으로 한다고 보기는 어렵기 때문에 「철거거부처분을 취소한다」라는 판결보다는 「乙에게 철거를 명하는 처분을 하라」는 판결이 甲의 권리보호에 보다 효과적이다. 따라서 관할 행정청에 대하여 「'乙의 건축물 중 6층과 7층의 철거를 신청한다'는 것을 청구할 수 있는 권리」 외에 「'허가권자에게 乙은 6층과 7층을 철거하라'는 내용의 처분을 할 것을 요구할 수 있는 권리」를 인정할 필요성이 있다. 요컨대 행정개입청구권을 인정할 필요가 있다.

6. 판 례

대법원은 "지방자치단체장이 공장시설을 신축하는 회사에 대하여 사업승인 내지 건축허가 당시 부가하였던 조건에 따른 이행을 하고 이를 증명하는 서류를 제출할 때까지 신축공사를 중지하라는 공사중지명령에 있어서는 그 명령의 내용 자체로 또는 그 성질상으로 명령 이후에 그 원인사유가 해소되는 경우에는 잠정적으로 내린 당해 공사중지명령의 해제를 요구할 수 있는 권리를 위 명령의 상대방에게 인정하고 있다고 할 것이므로, 위 회사에게는 조리상으로 그 해제를 요구할 수 있는 권리가 인정된다고 할 것이다"라고 한 바 있는데(대판 2007. 5. 11, 2007두1811), 이 판례는 「자신의 이익을 위해 자신에게 처분을 할 것을 청구할 수 있는 권리」로서 행정개입청구권을 인정한 것으로 볼 수 있을 것이다.

[31] 공 의 무

1. 의 의

공의무(公義務)란 공권에 대응하는 개념이다. 사법상 임대차계약을 하면, 임대인은 임대료를 받을 권리가 생기고, 임차인은 임대료에 상응하여 임차한 물건을 사용할 수 있는 권리가 생기는 바와 같이 사법상으로는 권리와 의무가 대칭관계에 놓인다. 그러나 공권과 공의무는 언제나 대칭관계에 놓인다고 말할 수는 없다. 예컨대 소득세를 납부하였다고 하여 소득세납부에 상응하는 권리가 생기는 것도 아니고, 소득세납부면제자에게는 주어지지 아니하는 특별한 권리가 생기는 것도 아니다.

2. 종 류

공의무는 ① 주체(主體)에 따라 행정주체가 지는 국가적 공의무(예 : 봉급지급의무・배상금지급의무)와 개인이 지는 개인적 공의무(예 : 구체적인 납세의무・수수료납부의무)로 나눌 수 있고, ② 내용(內容)에 따라 작위의무(예 : 건축허가발령의무)・부작위의무(예 : 사익을 위한 경찰처분의 불발령의무)・수인의무(예 : 감염병예방강제접종의 수인의무)・급부의무(예 : 납세의무)로 나눌 수 있으며, ③ 근거(根據)에 따라 법규에 의해 발생하는 의무(예 : 도로교통법규준수의무), 행정행위에 근거한 의무(예 : 과세처분에 따른 구체적인 납세의무) 등으로 나눌 수 있다.

3. 특 징

공의무는 공법상 계약과 같이 의무자의 의사에 따라 발생하기도 하나, 법령 또는 법령에 근거한 행정행위에 의해 발생함이 일반적이다. 특히 개인적 공의무의 경우에는 ① 포기와 이전이 제한되기도 하고(예 : 병역복무의무), ② 의무의 불이행시에는 행정상 강제수단이 가해지기도 하며, ③ 의무의 위반시에는 행정벌이 가해지기도 한다.

2장

행정의 행위형식

행정의 행위형식

[32] 행위형식의 의의

　행정의 행위형식(行爲形式)이란 행정권이 법을 집행하는 방식을 말한다. 행정권이 법을 집행하면 관계자에게 권리와 의무를 발생시키므로, 행정의 행위형식은 행정상 법률관계의 변동(발생·변경·소멸)을 가져오는 원인이라 말할 수도 있다.

[33] 행위형식의 종류

　행정권이 법을 집행하는 방식에는 ① 행정권이 법령의 위임을 받거나 직권으로 법을 만드는 방식(행정입법), ② 행정권이 계획을 수립하고 시행하는 방식(행정계획), ③ 행정권이 개별 처분을 행하는 방식(행정행위), ④ 행정권이 다른 법주체와 공법의 영역에서 계약을 체결하는 방식(공법상 계약), ⑤ 행정권이 공법의 영역에서 사실작용을 행하는 방식(공법상 사실행위), 그리고 ⑥ 행정권이 사법(私法)의 형식으로 행하는 방식(사법형식의 행정작용)이 있다.

제 1 절 행정입법

[34] 행정입법의 의의

행정입법(行政立法)이란 일반적으로 정부(행정권)나 지방자치단체가 일반적·추상적인 법규범을 만드는 작용을 말하거나 또는 국가나 지방자치단체가 만든 일반적·추상적인 법규범을 말한다. 행정입법은 실정법상의 용어가 아니다. 행정입법은 행정법의 체계적인 정립을 위한 학문상의 용어이다. 행정입법은 위임입법·종속입법·준입법 등으로 불린다. 그러나 법원에 의한 입법(예: 대법원규칙)도 있음을 고려할 때, 행정입법이라는 용어가 적합하다. 행정기본법(안)은 행정의 입법활동에 관한 규정을 두고 있다.

■행정기본법 제38조(행정의 입법활동) ① 국가나 지방자치단체가 법령등을 제정·개정·폐지하거나 그와 관련된 활동(법률안의 국회 제출과 조례안의 지방의회 제출을 포함하며, 이하 이 장에서 "행정의 입법활동"이라 한다)을 할 때에는 헌법과 상위 법령을 위반해서는 아니 되며, 헌법과 법령등에서 정한 절차를 준수하여야 한다.
② 행정의 입법활동은 다음 각 호의 기준에 따라야 한다.
1. 일반 국민 및 이해관계자로부터 의견을 수렴하고 관계 기관과 충분한 협의를 거쳐 책임 있게 추진되어야 한다.
2. 법령등의 내용과 규정은 다른 법령등과 조화를 이루어야 하고, 법령등 상호 간에 중복되거나 상충되지 아니하여야 한다.
3. 법령등은 일반 국민이 그 내용을 쉽고 명확하게 이해할 수 있도록 알기 쉽게 만들어져야 한다.

[35] 행정입법의 종류

행정입법에는 국가행정권에 의한 행정입법과 지방자치단체에 의한 행정입법이 있다. 전통적 견해는 국가행정권에 의한 행정입법을 법규(국민을 구속하는 법)의 성질을 갖는 법규명령과 법규의 성질을 갖지 않는 행정규칙(行政規則)으로 구분한다. 행정규칙은 행정명령(行政命令)이라고도 한다. 지방자치단체에 의한 자치입법에는 조례와 규칙, 교육규칙이 있다.

[36] 행정의 입법활동

국가나 지방자치단체가 법령등을 제정·개정·폐지하고자 하거나 그와 관련된 활동(법률안의 국회 제출과 조례안의 지방의회 제출을 포함하며, 이하 이 장에서 "행정의 입법활동"이라 한다)을 할 때에는 헌법과 상위 법령을 위반해서는 아니 되며, 헌법과 법령등에서 정한 절차를 준수하여야 한다(행정기본법 제38조 제 1 항). 정부는 매년 해당 연도에 추진할 법령안 입법계획(이하 "정부입법계획"이라 한다)을 수립하여야 한다(행정기본법 제38조 제 3 항).

제 1 항 법규명령

[37] 법규명령의 개념

1. 정 의

식품위생법 시행령 제29조 제 1 항은 행정권(대통령)이 법률(식품위생법 제44조 제 1 항)의 수권(위임)을 받아 정립한 규범(대통령령)으로서, 식품위생법 시행령 제29조 제 1 항이 정하는 영업업자는 식품위생법 제44조 제 1 항이 정하는 준수사항을 반드시 지켜야 한다. 간단하게 말하면 식품위생법 시행령 제29조 제 1 항이 정하는 식품접객업자등은 식품위생법 제44조 제 1 항이 정하는 준수사항을 반드시 지켜야 한다. 전통적 견해는 식품위생법 시행령 제29조 제 1 항과 같이 행정권이 법령의 수권을 받아 정립하는 규범으로서 국민을 구속하는 규범을 법규명령(法規命令)이라 한다.

■**식품위생법** 제44조(영업자 등의 준수사항) ① 제36조 제 1 항 각 호의 영업을 하는 자 중 대통령령으로 정하는 영업자와 그 종업원은 영업의 위생관리와 질서유지, 국민의 보건위생 증진을 위하여 영업의 종류에 따라 다음 각 호에 해당하는 사항을 지켜야 한다.
1. 「축산물 위생관리법」 제12조에 따른 검사를 받지 아니한 축산물 또는 실험 등의 용도로 사용한 동물은 운반·보관·진열·판매하거나 식품의 제조·가공에 사용하지 말 것(제 2 호 이하 생략)
제36조(시설기준) ① 다음의 영업을 하려는 자는 총리령으로 정하는 시설기준에 맞는 시설을 갖추어야 한다.
1.~2. 생략
3. 식품접객업
② 제 1 항 각 호에 따른 영업의 세부 종류와 그 범위는 대통령령으로 정한다.

■**식품위생법 시행령** 제29조(준수사항 적용 대상 영업자의 범위) ① 법 제44조 제 1 항 각 호 외의 부분에서 "대통령령으로 정하는 영업자"란 다음 각 호의 영업자를 말한다.
7. 제21조 제 8 호의 식품접객업자
제21조(영업의 종류) 법 제36조 제 2 항에 따른 영업의 세부 종류와 그 범위는 다음 각 호와 같다.
8. 식품접객업
가. 휴게음식점영업(이하 생략)

2. 직 제

① 정부조직법 제 2 조 제 4 항에 의하면, 중앙행정기관의 설치와 사무분장은 법률로 정한 것을 제외하고는 대통령령(과의 설치와 사무분장은 총리령 또는 부령으로 정할 수 있다)으로 정하게 되어 있다. 정부조직법 등에 근거하여 제정된 대통령령인 「행정기관의 조직과 정원에 관한 통칙」 제 4 조(직제 등) 제 1 항은 "행정기관의 조직과 정원을 규정하는 대통령령은 특별한 사유가 없는 한 정

부조직법 제2조 제2항의 규정에 의한 중앙행정기관 단위로 정하고, 그 명칭을 '○○ 직제'로 한다"라고 규정하고 있다. 따라서 행정조직에 관한 대통령령을 직제(職制)라 부른다. ② 대통령령인 행정안전부와 그 소속기관 직제에는 행정안전부장관의 보조기관으로 지방자치분권실과 지방재정경제실 등을 두고 있다. 만약 행정안전부장관이 지방재정에 관한 처분을 하면서 지방재정경제실장의 보조를 받지 아니하고, 지방자치분권실장의 보조를 받았다면, 행정안전부장관의 처분은 행정안전부와 그 소속기관 직제에 어긋나지만, 위법하다고 보지는 아니한다. 말하자면 행정안전부와 그 소속기관 직제는 행정권(대통령)이 법률(정부조직법)의 위임을 받아 만들었지만, 행정안전부장관이 이를 따르지 아니하였다고 하여도 국민들이 다툴 수 있는 것은 아니다. 즉 국민을 구속하지 아니한다. ③ 전통적 견해는 이러한 규범(법률의 위임을 받아 행정권이 정립하는 규범이지만, 국민을 구속하는 것이 아닌 규범)에 대하여 언급하는 바가 없다. 이것은 전통적 견해에 논리체계상 문제가 있음을 의미한다. 그러나 저자는 이러한 규범도 법규명령으로 본다. 말하자면 무릇 법령의 위임(委任)을 받아 행정권이 정립하는 규범을 모두 법규명령으로 본다. 또한 저자는 법규명령은 일반적으로 국민을 구속하는 힘을 갖지만, 직제와 같이 국민을 구속하지 아니하는 법규명령도 있다고 새긴다.

[38] 법규명령의 헌법적 근거

1. 입법기관

삼권분립국가(三權分立國家)에서 입법은 국민의 대표기관인 국회가 하여야 한다. 권력분립의 원칙에 입각한 우리의 헌법도 제40조에서 "입법권은 국회에 속한다"고 규정함으로써 국회가 입법기관임을 명시하고 있다.

2. 근거조문

국회가 법률로 국가공동체(國家共同體)의 모든 사항을 정한다는 것이 바람직한 것만은 아니다. 경우에 따라 국회는 원칙만을 정하고 행정전문가로 하여금 구체적인 사항을 정하도록 하는 것이 효과적일 수도 있다. 이러한 필요성에 의해 규정된 것이 헌법 제75조와 제95조이다. 요컨대 헌법 제75조와 제95조가 법규명령의 헌법적 근거조항이다.

■**헌법** 제75조 대통령은 법률에서 구체적으로 범위를 정하여 위임받은 사항과 법률을 집행하기 위하여 필요한 사항에 관하여 대통령령을 발할 수 있다.
제95조 국무총리 또는 행정각부의 장은 소관사무에 관하여 법률이나 대통령령의 위임 또는 직권으로 총리령 또는 부령을 발할 수 있다.

[39] 법규명령의 성질

1. 외부적 구속효

법규명령은 국민과 모든 국가기관이 준수하여야 하는 법이다. 말하자면 국민과 모든 국가기관을 구속한다는 의미에서 법규성(法規性)을 갖는다. 따라서 법규명령에 반하는 행위는 위법한 것이 된다. 예컨대 경찰서장이 도로교통법 시행령에 위반되는 처분을 한 경우, 그러한 처분으로 권리(법률상 이익)가 침해된 사인은 경찰서장의 처분이 위법함을 이유로 그러한 처분의 취소를 구하는 소송의 제기를 통해 침해된 권리를 구제받을 수 있다.

2. 내부적 구속효

규정내용의 성질상 법규명령이 다만 행정내부적으로만 구속력을 가지는 경우에는 국민과의 관계에서 위법의 문제가 제기되지 아니할 수 있다. 앞에서 본 바와 같이, 행정안전부장관이 지방재정에 관한 처분을 하면서 지방재정경제실장의 보조를 받지 아니하고, 지방자치분권실장의 보조를 받았다면, 행정안전부장관의 처분은 행정안전부와 그 소속기관 직제에 어긋나지만, 위법하다고 보지는 아니한다.

[40] 법규명령의 종류

1. 효력의 위상

법적 효력의 위상을 기준으로 본다면, 법규명령은 비상명령·법률대위명령·법률종속명령으로 구분된다. 비상명령(非常命令)은 헌법을 정지시킬 수 있는 효력(헌법적 효력)을 갖는 법규명령을 말한다. 현재 우리나라에서는 이러한 비상명령을 찾아볼 수 없다. 유신시대의 헌법에는 있었다. 법률대위명령(法律代位命令)은 법률을 개정할 수 있는 효력, 즉 법률과 동등한 효력(법률적 효력)을 갖는 법규명령을 말한다. 헌법 제76조 제1항이 규정하는 긴급재정경제명령과 헌법 제76조 제2항이 규정하는 긴급명령이 법률대위명령에 해당한다. 법률종속명령(法律從屬命令)이란 법률보다 아래에 놓이는 효력을 갖는 법규명령을 말한다. 헌법 제75조의 대통령령과 헌법 제95조의 총리령과 부령이 이에 속한다. 일반적으로 법규명령이라 함은 법률종속명령을 말한다.

> ■**헌법** 제76조 ① 대통령은 내우·외환·천재·지변 또는 중대한 재정·경제상의 위기에 있어서 국가의 안전보장 또는 공공의 안녕질서를 유지하기 위하여 긴급한 조치가 필요하고 국회의 집회를 기다릴 여유가 없을 때에 한하여 최소한으로 필요한 재정·경제상의 처분을 하거나 이에 관하여 법률의 효력을 가지는 명령을 발할 수 있다.
> ② 대통령은 국가의 안위에 관계되는 중대한 교전상태에 있어서 국가를 보위하기 위하여 긴급한 조치가 필요하고 국회의 집회가 불가능한 때에 한하여 법률의 효력을 가지는 명령을 발할 수 있다.

2. 제정권자

제정권자를 기준으로 본다면, 대통령이 제정하는 대통령령(大統領令), 국무총리가 제정하는 총리령(總理令), 행정각부의 장관이 제정하는 부령(部令)이 있다. 대통령령·총리령·부령일지라도 법령에 근거 없이 제정되었다면, 그것은 법규명령이 아니고 행정규칙일 뿐이다. 한편, 법규명령에 준하는 것으로 국회규칙·법원규칙·헌법재판소규칙·중앙선거관리위원회규칙을 볼 수 있다.

3. 개별적 위임여부

개별적 위임여부(수권여부)를 기준으로 본다면, 상위법령의 개별적인 위임을 받아 제정하는 위임명령(委任命令)과 법령을 집행하기 위하여 개별적인 위임이 없이도 헌법 제75조와 제95조를 근거로 제정되는 집행명령(執行命令)이 있다.

4. 행정규칙형식의 법규명령(법률보충규칙)

(1) 의 의　　　행정기본법 제 2 조 제 1 호 가목 3)이 규정하는 훈령·예규 및 고시 등 행정규칙을 말한다. 행정기본법상 법령등은 국민에게도 구속력을 갖는 규범이므로, 이러한 훈령·예규 및 고시 등 행정규칙은 성질상 법규명령에 해당한다. 이러한 행정규칙을 고시(훈령)형식의 법규명령 또는 법률보충규칙이라고도 부른다. 법규명령은 법형식과 관련하여「대통령령·총리령·부령형식의 법규명령」과「훈령·예규 및 고시 등 행정규칙형식의 법규명령」으로 구분될 수 있다. 시행령·시행규칙의 형식의 법규명령이 원칙적인 법형식이다.

> ■**행정기본법** 제 2 조(정의) 이 법에서 사용하는 용어의 뜻은 다음과 같다.
> 1. "법령등"이란 다음 각 목의 것을 말한다.
> 가. 법령 : 다음의 어느 하나에 해당하는 것
> 1) 법률 및 대통령령·총리령·부령
> 2) 국회규칙·대법원규칙·헌법재판소규칙·중앙선거관리위원회규칙 및 감사원규칙
> 3) 1) 또는 2)의 위임을 받아 중앙행정기관(「정부조직법」 및 그 밖의 법률에 따라 설치된 중앙행정기관을 말한다. 이하 같다)의 장이 정한 훈령·예규 및 고시 등 행정규칙
> 나. 자치법규 : 지방자치단체의 조례 및 규칙

(2) 예　　　정보통신망 이용촉진 및 정보보호 등에 관한 법률 제42조 및 정보통신망 이용촉진 및 정보보호 등에 관한 법률 시행령 제24조에 근거한 청소년유해매체물의 표시방법에 관한 방송통신위원회 고시는 법규명령에

해당한다. 이러한 방송통신위원회 고시에 위반하게 되면, 벌칙이 가해진다.

■**정보통신망 이용촉진 및 정보보호 등에 관한 법률** 제42조(청소년유해매체물의 표시)
전기통신사업자의 전기통신역무를 이용하여 일반에게 공개를 목적으로 정보를 제
공하는 자(이하 "정보제공자"라 한다) 중 「청소년 보호법」 제 2 조 제 2 호 마목에
따른 매체물로서 같은 법 제 2 조 제 3 호에 따른 청소년유해매체물을 제공하려는
자는 대통령령으로 정하는 표시방법에 따라 그 정보가 청소년유해매체물임을 표
시하여야 한다.

■**정보통신망 이용촉진 및 정보보호 등에 관한 법률 시행령** 제24조(청소년유해매체물
의 표시방법) ① 법 제42조에 따른 청소년유해매체물을 제공하는 자는 그 매체물
에 19세 미만의 자는 이용할 수 없다는 취지의 내용을 누구나 쉽게 확인할 수 있
도록 음성·문자 또는 영상으로 표시하여야 한다.
② 제 1 항에 따른 표시를 하여야 하는 자 중 인터넷을 이용하여 정보를 제공하는
자의 경우에는 기호·부호·문자 또는 숫자를 사용하여 청소년유해매체물임을 나
타낼 수 있는 전자적 표시도 함께 하여야 한다.
③ 방송통신위원회는 정보의 유형 등을 고려하여 제 1 항 및 제 2 항에 따른 표시
의 구체적 방법을 정하여 관보에 고시하여야 한다.

■**청소년 유해매체물의 표시방법**
[시행 2015. 8. 1.] [방송통신위원회고시 제2015-17호, 2015. 7. 31, 일부개정]

1. 청소년유해매체물 표시자
전기통신사업자의 전기통신역무를 이용하여 일반에게 공개를 목적으로 정보를 제
공하는 자 중 「청소년 보호법」 제 2 조 제 2 호 마목에 따른 매체물로서 동법 제 2
조 제 3 호에 따른 청소년유해매체물을 제공하고자 하는 자
2. 청소년유해매체물 표시의 종류 및 방법
가. 청소년유해매체물 표시의 종류
① "유해문구"라 함은 청소년에게 유해한 매체물임을 누구나 쉽게 인식할 수 있
도록 하는 다음 내용의 표시를 말한다.

> 이 정보내용은 청소년유해매체물로서 「정보통신망 이용촉진 및 정보보호 등에 관한 법
> 률」 및 「청소년 보호법」에 따라 19세 미만의 청소년이 이용할 수 없습니다.

[이하 생략]

■**행정규제기본법** 제 4 조(규제법정주의) ② 규제는 법률에 직접 규정하되, 규제의
세부적인 내용은 법률 또는 상위법령이 구체적으로 범위를 정하여 위임한 바에 따

라 대통령령·총리령·부령 또는 조례·규칙으로 정할 수 있다. 다만, 법령이 전문적·기술적 사항이나 경미한 사항으로서 업무의 성질상 위임이 불가피한 사항에 관하여 구체적으로 범위를 정하여 위임한 경우에는 고시등으로 정할 수 있다.

[41] 법규명령의 근거와 한계

1. 위임명령의 근거와 한계

(1) 근 거　　　　위임명령(委任命令)은 헌법 제75조와 제95조에 따라서 법률이나 상위명령에서 구체적으로 범위를 정하여 위임하는 경우에만 가능하다. 포괄적 위임은 금지된다. 국적취득의 요건 등 헌법에서 국회가 정하여야 한다고 규정하고 있는 사항(국회전속적 입법사항)은 국회가 정하여야 하며, 위임할 수 없다. 물론 일정한 범위 안에서 구체적으로 범위를 정하면 위임이 가능하다.

> ■**헌법** 제75조 대통령은 법률에서 구체적으로 범위를 정하여 위임받은 사항과 법률을 집행하기 위하여 필요한 사항에 관하여 대통령령을 발할 수 있다.
> 제95조 국무총리 또는 행정각부의 장은 소관사무에 관하여 법률이나 대통령령의 위임 또는 직권으로 총리령 또는 부령을 발할 수 있다.
> 제2조 ① 대한민국의 국민이 되는 요건은 법률로 정한다.

> [참고] **위임입법이 필요한 이유에 관한 판례**　　　현대국가의 사회적 기능 증대와 사회현상의 복잡화에 따라 국민의 권리·의무에 관한 사항이라 하여 모두 입법부에서 제정한 법률만으로 정할 수는 없어 불가피하게 예외적으로 하위법령에 위임하는 것이 허용되는바, 위임입법의 형식은 원칙적으로 헌법 제75조, 제95조에서 예정하고 있는 대통령령, 총리령 또는 부령 등의 법규명령의 형식을 벗어나서는 아니된다(헌재 2020. 6. 25, 2018헌바278).

(2) 한 계　　　　위임명령은 수권(위임)의 범위 내에서 제정되어야 한다. 만약 (가칭) 귀화국민 기초생활 보장법 제X조가 "50세 이상의 귀화국민 중에서 대통령령으로 정하는 자에게 생활비를 지원한다"고 규정하였음에도 불구하고, (가칭) 귀화국민 기초생활 보장법 시행령 제Y조가 "52세 이상의

무주택자인 귀화국민에게 생활비를 지원한다"고 규정하면, 이것은 (가칭) 귀화국민 기초생활 보장법 제X조를 위반한 것이 된다. 왜냐하면 (가칭) 귀화국민 기초생활 보장법 제X조는 (가칭) 귀화국민 기초생활 보장법 시행령에서 50세인 귀화국민 또는 그 이상 연령의 귀화국민을 대상으로 생활비 지원대상자를 규정하라고 하였지, 52세인 귀화국민 또는 그 이상 연령의 귀화국민을 대상으로 생활비 지원대상자를 규정하라고 한 것은 아니므로, (가칭) 귀화국민 기초생활 보장법 시행령 제Y조는 (가칭) 귀화국민 기초생활 보장법 제X조의 위임의 범위를 벗어난 것이 되기 때문이다.

2. 집행명령의 근거와 한계

(1) 근거와 한계   집행명령(執行命令)은 법률이나 상위명령이 명시적이고도 개별적인 수권(위임)을 하지 아니하여도 직권으로 발령된다. 집행명령은 헌법 제75조와 제95조에 근거하여 개별적인 법령의 매개 없이도 바로 발령될 수 있다. 위임명령의 직접적인 법적 근거는 개별 법령이지만, 집행명령의 직접적인 법적 근거는 바로 헌법 제75조와 제95조이다. 집행명령은 집행에 필요한 세칙을 정하는 범위 내에서만 가능하고, 새로운 권리나 의무를 규정할 수는 없다.

> [참고] 집행명령의 근거에 관한 판례   집행명령의 경우 법률의 구체적·개별적 위임 여부 등이 문제되지 않고, 다만 상위법의 집행과 무관한 독자적인 내용을 정할 수 없다는 한계가 있다(헌재 2024. 5. 30, 2023헌마820등).

(2) 집행명령의 예   도로교통법 제11조 제 2 항은 "앞을 보지 못하는 사람(이에 준하는 사람을 포함한다)의 보호자는 그 사람이 도로를 보행할 때에는 흰색 지팡이를 갖고 다니도록 하거나 앞을 보지 못하는 사람에게 길을 안내하는 개로서 행정안전부령으로 정하는 개[이하 "장애인보조견"이라 한다]를 동반하도록 하는 등 필요한 조치를 하여야 한다"고 규정하고 있고, 도로교통법 시행령 제 8 조는 "도로교통법 제11조 제 2 항에 따른 앞을 보지 못하는

사람에 준하는 사람은 다음 각 호(1. 듣지 못하는 사람, 2. 신체의 평형기능에 장애가 있는 사람, 3. 의족 등을 사용하지 아니하고는 보행을 할 수 없는 사람)의 어느 하나에 해당하는 사람을 말한다"고 규정하고 있다. 도로교통법 시행령 제8조는 도로교통법 제11조 제2항에서 규정하지 아니한 새로운 권리나 의무를 규정한 것은 아니다. 도로교통법 시행령 제8조는 도로교통법 제11조 제2항을 집행하기 위하여 그 의미를 보다 분명히 한 집행명령이다.

[42] 법규명령의 적법요건

1. 요건 개관

법규명령이 적법하기 위해서는 다음의 여러 요건(要件)을 구비하여야 한다. ① 법규명령은 정당한 권한을 가진 기관이 제정하여야 한다. 대통령령은 대통령이, 총리령은 국무총리가, 부령은 장관이 제정하여야 한다. 국무총리가 대통령령을, 장관이 총리령을, 차관이 부령을 제정할 수는 없다. ② 법규명령은 제정권자의 권한의 범위 내의 사항에 관해 규정하여야 한다. ③ 법규명령은 행정절차법이 규정하는 입법예고절차 등 법령이 정한 절차를 거쳐야 한다. ④ 법규명령은 문서로 제정하되, 제1조, 제2조 등 법조문 형식에 의하여야 한다. ⑤ 법규명령은 법령 등 공포에 관한 법률이 정하는 바에 따라 공포하여야 한다.

2. 법률보충규칙

행정규제기본법 제4조 제2항에 따른 법률보충규칙(法律補充規則)의 경우는 일반적인 법규명령과는 사정이 다르다. 법률보충규칙의 적법요건은 행정효율과 협업 촉진에 관한 규정이 정하는 바에 의한다. 그러나 이러한 법률보충규칙도 법규성을 갖는다는 점에 비추어 법률보충규칙공포는 일정한 범위 내에서 법령 등 공포에 관한 법률을 준용하는 것이 필요하다.

[43] 법규명령의 하자

1. 의 의

법규명령의 적법요건(適法要件)에 미비가 있으면, 하자 있는 것이 되어 위법한 것이 된다. 예컨대 도로교통법 제17조(자동차등의 속도) 제1항은 "자동차등과 노면전차의 도로 통행 속도는 행정안전부령으로 정한다"고 규정하고 있음에도 불구하고, 자동차등이 도로를 통행하는 경우의 속도를 법무부령으로 규정한다면, 그러한 법무부령은 하자 있는 것으로서 위법한 부령이 된다.

2. 효 과

위법한 법규명령은 무효(無效)가 된다. 왜냐하면 법률에서 특별히 규정하는 바가 없음에도 불구하고 위법한 국가작용에 적법한 행위의 경우와 같은 효력을 인정할 수는 없기 때문이다. 위법한 법규명령의 취소라는 것은 없다. 자동차등이 도로를 통행하는 경우의 속도를 법무부령으로 규정한다면, 그러한 법무부령은 무효가 된다. 하자 있는 행정행위는 무효 외에 취소할 수 있는 경우도 있다는 점에서 법규명령의 하자의 효과는 하자 있는 행정행위의 효과와 다르다.

3. 하자 있는 법규명령에 따른 행정행위

하자(瑕疵)있는 법규명령에 따른 행정행위는 당연히 하자 있는 것이 된다. 하자 있는 법규명령에 따른 행정행위는 내용상 중대한 하자를 갖는다. 따라서 근거된 법규명령의 하자가 외관상 명백하다면, 그러한 행정행위는 무효가 되고, 외관상 명백하지 않다면 취소할 수 있는 행위가 된다(이 책 [91]을 보라). 예컨대 도로교통법 제17조(자동차등의 속도) 제1항에 위반하여 자동차등이 도로를 통행하는 경우의 속도를 법무부령으로 규정하면서 4차선도로에서 최고속도로 시속 60Km를 규정하였고, 甲이 4차선 도로를 시속 80Km로 운전하다가 적발되어 관할 경찰서장으로부터 운전면허정지처분을 받았다고 하자. 자동차등이 도로를 통행하는 경우의 속도를 행정안전부령이 아니라 법무부령으로 규정한 것은 내용상 위법하므로 그 법무부령은 무효이고, 무효인 법무부령에 근거한 관할 경찰서장의 운전면허정지처분은 하자가 중대하다고 하겠고, 또한 자동차등이 도로를 통행하는 경우의 속도를 행정안전부령이 아니라 법무부령으로 규정한 하자는 외관상으로도 명백하므로, 무효인 법무부령에 근거한 관할 경찰서장의 운전면허정지처분은 하자가 명백하다고 하겠다. 따라서 관할 경찰서장의 운전면허정지처분은 하자가 중대하고 명백하므로, 관할 경찰서장의 운전면허정지처분은 무효이다.

[44] 법규명령의 소멸

① 법규명령은 폐지의 의사표시로 소멸한다. A법률 시행령 폐지령을 제정하면, A법률 시행령은 폐지된다. ② 법규명령은 일정사실의 발생으로 소멸되기도 하는데, 이를 실효(失效)라고 한다. 실효사유로는 기존의 법규명령의 내용과 반대되는 사항을 규정하는 상위 또는 동위의 법령의 제정, 법정부관의 성취(예 : '2020년 12월 31일까지 시행한다'는 법규명령은 2020년 12월 31일이 경과함으로써 소멸한다), 근거법령의 소멸(예 : A법률이 폐지되면, A법률에 근거한 A법률 시행령은 폐지된다)을 볼 수 있다.

[45] 법규명령의 통제

1. 의 의

법규명령의 통제(統制)란 법규명령이 적법하고 타당한 것이 되도록 하기 위한 일체의 작용을 말한다. 법규명령의 통제에는 ① 자기통제(自己統制)로서 행정권 스스로에 의한 통제와 ② 타자통제(他者統制)로서 국회에 의한 통제, 법원에 의한 통제, 헌법재판소에 의한 통제, 그리고 국민에 의한 통제를 볼 수 있다.

2. 행정내부적 통제

행정권(行政權) 스스로에 의한 통제방식으로는 ① 절차상 통제, ② 감독권에 의한 통제, ③ 공무원·행정기관의 법령심사, ④ 행정심판이 있다. ①

절차상 통제로는 행정절차법상 입법예고제, 대통령령의 국무회의 심의, 대통령령과 부령에 대한 법제처의 심사절차를 볼 수 있다. ② 감독권에 의한 통제로는 대통령이나 국무총리가 장관에게 부령의 제정이나 개정을 명하는 경우를 볼 수 있다. ③ 법규명령이 명백히 위법하다면, 공무원이나 행정기관은 법규명령의 적용을 거부할 수 있다. 즉, 이러한 범위 안에서 공무원이나 행정기관은 법령심사권을 갖는다. ④ 행정심판을 통한 통제도 감독권에 의한 통제의 하나로 볼 수 있다. 행정심판법 제59조는 중앙행정심판위원회에 법령등의 개선에 관한 강력한 통제권을 부여하고 있다.

> ■ 행정심판법 제59조(불합리한 법령 등의 개선) ① 중앙행정심판위원회는 심판청구를 심리·재결할 때에 처분 또는 부작위의 근거가 되는 명령 등(대통령령·총리령·부령·훈령·예규·고시·조례·규칙 등을 말한다. 이하 같다)이 법령에 근거가 없거나 상위 법령에 위배되거나 국민에게 과도한 부담을 주는 등 크게 불합리하면 관계 행정기관에 그 명령 등의 개정·폐지 등 적절한 시정조치를 요청할 수 있다. 이 경우 중앙행정심판위원회는 시정조치를 요청한 사실을 법제처장에게 통보하여야 한다.
> ② 제1항에 따른 요청을 받은 관계 행정기관은 정당한 사유가 없으면 이에 따라야 한다.

3. 행정외부적 통제(1) ─ 국회에 의한 통제

국회(國會)에 의한 통제에는 ① 간접적 통제와 ② 직접적 통제가 있다. ① 간접적 통제에는 현행법제상 부령의 제정권자인 국무총리나 장관에 대한 해임건의제도, 국정감사와 국정조사제도 등을 볼 수 있다. 한편, ② 직접적 통제로는 ⓐ 법규명령의 효력발생을 위해 국회의 동의를 요하게 하는 동의권유보(同意權留保), ⓑ 이미 효력을 발생하고 있는 법규명령의 효력을 유지하기 위하여 국회의 동의를 얻어야 하는 적극적 결의(積極的 決議), ⓒ 이미 효력이 발생된 법규명령의 효력을 소멸시키는 국회의 의사결정방식인 소극적 결의(消極的 決議), ⓓ 법규명령을 국회에 제출하게 하는 제출절차(提出節次) 등이 있으나, 현행법상으로는 법률대위명령인 긴급재정·경제명령(헌법 제76조 제1항)이나 긴급명령(헌법 제76조 제2항)에는 적극적 결의인 승인제도(헌법 제76

조 제 3 항)가 도입되어 있고, 법률종속명령인 대통령령·총리령·부령 등의 경우에는 제출절차가 도입되어 있다(국회법 제98조의2).

■**헌법** 제76조 ① 대통령은 내우·외환·천재·지변 또는 중대한 재정·경제상의 위기에 있어서 국가의 안전보장 또는 공공의 안녕질서를 유지하기 위하여 긴급한 조치가 필요하고 국회의 집회를 기다릴 여유가 없을 때에 한하여 최소한으로 필요한 재정·경제상의 처분을 하거나 이에 관하여 법률의 효력을 가지는 명령을 발할 수 있다.
② 대통령은 국가의 안위에 관계되는 중대한 교전상태에 있어서 국가를 보위하기 위하여 긴급한 조치가 필요하고 국회의 집회가 불가능한 때에 한하여 법률의 효력을 가지는 명령을 발할 수 있다.
③ 대통령은 제 1 항과 제 2 항의 처분 또는 명령을 한 때에는 지체 없이 국회에 보고하여 그 승인을 얻어야 한다.
④ 제 3 항의 승인을 얻지 못한 때에는 그 처분 또는 명령은 그때부터 효력을 상실한다. 이 경우 그 명령에 의하여 개정 또는 폐지되었던 법률은 그 명령이 승인을 얻지 못한 때부터 당연히 효력을 회복한다.

■**국회법** 제98조의2(대통령령등의 제출등) ① 중앙행정기관의 장은 법률에서 위임한 사항이나 법률을 집행하기 위하여 필요한 사항을 규정한 대통령령·총리령·부령·훈령·예규·고시등이 제정·개정 또는 폐지된 때에는 10일 이내에 이를 국회 소관상임위원회에 제출하여야 한다. 다만, 대통령령의 경우에는 입법예고를 할 때(입법예고를 생략하는 경우에는 법제처장에게 심사를 요청하는 때를 말한다)에도 그 입법예고안을 10일 이내에 제출하여야 한다.

4. 행정외부적 통제(2) ― 법원에 의한 통제

법원(法院)에 의한 통제는 재판을 통한 통제를 말한다. 법원에 의한 통제 방식에는 추상적 규범통제(抽象的 規範統制)와 구체적 규범통제(具體的 規範統制)가 있다. 예컨대 건축법 제X조가 위임한 사항을 건축법 시행령 제Y조가 규정하였는데, 건축법 시행령 제Y조가 위법하다고 하자. 여기서 법규명령인 건축법 시행령 제Y조의 무효확인을 구하는 소송이 추상적 규범통제에 해당한다. 그런데 서대문구청장이 건축법 시행령 제Y조를 근거로 하여 甲이 신청한 건축허가를 거부하였다고 하자. 이러한 경우, 甲이 건축법 시행령 제Y조의 위법을 이유로 건축허가거부처분의 취소를 구하는 소송이 구체적 규범 통제에 해당한다. 추상적 규범통제는 법규명령 등 규범 그 자체를 소송의 대상으로 하는데(청구취지의 예 : '건축법 시행령 제Y조가 무효임을 확인한다'라는 판결을 구 함) 반하여 구체적 규범통제란 개별 처분을 소송의 대상으로 하되(청구취지의 예 : '건축허가 거부처분을 취소한다'라는 판결을 구함), 법규명령 등 규범의 위법여부를 위법의 사유로 하는 점에서 양자가 다르다. 구체적 규범통제는 처분을 다투 면서 간접적으로 규범의 위법을 다투는 형식이다. 지배적 견해와 판례는 헌 법 제107조 제 2 항이 구체적 규범통제를 규정하는 것으로 새긴다. 따라서 지배적 견해와 판례에 의하면, 현행법상 법규명령에 대한 재판은 구체적 규 범통제만 인정되고 추상적 규범통제는 인정되지 아니한다.

> ■**헌법** 제107조 ② 명령·규칙 또는 처분이 헌법이나 법률에 위반되는 여부가 재 판의 전제가 된 경우에는 대법원은 이를 최종적으로 심사할 권한을 가진다.

5. 행정외부적 통제(3) ─ 헌법재판소에 의한 통제

헌법재판소(憲法裁判所)에 의한 통제는 재판을 통한 통제를 말한다. 그런 데 헌법 제107조 제 2 항의 규정상으로는 대법원이 명령·규칙 또는 처분의 심사기관인 것으로 보이는바, 헌법재판소도 명령·규칙을 심사할 수 있는가 의 문제가 발생한다. ① 헌법재판소는 구 법무사법 시행규칙에 대한 헌법소 원의 결정례(헌재 1990. 10. 15, 89헌마178)에서 대법원규칙인 구 법무사법 시행규 칙 제 3 조 제 1 항이 헌법상의 평등권과 국민의 직업선택의 자유를 침해하 는 위헌·무효의 규정이라고 결정함으로써 법규명령에 대하여 심사를 하였 다. ② 대법원은 이러한 헌법재판소의 결정에 대하여 헌법 제107조 제 2 항 이 명시적으로 명령·규칙에 대한 최종적인 심사권을 대법원에 부여하고 있다는 점과 법원과 헌법재판소 사이의 관할에 혼란을 가져온다는 점 등을 논거로 부정적인 입장을 표명한 바 있었다. 한편, ③ 다수의 학자들은 헌법 재판소의 입장을 지지하였다.

6. 행정외부적 통제(4) ─ 국민에 의한 통제

국민(國民)에 의한 통제는 여론・자문・청원・압력단체의 활동 등을 통해 이루어질 수 있다. 입법예고제(행정절차법 제41조 이하) 역시 국민에 의한 통제에 기여한다. 그러나 이러한 통제들은 그 효과가 간접적이라는 점에 한계를 갖는다. 그럼에도 국민주권(國民主權) 내지 주민참정(住民參政)이라는 원리에 입각하여 국민(주민)에 의한 통제방식은 강조되고 존중되어야 한다. 사회의 통합은 행정의 영역에서도 중요한 요청임을 상기할 필요가 있다.

제 2 항　행정규칙

[46]　행정규칙의 개념

① 서대문구청장이 여름철에 직권(職權)으로 부서별로 소속 공무원들에게 홍수에 취약한 구역을 정하여 출근할 때마다 둘러볼 것을 명하는 지침을 발령하였다면, 공무원들은 서대문구청장의 지침을 따라야 한다. 한편 ② 출입국관리법 제 4 조(출국의 금지) 제 2 항 본문에 의하면, "법무부장관은 범죄수사를 위하여 출국이 적당하지 아니하다고 인정되는 사람에 대하여는 1개월 이내의 기간을 정하여 출국을 금지할 수 있다"고 규정하고 있다. 출입국관리법 제 4 조 제 2 항에 의하여 법무부장관은 직권으로 ⓐ '범죄 수사를 위하여 출국이 적당하지 아니하다고 인정되는 사람'에 관한 기준을 일반적으로 정하게 되고, 또한 ⓑ 그러한 자에 대하여 어느 기간 동안 출국을 금지할 것인지의 기준을 정하게 된다. ⓐ의 기준은 '범죄 수사를 위하여 출국이 적당하지 아니하다고 인정되는 사람'이라는 법률조문의 해석을 위한 것이고, ⓑ의 기준은 출국금지기간의 결정을 위한 재량권 행사를 위한 것이다. 출입국관리사무를 행하는 행정기관은 ⓐ와 ⓑ의 기준을 따라야 한다. 행정기관은 ①의 지침이나 ②의 ⓐ와 ⓑ의 기준을 따라야 하지만, 국민이 따라

야 하는 것은 아니다. ①의 지침이나 ②의 ⓐ와 ⓑ의 기준은 구청장이나 장관이 법률의 위임을 받아 정한 것이 아니라 직권으로 정한 것으로서 행정기관을 구속하는 법일 뿐, 국민을 구속하는 법(즉, 국민이 법원에 가서 그 위반을 다툴 수 있는 법)은 아니다. ①의 지침이나 ②의 ⓐ와 ⓑ의 기준과 같이 행정조직내부(특별한 공법상의 법률관계내부 포함)에서 그 조직과 활동을 규율하는 일반추상적인 명령으로서 법규(국민을 구속한다는 의미)의 성질을 갖지 않는 행정입법을 행정규칙(行政規則)이라 한다. 행정규칙은 일반추상적인 명령인 점에서 법규명령과 같으나, 일반적으로 국민을 구속하는 성질을 갖지 아니하는 점에서 법규명령과 다르다. 행정규칙은 행정명령이라고도 한다.

[47] 행정규칙의 헌법적 근거

1. 권력분립

권력분립국가에서 입법(立法)은 국민의 대표기관인 국회가 한다. 권력분립의 원칙에 입각한 우리의 헌법도 제40조에서 "입법권은 국회에 속한다"고 규정함으로써 국회가 입법기관임을 명시하고 있다. 그러나 「국회가 입법기관이라는 것」이 「국회가 국가의 모든 사항에 관하여 법률로 정하여야 한다」는 것은 아니다. 말하자면 헌법이나 법률에서 법률로 정하라고 규정하는 사항이나 국가공동체의 중요한 사항은 반드시 국회가 법률로 정하여야 한다. 그러나 그 밖의 사항에 관해서도 반드시 국회가 법률로 정하여야 하는 것은 아니다.

2. 행정권의 고유권능

삼권분립은 입법권과 행정권, 그리고 사법권이 동등한 권력임을 전제로 한다. 국회가 입법권을 갖는다고 하여 행정권의 독자성(獨自性)을 부인할 수 있는 정도에 이르는 사항까지 법률로 정한다면, 그것은 오히려 권력분립의 원칙에 어긋나는 것이 된다. 따라서 행정권도 입법권이 정한 입법을 집행함에 있어서 입법권자의 의사에 반하지 아니하는 범위 안에서 제한적이지만 독자적으로 입법을 할 수 있는 권한을 갖는다고 보아야 한다. 말하자면 행정권도 권력분립의 원칙과 법률유보의 원칙 등 헌법상 기본원칙에 위반되지 아니하는 범위 안에서 독자적으로 입법을 할 수 있는 권한을 갖는다. 행정권의 이러한 권한은 행정권에 내재하는 고유한 권능에 속한다. 행정권에 내재하는 고유한 권능에 근거하여 행정권이 정립하는 입법이 바로 행정규칙이다.

[48] 행정규칙의 성질

1. 내부법

행정규칙은 행정기관(行政機關)이 준수하여야 하는 법이다. 행정기관을 구속한다는 의미에서 법규성을 갖는다. 행정규칙은 행정조직 내부에서만 법적 구속력을 갖는다고 하여 내부법(內部法)이라고 부른다. 공무원이 행정규칙을 위반하면, 법령을 위반한 것이 된다.

2. 외부법

행정규칙은 국민(國民)을 구속하는 법은 아니다. 「국민을 구속한다」는 것은 국민이 따라야 한다는 것을 의미하고, 또한 행정기관이 위반하면 국민이 그 위반을 다툴 수 있다는 것을 의미한다. 국민을 구속하는 법을 외부법(外部法)이라 부르는데, 행정규칙은 국민을 구속하는 법이 아니기 때문에 외부법이 아니다. 다만 저자는 국민에게 수익적인 행정규칙의 경우, 외부법으로 보아야 할 경우도 있을 것이라 주장하고 있다.

[49] 행정규칙의 종류

1. 내용에 따른 종류

(1) 조직규칙 · 근무규칙   조직규칙(組織規則)은 행정청 내부의 조직 · 질서 · 권한 · 절차를 규율하는 규칙(예 : [47]의 ①의 부서별 조직에 관한 규칙)을 말하고, 근무규칙이란 하급기관이나 기관구성자인 공무원의 근무에 관한 규칙(예 : [47]의 ①의 홍수에 취약한 구역의 순찰에 관한 규칙)을 말한다.

(2) **법률해석규칙**　　　법률해석규칙(法律解釋規則)이란 [47]의 ⓐ와 같이 법률의 통일적·단일적인 적용을 위한 법규범의 해석과 적용에 관한 규칙을 말하며, 규범해석규칙 또는 해석준칙이라고도 한다.

(3) **재량지도규칙**　　　재량지도규칙(裁量指導規則)이란 [47]의 ⓑ와 같이 통일적이고도 동등한 재량행사를 확보하기 위해 어떠한 방식으로 재량을 행사할 것인가에 관한 규칙을 말하며, 재량준칙이라고도 한다.

(4) **법률대위규칙·법률보충규칙**　　　법률대위규칙(法律代位規則)이란 법률이 필요한 영역이지만 법률이 없는 경우에 이를 대신하는 고시·훈령 등(행정규칙)을 말하고, 법률보충규칙(法律補充規則)이란 법률의 내용이 일반적이어서 보충 내지 구체화의 과정이 필요하기 때문에 이를 보충하거나 구체화하는 고시·훈령(행정규칙)을 말한다.

2. 형식에 따른 종류

(1) **고시·훈령형식의 행정규칙**　　　행정규칙은 실정법상 형식에 따라 통상 고시(告示) 또는 훈령(訓令)의 형식으로 발령된다. 고시형식과 훈령형식은 법적 성질이나 효과에 있어서 차이가 없다. 고시(告示)란 행정기관이 법령이 정하는 바에 따라 일정한 사항을 불특정다수의 일반인에게 알리는 행위(형식)를 말한다. 고시에는 법규의 성질을 갖는 것도 있고, 행정행위의 적법요건(성립발효요건)으로서의 고시도 있다.

[**참고**] 종래의 구 사무관리규정은 고시·훈령, 훈령·지시·예규·일일명령이라는 용어를 사용하였고, 사무관리규정 시행규칙에서 그 의미를 정리해두었다. 그러나 현행의 행정업무의 운영 및 혁신에 관한 규정에는 이러한 용어가 나타나지만, 현행의 행정업무의 운영 및 혁신에 관한 규정 시행규칙에는 이러한 용어의 의미를 정리하는 바가 없다. 이 책에서는 그 용어들을 종래의 사무관리규정 시행규칙에서 정리하였던 의미로 사용한다.

(2) **훈령의 종류**　　　훈령(訓令)은 다시 협의의 훈령·지시·예규·일일명령으로 세분된다. 협의의 훈령(訓令)이란 상급기관이 하급기관에 대하여 장기간에 걸쳐 그 권한의 행사를 일반적으로 지시하기 위하여 발하는 명령

(예 : 외교부장관이 재외 공관장에게 '재외 공관장은 A국이 주최하는 일체의 모임에 참석하지 말라'는 명령)을 말하고, 지시(指示)란 상급기관이 직권 또는 하급기관의 문의에 의하여 하급기관에 개별적 · 구체적으로 발하는 명령(예 : A국주재 대사가 외교부장관에 보낸 질의에 대한 답변으로서 장관이 대사에게 보낸 '재외 공관장은 A국이 주최하는 X모임에 참석하지 말라'는 명령)을 말하며, 예규(例規)란 행정사무의 통일을 기하기 위하여 반복적 행정사무의 처리기준을 제시하는 법규문서 외의 문서를 말하고, 일일명령(一日命令)이란 당직 · 출장 · 시간외근무 · 휴가 등 일일업무에 관한 명령을 말한다. 그러나 그 내용이 일반추상적인 규율이 아닌 것은 행정규칙이 아니다.

(3) **부령형식**   판례상 행정규칙의 특별한 형태로 제재적 행정처분기준과 관련하여 부령형식의 행정규칙이 있다. 판례는 영업허가의 취소 또는 정지처분에 관한 기준과 같은 제재적 행정처분기준이 법령의 위임을 받아 부령에서 정해지면, 그러한 행정처분기준(예 : 식품위생법 제75조 제5항 등에 따른 식품위생법 시행규칙 제89조 [별표 23]의 행정처분기준)은 행정규칙이라 한다. 그러나 판례는 과징금처분기준이 법령의 위임을 받아 대통령령에서 정해지면, 그러한 처분기준(청소년 보호법 제54조 제1항과 제2항에 따른 청소년 보호법 시행령 제44조 제1항과 제2항 [별표 10][별표 11]의 행정처분기준)은 행정규칙이 아니라 법규명령이라 한다. 판례의 입장을 따르게 되면, 행정규칙의 기본적인 법형식(法形式)은 고시 · 훈령이지만, 예외적으로 부령형식의 행정규칙도 있다고 하겠다. 그러나 저자는 행정처분기준을 부령에서 규정한다고 하여도, 그것이 상위의 법령의 위임에 따른 것이라면 법규명령으로 본다. 물론 법령의 근거 없이 부령이나 대통령령에서 행정내부적인 사항을 정하면, 그러한 부령이나 대통령령은 당연히 행정규칙에 해당한다.

[참고] ■식품위생법 제75조(허가취소 등) ① 식품의약품안전처장 또는 특별자치시장 · 특별자치도지사 · 시장 · 군수 · 구청장은 영업자가 다음 각 호의 어느 하나에 해당하는 경우에는 대통령령으로 정하는 바에 따라 영업허가 또는 등록을 취소하거나 6개월 이내의 기간을 정하여 그 영업의 전부 또는 일부를 정지하거나 영업소 폐쇄(제37조 제4항에 따라 신고한 영업만 해당한다. 이하 이 조에서 같다)를 명할 수 있다. (각 호 생략)

⑤ 제 1 항 및 제 2 항에 따른 행정처분의 세부기준은 그 위반 행위의 유형과 위반 정도 등을 고려하여 총리령으로 정한다.

■ **식품위생법 시행규칙** 제89조(행정처분의 기준) 법 제71조, 법 제72조, 법 제74조부터 법 제76조까지 및 법 제80조에 따른 행정처분의 기준은 [별표 23]과 같다.

　　[별표 23] 행정처분기준(제89조 관련)

　　Ⅱ. 개별기준

　　3. 식품접객업(영 제21조 제 8 호의 식품접객업을 말한다)

　　(11) 법 제44조 제 2 항을 위반한 경우

　　　라. 청소년에게 주류를 제공하는 행위(출입하여 주류를 제공한 경우 포함)를 한 경우

　　　　1차 위반　　　　2차 위반　　　　3차 위반

　　　　영업정지 2개월　영업정지 3개월　영업허가취소 또는 영업소폐쇄

□ 판례에 의하면, 청소년에게 주류를 제공하는 행위를 1차로 위반한 식품접객업자에게 영업정지 2월이 아니라 영업정지 3월이나 영업허가취소를 하여도 위법하다고 단언할 수 없다. 왜냐하면 판례는 식품위생법 시행규칙 제89조의 [별표 23]의 행정처분기준을 법규명령이 아니라 행정규칙으로 보기 때문이다. 그러나 영업정지 3월이나 영업허가취소가 비례원칙 등에 위반한다면, 위법한 것이 된다.

[50] 행정규칙의 근거와 한계

1. 근 거

헌법상 행정규칙의 발령을 위한 권능은 집행권에 내재(內在)하는 것이고, 행정규칙은 국민의 법적 지위에 직접 침익적(侵益的)으로 작용하는 것이 아니고, 하급기관의 권한행사를 지휘하는 것이므로 상급기관이 갖는 포괄적인 감독권에 근거하여 발할 수 있다. 따라서 행정규칙의 발령에는 개별적인 근거법은 필요로 하지 아니하고, 일반적인 조직규범(組織規範)으로 족하다(통설). 예컨대 국방부장관은 정부조직법 제33조를 근거로 병무행정사무와 관련하여 병무청장에 대하여 행정규칙을 발할 수 있다.

■ **정부조직법** 제33조(국방부) ① 국방부장관은 국방에 관련된 군정 및 군령과 그 밖에 군사에 관한 사무를 관장한다.

③ 징집·소집 그 밖에 병무행정에 관한 사무를 관장하기 위하여 국방부장관 소속으로 병무청을 둔다.

2. 한 계

행정규칙은 법률이나 상위의 행정규칙에 반할 수 없고, 비례원칙 등 행정법의 일반원칙에 반할 수 없다. 행정규칙은 목적상 필요한 범위 내에서만 가능하다. 행정규칙으로 국민의 권리를 제한하거나 의무를 부과할 수는 없다. 저자는 행정규칙으로 국민에게 이익을 부여할 수는 있다고 본다.

[51] 행정규칙의 적법요건

행정규칙이 적법(適法)하기 위해서는 다음의 여러 요건을 구비하여야 한다. ① 권한 있는 기관이 제정하여야 한다. ② 행정규칙의 내용은 법규나 상위규칙에 반하지 않아야 하고, 실현불가능하지 않고, 명확하여야 한다. ③ 행정규칙에 관해 소정의 절차와 형식이 있으면, 그것을 갖추어야 한다. ④ 개별 법령상의 수권(위임)이 있어야 하는 것은 아니다. ⑤ 행정규칙은 적당한 방법으로 통보되고 도달하면 효력을 갖는다. 반드시 국민에게 공포되어야만 하는 것은 아니다.

[52] 행정규칙의 하자

1. 의 의

적법요건을 완전히 갖춘 행정규칙은 적법한 행위로서 효력을 발생하게 된다. 그러나 행정규칙의 적법요건에 미비가 있으면, 하자(瑕疵) 있는 것이 되어 위법한 행정규칙이 된다. 하자 있는 행정규칙은 효력을 발생하지 못한다. 법무부장관이 서대문구청 소속 공무원에게 여름철에 홍수에 취약한 지역을 순시하도록 하는 지침을 발령하였다고 한다면, 그러한 지침(근무규칙)은 권한 없는 기관이 제정한 것이어서 무효이고, 따라서 서대문구청 소속 공무원은 법

무부장관의 지침(근무규칙)을 따를 필요가 없다. 하자 있는 행정행위는 무효 또
는 취소의 대상이 되지만, 하자 있는 행정규칙의 경우에는 무효만 있다.

2. 하자 있는 행정규칙에 따른 행정행위

하자 있는 행정규칙에 따른 행정행위가 당연히 하자가 있다고 말하기
어렵다. 하자 있는 행정규칙에 따른 행정행위가 하자가 있는지의 여부는 그
행정행위와 관련된 법률과 법규명령에 위반되는가의 여부에 따라 판단하여
야 한다. 예컨대 만약 서대문구청장이 [49] 2. (3) [참고]의 내용을 무시하고
1회 위반에 영업정지 3개월, 2회 위반에 영업정지 6개월, 3회 위반에 영업허
가 취소라는 서대문구 자체의 기준을 마련하고, 이에 따라 2회 위반자 甲에
게 영업정지 6개월을 부과하였다고 하자. 서대문구청장이 마련한 처분기준
은 식품위생법 제75조 제4항에 따른 식품위생법 시행규칙 제89조 [별표
23]에 위반한 것이 된다. 그렇다고 '甲에게 한 영업정지 6개월이 식품위생
법 시행규칙 제89조 [별표 23]을 위반하였으므로 위법하다'라고 말하기 어
렵다. 왜냐하면 판례는 식품위생법 시행규칙 제89조 [별표 23]의 처분기준
을 행정규칙으로 보기 때문이다. 이 때문에 甲에게 한 영업정지 6개월의 위
법여부는 관련조문인 식품위생법 제75조 제1항과 비례원칙이나 행정의 자
기구속의 원칙 등 행정법의 일반원칙에 어긋나는지의 여부에 따라 판단하
여야 한다.

[53] 행정규칙의 소멸

① 행정규칙은 폐지의 의사표시로 소멸한다. A행정규칙의 폐지를 위한
규칙을 제정하면, A행정규칙은 폐지된다. ② 행정규칙 역시 일정사실의 발
생으로 소멸되기도 하는데, 이를 실효(失效)라고 한다. 실효사유로는 기존의
행정규칙의 내용과 반대되는 사항을 규정하는 상위 또는 동위의 행정규칙
의 제정, 법정부관의 성취(예 : '2020년 12월 31일까지 시행한다'는 행정규칙은 2020년 12
월 31일이 경과함으로써 소멸한다), 근거법령의 소멸(예 : A법률이 폐지되면, A법률을 위한

행정규칙은 폐지된다)을 볼 수 있다.

[54] 행정규칙의 효과

1. 행정내부적 효과

행정내부적 효과(行政內部的 效果)로 다음을 언급할 수 있다. ① 행정규칙은 발령기관의 권한이 미치는 범위 내에서 효력을 갖는다. 법무부장관이 발령한 행정규칙은 법무부의 소속기관과 공무원에 효력이 미칠 뿐, 국방부의 소속기관과 공무원 등에 미치는 것은 아니다. ② 행정규칙은 상대방을 직접 구속한다. 예컨대 법무부장관이 발령한 행정규칙은 법무부의 소속기관과 공무원을 직접 구속한다. 따라서 법무부 소속기관이나 공무원이 행정규칙에 반한 행위를 하면, 그러한 기관이나 공무원에게는 제재가 가해질 수 있다. ③ 따라서 내부적 구속력 역시 법적인 구속력으로 볼 것이다.

2. 행정외부적 효과 — 직접적·외부적 구속효

행정외부적 효과(行政外部的 效果)는 행정규칙이 직접 국민을 구속하는지(직접적 구속효), 아니면 간접적으로 구속하는지(간접적 구속효) 구분하여 살펴볼 필요가 있다. 먼저, 직접적·외부적 구속효(直接的·外部的 拘束效)에 관해 보기로 한다. 행정규칙은 직접적인 외부적 효과를 갖지 아니한다. ① 행정규칙으로 인해 사인(私人)의 권리와 의무는 발생하지 아니한다. 따라서 사인이 행정규칙을 근거로 권리의 발생이나 의무의 소멸을 주장할 수 없다. 예컨대 영세민에게 생활자금을 지원하는 것을 내용으로 하는 행정규칙이 있다고 하여도, 관련자에게 그러한 행정규칙을 근거로 생활자금의 지원을 요구할 수 있는 권리가 발생하지 아니한다. ② 행정규칙은 법원(法院)을 구속하지 아니한다. 따라서 행정규칙은 법원의 재판에 기준이 되지 아니한다. 행정규칙이 재판에 참고자료는 될 수 있다. ③ 행정규칙은 법규가 아니므로 행정규칙위반은 위법(違法)이 아니다. 따라서 행정기관이 사인에 대하여 규칙위반의 불이익처분을 하여도 사인은 규칙위반을 이유로 다툴 수 없다(이와 관련하여 [53]

2.를 보라). 아울러 행정규칙에 따른 행정처분이라 하여 적법하다고 추정되지 아니한다.

3. 행정외부적 효과 ─ 간접적·외부적 구속효

(1) **평등원칙과 행정의 자기구속** 행정규칙은 내부적 구속효를 갖기 때문에 공무원들은 행정규칙을 준수하여야 한다. 그런데 평등원칙에 의거하여 상황에 변동이 없는 한 공무원들은 행정규칙을 영속적으로 누구에게나 동등하게 적용하여야 한다. 만약 특별한 사정이 없음에도 불구하고 동등하게 적용하지 아니한다면, 그것은 평등의 원칙에 위반하는 것이 된다. 이것은 결국 행정청은 자신이 만든 규칙에 따라야 한다는 것을 뜻하는 것이고, 이것은 행정의 자기구속의 원칙으로 표현되기도 한다. 행정의 자기구속(自己拘束)의 원칙은 평등원칙의 구체화이다(이와 관련하여 이 책 [10] 2.를 보라).

(2) **행정의 자기구속과 간접적 구속력** 행정의 자기구속의 원칙으로 인해 행정규칙은 간접적으로 구속효를 갖는다. 예컨대 미성년자에 대한 주류판매 1차 위반으로 적발된 식품접객업자인 甲에게 2개월의 영업정지처분을 하였다고 하더라도, 미성년자에 대한 주류판매 1차 위반으로 적발된 식품접객업자인 乙에게 2개월의 영업정지처분이 아니라 영업허가취소처분을 할 수도 있지만, 특별한 사정이 없음에도 불구하고 乙에게 영업허가취소처분을 하였다면, 그것은 평등원칙의 구체화인 행정의 자기구속의 원칙에 위반하는 것이 된다. 따라서 행정의 자기구속의 원칙으로 인해 처분기준은 간접적으로 구속력을 갖는다고 말하게 된다.

(3) **위법의 근거로서 행정의 자기구속의 원칙** 행정규칙은 직접적인 외부효를 갖지 아니하므로 사인은 행정규칙위반을 이유로 다툴 수는 없다. 예컨대 판례에 의하면, 1차 위반으로 영업정지 2개월의 처분을 받은 甲과 달리 특별한 사정이 없음에도 1차 위반으로 영업허가취소처분을 받은 乙은 영업허가취소처분이 식품위생법 시행규칙 제89조 [별표 23]의 행정처분기준을 위반한 위법을 이유로 다툴 수는 없고, 행정법의 일반원칙인 행정의 자기구속의 원칙에 위반한 위법을 이유로 다툴 수 있을 뿐이다. 이미 언급한

바와 같이 판례는 식품위생법 시행규칙 제89조 [별표 23]의 행정처분 기준을
내부법인 행정규칙으로 보기 때문이다(이에 관하여 이 책 [50] 2. (3) [참고]를 보라).

[참고] 당연무효의 처분에 관한 판례

[1] 일반적으로 과세대상이 되는 법률관계나 소득 또는 행위 등의 사실관계가 전
혀 없는 사람에게 한 과세처분은 하자가 중대하고도 명백하다(대판 2024. 3. 12,
2021다224408).

[2] 과세관청이 조세를 부과하고자 할 때에는 해당 조세법규가 규정하는 조사방
법에 따라 얻은 정확한 근거에 바탕을 두어 과세표준을 결정하고 세액을 산출하
여야 하며, 이러한 조사방법 등을 완전히 무시하고 아무런 근거도 없이 막연한
방법으로 과세표준과 세액을 결정, 부과하였다면 이는 하자가 중대하고도 명백하
여 당연무효이다(대판 2024. 3. 12, 2021다224408).

[55] 행정규칙의 통제

1. 의 의

행정규칙의 통제란 행정규칙이 적법하고 타당한 것이 되도록 하기 위한
일체의 작용을 말한다. 행정규칙의 통제에는 ① 자기통제(自己統制)로서 행정권
스스로에 의한 통제와 ② 타자통제(他者統制)로서 국회에 의한 통제, 법원에 의
한 통제, 헌법재판소에 의한 통제, 그리고 국민에 의한 통제를 볼 수 있다.

2. 행정내부적 통제

행정권(行政權) 스스로에 의한 통제방식으로는 ① 절차상 통제, ② 감독
권에 의한 통제, ③ 공무원·행정기관의 법령심사, ④ 행정심판이 있다. ①
절차상 통제(節次上 統制)로는 행정절차법상 입법예고제 등을 볼 수 있다. ②
감독권(監督權)에 의한 통제로는 대통령이나 국무총리가 장관에게 행정규칙
의 제정이나 개정을 명하는 경우를 볼 수 있다. ③ 행정규칙이 명백히 위법
하다면, 공무원이나 행정기관은 행정규칙의 적용을 거부할 수 있다. 즉, 이
러한 범위 안에서 공무원이나 행정기관은 법령심사권(法令審査權)을 갖는다.

④ 행정심판을 통한 통제도 있다. 행정심판법 제59조는 중앙행정심판위원회에 예규·고시 등의 개선에 관한 강력한 통제권을 부여하고 있다.

3. 행정외부적 통제(1) ― 국회에 의한 통제

국회(國會)에 의한 통제에는 ① 간접적 통제와 ② 직접적 통제가 있다. ① 간접적 통제(間接的 統制)에는 현행법제상 부령의 제정권자인 국무총리나 장관에 대한 해임건의제도, 국정감사와 국정조사제도 등을 볼 수 있다. 한편, ② 직접적 통제(直接的 統制)로는 행정규칙을 국회에 제출하게 하는 제출절차(提出節次)가 도입되어 있다(국회법 제98조의2)(이와 관련하여 이 책 [46] 3.을 보라).

4. 행정외부적 통제(2) ― 법원에 의한 통제

법원(法院)에 의한 통제는 재판을 통한 통제를 말한다. 판례에 의하면, 행정규칙 그 자체는 행정소송법에서 규정하는 소송의 대상인 처분에 해당하지 아니하고, 또한 행정규칙은 국민과 법원을 구속하는 법규가 아니므로 재판의 기준이 될 수도 없다.

5. 행정외부적 통제(3) ― 헌법재판소에 의한 통제

헌법재판소(憲法裁判所)에 의한 통제는 재판을 통한 통제를 말한다. 행정규칙이 기본권을 침해하고 아울러 다른 방법으로는 이러한 침해를 다툴 수가 없어서 결과적으로 권리보호가 불가능하다면, 헌법소원의 방식으로 이를 다툴 수 있다(헌법 제111조 제 1 항, 헌법재판소법 제68조 제 1 항).

6. 행정외부적 통제(4) ― 국민에 의한 통제

입법예고제를 제외한다면, 법규명령에 대한 국민의 통제의 경우와 다를 바 없다.

제 2 절 행정계획

[56] 행정계획의 의의

1. 국가와 계획

정부와 지방자치단체는 쾌적한 생활환경의 조성, 지역경제의 원활한 발전, 자연환경 및 경관의 보전, 국민생활과 경제활동에 필요한 토지 및 각종 시설물의 효율적 이용과 원활한 공급 등을 목적으로 인구·경제·사회·문화·토지이용·환경·교통·주택에 관한 각종 정보를 수집·분석하고, 전문가와 국민(주민)의 의견을 수렴하는 과정 등을 거쳐 구체적인 국토계획·도시계획(안)을 수립하고 시행한다.

2. 계획의 개념

전통적 견해와 판례는 앞에서 본 국토계획·도시계획과 같이 「행정에 관한 전문적·기술적 판단을 기초로 하여 특정한 행정목표를 달성하기 위하여 서로 관련되는 행정수단을 종합·조정함으로써 장래의 일정한 시점에 있어서 일정한 질서를 형성하기 위하여 설정된 활동기준」을 행정계획(行政計劃)이라 한다.

[참고] 행정계획의 개념에 관한 판례   행정계획이란 행정에 관한 전문적·기술적 판단을 기초로 하여 도시의 건설·정비·개량 등과 같은 특정한 행정목표를 달성하기 위하여 서로 관련되는 행정수단을 종합·조정함으로써 장래의 일정한 시점에 일정한 질서를 실현하기 위한 활동기준으로 설정된 것이다(대판 2023. 11. 16, 2022두61816).

3. Plan과 Planning의 구분

전통적 견해와 판례는 「활동기준」을 행정계획의 핵심적인 개념요소(槪念要素)로 새긴다. 그러나 구체적인 도시계획(안)과 같은 활동기준(Plan)과 활동기준을 마련하기까지의 체계적인 과정(Planning)을 구별할 필요가 있다. 행정계획의 통제는 구체적 계획(Plan)뿐만 아니라 과정으로서의 계획(Planning)에도 필요하다. 과정으로서의 계획(Planning)은 기획이라고도 한다. 한편, 구체적 계획(Plan)에 문제가 있으면, 다시 과정으로서의 계획(Planning)을 거쳐 새로운 구체적 계획(Plan)을 가져오게 되는바, 과정으로서의 계획(Planning)은 구체적 계획(Plan)을 포함하는 개념이 된다. 예컨대 일부 독자들은 국가시험일자가 공고되면, 각종 정보와 경험을 바탕으로 여러 생각을 수정하는 과정을 거치면서(Planning-1) 수험을 대비하는 계획표(Plan-1)를 만들 것이다. 수험생이 게을리 공부하거나 계획표에 문제가 있어 계획대로 수험준비가 진행되지 아니하면, 다시 문제점을 반영하는 과정을 거치면서(Planning-2) 새로운 계획표(Plan-2)를 만들 것이다. 이 때문에 Plan은 Planning의 산물이라 할 수 있고, Planning은 Plan을 포함하는 개념이라 말할 수 있다. 요컨대 계획은 영속적인 과정이지 일회적(一回的)인 의사결정이 아니다.

[57] 행정계획의 성질

1. 논의의 의미

행정계획의 성질(性質)을 살피는 것은 특히 행정계획의 사법적 통제(행정소송)와 관련한다. 우리나라의 행정소송법은 처분만을 행정소송으로 다툴 수 있다고 규정한다. 따라서 행정계획이 처분(행정행위)에 해당하면, 행정소송을 통해 위법한 행정계획을 다툴 수 있지만, 행정계획이 처분(행정행위)에 해당하지 아니한다면, 행정소송을 통해서는 위법한 행정계획을 다툴 수 없다. 또한 행정계획의 성질문제는 기본적으로 과정으로서의 계획(Planning)이 아니라 구체적 계획(Plan)과 관련한다.

2. 학 설

과거에는 행정계획의 성질과 관련하여 행정계획은 입법이라는 견해(입법행위설), 행정행위라는 견해(행정행위설), 입법행위와 행정행위의 성질을 동시에 갖는 행위라는 견해(혼합행위설), 행정계획은 입법도 행정행위도 아닌 독자적 성질을 가진 행위라는 견해(독자성설) 등이 있었다. 그러나 오늘날에는 행정계획의 법적 성질은 행정계획마다 개별적으로 검토하여야 한다는 견해(개별검토설)만이 주장되고 있다.

3. 판 례

판례는 도시계획결정과 관련하여 "(구)도시계획법 제12조 소정의 도시계획결정이 고시되면 도시계획구역 안의 토지나 건물 소유자의 토지형질변경, 건축물의 신축, 개축 또는 증축 등 권리행사가 일정한 제한을 받게 되는바 이런 점에서 볼 때 고시된 도시계획결정은 특정 개인의 권리 내지 법률상의 이익을 개별적이고 구체적으로 규제하는 효과를 가져오게 하는 행정청의 처분이라 할 것이고, 이는 행정소송의 대상이 된다(대판 1982. 3. 9, 80누105)"고 하였다.

4. 사 견

헌법 제54조가 정하는 「예산(예산계획)」은 일종의 법률의 성격을 갖는 헌법적 차원의 계획이고, 국토의 계획 및 이용에 관한 법률에서 규정하는 「도시·군관리계획」은 행정행위의 성질을 갖는 행정계획이지만, 각 행정기관이 민원사무를 신속하게 처리하기 위하여 임의적으로 수립·시행하는 「민원사무신속처리계획」 같은 것은 단순한 사실로서의 계획에 불과하다. 구체적인 계획은 법규범으로 나타날 수도 있고, 행정행위로 나타날 수도 있고, 단순한 사실행위로 나타날 수도 있다. 따라서 계획의 구체적인 법적 성질은 계획마다 개별적으로 검토되어야 한다. 개별검토설이 통설이다.

■**헌법** 제54조 ① 국회는 국가의 예산안을 심의·확정한다.
② 정부는 회계연도마다 예산안을 편성하여 회계연도 개시 90일 전까지 국회에 제출하고, 국회는 회계연도 개시 30일 전까지 이를 의결하여야 한다.

[58] 행정계획의 종류

1. 개 관

행정계획의 종류는 기본적으로 과정으로서의 계획(Planning)이 아니라 구체적 계획(Plan)과 관련한다. 행정계획은 계획기간에 따라 단기계획·중기계획·장기계획으로 구분할 수 있고, 계획대상지역에 따라 전국계획·지방계획·구역계획으로 구분할 수 있고, 생활영역에 따라 경제계획·사회계획·교육문화계획·시설계획 등으로 구분할 수 있다. 법학의 관점에서 중요한 구분은 자료제공적 계획·영향적 계획·규범적 계획의 구분이다.

2. 자료제공적 계획

자료제공적 계획(資料提供的 計劃)이란 단순히 자료나 정보를 제공하고 청사진만을 제시하는 계획으로 아무런 법적 효과도 갖지 않는 계획을 말한다. 이 계획은 미래행위의 가능성만을 제시한다. 자료제공적 계획은 법적으로는 아무런 효과를 갖지 않는다. 그러나 종래에 기업들이 투자를 함에 있어 정부의 「경제사회발전을 위한 5개년계획」에 많은 영향을 받았음을 볼 때, 「경제사회발전을 위한 5개년계획」과 같은 자료제공적 계획도 사실상으로는 영향력을 갖는다. 자료제공적 계획은 사법심사의 대상이 되지 아니한다. 자료제공적 계획을 비구속적 계획 또는 정보제공적 계획이라고도 한다.

3. 영향적 계획

영향적 계획(影響的 計劃)이란 명령이나 강제가 아니라 신용의 보증, 세제상의 혜택 등 재정수단을 통해 그 실현을 확보하려는 계획을 말한다. 예컨대 서울특별시가 A구에 소재하는 B지역 노후주택 개선사업을 위한 계획을 수립하면서, 자진하여 주택을 개량하는 자에게는 낮은 이율의 자금을 지원하거나 지방세를 감면하는 것을 계획의 내용으로 하는 경우, B지역 노후주택 개선사업계획은 영향적 계획에 해당한다. B지역 노후주택 개선사업계획에서 자진하여 주택을 개량하는 것이 법적 의무로서 강제되는 것은 아니지만, 융자나 지방세감면과 같은 경제적 이익의 부여를 매개로 하여 어느 정도 사실상 강제(事實上 强制)의 효과를 갖게 된다. 영향적 계획은 법적으로 강제성을 갖는 계획이 아니므로 원칙적으로 사법심사의 대상이 되지 아니한다. 영향적 계획을 반구속적 계획 또는 유도적 계획이라고도 한다.

4. 규범적 계획

규범적 계획(規範的 計劃)이란 법률·명령·행정행위 등 규범적인 명령이나 강제를 통해 목표의 달성을 확보하려는 계획이다. 국토의 계획 및 이용에 관한 법률 제24조 이하에 따른 도시·군관리계획은 국민(주민)이 따라야 한다. 도시·군관리계획에 위반하면, 예컨대 도시·군관리계획으로 결정된 자연환경보전구역에서 임의로 건축물을 건축하면, 벌칙이 가해질 수 있다. 한편 위법한 도시·군관리계획은 사법심사의 대상이 될 수 있다. 규범적 계획을 구속적 계획 또는 명령적 계획이라고도 한다.

[59] 행정계획의 절차

1. 일반법

행정계획의 절차는 구체적 계획(Plan)이 아니라 과정(過程)으로서의 계획(Planning)과 관련한다. 현재로서 행정계획의 절차를 규정하는 일반법은 없다.

현행 행정절차법에는 행정계획에 관한 규정이 없다. 한편, 국토의 계획 및 이용에 관한 법률 등 개별 계획법률에서는 행정계획절차에 관한 규정을 볼 수 있다. 행정계획절차는 행정내부적인 절차와 행정외부적 절차로 구분할 수 있다.

2. 관계행정기관 간의 조정

행정내부적 절차의 예로 ① 관계기관의 장과의 협의를 하게 하는 경우(예 : 국토기본법 제 9 조 제 3 항), ② 관계기관의 장의 의견을 듣도록 하는 경우(예 : 국토의 계획 및 이용에 관한 법률 제24조 제 5 항), ③ 상급행정청의 승인이나 조정을 받도록 하는 경우(예 : 국토의 계획 및 이용에 관한 법률 제22조의2 제 1 항), ④ 관련심의회의 심의를 거치게 하는 경우(예 : 대외경제장관회의규정 제 2 조), ⑤ 국무회의의 심의를 거치게 하는 경우(예 : 헌법 제89조 제 1 · 4 · 6 · 13호), ⑥ 지방의회의 의견을 듣도록 하는 경우(예 : 국토의 계획 및 이용에 관한 법률 제28조 제 5 항) 등을 볼 수 있다.

3. 주민 · 이해관계인의 참여

행정외부적 절차의 예로 주민 및 관계 전문가 등으로부터 의견을 듣기 위한 공청회(예 : 국토의 계획 및 이용에 관한 법률 제14조), 권한행정청의 도시 · 군관리계획 입안시 주민의 의견 듣기(예 : 국토의 계획 및 이용에 관한 법률 제28조 제 1 항) 등을 볼 수 있다.

4. 이익형량(형량명령)

행정청은 행정청이 수립하는 계획 중 국민의 권리의무에 직접 영향을 미치는 계획을 수립하거나 변경 · 폐지할 때에는 관련된 여러 이익을 정당하게 형량하여야 한다(절차법 제40조의4). 이를 형량명령이라 한다.

[60] 행정계획의 효과

1. 일반론

행정계획의 효과는 기본적으로 과정으로서의 계획(Planning)이 아니라 구체적 계획(Plan)과 관련한다. 개인의 자유와 권리를 제한하는 계획은 반드시 국민들에게 알려져야만 효력을 발생한다. 법률이나 부령 등 법령형식의 계획은 '법령 등 공포에 관한 법률'이 정한 바의 형식을 갖추어서 공포되어야 하고(법령 등 공포에 관한 법률 제11조), 특별한 규정이 없으면 공포한 날부터 20일이 경과함으로써 효력을 발생한다(법령 등 공포에 관한 법률 제13조).

■**법령 등 공포에 관한 법률** 제11조(공포 및 공고의 절차) ① 헌법개정·법률·조약·대통령령·총리령 및 부령의 공포와 헌법개정안·예산 및 예산 외 국고부담계약의 공고는 관보에 게재함으로써 한다.

2. 구속효

자료제공적 계획이나 영향적 계획은 구속효(법적 구속력)를 갖지 아니한다. 그러나 규범적 계획은 당연히 구속효를 갖는다. 그러나 구속효의 내용은 한마디로 말할 수 없다. "이 법에 따른 국토종합계획은 다른 법령에 따라 수립되는 국토에 관한 계획에 우선하며 그 기본이 된다. …"고 규정하는 국토기본법 제 8 조에서 보는 바와 같이 국가(國家)에 대하여 구속력을 갖는 계획도 있고, 사인이 국토의 계획 및 이용에 관한 법률에서 정하는 도시·군관리계획에 위반하면 벌칙이 가해지는 바와 같이 국민(國民)에 대하여 구속력을 갖는 계획도 있다. 한편 행정의 영속성·통일성, 사인의 신뢰확보와 관련하여 모든 계획은 강도에는 차이가 있지만, 사실상의 구속효를 갖는다.

[61] 행정계획의 통제

1. 의 의

행정계획의 통제는 구체적 계획(Plan)을 포함하는 의미의 과정으로서의 계획(Planning)과 관련한다. 행정계획의 통제란 행정계획이 적법하고 타당한 것이 되도록 하기 위한 일체의 작용을 말한다. 행정계획의 통제에는 ① 자기통제(自己統制)로서 행정권 스스로에 의한 통제, 즉 행정내부적 통제와 ② 타자통제(他者統制)로서 국회에 의한 통제, 법원에 의한 통제, 헌법재판소에 의한 통제, 그리고 국민에 의한 통제를 볼 수 있다.

2. 행정내부적 통제

행정계획에 대한 행정내부적 통제(行政內部的 統制)로는 ① 절차상 통제, ② 감독권에 의한 통제, ③ 공무원에 의한 심사, 그리고 ④ 행정심판이 있다. ① 절차상 통제란 행정계획의 수립과정에서 행정부 내부적으로 일정한 절차를 거치게 함으로써 행정계획의 합법성·합목적성을 확보하는 것을 말한다. ② 감독권에 의한 통제란 상급행정청이 행정계획의 합법성·합목적성의 확보를 위해 하급행정청에 대하여 행정계획의 기준·내용 등을 지시하거나, 기존의 행정계획의 취소·변경을 명하는 것을 말한다. ③ 공무원에 의한 심사란 행정계획이 명백히 위법한 경우, 공무원이나 행정기관이 행정계획의 시행을 거부할 수 있음을 말한다. ④ 행정심판에 의한 통제란 처분성을 갖는 행정계획은 행정심판을 통해 통제될 수 있음을 말한다.

3. 행정외부적 통제(1) ― 국회에 의한 통제

국회(國會)에 의한 통제에는 ① 간접적 통제와 ② 직접적 통제가 있다. ① 간접적 통제(間接的 統制)에는 현행법제상 국무총리나 장관에 대한 해임건의제도, 국정감사와 국정조사제도 등을 볼 수 있다. 그러나 이러한 간접적 통제수단은 그 효과가 통상 간접적이고 사후적이라는 데 한계가 있다. 한편, ② 직접적 통제(直接的 統制)에 관해서 보면, 현재로서 행정계획의 성립·발효에 국회가 직접 통제를 가할 수 있도록 규정하는 명시적 규정은 찾아보기 어렵다. 헌법상 예산(예산계획)은 국회의 의결을 요하지만, 예산계획은 정치적 계획으로서 통상의 행정계획과 성질을 달리한다. 생각건대 중요한 행정계획이 확정되면 이를 국회에 제출케 하는 제도를 일반적으로 도입할 필요가 있다.

4. 행정외부적 통제(2) ─ 법원에 의한 통제

(1) **문제상황**   법원(法院)에 의한 통제는 재판을 통한 통제를 말한다. 행정계획에 대한 재판은 ① 행정계획이 사법심사의 대상이 되는가, 그리고 ② 사법심사의 대상이 된다고 하는 경우, 법원이 어느 정도로 행정권에 자유영역을 인정하여야 하는가의 문제를 쟁점으로 한다. 예컨대 A시장이 국토의 계획 및 이용에 관한 법률이 정하는 바에 따라 B지구에 C도시·군관리계획을 책정·시행하였고, 이로 인해 자신의 땅값이 폭락한 甲이 C도시·군관리계획이 국토의 계획 및 이용에 관한 법률에 위반됨을 이유로 C도시·군관리계획의 취소를 구하는 소송을 제기하였다고 하자. 여기서 문제의 쟁점은 ① 과연 C도시·군관리계획이 행정소송법이 규정하는 행정소송의 대상인 처분에 해당하는지의 문제(처분성의 문제)와 ② 만약 C도시·군관리계획이 행정소송법이 규정하는 행정소송의 대상인 처분에 해당한다고 하더라도 법원은 C도시·군관리계획을 수립함에 있어서 A시장에게 어느 정도의 판단의 자유영역이 있다고 할 것인가의 문제(계획재량의 문제)가 있다.

(2) **처분성**   행정소송법 제 2 조 제 1 항 제 1 호는 「"처분등(處分等)"이라 함은 행정청이 행하는 구체적 사실에 관한 법집행으로서의 공권력의 행사 또는 그 거부와 그 밖에 이에 준하는 행정작용(이하 "처분"이라 한다) 및 행정심판에 대한 재결을 말한다」고 규정하면서, 행정소송법 제19조는 "취소소송은 처분등을 대상으로 한다. …"고 규정하고 있다. 따라서 행정계획이 취소소송의 대상이 되는가의 여부는 행정계획이 행정소송법상 처분등(처분+재결)에 해당하는가의 여부에 달려 있다(처분등에 관해 자세한 것은 이 책 [240] 이하를 보라). 앞에서 살펴본 바와 같이 행정계획의 성질은 행정계획마다 검토되어야 하지만, 국토의 계획 및 이용에 관한 법률에서 규정하는 도시·군관리

계획과 같이 행정행위의 성질을 갖는 행정계획은 처분등에 해당하므로, 취소소송의 대상이 된다.

(3) **계획법과 계획재량(형성의 자유)**　예컨대 甲이 위법한 A도시·군관리계획으로 법률상 이익이 침해되었다고 주장하면서, A도시·군관리계획의 취소를 구하는 소송을 제기하면, 법원은 당연히 A도시·군관리계획이 국토의 계획 및 이용에 관한 법률에 위반되는지의 여부를 심사하게 된다. 그런데 ① 식품위생법 등 전통적 의미의 법률(통상의 법률이라 부르기도 한다)은 「만약 … 하면, …한다」는 규정방식(예 : 만약 미성년자에게 술을 판매하면, 영업허가를 취소한다)을 취하지만, ② 국토의 계획 및 이용에 관한 법률 등 계획법률(計劃法律)은 「… 위하여, … 한다」는 규정방식(예 : 국토의 균형있는 발전을 위하여, … 계획을 수립한다)을 취한다. ①의 규정형식을 조건(條件)프로그램이라 하고, ②의 규정형식을 목적(目的)프로그램이라 한다. 조건프로그램에서는 규율상황 자체가 비교적 구체적이지만, 목적프로그램에서는 추상적인 목표를 제시할 뿐, 구체적인 계획의 내용에 관해서는 자세히 언급하지 않음이 일반적이다. 이 때문에 행정주체는 계획법률에 근거한 구체적인 계획을 책정하는 과정에서 광범위한 형성(形成)의 자유(自由)를 갖게 된다. 형성의 자유를 계획재량(計劃裁量)이라 부르기도 한다.

[참고] 행정계획상 형성의 자유에 관한 판례　도시공원 및 녹지 등에 관한 법률(이하 '공원녹지법'이라 한다) 등 관계 법령에는 추상적인 행정목표와 절차만이 규정되어 있을 뿐 행정계획의 내용에 대하여는 별다른 규정을 두고 있지 않으므로 행정주체는 구체적인 행정계획을 입안·결정하면서 비교적 광범위한 형성의 자유를 가진다(대판 2023. 11. 16, 2022두61816).

(4) **계획재량과 사법심사**　계획재량의 경우에 형성의 자유가 인정되는 범위 내에서 사법심사는 배제된다. 예컨대 어느 정도의 범위라고 단언할 수는 없지만, 도시·군관리계획을 수립함에 있어서 계획행정청에 고유한 형성의 자유영역이 있다고 말할 수밖에 없고, 그러한 형성의 자유영역 안에서 이루어진 계획내용에 대해서는 법원이 위법여부를 심사할 수는 없다. 한

편, 형성의 자유영역에도 한계가 있다. 즉 ① 계획상의 목표(目標)는 법질서에 부합하여야 하고, ② 수단(手段)은 목표실현에 적합하고, 필요하고 또한 비례적이어야 하고, ③ 법에서 절차(節次)를 정한 것이 있다면 그 절차를 준수하여야 하고, ④「전체로서 계획관련자 모두의 이익을 정당히 고려하여야 한다」는 형량명령(衡量命令)을 준수하는 전제 하에 형성의 자유는 인정된다. 어느 하나에 위반하여도 위법을 가져오게 된다.

  (5) 형량하자   형량명령의 위배, 즉 형량(계획에 관련된 자들의 이익을 정당하게 저울질하는 것)에 하자가 있는 경우로는 ① 형량이 전혀 없던 경우(예 : 도시·군관리계획을 수립하면서, 종래의 문제점을 그대로 유지하고 변화가 없는 경우), ② 형량에서 반드시 고려되어야 할 특정이익이 고려되지 않은 경우(예 : 신도시개발계획을 수립하면서 학교부지를 배제하여 장래 입주할 주민들의 자녀의 이익을 고려하지 아니한 경우), ③ 특정의 의미가 부인된 경우(예 : 재개발계획을 수립하면서 경제활성화만 고려한 탓으로 환경상 이익이 배제된 경우), ④ 공익과 사익 사이의 조정이 잘못되어 특정이익만을 위한 것으로, 즉 비례원칙이 깨뜨려진 것으로 판단되는 경우(예 : 재개발계획을 수립하면서 계획구역의 대부분을 공공기관의 입주구역으로 정하는 경우)가 있다. 여기서 ①·②·③·④의 구분이 반드시 명확한 것은 아니다.

  [참고] 행정계획상 형량하자에 관한 판례   행정주체가 가지는 이와 같은 형성의 자유는 무제한적인 것이 아니라 행정계획에 관련되는 자들의 이익을 공익과 사익 사이에서는 물론이고 공익 상호 간과 사익 상호 간에도 정당하게 비교교량해야 한다는 제한이 있다. 따라서 행정주체가 행정계획을 입안·결정하면서 이익형량을 전혀 행하지 않거나 이익형량의 고려 대상에 마땅히 포함시켜야 할 사항을 누락한 경우 또는 이익형량을 하였으나 정당성과 객관성이 결여된 경우에는 그 행정계획결정은 형량에 하자가 있어 위법하다(대판 2023. 11. 16, 2022두61816).

5. 행정외부적 통제(3) — 헌법재판소에 의한 통제

  헌법재판소(憲法裁判所)에 의한 통제는 재판을 통한 통제를 말한다. 실제상 예상하기 어렵지만, 법률형식의 행정계획이 기본권을 침해하고 아울러 다른 방법으로는 이러한 침해를 다툴 수가 없어서 결과적으로 권리보호가 불가능하다면, 헌법소원의 방식으로 이를 다툴 수 있다.

6. 행정외부적 통제(4) ― 국민에 의한 통제

(1) **의 미**   국민에 의한 행정계획의 통제수단으로 ① 행정계획과 정에 국민의 참여, ② 행정계획과 관련된 재산상 피해보상청구권(계획보장청구권)의 행사, ③ 행정계획과 관련된 특정행위청구권의 행사를 볼 수 있다. ① 은 직접적 통제수단의 의미를 갖지만, ②와 ③은 간접적 의미를 갖는다.

(2) **국민의 참여**   계획과정에 국민이 참여(參與)한다는 것은 민주주의 원리상, 계획의 입안·책정·수행에 있어 합리성 보장이라는 면에서, 또한 국민 권익침해의 사전예방이라는 면에서 의미를 갖는다. 현재로서 국민이 직접 계획의 입안에 참여하는 제도는 보이지 않는다. 그리고 구체적 계획의 결정단계에 국민이 참여할 수 있는 경우도 없다. 다만, 개별 법령상 이해관계인의 참여를 규정하는 경우는 있다.

(3) **계획보장청구권**   계획보장청구권의 용어는 상이하게 사용되고 있다. 계획보장청구권을 위에서 보는 계획과 관련된 특정행위청구권과 보상청구권의 상위개념으로 사용하기도 한다. 이 책에서는 계획보장청구권을 보상청구권 의미로 사용한다. 이러한 입장에서 볼 때, 계획보장청구권(計劃保障請求權)이란 시행중인 구체적 계획에 폐지나 변경이 있는 경우, 이로 인해 손실을 입은 개인이 계획주체에 대해 그 손실의 보상을 청구할 수 있는 권리를 말한다. 일반적으로 말해서 ① 자료제공적 계획의 경우에는 계획의 변경 등으로 인한 위험은 계획수범자가 부담하여야 하므로 계획보장청구권이 인정될 수 없다. ② 영향적 계획의 경우에는 행정권의 행위(예 : 지방세의 감면이나 융자의 제공)가 계획수범자(국민)의 의사결정에 본질적으로 그리고 실제상 강제적으로 영향을 미쳤다면 계획보장청구권이 발생할 수 있을 것이다. 그리고 ③ 명령적 계획의 경우에는 행정권의 행위가 계획수범자(국민)의 처분에 결정적인 것으로 보아야 할 것이므로 계획보장청구권이 널리 인정될 수 있다.

(4) **특정행위청구권**   특정행위청구권(特定行爲請求權)이란 계획작용과 관련하여 사인이 계획주체인 국가에 대하여 계획과 관련된 특정행위를 요

구할 수 있는 권리를 말한다. 이론상 특정행위청구권으로는 ① 사인이 행정주체에 대하여 일정영역에서 계획과정으로 나아갈 것을 요구할 수 있는 권리인 계획청구권(計劃請求權), ② 구체적인 계획을 변경하거나 폐지하려고 할 때에 계획의 존속을 청구할 수 있는 사인의 권리인 계획존속청구권(計劃存續請求權), ③ 사인이 기존의 적법한 계획의 변경을 청구할 수 있는 권리인 계획변경청구권(計劃變更請求權), ④ 기존계획과 상이한 방향으로 계획이 집행되는 경우에 기존의 계획을 따를 것을 요구할 수 있는 권리인 계획준수청구권(計劃遵守請求權), ⑤ 책정만 하고 집행하지 않는 계획을 집행할 것을 요구할 수 있는 권리인 계획집행청구권(計劃執行請求權)(계획준수청구권과 계획집행청구권을 합하여 (광의의) 계획준수청구권이라 부르기도 한다)의 인정여부가 문제된다. 개별 법령에서 사인을 보호하는 특별규정을 두고 있지 아니하는 한, 이러한 권리를 인정하기는 어렵다.

제 3 절 행정행위

제 1 항 행정행위의 관념

[62] 행정행위의 개념

1. 개념의 예시

① 세무서장이 소득세법에 근거하여 甲에게 미납한 2020년 종합소득세의 납부를 일방적으로 명하는 과세통지서를 보내오면, 甲은 과세통지서에 정한대로 납세하여야 한다. ② 지방경찰청장이 신촌로타리에서 발생한 도로교통법의 위반을 이유로 일정한 절차를 거친 후 乙에게 운전면허취소통지서를 보내오면 乙은 더 이상 운전을 하여서는 아니 된다. ③ 丙이 신촌동에 거주용 건물의 건축허가를 신청하였는데 구청장이 건축허가서를 보내오면 丙은 허가를 받은 대로 건축을 할 수 있다.

2. 예시의 분석

앞의 1.에서 예시된 행위들은 [첫째] 행정청이 하였다는 점(예 : ①의 경우에는 세무서장, ②의 경우에는 지방경찰청장, ③의 경우에는 구청장), [둘째] 법에 근거하였다는 점(예 : ①의 경우에는 소득세법, ②의 경우에는 도로교통법, ③의 경우에는 건축법), [셋

째] 구체적 사실에 대한 것이라는 점(예 : ①의 경우에는 2020년분 소득, ②의 경우에는 신촌로타리에서의 도로교통법위반, ③의 경우에는 신촌동에서의 건축허가신청), [넷째] 법을 만드는 것이 아니라 법을 집행한다는 점(예 : ①의 경우에는 세금의 부과, ②의 경우에는 운전면허의 취소, ③의 경우에는 건축허가), [다섯째] 권력적 단독행위라는 점(예 : ①의 경우에는 세무서장이 甲과 합의가 아니라 우월한 지위에서 일방적으로 행한 행위, ②의 경우에도 지방경찰청장이 을과 합의가 아니라 우월한 지위에서 일방적으로 행한 행위, ③의 경우에도 구청장이 병과 합의가 아니라 우월한 지위에서 일방적으로 행한 행위. 병의 신청이 있었으나, 병의 신청의 의사와 구청장의 허가의 의사는 대등한 것이 아니다), [여섯째] 공법적 행위라는 점(예 : ①의 경우에 발생하는 2020년분 소득에 대한 세금의 납부의무는 사인 간에서는 찾아볼 수 없는 공법적 효과이다. ②의 경우에 발생하는 운전면허금지의무는 국가와의 관계에서 나타나는 공법적 효과이다. ③의 경우에 발생하는 건축허가의 자유 역시 국가와의 관계에서 나타나는 공법적 효과이다)에서 공통의 성질을 갖고 있다.

3. 개념의 정의

명칭이 다르다고 하여도 공통의 성질을 갖는다면, 동일한 원리가 적용되어야 한다. 앞의 1.에서 예시된 행위들은 처분(①의 과세처분의 경우), 면허(②의 운전면허취소의 경우), 허가(③의 건축허가의 경우) 등 명칭을 달리하지만, 여러 가지 점에서 공통의 성질을 갖고 있으므로 이러한 행위들에 대해서는 동일한 원리가 적용되는 것이 논리적이고 합리적이다. 이러한 관점에서 행정법학자들은 허가·인가·특허·면허·승인·하명·면제·통지 등 명칭을 불문하고 「행정청이 법 아래서 구체적 사실에 대한 법집행으로서 행하는 권력적 단독행위로서 공법행위」를 행정행위라 부르고 있다.

4. 입법·공법상 계약·공법상 사실행위와 비교

(1) **입법과 구별**　　　행정행위는 개별적인 사람을 대상으로 하면서 구체적 사실에 대한 것이지만, 법률이나 행정입법 등 입법(立法)은 일반적인 사람을 대상으로 하면서 추상적 사실에 대한 것이라는 점에서 행정행위와 입법은 구별된다. 다음의 예로서 비교해 보기로 한다.

> **[입법]** 도로교통법 제93조 제1항 제15호 : 지방경찰청장은 운전면허를 받은 사람이 운전면허증을 다른 사람에게 빌려주어 운전하게 하거나 다른 사람의 운전면허증을 빌려서 사용한 경우의 어느 하나에 해당하면 행정안전부령으로 정하는 기준에 따라 운전면허(운전자가 받은 모든 범위의 운전면허를 포함한다. 이하 이 조에서 같다)를 취소하거나 1년 이내의 범위에서 운전면허의 효력을 정지시킬 수 있다.
>
> **[행정행위]** (乙의 자동차를 훔친 면허소지자인 甲에게) 甲의 운전면허를 취소

[입법]	사람의 일반성(一般性) …… 누구든지
	사건의 추상성(抽象性) …… 모든 종류의 훔치거나 빼앗는 행위
[행정행위]	사람의 개별성(個別性) …… 甲
	사건의 구체성(具體性) …… 乙의 자동차를 훔친 행위

한편, 사람은 일반적이지만 사건은 구체적인 경우도 있다. 예컨대 누구든지 교통신호등에 빨간 불이 켜지면 정차하여야 한다. 여기서 '누구든지'는 사람이 일반적임을 뜻하고, 빨간 불은 사건이 구체적임을 뜻한다. 교통신호등과 같이 사람은 일반적이고 사건이 구체적인 경우는 입법과 행정행위의 중간형태에 해당하나 학설과 판례는 행정행위로 본다. 그리고 학설은 이것을 일반처분(一般處分)이라 부른다.

(2) **공법상 계약과 구별**　　행정행위는 행정청이 우월한 지위에서 일방적으로 이루어내는 것이지만, 공법상 계약(公法上 契約)은 행정청과 상대방이 대등한 지위에서 이루어진다. 예컨대 행정행위인 「甲에 대한 세금부과처분」은 세무서장이 납세자인 甲과 합의하여 행하는 것이 아니라 세무서장이 세법에 근거하여 일방적으로 행하는 것이지만, 공법상 계약인 「乙을 계약직 공무원으로 채용하는 계약」은 행정청과 乙이 대등한 지위에서 이루어진다. 물론 공법상 계약도 법령이 정한 범위 안에서 이루어진다.

(3) **공법상 사실행위와 구별**　　행정행위는 법적 효과를 가져오지만, 공법상 사실행위(公法上 事實行爲)는 법적 효과를 가져오지 아니한다. 예컨대 세무서장이 甲에게 행정행위인 과세처분을 하면 甲에게는 세금을 납부하여야 할 공법상 의무가 발생하지만, 구청장이 주민들에게 사실행위인 절약운동을

위한 행정지도를 한다고 하여도 주민에게 절약의무가 발생하는 것은 아니다.

5. 처분개념과 비교

행정행위와 유사한 개념으로 실정법상으로는 처분(處分)이라는 용어가 사용되고 있다. 즉, 행정기본법 제2조 제4호는 「"처분"이란 행정청이 구체적 사실에 관하여 행하는 법 집행으로서 공권력의 행사 또는 그 거부와 그 밖에 이에 준하는 행정작용을 말한다」고 규정하고 있다. 행정절차법(제2조 제2호)·행정심판법(제2조 제1호)·행정소송법(제2조 제1항 제1호)도 유사한 개념 규정을 갖고 있다. 강학상 개념인 행정행위 개념의 요소와 실정법상 개념인 행정기본법상 처분 개념의 요소를 비교하면 다음과 같다.

행정행위 개념 (강학상 개념)	행정기본법상 처분 개념 (실정법상 개념)	비고
행정청이 법 아래서	행정청이	의미가 같다
구체적 사실에 대한	구체적 사실에 관하여	의미가 같다
법집행으로서 행하는	행하는 법집행으로서	의미가 같다
권력적 단독행위로서	공권력의 행사 또는 그 거부와	의미가
공법행위	그밖에 이에 준하는 행정작용	행정행위개념보다 넓다
		의미가 같다는 견해도 있다

6. 판결과 비교

	판결	행정행위
기본적 성격	분쟁해결수단	사회형성수단
판단의 대상	적법성에 관한 판단	적법성에 관한 판단 및 합목적성 판단
판단기관의 성격	분쟁당사자 아닌 제3자로서 법원	처분의 당사자로서 행정청
절차개시의 원인	원고의 소송제기에 의해	대부분 직권에 의해
절차의 엄격성	엄격한 절차	약식절차
위법결정(판결)	선고법원에 의한 취소 불가	처분청의 직권취소 가능

[63] 행정행위의 종류

1. 국가에 의한 행정행위 · 지방자치단체에 의한 행정행위

행정행위는 발령주체(發令主體)에 따라 국가(國家)에 의한 행정행위와 지방자치단체(地方自治團體)에 의한 행정행위로 구분할 수 있다. 전자의 예로 세무서장의 과세처분을 볼 수 있고, 후자의 예로 구청장의 주민세부과처분을 볼 수 있다.

2. 수익적 행위 · 침익적 행위 · 복효적 행위

(1) **수익적 행위와 침익적 행위**　　행정행위는 효과의 성질에 따라 수익적 행위 · 침익적 행위 · 복효적 행위로 나눌 수 있다. ① 수익적 행위(授益的 行爲)란 생활보조금이나 장학금의 지급결정과 같이 효과가 권리 · 이익을 내용으로 하는 행위를 말한다. ② 침익적 행위(侵益的 行爲)란 과세처분이나 입영처분과 같이 효과가 법적 불이익을 내용으로 하는 행위를 말한다.

	수익적 행위	침익적 행위
법률의 유보	엄격하지 않다	엄격하다
절차	엄격하지 않다	비교적 엄격하다
신청	비교적 신청을 전제로 한다	신청과 무관하다
부관	부관과 친하다	부관과 비교적 거리가 멀다
취소 · 철회	용이하지 않다	비교적 용이하다
강제집행	친하지 않다	비교적 친하다

(2) **복효적 행위**　　복효적 행위(複效的 行爲)란 효과가 수익적이자 동시에 침익적인 이중적인 것을 내용으로 하는 행위를 말하며, 이를 이중효과적 행정행위(二重效果的 行政行爲)라고도 한다. 복효적 행위도 ⓐ 단란주점영업허가(수익적)를 하면서 미성년자에게 주류판매를 금지하는 경우(침익적)와 같이 이중의 효과가 동일인에게 귀속하는 경우를 혼효적 행위(混效的 行爲)라 하고, ⓑ 황산제조공장의 건설을 허가하면 허가를 받은 자에게는 수익적이지만, 이웃주민들에게는 침익적인 경우에 보는 바와 같이 이중의 효과가 상이한

자에게 분리되는 경우의 행위를 제 3 자효(第三者效) 있는 행정행위라 한다. 여기서 이익이란 법적 이익을 말하고, 침익이란 법적 이익의 침해를 말한다. 수익적 행위와 침익적 행위는 위와 같은 차이점을 갖는다.

(3) 제 3 자효 있는 행위   원자력발전소의 건설허가와 같은 제 3 자효 있는 행정행위는 복수의 이해관계자를 갖는다는 점과 사익과 공익의 조화뿐만 아니라 사익과 사익의 조화도 중요한 문제가 된다는 점을 특징으로 갖는다. 여기서 제 3 자효란 직접적으로 제 3 자에게 법률상 이익에 관한 효과를 가져오는 경우를 말하고, 간접적으로 제 3 자에게 사실상 영향을 가져오는 것은 이에 해당하지 아니한다(예 : 정부가 보험회사의 보험료의 인상을 승인한 경우, 이로 인한 고객의 피해는 간접적이다). 행정청이 제 3 자효 있는 행위를 할 때에는 제 3 자의 권익보호를 위해 제 3 자에게 의견제출의 기회나 청문회에 참여할 수 있는 기회 등을 부여하여야 한다. 원자력발전소의 건설허가가 거부된 경우에 허가를 신청한 자가 거부처분의 취소를 구하는 행정심판이나 행정소송을 제기하게 되면, 제 3 자(원자력발전소의 건설허가로 피해를 입게 될 이웃 주민들)에게도 행정심판이나 행정소송에서 자기들의 입장을 밝힐 수 있는 기회를 반드시 제공하여야 한다.

3. 일방적 행위 · 협력을 요하는 행위

행정행위는 상대방의 협력(協力)이 필요한가에 따라 일방적 행위(一方的 行爲)와 협력(協力)을 요하는 행위로 구분할 수 있다. 전자의 예로 세무서장의 과세처분을 볼 수 있고, 후자의 예로 공무원임명신청에 따른 공무원임명을 볼 수 있다.

4. 대인적 행위 · 대물적 행위 · 혼합적 행위

행정행위는 규율대상(規律對象)에 따라 인적 요소를 대상으로 대인적 행위(對人的 行爲)와 물적 요소를 대상으로 하는 대물적 행위(對物的 行爲), 그리고 인적 요소와 물적 요소를 동시에 대상으로 하는 혼합적 행위(混合的 行爲)로 구분할 수 있다. 대인적 행위의 예로 운전면허를 볼 수 있고, 대물적 행위의 예로 건축허가를 볼 수 있고, 혼합적 행위의 예로 인적 요소인 19세 미만인 자가 아닐 것 등과 물적 요소인 카지노시설을 모두 요건으로 하는 카지노업허가를 볼 수 있다.

5. 요식행위 · 불요식행위

행정행위는 성립에 일정한 형식(形式)을 요하는가의 여부에 따라 요식행위(要式行爲)와 불요식행위(不要式行爲)로 구분할 수 있다. 전자의 예로 서면에 일정한 사항을 반드시 기재하여야 하는 세무서장의 과세처분을 볼 수 있고, 후자의 예로 도로상에서 이루어지는 교통경찰관의 교통상 지시를 볼 수 있다.

6. 일회적 행위 · 계속효 있는 행위

행정행위는 효과의 시간적 지속성(時間的 持續性)에 따라 1회적 행위(一回的 行爲)와 계속효(繼續效) 있는 행위로 구분할 수 있다. 전자의 예로 세금납부로 효과가 종료되는 세무서장의 과세처분을 볼 수 있고, 후자의 예로 진입금지표시가 철거되기 전까지는 계속적으로 효력을 갖는 도로상 진입금지표시를 볼 수 있다.

7. 수령을 요하는 행위 · 수령을 요하지 않는 행위

행정행위는 효력발생에 상대방의 수령(受領)이 요건이 되는가에 따라 수령을 요하는 행위와 수령을 요하지 않는 행위로 구분할 수 있다. 전자의 예로 세무서장의 과세처분을 볼 수 있고, 후자의 예로 특정 도로의 일시적 통행금지처분을 볼 수 있다.

8. 부분승인 · 예비결정 · 가행정행위

(1) 부분승인   원자력발전소 등 하나의 대단위사업을 위해서는 건축허가 · 시설허가 · 영업허가를 받는 것이 필요한데, 건축허가 · 시설허가 · 영업허가의 3가지를 동시에 받는 것은 어렵다. 이러한 경우에는 우선 건축허가부터 받고 이어서 시설허가와 영업허가를 차례로 받는 것이 일반적이

다. 여기서 건축허가만을 우선 내주는 것과 같이 단계화된 행정절차에서 사인이 원하는 바의 일부에 대해서만 우선 승인하는 행위를 부분승인(部分承認)이라 한다. 부분승인은 부분허가라고도 한다.

　(2) 예비결정　　　　예비결정(豫備決定)이란 "제11조에 따른 건축허가 대상 건축물을 건축하려는 자는 건축허가를 신청하기 전에 허가권자에게 그 건축물의 건축에 관한 다음 각 호의 사항에 대한 사전결정을 신청할 수 있다"고 규정하는 건축법 제10조 제1항에서 보는 바와 같이 종국적인 행정행위(예 : 건축법 제11조의 건축허가)를 하기에 앞서서 종국적인 행정행위에 요구되는 여러 요건 중에서 개별적인 몇몇 요건에 대한 결정(예 : 건축법 제10조의 사전결정)을 말한다.

> ■**건축법** 제10조(건축 관련 입지와 규모의 사전결정) ① 제11조에 따른 건축허가 대상 건축물을 건축하려는 자는 건축허가를 신청하기 전에 허가권자에게 그 건축물의 건축에 관한 다음 각 호의 사항에 대한 사전결정을 신청할 수 있다.
> 1. 해당 대지에 건축하는 것이 이 법이나 관계 법령에서 허용되는지 여부
> 2. 이 법 또는 관계 법령에 따른 건축기준 및 건축제한, 그 완화에 관한 사항 등을 고려하여 해당 대지에 건축 가능한 건축물의 규모
> 3. 건축허가를 받기 위하여 신청자가 고려하여야 할 사항
> 제11조(건축허가) ① 건축물을 건축하거나 대수선하려는 자는 특별자치시장·특별자치도지사 또는 시장·군수·구청장의 허가를 받아야 한다. 다만, 21층 이상의 건축물 등 대통령령으로 정하는 용도 및 규모의 건축물을 특별시나 광역시에 건축하려면 특별시장이나 광역시장의 허가를 받아야 한다.

　(3) **가행정행위**　　　　공무원이 위법행위를 하면 국가공무원법이나 지방공무원법이 정하는 바에 따라 징계의결을 요구당하게 되고, 징계의결이 요구중인 자에게는 국가공무원법이나 지방공무원법에 의해 잠정적으로 직위를 해제하게 되는데, 이러한 직위해제는 그 공무원이 징계의결이 이루어지기까지의 잠정적인 행위이고, 징계의결이 이루어지면, 징계의결된 내용에 따라 새로운 처분이 이루어지게 된다. 이와 같이 문자 그대로 행정법 관계를 잠정적으로 규율하는 결정을 가행정행위(假行政行爲)라 한다.

[64] 자동적 처분

1. 의 의

행정청이 법률로 정하는 바에 따라 완전히 자동화된 시스템(인공지능 기술을 적용한 시스템을 포함한다)으로 하는 처분을 말한다. 자동적 처분은 사람인 행위자(처분권자, 공무원)의 인식(의사적용) 없이 완전히 자동화된 시스템으로 발급되는 처분으로 이해된다. 자동적 처분이 행정에 활용되기 위해서는 법령의 근거가 필요하다. 도로에서 인공지능을 가진 기기가 자동화된 시스템에 따라 직접 운전자에게 진입 금지 등을 명하게 한다면, 그 기기의 명령은 자동적 처분에 해당할 것이다.

■행정기본법 제20조(자동적 처분) 행정청은 법률로 정하는 바에 따라 완전히 자동화된 시스템(인공지능 기술을 적용한 시스템을 포함한다)으로 처분을 할 수 있다. 다만, 처분에 재량이 있는 경우는 그러하지 아니하다.

2. 자동적으로 결정되는 처분과 구별

「자동적으로 결정되는 처분」은 처분 내용이 자동적으로 결정되지만, 처분의 통지는 처분청이 한다는 점에서 자동적 처분과 다르다. 자동적으로 결정되는 처분의 예로 세금의 부과결정, CCTV에 의한 과속단속, 컴퓨터추첨에 의한 학교배정 등을 볼 수 있다.

제 2 항 불확정개념, 기속행위 · 재량행위

[65] 법의 집행과정과 법의 해석 · 적용

1. 단란주점영업허가신청과 그 처리과정 분석

甲이 단란주점을 경영하고자 단란주점영업허가에 필요한 서류들(요건)을

구비하여 관할 A구청의 보건식품위생과에 제출하면, A구청의 담당공무원은
우선 甲이 제출한 서류가 단란주점영업허가를 위한 것임을 확인한 후, ①
甲이 제출한 서류가 식품위생법이 규정하는 서류를 모두 구비한 것인지를
살피고, ② 구비하였다면, 허가할 것인지의 여부를 선택하게 되고, 구비하지
못하였다면 서류의 보완을 요구하거나 허가거부처분을 하게 될 것이다. 여
기서 ①은 단란주점영업허가에 관한 요건(要件)의 심사과정이고, ②는 단란주
점영업허가의 효과(效果)의 선택과정이다. 이와 같이 법의 집행은 일정한 사
실관계(甲의 단란주점영업허가신청)를 전제로 요건의 구비여부와 효과의 선택의
과정을 거치게 된다.

2. 법령규정방식으로서 요건의 불확정성과 효과의 선택

법에서 규정하는 요건이 100% 명백하고, 그 요건을 구비하면 반드시 효
과를 부여하도록 규정되어 있다면, 법의 집행은 매우 쉽지만, 실제상은 그렇
지 않다. 이와 관련하여 법률의 규정형식을 예시적으로 살펴보기로 한다.

> (예문 1) (요건부분) 운전면허소지자가 타인의 자동차를 훔쳐서 운전하면, (효
> 과부분) 지방경찰청장은 그 운전면허소지자의 운전면허를 취소하여야 한다.
> (예문 2) (요건부분) 운전면허소지자가 타인의 자동차를 훔쳐서 운전하면, (효
> 과부분) 지방경찰청장은 그 운전면허소지자의 운전면허를 취소할 수 있다.
> (예문 3) (요건부분) 대한민국의 안전을 위태롭게 할 우려가 있는 외국인이 입
> 국사증발급을 신청하면, (효과부분) 법무부장관은 입국사증발급을 거부하여야
> 한다.
> (예문 4) (요건부분) 대한민국의 안전을 위태롭게 할 우려가 있는 외국인이 입
> 국사증발급을 신청하면, (효과부분) 법무부장관은 입국사증발급을 거부할 수
> 있다.

3. 예문의 분석

(1) **요건부분**　　　(예문 1)과 (예문 2)의 요건부분의 의미는 확정적이
다. "운전면허소지자가 타인의 자동차를 훔쳐서 운전하면"이라는 의미는 확

정적이다. (예문 3)과 (예문 4)의 요건부분의 의미는 불확정적이다. "대한민국의 안전을 위태롭게 할 우려가 있는 외국인이 입국사증발급을 신청하면"이라는 표현 중에 '안전', '위태롭게', '우려'의 의미는 불확정적이다. 해석하는 사람에 따라 의미를 달리 새길 수 있는 표현이다.

(2) **효과부분**　　　　　(예문 1)의 효과부분의 선택은 기속적(의무적)이다. 반드시 운전면허를 취소하여야 한다. (예문 2)의 효과부분의 선택은 재량적(선택적)이다. 운전면허를 취소할 수도 있고, 아니할 수도 있다. (예문 3)의 효과부분의 선택은 기속적(의무적)이다. 입국사증발급을 거부하여야 한다. (예문 4)의 효과부분의 선택은 재량적(선택적)이다. 입국사증발급을 거부할 수도 있고, 아니할 수도 있다. 이상의 분석을 도해하면 다음과 같다.

예문의 구분	요건부분	효과부분
(예문 1)	확정적	기속적(의무적)
(예문 2)	확정적	재량적(선택적)
(예문 3)	불확정적	기속적(의무적)
(예문 4)	불확정적	재량적(선택적)

4. 요건의 불확정성과 효과의 재량성의 비교

(1) 요건의 불확정성과 행정의 판단의 자유의 유무　　　　　법률이 요건부분에 불확정개념을 사용한다고 하여도, 그 불확정개념의 해석에 있어서 행정청에게 판단의 자유를 부여하였다고 말하기 어렵다. 예컨대 앞의 (예문 3)과 (예문 4)에서 "대한민국의 안전을 위태롭게 할 우려가 있는 외국인이 입국사증발급을 신청하면"이라는 요건부분에서 '안전'이나 '위태롭게 할 우려'라는 개념이 불확정적이고 전체로서 "대한민국의 안전을 위태롭게 할 우려"라는 것 역시 불확정적이다. 여기서 '대한민국의 안전을 위태롭게 할 우려'가 있는지의 여부에 대한 판단에 있어서 공무원에게 자유가 있다고 말하기 어렵다. 왜냐하면 객관적으로 '대한민국의 안전을 위태롭게 할 우려'가 없음에도 불구하고 행정청이 '대한민국의 안전을 위태롭게 할 우려'가 있다

고 판단한다고 하여 '대한민국의 안전을 위태롭게 할 우려'가 있게 된다고 할 수는 없다. 또한 '대한민국의 안전을 위태롭게 할 우려'가 있음에도 불구하고 행정청이 '대한민국의 안전을 위태롭게 할 우려'가 없다고 판단한다고 하여 '대한민국의 안전을 위태롭게 할 우려'가 없게 된다고 말할 수는 없기 때문이다. 따라서 불확정개념을 해석함에 있어서 행정청에게 판단의 자유가 있다고 말하기 어렵다. 과거의 지배적 견해는 불확정개념의 해석의 경우에도 행정청에게 재량권이 있다고 이해하였다. 판례는 불확정개념의 해석에도 행정청의 재량권을 인정한다.

(2) 효과의 재량성과 행정의 판단의 자유의 유무   법률이 효과부분에서 선택의 자유를 부여한 경우에는 행정청에게 자유(재량)를 부여하였다고 보아야 한다. 예컨대 앞의 (예문 2)와 (예문 4)에서 "… 할 수 있다"라는 것은 입법자가 행정청에 판단의 자유, 즉 재량권을 명시적으로 부여한 것이다. 따라서 행정청은 효과의 선택에 자유를 갖는다.

(3) 요건의 불확정성과 효과의 재량성의 구별   요건과 관련하여 불확정개념을 해석함에 있어서 행정청에게 판단의 자유가 있다고 말하기 어렵지만, 효과와 관련하여 재량행위에는 행정청에게 판단의 자유가 있다고 할 것이므로 이하에서는 양자를 구별하여 살피기로 한다. 참고로, 과거의 지배적 견해는 불확정개념의 해석의 경우에도 행정청에게 재량권이 있다고 하여 불확정개념의 해석과 재량행위를 특별히 구별하지 않았다. 판례는 여전히 양자를 동일한 문제로 본다.

[66] 불확정개념과 판단여지

1. 의 의

불확정개념(不確定槪念)이란 (예문 3)과 (예문 4)에서 보는 '안전'이나 '위태롭게 할 우려' 등과 같이 그 의미내용이 단 하나(한 개)가 아니라 여러 가지(여러 개)이어서 진정한 의미내용은 구체적 상황에 따라 그때그때 판단되어지는 개념을 말한다. 말하자면 외국의 테러집단의 대표가 입국사증발급을 신청하면, 그 대표를 대한민국의 안전을 위태롭게 할 우려가 있는 외국인이라고 단언할 수는 없다. 그 대표가 대한민국의 안전을 위태롭게 할 우려가 있는 외국인에 해당하는지의 여부는 가변적인 국제상황과 국내상황에 따라 판단할 수밖에 없다.

2. 사용하는 이유

법률(법령)에서 불확정개념을 사용하는 것은 ① 공동체에서 나타날 수 있는 모든 상황을 구체적으로 나열하는 것은 불가능한 것이므로 추상적으로 규정할 수밖에 없고, ② 정치·기술·도덕 등이 변하여도 법은 영속성을 가져야 하고, ③ 법률의 경우, 국회를 통과시키기 위해 정치과정상 원내교섭단체 사이의 타협으로 인해 애매모호한 표현을 사용하기도 하기 때문이다. 불확정개념은 불확정법개념 또는 불확정법률개념이라고도 한다.

3. 사법심사

예컨대 외국의 테러집단의 대표(A)가 입국사증발급을 신청할 때, A가 "대한민국의 안전을 위태롭게 할 우려가 있는 외국인"인가의 여부는 입국사증발급여부를 결정하기 위한 요건의 문제인데, 과연 A가 요건에 해당하는가의 여부가 행정청의 선택(選擇)의 문제라면, A가 "대한민국의 안전을 위태롭게 할 우려가 있는 외국인"이 아님에도 불구하고 행정청은 "대한민국의 안전을 위태롭게 할 우려가 있는 외국인"이라고 결정할 수도 있게 된다. 그러나 A가 요건에 해당하는가의 여부가 행정청의 인식(認識)의 문제라면, 행정청은 A가 "대한민국의 안전을 위태롭게 할 우려가 있는 외국인"이 아님에도 불구하고 "대한민국의 안전을 위태롭게 할 우려가 있는 외국인"이라고 결정하게 된다면 위법한 것이 된다. 그런데 불확정개념의 해석·적용은 특정한 사실관계가 요건에 해당하는가의 여부에 대한 인식의 문제로서의 법적 문제이기 때문에 그것은 원칙적으로 사법심사의 대상이 되어야 한다.

4. 판단여지

① 불확정개념의 적용에는 하나의 정당한 결론만이 있다. 앞에서 언급한 테러국가의 대표(A)는 "대한민국의 안전을 위태롭게 할 우려가 있는 외국인"인지의 여부와 관련하여 ⓐ '대한민국의 안전을 위태롭게 할 우려가 있는 외국인'이라는 결론, ⓑ '대한민국의 안전을 위태롭게 할 우려가 없는 외국인'이라는 결론, ⓒ '대한민국의 안전을 위태롭게 할 우려가 있는 외국인일 수도 있고, 아닐 수도 있다'는 결론의 3가지가 있을 수 있으나, 이 중에서 입국사증을 발급하기 위해서는 ⓑ의 결론이 나와야 한다. 그러나 그 판단이 용이하지 않다. 여기서 일반론적으로 말한다면, 행정의 실제상 행정청의 평가영역이 전문적·기술적 사항(예 : 국가시험의 출제, 공무원의 능력평가, 청소년에 해로운 도서인지의 판단)과 관련될 때, 어떠한 것이 정당한 결론인지를 판단하는 것은 용이하지 않다. 정당한 결론이 무엇인지를 판단하기가 무척 어려운 한계적인 영역을 판단여지(判斷餘地)라 부른다. 법원이 판단여지의 영역에서 이루어진 행정청의 결정을 심사하기란 사실상 기대하기 어렵다. 이러한 경우에는 행정청의 결정이 법원에 의해 존중받게 된다. 따라서 판단여지가 인정되는 영역에서 행정청의 행위는 사실상 사법심사와 거리가 멀다. 판단여지의 경우, 사법심사의 대상이지만, 실제상 사법심사가 어렵다는 것이지, 사법심사의 대상이 아니라는 것은 아니다. 뒤에서 보는 재량행위는 원칙적으로 사법심사의 대상이 아니라는 점에서 다르다. 그러나 판례는 판단여지를 재량으로 보고(대판 2017. 3. 15, 2016두55490), 판단여지라는 개념을 따로 인정하지 아니한다. ② 판단여지가 인정되는 영역에서도 ⓐ 절차규정을 준수하였는지(예 : 국가시험의 출제시에 법이 정한 출제과정을 거쳤는지의 여부), ⓑ 정당한 사실관계에서 출발하였는지(예 : 공무원의 근무평가시 1년 동안 관찰한 내용을 판단의 대상으로 한 것인지, 아니면 우연히 1회적인 실수만을 평가의 대상으로 한 것인지의 여부 등), ⓒ 일반적으로 승인된 평가의 척도(예 : 평등원칙)를 따른 것인지 여부는 사법심사의 대상이 된다는 것이 판단여지설의 내용이다. 판례는 판단여지를 재량으로 본다[대판 2020. 7. 9, 2017두39785(고도의 전문적·군사적 판단 사항(인 경우), 그에 관해서

는 국방부장관 또는 관할부대장 등에게 재량권이 부여되어 있다].

[67] 기속행위와 재량행위

■**도로교통법** 제93조(운전면허의 취소·정지) ① 지방경찰청장은 운전면허(연습운전면허는 제외한다. 이하 이 조에서 같다)를 받은 사람이 다음 각 호의 어느 하나에 해당하면 행정안전부령으로 정하는 기준에 따라 운전면허(운전자가 받은 모든 범위의 운전면허를 포함한다. 이하 이 조에서 같다)를 취소하거나 1년 이내의 범위에서 운전면허의 효력을 정지시킬 수 있다. 다만, 제2호, 제3호, 제7호부터 제9호까지(정기 적성검사 기간이 지난 경우는 제외한다), 제14호, 제16호부터 제18호까지, 제20호의 규정에 해당하는 경우에는 운전면허를 취소하여야 한다.

14. 이 법에 따른 교통단속 임무를 수행하는 경찰공무원등 및 시·군공무원을 폭행한 경우

15. 운전면허증을 다른 사람에게 빌려주어 운전하게 하거나 다른 사람의 운전면허증을 빌려서 사용한 경우

1. 기속행위의 개념

운전면허를 받은 甲이 도로교통법에 따른 교통단속 임무를 수행하는 경찰공무원등 및 시·군공무원을 폭행한 경우, 지방경찰청장은 도로교통법 제93조 제1항 단서 및 제14호에 근거하여 甲의 운전면허를 취소하여야 한다. 지방경찰청장은 甲에 대하여 운전면허의 취소 또는 1년 이내의 범위에서 운전면허의 효력정지처분 중 선택이 아니라 반드시 면허취소처분을 하여야 한다. 이와 같이 행정청이 다수의 효과 중에서 하나의 효과를 선택할 수 없고, 행정청은 반드시 기계적으로 특정의 효과를 부여하여야 하는 행위를 기속행위(覊束行爲)라 한다. 일반론적으로 말한다면, 법규상의 구성요건에서 정한 요건이 충족되면 행정청이 반드시 어떠한 행위를 발령하거나 발령하지 말아야 하는 행위, 즉 법의 기계적인 집행으로서의 행정행위를 기속행위라 한다. 기속행위는 행정청에 선택의 자유가 인정되지 아니한다.

2. 재량행위의 개념

운전면허를 받은 丙이 운전면허증을 丁에게 빌려주어 운전하게 하거나 丁의 운전면허증을 빌려서 사용한 경우, 지방경찰청장은 도로교통법 제93조 제 1 항 본문 및 제15호에 근거하여 행정안전부령이 정하는 기준에 의하여 운전면허를 취소하거나 1년 이내의 범위에서 운전면허의 효력을 정지시킬 수 있다. 즉, 지방경찰청장은 甲에 대하여 운전면허의 취소 또는 1년 이내의 범위에서 운전면허의 효력정지처분 중에서 선택하여 행정처분을 할 수 있다. 이와 같이 행정청이 다수의 효과 중에서 특정의 효과를 선택할 수 있는 행위를 재량행위(裁量行爲)라 한다. 선택을 재량이라 하고, 선택할 수 있는 권능을 재량권이라 한다. 일반론적으로 말한다면, 법규상의 구성요건에서 정한 요건이 충족되었다고 하여도 행정청이 다수의 효과 중에서 하나를 선택할 수 있는 행위를 재량행위라 한다. 한편, 재량권의 행사는 행정의 고유영역에 속한다. 그렇다고 재량권의 행사가 행정청이 마음대로 할 수 있다는 것(임의, 자의)을 의미하는 것은 아니다. 재량권의 행사는 재량권을 부여한 입법의 취지·목적·성질과 당해 처분에 관련된 본질적인 관심사에 대한 고려 하에 행사되어야 한다. 따라서 재량은 언제나 '의무에 합당한 재량'이다. 의무에 합당한 재량은 '법에 구속된 재량'이라고도 한다. 순수한 의미의 자유재량은 법치국가에서 있을 수 없다.

3. 기속행위와 재량행위의 구별필요성

행정심판법 제 1 조와 제 5 조 제 1 호 등에 의하면 행정심판은 위법한 처분 외에 부당한 처분도 대상으로 하지만, 행정소송법 제 1 조와 제 4 조 제 1 호 등에 의하면, 행정소송은 위법한 처분만을 대상으로 하고 부당한 처분은 대상으로 하지 아니한다. 행정심판법에서 사용된 "부당한"이라는 용어는 "비합목적적인"이라는 의미로 이해되고 있다. 부당(不當) 내지 비합목적적(非合目的的)이란 재량권의 행사에 있어서 합리성을 다소 결한 경우(예 : 영업정지 1월이 가장 합리적이지만, 40일 영업정지처분을 한 경우)를 의미한다. 재량권의 행사에 있어서 합리성을 과다하게 결한 경우, 즉 재량권행사에 일탈(逸脫)이나 남용(濫用)이 있는 경우(예 : 영업정지 1개월이 가장 합리적이지만, 영업정지 2개월도 아닌 영업허가취소처분을 한 경우)에는 위법(違法)이 된다. 행정소송법 제27조가 "행정청의 재량에 속하는 처분이라도 재량권의 한계를 넘거나 그 남용이 있는 때에는 법원은 이를 취소할 수 있다"라고 하는 것은 재량권의 행사에 있어서 합리성을 과다하게 결한 경우인 재량권의 일탈과 남용의 경우는 위법이 되어 행정소송의 대상이 된다는 것을 의미한다.

예컨대 건축법 제11조 제1항과 제4항에 비추어 일반건축물의 건축허가는 기속행위이고, 숙박용 건물의 건축허가는 재량행위이다. ① 甲이 요건을 구비하여 일반건축물의 건축허가를 신청하였음에도 행정청이 건축허가를 거부하였다면, 건축허가거부처분은 위법한 것이 된다. 甲으로서는 취소심판이나 취소소송을 통해 거부처분의 취소를 구할 수 있다. 그러나 ② 乙이 요건을 구비하여 숙박용 건물의 건축허가를 신청하였음에도 행정청이 건축허가를 거부하였다고 하여도, 건축허가거부처분이 반드시 위법한 것이라 말하기 어렵다. 건축허가거부처분에 단순히 부당한(비합목적적인) 재량행사가 있었다면, 건축허가거부처분은 부당한 행위가 되어 행정심판의 대상은 되지만 행정소송의 대상은 되지 아니한다. 그러나 건축허가거부처분에 재량권의 행사에 일정한 한계를 벗어난 잘못, 즉 재량권의 일탈이나 남용이 있다면 건축허가거부처분은 위법한 행위가 되어 행정심판의 대상은 물론이고 행정소송의 대상이 된다. 따라서 사법심사와 관련하여 기속행위와 재량행위를 구별할 필요가 있다.

행정쟁송의 유형	행정쟁송의 대상
행정심판	기속위반의 위법한 처분 + 부당한 재량처분(비합목적적 재량행사) + 위법한 재량처분(재량권의 일탈과 남용)
행정소송	기속위반의 위법한 처분 + 위법한 재량처분(재량권의 일탈과 남용)

■ **건축법** 제11조(건축허가) ① 건축물을 건축하거나 대수선하려는 자는 특별자치시장·특별자치도지사 또는 시장·군수·구청장의 허가를 받아야 한다. …

④ 허가권자는 … 다음 각 호의 어느 하나에 해당하는 경우에는 이 법이나 다른 법률에도 불구하고 건축위원회의 심의를 거쳐 건축허가를 하지 아니할 수 있다. [각호 생략]

4. 기속행위와 재량행위의 구별기준

(1) **법문에서 명시된 경우**　　앞의 [67] 1.에서 살펴본 바 있는 도로교통법 제93조 제 1 항과 같이 법률 자체가 명백히 기속행위와 재량행위를 구분하여 규정하고 있는 경우에는 기속행위와 재량행위의 구별에 어려움이 없다.

(2) **법문에서 명시되지 아니한 경우**　　예컨대 식품접객업을 하려면 아래의 식품위생법 제37조 제 1 항에 근거하여 허가를 받아야 한다. 그런데 식품위생법은 '식품접객업을 하려는 자는 … 허가를 받아야 한다'고 규정하고 있을 뿐, '식품접객업을 하고자 하는 자가 허가를 신청하면, … 허가를 하여야 한다', 또는 '식품접객업을 하고자 하는 자가 허가를 신청하면, …허가를 할 수 있다'라고 규정하고 있지는 않다. 이와 같이 법률 자체가 명백히 기속행위와 재량행위를 구분하여 규정하고 있지 아니한 경우에는 해석을 통해서 구별할 수밖에 없다.

■**식품위생법** 제37조(영업허가 등) ① 제36조 제 1 항 각 호에 따른 영업 중 대통령령으로 정하는 영업을 하려는 자는 대통령령으로 정하는 바에 따라 영업 종류별 또는 영업소별로 식품의약품안전처장 또는 특별자치시장·특별자치도지사·시장·군수·구청장의 허가를 받아야 한다. 허가받은 사항 중 대통령령으로 정하는 중요한 사항을 변경할 때에도 또한 같다.

이러한 경우에 있어서 양자의 구별에 관한 학설과 판례의 표현방식은 다양하지만, 결론적으로는 "처분의 근거가 된 법령의 규정방식, 그 취지·목적, 행정행위의 성질 등을 함께 고려하여 구체적 사안마다 개별적으로 판단하여야 한다"는 입장을 취한다. 본서는 이러한 입장을 종합설이라 부른다. 종합설에 의하여도 구분이 용이하지 아니한 경우에는 헌법상 최상위의 조항인 헌법 제10조와 제37조 제 2 항 및 행정행위의 내용·성질에서 그 기준을 찾아야 한다. 즉 '기본권의 최대한 보장'이라는 헌법상 명령과 행정행위의 '공익성'을 재량행위와 기속행위의 구분기준으로 하여야 한다(기본권기준설). 따라서 기본권의 보장이 보다 강하게 요청되는 경우에는 사인의 기본권 실현에 유리하게 판단하고, 공익실현이 보다 강하게 요청되는 경우에는 공익실현에 유익하도록 판단하여야 한다고 본다. 예컨대 ① 유흥주점영업의 허가의 경우에는 기본권(직업선택의 자유)이 보다 중요하므로 반드시 허가하는 것이 기본권의 최대한의 보장에 부합하는 것인바, 기속행위로 보아야 한다. 판례의 입장도 같다. 한편, ② 여객자동차운송사업의 면허(특허)의 경우에는 공익실현이 보다 중요하므로 행정청이 공익실현을 위해 합리적이고도 자유로운 판단을 할 수 있어야 하는바, 재량행위로 보아야 한다. 판례의 입장도 같다.

> [참고] 기속행위와 재량행위의 구분기준에 관한 판례   어느 행정행위가 기속행위인지 재량행위인지는 일률적으로 말할 수 없고, 당해 처분의 근거가 된 규정의 형식이나 체계 또는 문언에 따라 개별적으로 판단하여야 한다(대판 2024. 4. 25, 2023두54242).

5. 재량행사

(1) **적정한 재량행사**   행정청은 재량이 있는 처분을 할 때에는 관련 이익을 정당하게 형량하여야 하며, 그 재량권의 범위를 넘어서는 아니 된다(행정기본법 제21조). 즉, 재량행사는 적정(適正)하여야 한다. 일련의 유사한 사건에서 행정청이 유사한 방법으로 재량권을 행사하였으면, 평등원칙에 의거하여 특별한 사유가 없는 한 행정청은 후행의 유사사건에도 동일한 결정을 하여야 한다. 예컨대 단란주점업자인 甲과 乙이 각각 2명의 청소년에게 맥주 2병씩을 팔았다면, 甲이 乙보다 악질(惡質)이라는 등의 특별한 사정이 없는 한, 행정청은 甲과 乙에게 동일한 행정처분을 하여야 하며, 甲에게는 영업허가취소를 하고 乙에게는 영업정지처분을 하는 등의 불평등한 행정처분을 하여서는 아니 된다

(2) **영으로 재량수축**   외관상 행정청에게 재량권이 있다고 하여도

사람의 생명이나 신체가 중대한 위험에 직면한 경우에는 재량권이 없다고
보아야 할 때도 있다. 이를 영(Zero)으로의 재량수축(裁量收縮)이라 부른다. 예
컨대 아래의 경찰관 직무집행법 제4조 제1항 제1호는 「경찰관은 '술에
취하여 자신 또는 다른 사람의 생명·신체·재산에 위해를 끼칠 우려가 있
는 사람'에 대하여 경찰관서에 보호하는 등 '적당한 조치를 할 수 있다'」고
규정하고 있지 「… 적당한 '조치를 취하여야 한다'」라고 규정하고 있지 않다.
말하자면 경찰관 직무집행법 제4조 제1항 제1호는 경찰관에게 재량권을
부여하고 있다. 그러나 경우에 따라서는 「… 적당한 '조치를 취하여야 한다'」
라고 새겨야 할 때도 있다. 영하 20도의 추운 날씨에 술취한 甲이 도로에서 잠
들어 있는 것을 새벽 2시에 경찰관 A가 보았다고 하자. 이러한 경우, 경찰관
직무집행법 제4조 제1항 제1호가 경찰관에게 재량권을 부여하고 있다고 하
여 경찰관 A가 甲에 대하여 '적당한 조치를 할 수도 있고 아니할 수도 있다'
고 말할 수는 없다. 경찰관 A는 甲에 대하여 반드시 '적당한 조치를 하여야
한다'고 보아야 한다. 이러한 경우가 영으로의 재량수축에 해당한다. 만약 경
찰관 A가 적당한 조치를 하지 아니하여 甲이 사망하였다면, 경찰관 A가 적당
한 조치를 하지 아니한 부작위는 위법한 것이 되고, 甲의 유족은 국가배상법
제2조에 근거하여 국가를 상대로 국가배상(損害賠償)을 청구할 수도 있다.

■ **경찰관 직무집행법** 제4조(보호조치등) ① 경찰관은 수상한 행동이나 그 밖의 주
위 사정을 합리적으로 판단해 볼 때 다음 각 호의 어느 하나에 해당하는 것이 명
백하고 응급구호가 필요하다고 믿을 만한 상당한 이유가 있는 사람(이하 "구호대
상자"라 한다)을 발견하였을 때에는 보건의료기관이나 공공구호기관에 긴급구호
를 요청하거나 경찰관서에 보호하는 등 적절한 조치를 할 수 있다.
1. 정신착란을 일으키거나 술에 취하여 자신 또는 다른 사람의 생명·신체·재산
에 위해를 끼칠 우려가 있는 사람

6. 재량하자

(1) 의 의   행정청은 재량권이 주어진 목적과 한계 내에서 재량
권을 행사하여야 한다. 도로교통법 제93조 제1항이 "지방경찰청장은 운전

면허(연습운전면허를 제외한다. 이하 이 조에서 같다)를 받은 사람이 다음 각 호의 어느 하나에 해당하면 행정안전부령이 정하는 기준에 따라 운전면허(운전자가 받은 모든 범위의 운전면허를 포함한다. 이하 이 조에서 같다)를 취소하거나 1년 이내의 범위에서 운전면허의 효력을 정지시킬 수 있다. …"고 규정한 것은 ① 도로교통법을 위반한 자에 대한 응징과 교화, 도로교통의 원활, 그리고 도로교통문화의 향상 등의 목적을 위해, ② 운전면허의 취소 또는 1년 이내의 범위에서 운전면허의 효력정지처분을 할 수 있는 재량권을 부여한 것이므로, 지방경찰청장은 이러한 목적과 범위 안에서 재량권을 행사하여야 한다. 만약 이러한 목적과 한계를 벗어나면 재량하자(裁量瑕疵)가 있는 것이 되고, 그것은 위법한 것이 되어 사법심사의 대상이 된다는 것은 실정법(행정소송법 제27조)·이론·판례가 모두 인정하고 있다. 재량하자는 재량행위에서의 문제이지, 기속행위와는 아무런 관련이 없다. 재량하자에는 재량권의 일탈·재량권의 남용·재량권의 불행사의 3가지가 있다.

(2) 유형(1) ― **재량권의 일탈**　　　행정청은 재량이 있는 처분을 할 때에는 … 그 재량권의 범위를 넘어서는 아니 된다(행정기본법 제21조). 그 재량권의 범위를 넘어서는 것을 재량권의 일탈(逸脫)이라 한다. 예컨대 도로교통법 제93조 제 1 항은 운전면허의 취소 또는 1년 이내의 범위에서 운전면허정지처분을 규정하고 있는데, 지방경찰청장이 음주운전을 한 사람에게 2년의 운전면허정지처분을 하였다면, 그것은 도로교통법 제93조 제 1 항이 규정한 재량권의 한계를 일탈한 것이 된다.

(3) 유형(2) ― **재량권의 남용**　　　행정청은 재량이 있는 처분을 할 때에는 관련 이익을 정당하게 형량하여야 한다(행정기본법 제21조). 관련 이익을 정당하게 형량하지 아니한 것, 즉 법령상 주어진 재량권의 범위 내에서 재량권이 고려되었으나 잘못된 방향으로 사고되어 재량행사가 이루어지는 경우를 재량권의 남용(濫用)이라 한다. 재량권의 남용의 경우로 ⓐ 평등원칙위반의 재량행사, ⓑ 비례원칙위반의 재량행사, ⓒ 비이성적인 형량에 따른 재량행사가 있다. ⓓ 사실의 오인에 기인한 재량행사도 재량권의 남용에 해당한다. ⓐ 甲과 乙이 동일한 장소에서 동시에 교통신호를 위반하였음에도

甲에게는 1월의 운전면허정지처분을 하고, 乙에게는 2월의 운전면허정지처분을 하였다면, 그것은 평등원칙(平等原則)을 위반한 재량행사가 된다. ⓑ 운전면허취득 후 20년 만에 처음으로, 그것도 실수로 교통신호를 위반한 丙에게 운전면허취소처분을 하였다면, 운전면허취소처분은 丙의 위반행위에 대한 제재적 처분으로서는 과다한 것으로서 비례원칙위반(比例原則違反)이 된다. 丙에 대해서는 1월의 운전면허정지처분만으로도 충분하다고 보기 때문이다. ⓒ 평소에 경찰에 대한 비판을 자주하는 사람이 교통신호를 위반하여 단속에 걸리자, 지방경찰청장은 그 사람이 경찰에 대하여 비협조적이라는 판단에서 운전면허취소처분을 한다면, 그것은 비이성적인 형량(非理性的 衡量)에 따른 재량행사가 된다. ⓓ 교통경찰관 A의 지시에 의하여 빨간신호등불이 켜져 있음에도 불구하고 丁이 운전하였는데, 교통경찰관 B가 교통경찰관 A의 지시가 있었음을 모르고 단속하여 지방경찰청장이 丁에게 운전면허정지처분을 하였다면, 그것은 사실의 오인(誤認)에 기인한 재량행사가 된다.

(4) 유형(3) ― **재량권의 불행사**　　　재량권의 불행사(不行使)란 행정청이 자신에게 부여된 재량권을 행사하지 아니하는 경우를 말한다. 여객자동차운수사업법이 정하는 여객자동차운수사업의 면허는 재량행위이다. 예컨대 甲이 여객자동차운수사업법이 정하는 바에 따라 여객자동차운수사업의 면허를 신청하였으나 1년이 지나도 행정청이 아무런 조치를 취하지 아니한다면, 행정청은 재량권을 불행사하고 있는 것이 된다. 재량권의 불행사는 주어진 권한을 행사하지 아니한다는 점에서 재량권의 남용의 한 형태로 볼 수 있다.

[참고] 재량하자의 사유에 관한 판례　　　행정청이 행정행위를 함에 있어 이익형량을 전혀 하지 아니하거나 이익형량의 고려 대상에 마땅히 포함시켜야 할 사항을 누락한 경우 또는 이익형량을 하였으나 정당성·객관성이 결여된 경우 그 행정행위는 재량권을 일탈·남용하여 위법하다고 할 수 있다(대판 2024. 7. 11, 2021두4).

제 3 항   행정행위의 내용

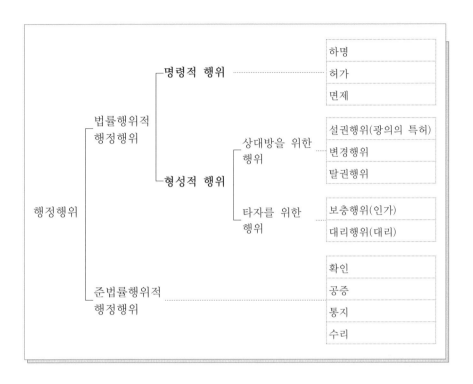

제 1 목   명령적 행위

　명령적 행위란 사인이 원래부터 갖고 있는 자연적 자유를 제한하여 일
정한 행위를 할 의무를 부과하거나 또는 부과된 의무를 해제하는 행위를 말
한다. 말하자면 명령적 행위는 자연적 자유를 제한하거나 그 제한을 해제하
는 행위를 말한다. 명령적 행위는 하명·허가·면제로 구분된다.

[68] 하 명

1. 의 의

하명(下命)이란 작위·부작위·급부·수인을 명하는 행정행위를 말한다. ① 작위하명(作爲下命)은 "불법건물을 철거하라"는 처분과 같이 적극적으로 행위를 할 것을 명하는 행정행위를 말한다. ② 부작위하명(不作爲下命)은 "재난지역에 출입하지 말라"는 처분과 같이 소극적으로 행위를 하지 말 것을 명하는 행정행위를 말한다. ③ 급부하명(給付下命)이란 "세금 100만원을 납부하라"는 처분과 같이 급부행위(납부행위)를 명하는 행정행위를 말한다. ④ 수인하명(受忍下命)이란 참을 것을 명하는 처분을 말한다. 예컨대 아래에서 보는 소방의 화재조사에 관한 법률 제 9 조 제 2 항에 따라 관계공무원이 그 권한을 표시하는 증표를 제시하면, 관계인은 관계공무원의 출입과 조사를 참아야 한다.

■**소방의 화재조사에 관한 법률** 제 9 조(출입·조사 등) ① 소방관서장은 화재조사를 위하여 필요한 경우에 관계인에게 보고 또는 자료 제출을 명하거나 화재조사관으로 하여금 해당 장소에 출입하여 화재조사를 하게 하거나 관계인등에게 질문하게 할 수 있다.
② 제 1 항에 따라 화재조사를 하는 화재조사관은 그 권한을 표시하는 증표를 지니고 이를 관계인등에게 보여주어야 한다.

2. 특 징

① 하명은 개인의 자연적 자유를 제한하여 의무를 부과시키는 행위이므로 헌법 제37조 제 2 항에 근거하여 반드시 법령의 근거를 필요로 한다(법률의 유보). ② 하명은 그 내용에 따라 작위의무(예 : 철거의무)·부작위의무(예 : 출입하지 말아야 할 의무)·급부의무(예 : 세금 100만원을 납부할 의무)·수인의무(예 : 출입과 조사를 참아야 할 의무)를 발생시킨다. ③ 하명에 의거하여 발생한 의무를 이행하지 아니하면 행정상 강제집행(예 : 철거의무를 불이행하면 구청에서 강제철거하고, 세금을 납부하지 아니하면 세무서장이 강제로 징수한다) 또는 행정벌(예 : 출입하면 처벌하고, 참지 않고 방해하면 처벌한다)이 가해지는 것이 일반적이다. ④ 위법한 하명으로 권

리(법률상 이익)가 침해된 자는 취소소송이나 무효등확인소송 등을 제기하여 위법상태를 제거할 수 있고, 손해배상청구소송을 제기하여 손해를 배상받을 수 있다.

[69] 허 가

1. 의 의

(1) **상대적 금지해제**   도로교통법은 도로상에서 아무나 마음대로 운전하는 것을 금지하고 있다. 운전을 하고자 하면 도로교통법이 정하는 바에 따라 면허시험에 합격한 후 운전면허를 받아야 한다. 이와 같이 법령(예: 도로교통법)에 의해 개인의 자연적 자유(예: 운전의 자유)가 제한되고 있는 경우(예: 운전금지)에 그 제한을 해제하여 자연적 자유를 적법하게 행사할 수 있도록 회복하여 주는 행정행위(예: 운전면허)를 허가(許可)라 한다. 인신매매는 반인륜적인 것이어서 절대적으로 금지되어야 하는바, 인신매매의 허가는 있을 수 없다. 이와 같이 절대적 금지(絶對的 禁止)는 허가의 대상이 되지 아니한다. 허가는 상대적 금지(相對的 禁止)의 경우에만 가능하다.

(2) **위험방지**   도로교통법이 도로상에서 아무나 마음대로 운전하는 것을 금지하는 것은 도로상에서 위험을 방지하기 위함이고, 식품위생법이 아무나 마음대로 음식점을 운영하는 것을 금지하는 것은 식품위생상 위험을 방지하기 위한 것이다. 따라서 허가는 위험의 방지를 목적으로 금지하였던 바를 해제하는 행위인 예방적 금지해제(豫防的 禁止解除)이다. 학문상 위험방지작용을 경찰이라 부르는바, 허가는 경찰허가(警察許可)로 불리기도 한다. 허가는 학문상 용어이다. 허가는 법령상 허가, 면허, 특허, 처분 등으로 불리기도 한다. 법령에서 어떻게 표현되든 상대적 금지해제를 내용으로 한다면, 그것은 허가에 해당한다.

2. 종 류

(1) **의 의**   허가는 대상에 따라 대인적 허가·대물적 허가·혼합

적 허가로 구분된다. ① 대인적 허가(對人的 許可)란 허가요건이 특정인의 능력·기술 같은 주관적인 사항인 경우를 말한다. 예컨대 대인적 허가의 예가 되는 운전면허를 받기 위해서는 면허시험을 치러야 하는데, 면허시험은 면허신청자의 능력을 확인하기 위한 요건이다. ② 대물적 허가(對物的 許可)란 허가요건이 물적인 사항을 말한다. 예컨대 대물적 허가의 예가 되는 건축허가를 받기 위해서는 설계도면을 제출하여야 하는데, 설계도면은 건축물의 안전 등을 확인하기 위한 물적 요건이다. 어떠한 사람이 건축허가를 신청하였는가는 중요하지 않다. ③ 혼합적 허가(混合的 許可)란 허가요건이 주관적 사항과 물적인 사항에 걸치는 허가를 말한다. 예컨대 혼합적 허가의 예가 되는 카지노업의 허가를 받으려면 주관적으로는 조세를 포탈하거나「외국환거래법」을 위반하여 금고 이상의 형을 선고받고 형이 확정된 자 등이 아니어야 하고, 아울러 객관적으로는 문화체육관광부령으로 정하는 시설 및 기구를 갖추어야 한다.

(2) **구별하는 의미**   허가를 대상에 따라 대인적 허가·대물적 허가·혼합적 허가로 구분하는 것은 허가대상의 양도성(讓渡性)과 관련하여 의미를 갖는다. ① 운전면허나 의사면허와 같은 대인적 허가는 양도와 친하지 않다. 예컨대 의사인 甲이 사망한다고 하여 의사면허의 효과(의사자격)가 甲의 자녀에게 이전하지 아니한다. 운전면허를 가진 乙이 사망한다고 하여 운전면허의 효과가 乙의 자녀에게 이전하지 아니한다. ② 건축허가와 같은 대물적 허가는 대상물건의 양도와 함께 그 효과가 이전된다. 예컨대 甲이 건축허가를 받아 건축한 건물을 乙에게 양도하면, 甲이 받은 건축허가의 효과는 당연히 乙에게 이전한다. ③ 혼합적 허가의 경우에는 한마디로 말할 수 없다. 일반적으로 말해 주관적 요건을 구비한 자에 대한 양도의 경우에는 허가의 효과가 이전된다고 볼 것이다.

3. 성 질

(1) **기속행위와 재량행위**   허가가 기속행위인지 아니면 재량행위인지의 여부는 개별 법령이 정하는 바에 의한다. 법조문의 표현상 그 성질

이 불분명한 경우에는 해석문제가 된다. 아래의 건축법상 건축허가의 성질을 중심으로 살펴보자.

> ■**건축법** 제11조(건축허가) ① 건축물을 건축하거나 대수선하려는 자는 특별자치시장·특별자치도지사 또는 시장·군수·구청장의 허가를 받아야 한다. 다만, 21층 이상의 건축물 등 대통령령으로 정하는 용도 및 규모의 건축물을 특별시나 광역시에 건축하려면 특별시장이나 광역시장의 허가를 받아야 한다.
>
> ④ 허가권자는 제1항에 따른 건축허가를 하고자 하는 때에 「건축기본법」 제25조에 따른 한국건축규정의 준수 여부를 확인하여야 한다. 다만, 다음 각 호의 어느 하나에 해당하는 경우에는 이 법이나 다른 법률에도 불구하고 건축위원회의 심의를 거쳐 건축허가를 하지 아니할 수 있다.
>
> 1. 위락시설이나 숙박시설에 해당하는 건축물의 건축을 허가하는 경우 해당 대지에 건축하려는 건축물의 용도·규모 또는 형태가 주거환경이나 교육환경 등 주변환경을 고려할 때 부적합하다고 인정되는 경우
>
> 2. 「국토의 계획 및 이용에 관한 법률」 제37조 제1항 제4호에 따른 방재지구 및 「자연재해대책법」 제12조 제1항에 따른 자연재해위험개선지구 등 상습적으로 침수되거나 침수가 우려되는 지역에 건축하려는 건축물에 대하여 지하층 등 일부 공간을 주거용으로 사용하거나 거실을 설치하는 것이 부적합하다고 인정되는 경우

① 건축법 제11조 제4항은 숙박시설용 건축물 등의 건축허가를 명시적으로 재량행위로 규정하고 있다. 그러나 ② 건축법 제11조 제1항은 일반건축물의 건축허가의 성질을 명시적으로 밝히고 있지 않다. 생각건대 건축은 기본적으로 개인의 자유의 영역에 속하는 것이므로 일반 건축물의 건축허가의 성질은 「기본권의 최대한의 보장」이라는 헌법원리에서 판단하여야 하는데, 건축의 허가는 자유의 회복을 의미하고, 자유의 회복을 반드시(의무적·기속적) 보장하는 것이 기본권의 최대한의 보장이므로 일반건축물의 건축허가는 기속행위로 볼 것이다.

(2) **명령적 행위와 형성적 행위**   ① 전통적 견해와 판례는 허가를 예방적 차원에서의 금지를 해제하여 자연적 자유를 되돌려 줄 뿐이라 한다(명령적 행위설). ② 허가는 새로운 권리를 설정하는 행위, 즉 형성적 행위라는 견해도 있다(형성적 행위설). ③ 오늘날의 다수 견해는 허가가 소극적으로는 금

지를 해제하는 의미(예 : 단란주점허가로 인해 단란주점 무단영업금지의 해제), 즉 명령적
행위의 의미도 갖고, 적극적으로 법적 지위를 창설하는 의미(예 : 단란주점허가
로 허가를 받은 자가 고객과 법률관계(거래행위)를 형성할 수 있는 지위 취득), 즉 형성적 의
미도 갖는다고 본다(양면성설, 병존설). ③의 견해가 타당하다.

4. 요 건

허가에 관해 규정하는 개별 법령을 살펴보면, 허가요건에 관한 규정내
용은 아주 다양하다. 그러나 그 허가요건을 분석해보면, 그 요건은 모두 무
위험성・신뢰성・전문성의 3가지에 관련된 것이다. ① 건축법상 건축허가
에 설계도면을 요구하는 것이나 식품위생법상 식품접객업의 허가에 일정한
시설을 요구하는 것은 건축물의 무위험성(無危險性) 내지 안전성(安全性)을 심
사하기 위한 것이고, ② 식품위생법을 위반한 이유로 식품접객업의 허가가
취소된 자는 일정한 기간 영업허가를 신청할 수 없도록 하는 것은 식품접
객업자의 신뢰성(信賴性)을 심사하기 위한 것이며, ③ 도로교통법상 운전면허
에 자동차운전면허시험이 요구되는 것은 전문성(專門性)을 심사하기 위한 것
이다.

5. 효 과

허가로 인한 이익은 2가지 방향에서 검토를 요한다.

(1) **기본권회복 ― 법률상 이익**　　　　허가(예 : 식품접객업의 허가)로 인해
피허가자(예 : 식품접객업자)는 자유(예 : 직업・영업의 자유)를 회복하게 된다. 이것은
제한된 기본권(예 : 헌법 제15조(모든 국민은 직업선택의 자유를 가진다)가 규정하는 직업선택
의 자유)의 회복을 의미한다. 기본권의 회복은 헌법에서 보장하는 이익의 회
복이므로, 그것은 당연히 법률상 이익(法律上 利益)에 해당한다. 따라서 허가요
건을 구비한 허가신청에 대한 거부는 법률상 이익에 대한 위법한 침해가 되
는바, 취소소송의 대상이 된다.

(2) **경영상 이익 ― 반사적 이익**　　　　한편, 허가는 금지를 해제하여 피
허가자로 하여금 어떠한 행위를 할 수 있는 가능성을 부여할 뿐, 그 행위와

관련된 이익을 법적으로 보장하는 것은 아니다. 허가로 인해 경영상 이익을 얻는다면, 그러한 이익은 반사적 이익(反射的 利益)이지 법적으로 보호되는 이익이 아니다. 예컨대 단란주점영업자 甲의 영업장 바로 옆에 乙이 신규로 단란주점영업을 허가받아 영업을 하게 되면 甲에게 경영상 불이익(손해)이 발생하지만, 그렇다고 허가권자나 신규업자인 乙이 甲의 손해를 물어주어야 하는 것은 아니다. 허가영업을 경영함으로써 얻는 이익은 사실상의 이익이지 법적으로 보장되는 이익은 아니기 때문이다. 따라서 설령 허가권자가 乙에게 내준 허가가 위법하다고 하여도 甲은 乙에 대한 허가의 취소를 구할 수 없다. 왜냐하면 취소소송(행정소송)은 법률상 이익이 있는 자만이 제기할 수 있기 때문이다(행정소송법 제12조).

■**행정소송법** 제12조(원고적격) 취소소송은 처분등의 취소를 구할 법률상 이익이 있는 자가 제기할 수 있다.

6. 무허가행위

허가를 받은 후에 할 수 있는 행위를 허가를 받지 아니하고 행하면, 일반적으로 행정상 강제 또는 행정벌이 가해진다. 경우에 따라서는 무효가 되기도 한다. 예컨대 도시지역에서 건축허가를 받지 아니하고 일반건축물을 건축하면, 3년 이하의 징역 또는 5억원 이하의 벌금에 처하고(건축법 제108조 제1항), 또한 철거명령의 대상이 되며(건축법 제79조 제1항), 운전면허를 받지 아니하고 운전을 하면, 1년 이하의 징역이나 300만원 이하의 벌금에 처한다(도로교통법 제152조 제1호).

7. 신고와 비교

(1) **수리를 요하지 않는 신고와 비교**　　　수리(受理)를 요하지 않는 신고는 신고행위 그 자체만으로 금지가 해제된다. 물론 신고는 도달하여야 효력이 발생한다. 예컨대 체육시설의 설치·이용에 관한 법률상 신고업인 골프연습장업은 영업신고를 하고 신고가 도달하면 적법하게 영업을 할 수 있다.

(2) 수리를 요하는 신고(등록)와 비교   수리를 요하는 신고는 행정청의 수리행위가 있어야만 금지가 해제된다. 수리를 요하는 신고는 등록(登錄)이라 불리기도 한다. 그렇다고 등록이 언제나 수리를 요하는 신고를 뜻하는 것은 아니다. 체육시설의 설치·이용에 관한 법률상 등록업인 골프장업은 등록(신고 또는 신청 후 수리)이 되면, 적법하게 영업을 할 수 있다. 허가의 요건에 대한 행정청의 심사는 실질적 심사이지만, 등록(수리를 요하는 신고)에 있어서 등록의 요건에 대한 행정청의 심사는 형식적 심사인 점에서 양자는 차이가 있다. 형식적 심사란 외형적인 심사를 말한다. 잡지 등 정기간행물의 진흥에 관한 법률에 따른 정기간행물의 등록을 예로써 살펴보기로 한다.

■잡지 등 정기간행물의 진흥에 관한 법률 제15조(등록) ① 잡지를 발행하고자 하는 자는 대통령령으로 정하는 바에 따라 다음 각 호의 사항을 주된 사무소의 소재지를 관할하는 특별자치시장·특별자치도지사·시장·군수·구청장(자치구의 구청장을 말하며, 이하 "시장·군수·구청장"이라 한다)에게 등록하여야 한다. 등록된 사항을 변경하고자 할 때에도 또한 같다. 다만, 국가 또는 지방자치단체가 발행 또는 관리하거나 법인, 그 밖의 기관·단체가 그 소속원에게 무료로 보급할 목적으로 발행하는 경우와 대통령령으로 정하는 잡지는 그러하지 아니하다.
1. 제호
2. 종별 및 간별
3. 발행인 및 편집인의 성명, 생년월일, 주소. 다만, 외국 잡지의 내용을 변경하지 아니하고 국내에서 그대로 인쇄·배포하는 경우는 제외한다.
4. 발행소 및 발행소의 소재지
5. 발행목적과 발행내용
6. 무가 또는 유가 발행의 구분

월간지 등 정기간행물을 발간하려고 하면, 잡지 등 정기간행물의 진흥에 관한 법률 제15조 제 1 항이 정하는 등록사항을 등록하여야 한다. 등록사항 중 제 5 호를 제외한 제 1 호, 제 2 호, 제 3 호, 제 4 호, 제 6 호의 내용은 형식적인 것이므로, 심사에 어려움이 없다. 문제는 제 5 호의 경우이다. 제 5 호의 심사와 관련하여 2가지의 심사방법이 있을 수 있다. 즉, ⓐ 하나는 관할 행정청이 제 5 호를 심사함에 있어서 등록신청인이 기재한 내용이 외관상 적법한 것인가의 여부만을 심사하는 방법이다. 이것을 형식적 심사(形式的 審査)라 한다. ⓑ 또 하나는 관할 행정청이 등록신청서에 기재된 내용이 외관상 적법하지만, 장차 그 월간지가 발간되면 도색잡지로 변질될 수 있을 것인지의 내용까지 심사하는 방법이다. 이것을 실질적 심사(實質的 審査)라 한다. 등록요건의 심사는 형식적 심사에 머물러야 한다. 만약 외관상 적법함에도 불구하고, 그 월간지가 발간되면 도색잡지로 변질될 수도 있을 것이라는 이유로 발행목적이나 발행내용에 문제가 있다고 등록을 거부한다면, 그것은 헌법 제21조 제 1 항과 제 2 항에 위반된다. 한편, 건축허가의 경우에 제출되는 설계도면에 대한 심사는 실질적 심사이어야 한다. 말하자면 설계도대로 건축을 한 경우에 건축물의 안전에 문제가 없는지의 여부를 내용적으로 심사하여야 한다. 요컨대 허가의 요건에 대한 행정청의 심사는 실질적 심사이지만, 등록(수리를 요하는 신고)에 있어서 등록의 요건에 대한 행정청의 심사는 형식적 심사이다.

■헌법 제21조 ① 모든 국민은 언론·출판의 자유와 집회·결사의 자유를 가진다. ② 언론·출판에 대한 허가나 검열과 집회·결사에 대한 허가는 인정되지 아니한다.

8. 예외적 승인과 비교

예외적 승인(例外的 承認)은 절대적 금지(예 : 인신매매)가 아닌 억제적인 금지를 예외적으로 해제하는 것을 말한다(예 : 치료목적의 아편사용허가). 즉, 예외적 승인은 일반적으로 금지를 예정하면서 예외적으로 금지를 해제하는 경우를 말한다. 이에 반해 허가는 일반적으로 해제가 예정되어 있는 경우의 금지를 해제하는 것, 즉 예방적 금지해제를 의미한다. 예외적 승인은 사회적으로 유해한 행위를 대상으로 하고, 허가는 위험방지를 대상으로 한다. 예외적 승인을 예외적 허가라고도 한다.

[70] 면 제

면제(免除)란 작위의무·수인의무·급부의무를 특정한 경우에 해제하여 주는 행위를 말한다. 작위의무의 면제의 예로 공작물철거의무의 면제를 볼 수 있고, 수인의무의 면제의 예로 세무조사를 면제함으로써 세무조사에 수인하여야 할 의무를 면제하는 경우를 볼 수 있고, 급부의무의 면제의 예로 공립학교 학생에 대한 등록금납부의무의 면제를 볼 수 있다. 의무해제라는 점에서 면제는 허가와 같은 것이나, 허가의 경우는 그 대상이 부작위의무라는 점이 다를 뿐이다.

제 2 목 형성적 행위

형성적 행위(形成的 行爲)는 자연적 자유의 회복이 아니라 사인에 대하여 특별한 권리·능력 기타 법적 지위를 설정·변경·박탈하는 행위를 말한다. 형성적 행위는 ① 직접 상대방을 위한 행위, ② 타자(他者)를 위한 행위로 구분된다. ①은 다시 설권행위·변경행위·탈권행위로 구분되고, ②는 다시 보충행위인 인가와 공법상 대리행위로 구분된다.

Ⅰ. 상대방을 위한 행위

[71] 권리설정행위 ― 협의의 특허(설권행위 1)

1. 의 의

여객자동차 운수사업법에 따라 자동차운수사업면허를 받은 자는 운수사업을 독점적으로 경영할 수 있는 독점적 경영권(獨占的 經營權)을 취득하게 된다. 甲은 연세대학교 앞을 기점으로 하고 서울대학교 앞을 종점으로 하는 버스운송사업의 면허를 받아 버스운송사업을 경영하고 있는데, 乙이 버스운송사업의 면허를 받지도 않고 甲과 같은 노선으로 버스운송사업을 하였다면, 乙은 甲의 독점적 경영권을 침해한 것이 되고, 甲은 乙에게 피해의 배상을 요구할 수 있다. 이와 같이 특정인에게 특정한 권리를 설정하는 행위를 권리설정행위(權利設定行爲)라 한다. 좁은 의미의 특허(特許)라고도 한다. 실정법상으로 면허·허가 등으로 불린다. 광업법에 따른 광업권의 허가, 수산업법에 따른 어업면허, 공유수면매립법에 의한 공유수면매립면허 등이 협의의 특허에 해당한다.

2. 특 징

① 행정행위로서의 특허는 언제나 출원(신청)을 전제로 한다. 허가는 신청 없이 발령되는 경우도 있지만(예 : 통행금지해제로서 통행허가), 특허는 신청 없이 발령되는 경우는 없다. ② 특허는 언제나 특정인을 상대방으로 한다. ③ 특허가 협력(신청)을 요하는 행정행위(쌍방적 행정행위)인가, 아니면 공법상 계약인가에 관해 견해의 대립이 있었으나, 오늘날에는 협력(신청)을 요하는 행정행위로 보는 것이 일반적이다. ④ 명문의 규정이 없는 한 특허는 재량행위이다.

3. 효 과

특허로 인한 이익은 2가지 방향에서 검토를 요한다.

(1) **기본권회복 ― 법률상 이익** 특허로 인해 소극적으로 상대방은 자유를 회복하게 된다. 이것은 제한된 기본권의 회복(예 : 여객자동차운송사업면허의 경우에 운송사업이라는 직업의 자유, 어업권의 면허의 경우에 어업이라는 직업의 자유)을 의미한다. 기본권의 회복은 헌법에서 보장하는 이익의 회복이므로, 그것은 당연히 법률상 이익에 해당한다. 따라서 요건을 구비한 특허신청에 대한 거부는 법률상 이익의 침해가 되는바, 취소소송의 대상이 된다. 다만 특허가 재량행위인 경우에는 무하자재량행사청구권이 문제된다.

(2) **경영상 이익 ― 법률상 이익** 특허로 인해 적극적으로 새로운 법적인 힘이 발생한다(예 : 여객자동차운송사업면허의 경우에 독점적 경영권, 어업권의 면허의 경우에 어업권). 따라서 행정청이 경쟁자인 제 3 자에게 위법하게 특허를 하

면, 경쟁자는 이를 행정쟁송으로 다툴 수 있다. 예컨대 甲이 연세대학교 앞을 기점으로 하고 서울대학교 앞을 종점으로 하는 버스운송사업의 면허를 받아 버스운송사업을 경영하고 있는데, 행정청이 요건이 미비된 乙에게 위법하게 甲과 동일한 노선의 버스운송사업의 면허를 하였다면, 甲은 행정청을 피고로 하여 乙에 대한 버스운송사업면허의 취소를 구하는 소송을 제기할 수 있다.

4. 허가와 특허의 비교

	허가	특허
제도의 예	단란주점영업허가	버스운송사업면허
제도의 목적	경찰목적(소극적 위험방지)	복리목적(적극적 복지증진)
행위의 성질	기속행위의 성격이 강하다	재량행위의 성격이 강하다
	명령적 행위로 이해되고 있다	형성적 행위로 이해되고 있다
행위의 요건	비교적 확정적	비교적 불확정적
행위의 효과	자유의 회복 — 법률상 이익	자유의 회복 — 법률상 이익
	경영상 이익 — 반사적 이익	경영상 이익 — 법률상 이익
국가의 감독	소극적이다	적극적이다

[72] 기타설정행위(설권행위 2)

기타 설정행위로서 ① 법률행위의 주체가 될 수 있는 능력인 권리능력(權利能力)이나 법적 행위를 할 수 있는 능력인 행위능력(行爲能力)의 설정은 법률에 의해 이루어지고 있고(예 : 민법에서 자연인과 법인에 관한 규정을 볼 수 있고, 한국은행법 · 한국교육방송공사법 등 개별 법률에서 공법인의 법인격에 관한 규정을 볼 수 있다), 법률에 직접 근거하지 않고 행정행위에 근거하는 예는 찾을 수 없다. ② 권리와 의무를 포괄적으로 설정하는 행위를 포괄적 법률관계설정행위(包括的 法律關係設定行爲)라 한다. 행정행위를 통해 법률관계가 포괄적으로 이루어지는 예를 귀화허가나 공무원임명의 경우에 볼 수 있다. 외국인 A에게 귀화허가를 하면 A는 한국인으로서의 모든 권리와 의무를 갖게 되며, 甲을 공무원으로 임명하면 甲은 공무원으로서의 모든 권리와 의무를 갖게 된다.

Ⅱ. 타자를 위한 행위

[73] 인가(보충행위)

1. 의 의

미성년자가 다른 사람과 법률행위(예 : 계약체결)를 할 때에는 미성년자의 법정대리인(친권자 + 미성년후견인)이 미성년자를 도와주는 것처럼, 국가나 지방자치단체도 사인 간의 관계에 개입하여 사인 간의 법관계를 도와주는 경우가 있다. 예컨대 사립학교법인의 임원(이사와 감사)은 이사회에서 선임하지만, 관할청(사립의 초등학교 · 중학교 · 고등학교 등은 특별시 · 광역시 · 도의 교육감, 사립의 대학 · 산업대학 · 전문대학 등은 교육부장관)의 승인을 받아야 취임할 수 있다. 사립학교법인의 임원의 취임에 앞서 관할청의 승인을 얻도록 한 것은 사립학교법인의 임원과 사립학교 학생 사이에 관할청이 끼어들어 사립학교가 학생들에게 잘못이 없도록 하기 위함이다. 이와 같이 행정청이 타자(他者)의 법률행위(예 : 사립학교법인의 이사회의 임원선임행위)를 동의(예 : 사립학교법 제20조 제 2 항의 승인)로써 보충하여 그 행위의 효력을 완성시켜 주는 행정행위를 인가(認可)라 한다. 인가의 예로 고등교육법상 사립대학의 설립인가(고등교육법 제 4 조 제 2 항 참조), 민법상 재단법인의 정관변경허가(민법 제45조 제 3 항), 부동산 거래신고 등에 관한 법률상 토지거래계약에 대한 허가(부동산 거래신고 등에 관한 법률 제11조 제 1 항) 등을 볼 수 있다.

> ■**사립학교법** 제20조(임원의 선임과 임기) ① 임원은 정관이 정하는 바에 의하여 이사회에서 선임한다.
> ② 임원은 관할청의 승인을 얻어 취임한다. 이 경우 교육부장관이 정하는 바에 따라 인적사항을 공개하여야 한다.

2. 특 징

① 인가는 언제나 처분(행정행위)의 형식으로 행한다. 법령에 의한 인가는 없다. ② 인가의 대상은 언제나 법률행위이다. 인가는 사실행위를 대상으로

하지는 아니한다. ③ 인가는 언제나 신청(출원)을 전제로 한다. ④ 인가에 의해 기본적인 법률행위는 효과를 발생한다. 예컨대 학교법인 이사회에서 선출된 자는 관할청이 승인을 함으로써 사립학교법인의 임원으로서의 지위를 갖게 된다.

3. 기본행위와 인가행위의 관계

(1) **기본행위-적법, 인가행위-적법**　　기본행위(基本行爲)가 적법하고 인가행위(認可行爲)도 적법하면, 전체로서 당해 행위는 유효하다. 아무런 문제가 없다. 예컨대 기본행위인 사립학교법인 이사회의 임원선임행위가 적법하고, 관할청의 인가행위(승인행위)가 적법하면, 전체로서 임원선임행위는 적법하다. 선임된 자는 임원으로서 적법하게 행위할 수 있다.

(2) **기본행위-적법, 인가행위-위법(취소)**　　기본행위가 적법하지만 인가행위가 취소할 수 있는 행위이면, 인가가 취소될 때까지는 유인가행위로서 효력을 갖는다. 예컨대 기본행위인 사립학교법인 이사회의 임원선임행위가 적법하여도, 관할청의 인가행위(승인행위) 자체가 위법하여 취소할 수 있는 행위인 경우에는 인가행위가 취소될 때까지는 인가 있는 행위로서 효력을 갖는다. 선임된 자는 임원으로서 적법하게 행위할 수 있다.

(3) **기본행위-적법, 인가행위-위법(무효)**　　기본행위가 적법하나 인가행위가 무효이면, 무인가행위가 된다. 무인가행위는 전체로서 유효한 행위로 성립되지 아니한다. 예컨대 기본행위인 사립학교법인 이사회의 임원선임행위가 적법하여도, 관할청의 인가행위(승인행위) 자체가 위법하여 무효이면, 전체로서 임원선임행위는 유효한 행위로 되지 아니한다. 선임된 자는 임원으로서 적법하게 행위할 수 없다.

기본행위	인가행위	효과
적법	적법	전체로서 임원선임행위는 적법·유효하다.
적법	위법(취소)	인가가 취소될 때까지 인가 있는 행위로서 효력을 갖는다.
적법	위법(무효)	전체로서 임원선임행위는 적법·유효한 것이 아니다.
위법	적법 + 위법	임원선임행위가 유효한 행위가 되지 아니한다.

(4) **기본행위-위법, 인가행위-적법**　　　기본행위가 위법할 때, 유효한 인가가 있어도 기본행위가 유효한 것이 될 수 없다. 예컨대 기본행위인 사립학교법인 이사회의 임원선임행위가 위법하면, 관할청의 인가행위(승인행위) 자체가 적법하다고 하여도, 임원선임행위가 적법한 것이 될 수 없다. 선임된 자는 임원으로서 적법하게 행위할 수 없다.

4. 쟁송방법

① 예컨대 기본행위인 甲사립학교법인 이사회가 A를 위법하게 임원으로 선임하였고, 이에 대하여 관할청인 서울특별시교육감이 甲사립학교법인 이사회의 선임행위가 잘못된 것인지 모르고, A의 선임행위를 승인하였다고 하자. 이러한 경우에 A의 취임을 반대하는 甲사립학교법인 이사회의 이사 乙은 甲사립학교법인 이사회가 A를 임원으로 선임한 것이 위법하다고 주장하면서, 민사법원에 가서 다투어야지, 서울특별시교육감의 승인행위가 위법하다고 주장하면서 행정법원에 가서 다툴 수는 없다. 말하자면 기본행위(예 : A선임행위)에 하자가 있는 경우에는 기본행위를 다투어야 하며, 인가행위(관할청의 승인행위)를 다툴 것은 아니다. 판례의 입장이다. ② 만약 기본행위(예 : A 선임행위)에는 잘못이 없고, 다만 인가행위(관할청의 승인행위)에 잘못이 있다면, 당연히 행정법원에서 인가행위를 다투어야 한다.

[74] 대 리

예컨대 A가 세금을 납부하지 아니하면 세무서장이 강제징수를 하게 되는데, 강제징수절차 중에는 세무서장이 A의 재산을 공매하는 경우가 있다. 세무서장의 공매는 세무서장이 A를 대신하여 A의 재산을 매각한 것이 된다. 이와 같이 공법상 행정주체(예 : 국가를 대표하여 세무서장)가 제 3 자(예 : A)가 할 행위(예 : 매각행위)를 대신하여 행한 경우에 그 효과(예 : 판매수익)를 직접 제 3 자(예 : A)에게 귀속하게 하는 제도를 공법상 대리(公法上 代理)라 한다. 일반적으로 대리(代理)란 甲이 타인(乙)을 위한 것임을 표시하면서 법률행위를 하되, 그 효과는 乙에게 귀속하게 하는 것을 말하는데, 이러한 대리의 의미는 공법이나 사법에서 동일하다. 다만 공법상 대리는 그 원인이 공법적이라는 점에서 다를 뿐이다.

제3목   준법률행위적 행정행위

① 세무서장이 甲에게 100만원의 세금을 납부하라고 고지서를 보내면, 甲은 세무서장의 의사에 따라 100만원의 세금을 납부하여야 한다. 그러나 ② 서울특별시가 분양하는 아파트분양의 청약을 위해 동장으로부터 주민등록등본(용도 : 아파트분양청약용)을 발급받았다고 하여 당연히 아파트를 분양받는 것이 아니다. 주민등록등본은 동장의 의사와 관계없이 주민등록법에 따라 등록되어 있는 내용을 공적으로 증명할 뿐이다. ①과 같이 행정청의 의사(意思)대로 법적 효과가 발생하는 행정행위를 법률행위적 행정행위라 하고, ② 와 같이 행정청의 의사(意思)와는 무관하게 일정한 법적 효과가 발생하는 행정행위를 준법률행위적 행정행위라 한다. 준법률행위적 행정행위에는 확인·공증·통지·수리가 있다.

[75]   확 인

1. 의 의

공직선거법상 선거구선거관리위원회는 당해 국회의원 지역구 선거에서 유효투표의 다수를 얻은 자를 당선인으로 결정하고 공고한다. 여기서 당선인결정이라는 것은 후보자 중에서 누가 가장 많은 득표를 하였는가를 공적으로 확인하는 행위이다. 선거구선거관리위원회의 당선인 결정과 같이 특정의 사실 또는 법률관계의 존재여부를 공권적으로 판단하여 이것을 확정하는 행위를 확인(確認)이라 한다. 실정법상으로는 재결·재정·특허 등 여러가지 용어가 사용되고 있다. 확인행위는 기존의 사실 또는 법률관계의 존재여부를 판단하는 것일 뿐, 새로운 법관계를 창설하는 것은 아니다. 확인행위는 준사법적 행위, 법선언행위라고도 한다. 확인행위로는 교과서검인정, 소득세부과를 위한 소득액의 결정, 법관계에 관한 확인행위을 위한 무효등확인심판의 재결 등을 볼 수 있다.

> ■**공직선거법** 제188조(지역구국회의원당선인의 결정·공고·통지) ① 지역구국회의원선거에 있어서는 선거구선거관리위원회가 당해 국회의원지역구에서 유효투표의 다수를 얻은 자를 당선인으로 결정한다. 다만, 최고득표자가 2인 이상인 때에는 연장자를 당선인으로 결정한다.
> ⑥ 제1항 내지 제4항의 규정에 의하여 국회의원지역구의 당선인이 결정된 때에는 당해 선거구선거관리위원회위원장은 이를 공고하고 지체 없이 당선인에게 당선증을 교부하여야 하며, 상급선거관리위원회에 보고하여야 한다.

2. 특 징

① 확인행위는 판단작용으로서 객관적 진실에 따라 결정되므로 성질상 기속행위로 보아야 한다. ② 확인은 언제나 처분의 형식으로 행한다. 법령에 의한 일반적인 확인은 없다. ③ 확인은 일정형식이 요구되는 요식행위임이 원칙이다(행정절차법 제24조 제1항). ④ 준법률행위적 행정행위로서 확인행위는 행정심판법과 행정소송법상 처분에 해당하므로 확인행위에 하자가 있다면 행정심판이나 행정소송을 통해 다툴 수 있다.

3. 효 과

① 확인행위는 존속력을 갖는다. 즉, 확인행위로 확정된 사실 또는 법관계는 권한 있는 기관에 의해 부인되지 않는 한, 누구도 그것을 임의로 변경할 수 없는 힘을 갖는다. 이것은 모든 확인행위에 공통된 효력이다. ② 그 밖의 확인행위의 효과는 개별 법률이 정하는 바에 따라 정해진다. 예로써 살펴보기로 한다. ⓐ 앞에서 본 바와 같이 공직선거법상 선거구선거관리위원회의 국회의원 당선인의 결정은 최고득표자의 확인일 뿐이다. 공직선거법 제188조 제1항에 따른 선거구선거관리위원회의 공고에 의해 당선인이 국

회의원의 임기가 개시되는 것은 아니다. ⓑ 당선인의 국회의원 임기개시는 공직선거법 제14조에 의한 것이다.

> ■**공직선거법** 제14조(임기개시) ② 국회의원과 지방의회의원의 임기는 총선거에 의한 전임의원의 임기만료일의 다음 날부터 개시된다. 다만, 의원의 임기가 개시된 후에 실시하는 선거와 지방의회의원의 증원선거에 의한 의원의 임기는 당선이 결정된 때부터 개시되며 전임자 또는 같은 종류의 의원의 잔임기간으로 한다.

4. 특허법상 특허

특허법은 "자연법칙을 이용한 기술적 사상의 창작으로서 고도한 것"을 발명이라 하고(특허법 제 2 조), 특허를 받은 발명(발명특허)에 대해서는 일정한 기간 동안 그 특허발명을 실시할 권리를 갖는다(특허법 제94조). 여기서 발명특허라는 것은 그 대상이 "자연법칙을 이용한 기술적 사상의 창작으로서 고도한 것"이라는 것을 심사관이 확인하는 행위일 뿐이다(특허법 제66조). 발명특허를 받은 자가 '특허발명을 실시할 권리'를 갖는 것은 심사관의 특허행위에서 바로 생겨나는 것이 아니라, 특허법의 다른 조문, 즉 특허법 제87조, 제88조, 제94조 등에 의하여 발생한다. 따라서 형성적 행위로서 특허(예 : 여객자동차운송사업의 면허)와 특허법상 발명특허의 성질은 구별되어야 한다.

> ■**특허법** 제 2 조(정의) 이 법에서 사용하는 용어의 뜻은 다음과 같다.
> 1. "발명"이란 자연법칙을 이용한 기술적 사상의 창작으로서 고도(高度)한 것을 말한다.
> 2. "특허발명"이란 특허를 받은 발명을 말한다.
> 3. "실시"란 다음 각 목의 구분에 따른 행위를 말한다.
> 가. 물건의 발명인 경우 : 그 물건을 생산·사용·양도·대여 또는 수입하거나 그 물건의 양도 또는 대여의 청약(양도 또는 대여를 위한 전시를 포함한다. 이하 같다)을 하는 행위
> 나. 방법의 발명인 경우 : 그 방법을 사용하는 행위 또는 그 방법의 사용을 청약하는 행위
> 다. 물건을 생산하는 방법의 발명인 경우 : 나목의 행위 외에 그 방법에 의하여 생산한 물건을 사용·양도·대여 또는 수입하거나 그 물건의 양도 또는 대여의

청약을 하는 행위

제66조(특허결정) 심사관은 특허출원에 대하여 거절이유를 발견할 수 없으면 특허결정을 하여야 한다.

제87조(특허권의 설정등록 및 등록공고) ① 특허권은 설정등록에 의하여 발생한다.

제88조(특허권의 존속기간) ① 특허권의 존속기간은 제87조 제 1 항에 따라 특허권을 설정등록한 날부터 특허출원일 후 20년이 되는 날까지로 한다.

제94조(특허권의 효력) ① 특허권자는 업으로서 특허발명을 실시할 권리를 독점한다. 다만, 그 특허권에 관하여 전용실시권을 설정하였을 때에는 제100조 제 2 항에 따라 전용실시권자가 그 특허발명을 실시할 권리를 독점하는 범위에서는 그러하지 아니하다.

[76] 공 증

1. 의 의

국공립대학의 입학시험에 합격하면, 대학에서 합격자에게 합격증서를 준다. 합격증서는 입학시험에 합격하였다는 것을 공적으로 증명한다. 부동산등기부는 부동산의 소유권자 등에 관해 공적으로 증명한다. 국공립대학이 합격증서를 교부하는 것은 합격이라는 특정의 사실을 공적으로 증명하는 것이고, 등기소에서 부동산등기부를 교부하는 것은 소유권 등의 법관계를 공적으로 증명하는 것이다. 이와 같이 특정의 사실 또는 법관계의 존재여부를 공적으로 증명하는 행위를 공증(公證)이라 한다. 공증은 다만 어떠한 사실 또는 법관계가 진실이라고 인식하여 그것을 공적으로 증명하는 행위일 뿐이다. 그것이 진실이 아닐 수도 있다. 이 때문에 공증행위는 반증(反證)에 의해 전복될 수도 있다. 각종 허가증·여권·영수증 등의 발행은 공증행위에 해당한다.

2. 특 징

① 공증행위 역시 관련법규의 내용상 명백한 것이 아닌 한 성질상 기속행위로 보아야 한다. 그리고 ② 공증행위는 행정절차법상 처분에 해당하므로 요식행위임이 원칙이다(행정절차법 제24조 제 1 항). ③ 준법률행위적 행정행위

로서 공증은 행정심판법과 행정소송법상 처분에 해당하므로 통지행위에 하자가 있다면 행정심판이나 행정소송을 통해 다툴 수 있다.

3. 효 과

① 국회의원선거 등 공직선거에 투표하려면 선거인명부에 등록되어야 한다. 선거인명부에 등록되어 있다는 것은 유권자임을 공증하는 것이다. 이러한 경우에 공증(선거인명부에 등록)은 권리(선거권·투표권)의 행사요건이 된다. ② 광업권은 광업원부에 등록하여야 하는데, 등록은 공증의 의미를 갖는 허가통지서를 받은 후에 한다. 이러한 경우에 공증은 권리(광업권)의 설정요건이 된다. 이와 같이 공증행위는 권리설정요건(예 : 광업원부에 등록)일 때도 있고, 권리행사요건(예 : 선거인명부에 등록)일 때도 있으나, ③ 개개 공증행위의 효과는 개별법규정에 따라 정해진다. 반증이 없는 한 공적 증거력을 가짐은 모든 공증행위에 공통하는 효과이다.

> ■**광업법** 제28조(광업권설정) ① 광업출원인은 광업권설정의 허가통지서를 받으면 허가통지를 받은 날부터 60일 이내에 대통령령으로 정하는 바에 따라 등록세를 내고 산업통상자원부장관에게 등록을 신청하여야 한다.
> 제38조(광업권의 등록) ① 다음 각 호의 사항은 광업 원부에 등록한다. (각 호 생략)

[77] 통 지

1. 의 의

불법건물을 강제로 철거하려면 우선 건물주에게 철거를 명하고, 건축주가 스스로 철거하지 아니하면 행정청이 강제로 철거하게 된다. 그런데 강제철거는 행정대집행법이 정하는 바에 의한다. 행정대집행법상 강제철거는 계고처분(행정대집행법 제 3 조 제 1 항) → 대집행영장발부통보처분(행정대집행법 제 3 조 제 2 항) → 대집행의 실행의 순서로 진행된다. 여기서 계고처분(戒告處分)은 특정인에게 불법건물을 스스로 철거하고, 스스로 철거하지 아니하면 행정청이 철거하겠다는 사실을 알리는 행위이다.

■**행정대집행법** 제 3 조(대집행의 절차) ① 전조의 규정에 의한 처분(이하 대집행이라 한다)을 하려함에 있어서는 상당한 이행기한을 정하여 그 기한까지 이행되지 아니할 때에는 대집행을 한다는 뜻을 미리 문서로써 계고하여야 한다. 이 경우 행정청은 상당한 이행기한을 정함에 있어 의무의 성질·내용 등을 고려하여 사회통념상 해당 의무를 이행하는 데 필요한 기간이 확보되도록 하여야 한다.
② 의무자가 전항의 계고를 받고 지정기한까지 그 의무를 이행하지 아니할 때에는 당해 행정청은 대집행영장으로써 대집행을 할 시기, 대집행을 시키기 위하여 파견하는 집행책임자의 성명과 대집행에 요하는 비용의 개산에 의한 견적액을 의무자에게 통지하여야 한다.

법무부장관은 귀화허가 신청자가 국적을 취득했을 때에는 그 사실을 지체 없이 등록기준지 가족관계등록관서의 장에게 통보하고, 관보에 고시하여야 한다(국적법 시행령 제5조). 여기서 관보에 하는 귀화고시(歸化告示)는 외국인 A를 한국인으로 귀화하는 것을 허가하는 사실을 불특정다수인 국민들에게 알리는 행위이다. 이와 같이 법적 절차로서 특정인 또는 불특정다수인에게 어떠한 사실을 알리는 행위를 통지(通知)라 한다.

2. 특 징

① 통지행위는 독립된 행위이기 때문에 행정행위의 적법요건으로서의 통지와 구별된다. 예컨대 납세고지서로 통지하는 행위는 납세의무를 발생시키는 과세처분의 한 부분이지 독립된 행위가 아니다. 따라서 납세고지서의 통지는 준법률행위적 행정행위로서 통지행위가 아니다. ② 준법률행위적 행정행위로서 통지란 독자적으로 법적 효과를 가져오는 행위만을 말한다. 예컨대 공무원은 정년에 달하면, 정년에 관한 통지를 받지 아니하여도 당연히 퇴직한다. 정년에 달한 공무원에게 정년통지를 하는 것은 정년에 달하였다는 사실을 단순히 알려줄 뿐이다. 정년통지와 같이 법적 효과를 가져오지 아니하는 단순한 사실로서 알리는 행위는 준법률행위적 행정행위로서 통지에 해당하지 아니한다. ③ 준법률행위적 행정행위로서 통지는 행정심판법과 행정소송법상 처분에 해당하므로 통지행위에 하자가 있다면 행정심판이나

행정소송을 통해 다툴 수 있다.

3. 효 과

통지행위에 어떠한 효과가 주어지는가는 개별법규가 정한 바에 따른다. 예컨대 ① 강제집행을 함에 있어서는 원칙적으로 계고처분을 거쳐야만 다음 절차인 대집행을 실행할 수 있고, ② 귀화의 경우에는 귀화허가를 고시하여야 귀화의 효과가 발생하고, ③ 납세자가 세금을 미납하여 세무서장이 강제징수를 하는 경우에는 통지행위인 납세의 독촉이 있은 후에 체납처분(압류＋매각＋청산)을 할 수 있는 것과 같다.

[78] 수 리

1. 의 의

① 골프장업을 하려면, 체육시설의 설치ㆍ이용에 관한 법률이 정한 요건을 구비하여 관할 행정청에 등록하여야 한다. 甲이 골프장업의 등록을 위해 등록신청을 하면, 관할 행정청은 「체육시설의 설치ㆍ이용에 관한 법률」이 정한 요건을 갖추었는지의 여부를 심사한 후, 갖추었다고 한다면, 甲의 신청을 받아들이게 된다. ② 교습학원을 설립ㆍ운영하려고 하면, 학원의 설립ㆍ운영 및 과외교습에 관한 법률이 정하는 시설 및 설비를 갖추어 교육감에게 등록하여야 한다. 신청인이 학원등록을 위해 등록신청을 하면, 교육감은 「학원의 설립ㆍ운영 및 과외교습에 관한 법률이 정하는 시설 및 설비」를 갖추었는지의 여부를 심사한 후, 갖추었다고 한다면, 신청인의 신청을 받아들이게 된다.

■ **학원의 설립ㆍ운영 및 과외교습에 관한 법률** 제 6 조(학원 설립ㆍ운영의 등록) ① 학원을 설립ㆍ운영하려는 자는 제 8 조에 따른 시설과 설비를 갖추어 대통령령으로 정하는 바에 따라 설립자의 인적사항, 교습과정, 강사명단, 교습비등, 시설ㆍ설비 등을 학원설립ㆍ운영등록신청서에 기재하여 교육감에게 등록하여야 한다. 등록한 사항 중 교습과정, 강사명단, 교습비등, 그 밖에 대통령령으로 정하는 사항

을 변경하려는 경우에도 또한 같다.

관할 행정청이 골프장업의 등록을 받아들이거나 또는 교육감이 학원등
록을 받아들이는 것과 같이, 행정청이 타인의 행위를 유효한 행위로 받아들
이는 행위를 수리(受理)라 한다. 따라서 등록이란 수리를 요하는 신고라 부르
기도 한다. 수리행위의 예로 각종의 원서·신청서·신고서·청구서 등을 받
아들이는 경우를 볼 수 있다.

2. 특　징

① 수리행위는 하나의 의사작용인 까닭에 단순한 사실로서의 도달과 다
르다. ② 여기서 수리는 준법률행위적 행정행위로서의 수리를 말하는바, 당
구장업의 신고수리와 같은 자체완성적 사인의 공법행위에서 말하는 수리는
여기의 수리에 해당하지 아니한다. 당구장업의 신고는 당구장업신고서가 관
할 행정청에 도달하면 발생하는 것이지, 관할 행정청이 수리하여야 비로소
신고의 효과가 발생하는 것은 아니다. 관할 행정청이 발행하는 당구장업신
고필증은 단순한 사실작용에 불과하고, 당구장업신고필증을 받지 아니하여
도 당구장업신고서가 관할 행정청에 적법하게 도달하였으면 당구장업을 할
수 있다(이 책 [23]을 보라).

3. 효　과

① 수리행위에 대해 어떠한 효과가 주어지는가는 개별법규가 정한 바에
따른다. 골프장업의 등록신청이 수리되기 전에는 골프장업을 경영할 수 없
고, 학원의 등록신청이 수리되기 전에는 학원을 운영할 수 없는 것과 같이
수리가 있기 전까지는 일정행위가 금해지기도 한다. ② 수리를 요하는 신고
인 등록신청의 수리가 거부되면, 행정심판이나 행정소송의 제기를 통해 등
록거부처분(수리거부처분)을 다툴 수 있다. 예컨대 골프장업의 등록이 거부되
면, 골프장업등록거부처분의 취소를 구하는 행정심판이나 행정소송을 제기

할 수 있고, 학원의 등록신청이 거부되면 학원등록거부처분의 취소를 구하는 행정심판이나 행정소송을 제기할 수 있다.

제 4 항 행정행위의 적법요건

행정행위의 적법요건(適法要件)이란 행정행위가 적법한 것이 되기 위하여 반드시 구비하여야 할 요건을 말한다. 행정행위가 적법하기 위해서는 주체요건·내용요건·형식요건·절차요건 및 표시요건을 구비하여야 한다. 이들 요건에 미비가 있게 되면 흠(하자) 있는 행정행위가 된다.

[79] 주체요건

1. 권한기관

① 행정행위는 권한(權限)을 가진 기관이 발령하여야 한다. 운전면허의 권한은 지방경찰청에게 있기 때문에 운전면허는 지방경찰청장이 하여야 한다. 만약 경찰서장이 운전면허를 한다면, 그러한 운전면허는 위법하다.

> ■**도로교통법** 제80조(운전면허) ① 자동차등을 운전하려는 사람은 지방경찰청장으로부터 운전면허를 받아야 한다. …

② 그러나 법령이 정하는 바에 따라 권한이 위임(委任)된 경우에는 권한을 위임받은 자(수임자, 受任者)가 권한 행정청이다. 예컨대 운전면허정지처분의 권한은 도로교통법 제93조에서 지방경찰청장의 권한으로 규정되어 있지만, 도로교통법 제147조 제 3 항과 도로교통법 시행령 제86조 제 3 항 제 3 호에 따라 운전면허정지처분의 권한은 경찰서장에게 위임되어 있다. 따라서 운전면허정지처분의 권한행정청은 경찰서장인바, 운전면허정지처분은 경찰서장이 하여야 적법한 것이고, 경찰청장이 운전면허정지처분을 하면 위법한 처분이 된다.

■**도로교통법** 제93조(운전면허의 취소·정지) ① 지방경찰청장은 운전면허(조건부 운전면허는 포함하고, 연습운전면허는 제외한다. 이하 이 조에서 같다)를 받은 사람이 다음 각 호의 어느 하나에 해당하면 행정안전부령으로 정하는 기준에 따라 운전면허(운전자가 받은 모든 범위의 운전면허를 포함한다. 이하 이 조에서 같다)를 취소하거나 1년 이내의 범위에서 운전면허의 효력을 정지시킬 수 있다. 다만, 제 2 호, 제 3 호, 제 7호부터 제 9 호까지(정기 적성검사 기간이 지난 경우는 제외한다), 제14호, 제16호부터 제18호까지, 제20호부터 제23호까지의 규정에 해당하는 경우에는 운전면허를 취소하여야 한다. (이하 각 호 생략)

제147조(위임 및 위탁) ③ 지방경찰청장은 이 법에 따른 권한 또는 사무의 일부를 대통령령으로 정하는 바에 따라 관할 경찰서장에게 위임하거나 교통 관련 전문교육기관 또는 전문연구기관 등에 위탁할 수 있다.

■**도로교통법 시행령** 제86조(위임 및 위탁) ③ 지방경찰청장은 법 제147조 제 3 항에 따라 다음 각 호의 권한을 관할 경찰서장에게 위임한다.

3. 법 제93조에 따른 운전면허효력 정지처분

2. 합의제기관

토지수용위원회와 같이 합의제기관(合議制機關)이 권한을 가진 기관인 경우에는 합의제기관의 구성원이 적법한 소집절차·의결절차에 따라 의사결정을 할 수 있는 지위에 있어야 한다. 일부 구성원만 비밀리에 모여 회의를 개최하여 의사결정을 한다면, 그러한 의사결정은 적법한 것이 아니다.

3. 정상적 의사작용

권한행정청의 권한의 행사는 정상적인 의사작용(意思作用)에 기한 것이어야 한다. 따라서 행정기관의 구성자는 의사능력과 행위능력을 가져야 한다. 행정청의 지위에 있는 공무원이 만취한 상태에서 처분을 한다면, 그러한 처분은 정상적인 의사작용에 기한 것이 아니므로 적법한 것이 아니다.

[80] 내용요건

1. 적 법

행정행위는 내용상 적법(適法)하여야 한다. 내용상 적법하여야 한다는 것은 그 내용이 법률에 적합하여야 하고, 행정법의 일반원칙에 적합하여야 하고, 기본권을 침해하는 것이어서도 아니 되며, 침익적 행위의 발령에는 법적 근거가 있어야 하고, 재량행위인 경우에는 재량하자가 없어야 함을 의미한다. 내용상 적법하지 아니한 행정행위는 당연히 위법한 것이 된다.

2. 가 능

행정행위는 사실상으로나 법률상으로 실현이 가능(可能)한 것이어야 한다. 100층이나 되는 무허가건물이 있다고 할 때, 그러한 건물을 1월 안에 철거하라는 처분은 사실상 불가능한 것을 내용으로 하는 것이고, 세금을 미납한 甲이 乙소유의 물건을 빌려서 사용하고 있는데, 세무서장이 그 물건을 압류한다면, 그러한 압류처분은 법률상 불가능한 것을 내용으로 하는 것이 된다. 객관적으로 불가능한 것을 내용으로 하는 행정행위는 당연히 위법한 것이 된다.

3. 명 확

행정행위는 내용상 명확(明確)하여야 한다. 왜냐하면 내용이 명확하지 않다면, 처분의 상대방은 이행하여야 할 처분의 내용을 알지 못하여 처분을 이행할 수 없기 때문이다. 예컨대 무허가건물 3채를 갖고 있는 甲에게 철거대상 건물을 명확히 하지 않고 단순히 무허가건물 1채를 철거하라고 명령한다면, 그러한 철거명령은 불명확한 행위에 해당한다. 내용상 명확하여야 한다는 것은 행정행위 그 자체로부터 발령행정청 · 상대방 · 처분내용 등을 인식할 수 있어야 함을 의미한다. 명확성의 정도는 처분의 상대방이 처분행정청 등의 특별한 도움이 없이도 규율내용을 인식할 수 있는 것이어야 한다. 명확하지 아니한 행위는 위법한 행위가 된다.

[81] 형식요건

1. 문서형식의 원칙

처분의 형식에 관해서는 일반법으로 행정절차법 제24조가 있다. 행정절차법 제24조는 처분을 원칙적으로 문서로 할 것을 규정하고 있다.

> ■ **행정절차법** 제24조(처분의 방식) ① 행정청이 처분을 할 때에는 다른 법령등에 특별한 규정이 있는 경우를 제외하고는 문서로 하여야 하며, 다음 각 호의 어느 하나에 해당하는 경우에는 전자문서로 할 수 있다.
> 1. 당사자등의 동의가 있는 경우
> 2. 당사자가 전자문서로 처분을 신청한 경우
> ② 제1항에도 불구하고 공공의 안전 또는 복리를 위하여 긴급히 처분을 할 필요가 있거나 사안이 경미한 경우에는 말, 전화, 휴대전화를 이용한 문자 전송, 팩스 또는 전자우편 등 문서가 아닌 방법으로 처분을 할 수 있다. 이 경우 당사자가 요청하면 지체 없이 처분에 관한 문서를 주어야 한다.

2. 취 지

행정절차에 관한 일반법인 행정절차법 제24조 제1항은 처분내용의 명확성을 확보하고 처분의 존부에 관한 다툼을 방지하여 처분상대방의 권익을 보호하기 위한 것이므로, 이를 위반한 처분은 하자가 중대·명백하여 무효이다(대판 2019. 7. 11, 2017두38874).

[참고] '대판 2019. 7. 11, 2017두38874'는 가수 유승준 사건 판결이다. 이 사건은, 병무청장이 법무부장관에게 '가수 유승준이 공연을 위하여 국외여행허가를 받고 출국한 후 미국 시민권을 취득함으로써 사실상 병역의무를 면탈하였으므로 재외동포 자격으로 재입국하고자 하는 경우 국내에서 취업, 가수활동 등 영리활동을 할 수 없도록 하고, 불가능할 경우 입국 자체를 금지해 달라'고 요청함에 따라 법무부장관이 유승준의 입국을 금지하는 결정을 하고, 그 정보를 내부전산망인 '출입국관리정보시스템'에 입력하였으나, 유승준에게는 통보하지 않은 상태에서 재외공관장이 아무런 재량을 행사하지 않고 사증발급 거부처분을 하자 이에 유승준이 사증발급거부처분의 취소를 구한 사건이다.

[82] 절차요건

1. 협력절차

행정행위의 성립에 청문, 타기관의 협력이 법상 요구되면 그 절차를 거쳐야 한다. 그러한 협력절차(協力節次)가 요구되는 것은 일반적으로 상대방의 이익을 보호하고, 절차의 공정성과 처분의 전문성을 확보하기 위한 것이다. 타기관의 협력이 법상 요구되는 예로 「소방시설 설치 및 관리에 관한 법률」에서 규정하고 있는 건축허가의 동의 등을 볼 수 있다.

> ■소방시설 설치 및 관리에 관한 법률 제 6 조(건축허가등의 동의 등) ① 건축물 등의 신축·증축·개축·재축(再築)·이전·용도변경 또는 대수선(大修繕)의 허가·협의 및 사용승인 … 의 권한이 있는 행정기관은 건축허가등을 할 때 미리 그 건축물 등의 시공지(施工地) 또는 소재지를 관할하는 소방본부장이나 소방서장의 동의를 받아야 한다.

2. 처분의 사전통지

행정절차법 제21조는 의무를 부과하거나(예 : 교통범칙금을 부과하는 경우) 권익을 제한하는(예 : 단란주점영업허가를 취소하거나 운전면허를 취소하는 경우) 처분을 하는 경우에는 미리 일정한 사항을 당사자등에게 통지하도록 규정하고 있다. 이러한 처분의 사전통지(事前通知)는 침익적 처분의 상대방을 보호하기 위한 것이다. 사전통지가 배제되는 예외의 경우도 있다.

> ■행정절차법 제21조(처분의 사전통지) ① 행정청은 당사자에게 의무를 부과하거나 권익을 제한하는 처분을 하는 경우에는 미리 다음 각 호의 사항을 당사자등에게 통지하여야 한다.
> 1. 처분의 제목
> 2. 당사자의 성명 또는 명칭과 주소
> 3. 처분하려는 원인이 되는 사실과 처분의 내용 및 법적 근거
> 4. 제 3 호에 대하여 의견을 제출할 수 있다는 뜻과 의견을 제출하지 아니하는 경우의 처리방법
> 5. 의견제출기관의 명칭과 주소

6. 의견제출기한

7. 그 밖에 필요한 사항

④ 다음 각 호의 어느 하나에 해당하는 경우에는 제1항에 따른 통지를 아니할 수 있다.

1. 공공의 안전 또는 복리를 위하여 긴급히 처분을 할 필요가 있는 경우

2. 법령등에서 요구된 자격이 없거나 없어지게 되면 반드시 일정한 처분을 하여야 하는 경우에 그 자격이 없거나 없어지게 된 사실이 법원의 재판등에 의하여 객관적으로 증명된 경우

3. 해당 처분의 성질상 의견청취가 현저히 곤란하거나 명백히 불필요하다고 인정될 만한 상당한 이유가 있는 경우

⑤ 처분의 전제가 되는 사실이 법원의 재판 등에 의하여 객관적으로 증명된 경우 등 제4항에 따른 사전 통지를 하지 아니할 수 있는 구체적인 사항은 대통령령으로 정한다.

3. 의견청취

행정절차법 제22조는 일정한 경우에 청문이나 공청회, 또는 의견제출절차 등 의견청취(意見聽取)의 절차를 거치도록 하여 당사자등 관계자의 이익의 보호를 도모하고 있다.

■**행정절차법** 제22조(의견청취) ① 행정청이 처분을 할 때 다음 각 호의 어느 하나에 해당하는 경우에는 청문을 한다.

1. 다른 법령등에서 청문을 하도록 규정하고 있는 경우

2. 행정청이 필요하다고 인정하는 경우

3. 다음 각 목의 처분을 하는 경우

가. 인허가 등의 취소

나. 신분·자격의 박탈

다. 법인이나 조합 등의 설립허가의 취소

② 행정청이 처분을 할 때 다음 각 호의 어느 하나에 해당하는 경우에는 공청회를 개최한다.

1. 다른 법령등에서 공청회를 개최하도록 규정하고 있는 경우

2. 해당 처분의 영향이 광범위하여 널리 의견을 수렴할 필요가 있다고 행정청이 인정하는 경우

3. 국민생활에 큰 영향을 미치는 처분으로서 대통령령으로 정하는 처분에 대하여 대통령령으로 정하는 수 이상의 당사자등이 공청회 개최를 요구하는 경우
③ 행정청이 당사자에게 의무를 부과하거나 권익을 제한하는 처분을 할 때 제 1 항 또는 제 2 항의 경우 외에는 당사자등에게 의견제출의 기회를 주어야 한다.
④ 제 1 항부터 제 3 항까지의 규정에도 불구하고 제21조 제 4 항 각 호의 어느 하나에 해당하는 경우와 당사자가 의견진술의 기회를 포기한다는 뜻을 명백히 표시한 경우에는 의견청취를 하지 아니할 수 있다.
⑤ 행정청은 청문·공청회 또는 의견제출을 거쳤을 때에는 신속히 처분하여 해당 처분이 지연되지 아니하도록 하여야 한다.
⑥ 행정청은 처분 후 1년 이내에 당사자등이 요청하는 경우에는 청문·공청회 또는 의견제출을 위하여 제출받은 서류나 그 밖의 물건을 반환하여야 한다.

4. 이유제시

처분의 합리성과 타당성을 확보하고, 처분의 상대방등이 처분을 보다 용이하게 받아들이도록 하기 위하여 행정절차법 제23조는 처분을 할 때에 처분하는 이유를 제시하도록 하고 있다. 예컨대 교통신호위반을 이유로 운전면허정지처분을 하려고 하면, 운전면허정지처분통지서에 ① 교통신호를 위반한 날짜와 장소, 그리고 ② 교통신호를 위반하면 운전면허정지처분을 할 수 있다는 도로교통법의 조문 등을 기재하여야 한다. 사실관계(앞의 ①)와 근거법조문(앞의 ②)을 모두 적어야 한다. 이유제시(理由提示)는 이유명시·이유부기·이유강제 등으로 불리기도 한다.

■**행정절차법** 제23조(처분의 이유제시) ① 행정청은 처분을 할 때에는 다음 각 호의 어느 하나에 해당하는 경우를 제외하고는 당사자에게 그 근거와 이유를 제시하여야 한다.
1. 신청 내용을 모두 그대로 인정하는 처분인 경우
2. 단순·반복적인 처분 또는 경미한 처분으로서 당사자가 그 이유를 명백히 알 수 있는 경우
3. 긴급히 처분을 할 필요가 있는 경우
② 행정청은 제 1 항 제 2 호 및 제 3 호의 경우에 처분 후 당사자가 요청하는 경우에는 그 근거와 이유를 제시하여야 한다.

[83] 표시요건

1. 의 의

행정행위는 외부에 표시되어야 상대방이 인식할 수 있기 때문에 표시(表示)는 행정행위의 적법요건이다. 표시는 권한을 가진 기관이 하여야 한다. 표시는 불특정다수인에 대한 처분의 경우와 특정인에 대한 처분의 경우로 나누어서 살펴볼 필요가 있다.

2. 불특정다수인에 대한 처분의 경우

(1) **표시의 방법**   행정행위가 불특정다수인(不特定多數人)에 대한 것이라면 고시(告示)하여야 한다. 청소년 보호법이 정한 "청소년유해매체물"을 청소년에게 판매·대여·배포하여서는 아니 된다. 이에 위반하면 벌칙이 가해진다. 특정의 매체가 청소년유해매체물이라는 것은 특정인에게만 알려서 되는 것이 아니라 모든 국민에게 알려야 한다. 이러한 경우에는 국민 개개인에게 우편을 보내는 것이 아니라 관보 등에 고시함으로써 국민들에게 알린 것으로 갈음한다.

■**청소년 보호법** 제 7 조(청소년유해매체물의 심의·결정) ① 청소년보호위원회는 매체물이 청소년에게 유해한지를 심의하여 청소년에게 유해하다고 인정되는 매체물을 청소년유해매체물로 결정하여야 한다. 다만, 다른 법령에 따라 해당 매체물의 윤리성·건전성을 심의할 수 있는 기관(이하 "각 심의기관"이라 한다)이 있는 경우에는 예외로 한다.
제16조(판매 금지 등) ① 청소년유해매체물로서 대통령령으로 정하는 매체물을 판매·대여·배포하거나 시청·관람·이용하도록 제공하려는 자는 그 상대방의 나이 및 본인 여부를 확인하여야 하고, 청소년에게 판매·대여·배포하거나 시청·관람·이용하도록 제공하여서는 아니 된다.
제21조(청소년유해매체물 결정 등의 통보·고시) ② 여성가족부장관은 청소년보호위원회와 각 심의기관이 결정, 확인 또는 결정 취소한 청소년유해매체물의 목록과 그 사유 및 효력 발생 시기를 구체적으로 밝힌 목록표(이하 "청소년유해매체물 목록표"라 한다)를 고시하여야 한다.

(2) **효력의 발생**   행정 효율과 협업 촉진에 관한 규정에 의거하여 불특정다수인에 대한 고시는 원칙적으로 고시 후 5일이 경과하면 효력이 발생한다.

> ■**행정 효율과 협업 촉진에 관한 규정** 제 4 조(공문서의 종류) 공문서(이하 "문서"라 한다)의 종류는 다음 각 호의 구분에 따른다.
> 1. 법규문서 : 헌법·법률·대통령령·총리령·부령·조례·규칙(이하 "법령"이라 한다) 등에 관한 문서
> 2. 지시문서 : 훈령·지시·예규·일일명령 등 행정기관이 그 하급기관이나 소속 공무원에 대하여 일정한 사항을 지시하는 문서
> 3. 공고문서 : 고시·공고 등 행정기관이 일정한 사항을 일반에게 알리는 문서(이하 생략)
> 제 6 조(문서의 성립 및 효력 발생) ① 문서는 결재권자가 해당 문서에 서명(전자이미지서명, 전자문자서명 및 행정전자서명을 포함한다. 이하 같다)의 방식으로 결재함으로써 성립한다.
> ② 문서는 수신자에게 도달(전자문서의 경우는 수신자가 관리하거나 지정한 전자적 시스템 등에 입력되는 것을 말한다)됨으로써 효력을 발생한다.
> ③ 제 2 항에도 불구하고 공고문서는 그 문서에서 효력발생 시기를 구체적으로 밝히고 있지 않으면 그 고시 또는 공고 등이 있은 날부터 5일이 경과한 때에 효력이 발생한다.

3. 특정인에 대한 처분의 경우

(1) **표시의 방법**   특정인(特定人)에 대한 처분은 그 특정인에게 송달(送達)하여야 한다. 송달에 관해서는 행정절차법 제14조가 일반적인 규정이다. 행정절차법은 송달을 받을 자의 주소 등을 알고 있는 경우에는 우편송달·교부송달 등의 방법을 규정하고 있고, 송달을 받을 자의 주소 등을 모르거나 송달이 불가능한 경우에는 공고 등의 방법을 규정하고 있다.

> [**알고 있는 경우**] ■**행정절차법** 제14조(송달) ① 송달은 우편, 교부 또는 정보통신망 이용 등의 방법으로 하되, 송달받을 자(대표자 또는 대리인을 포함한다. 이하 같다)의 주소·거소(居所)·영업소·사무소 또는 전자우편주소(이하 "주소등"이라 한다)로 한다. 다만, 송달받을 자가 동의하는 경우에는 그를 만나는 장소에서 송

달할 수 있다.

② 교부에 의한 송달은 수령확인서를 받고 문서를 교부함으로써 하며, 송달하는 장소에서 송달받을 자를 만나지 못한 경우에는 그 사무원·피용자(被傭者) 또는 동거인으로서 사리를 분별할 지능이 있는 사람(이하 이 조에서 "사무원등"이라 한다)에게 문서를 교부할 수 있다. 다만, 문서를 송달받을 자 또는 그 사무원등이 정당한 사유 없이 송달받기를 거부하는 때에는 그 사실을 수령확인서에 적고, 문서를 송달할 장소에 놓아둘 수 있다.

③ 정보통신망을 이용한 송달은 송달받을 자가 동의하는 경우에만 한다. 이 경우 송달받을 자는 송달받을 전자우편주소 등을 지정하여야 한다.

[모르는 경우] ▪행정절차법 제14조(송달) ④ 다음 각 호의 어느 하나에 해당하는 경우에는 송달받을 자가 알기 쉽도록 관보, 공보, 게시판, 일간신문 중 하나 이상에 공고하고 인터넷에도 공고하여야 한다.

1. 송달받을 자의 주소등을 통상적인 방법으로 확인할 수 없는 경우
2. 송달이 불가능한 경우

⑤ 제4항에 따른 공고를 할 때에는 민감정보 및 고유식별정보 등 송달받을 자의 개인정보를 「개인정보 보호법」에 따라 보호하여야 한다.

(2) 효력의 발생 ― 도달주의   ① 행정절차법은 처분의 효력발생시점에 관해 송달의 경우에는 도달주의(到達主義)를 규정하고 있다(제15조 제1항). 여기서 도달이란 현실적으로 상대방이 행정행위를 수령하여 그 내용을 반드시 알아야 하는 것을 의미하는 것은 아니고 상대방이 알아볼 수 있는 상태에 두는 것을 말한다. 우편에 의한 송달의 경우, 보통우편에 의한 송달은 상당기간 내에 도달된 것으로 추정할 수 없으나(판례), 등기우편은 상당기간 내에 도달된 것으로 추정된다(판례). 따라서 확실한 도달을 위해 우편송달은 등기우편에 의하는 것이 바람직하다. ② 공고(公告)의 경우에는 원칙적으로 공고일부터 14일이 경과한 때에 그 효력이 발생한다고 규정하고 있다(제15조 제3항).

▪행정절차법 제15조(송달의 효력발생) ① 송달은 다른 법령등에 특별한 규정이 있는 경우를 제외하고는 해당 문서가 송달받을 자에게 도달됨으로써 그 효력이 발생한다.   ※ 특별한 규정의 예 : 발신주의를 규정하는 국세기본법 제5조의2.

② 제14조 제3항에 따라 정보통신망을 이용하여 전자문서로 송달하는 경우에는 송달받을 자가 지정한 컴퓨터 등에 입력된 때에 도달된 것으로 본다. ③ 제14조 제4항의 경우에는 다른 법령등에 특별한 규정이 있는 경우를 제외하고는 공고일부터 14일이 지난 때에 그 효력이 발생한다. 다만, 긴급히 시행하여야 할 특별한 사유가 있어 효력 발생 시기를 달리 정하여 공고한 경우에는 그에 따른다.

제5항 행정행위의 효력

① 행정행위는 국가나 지방자치단체의 의사(意思)이다. 행정행위가 있게 되면, 행정청이나 상대방등은 당연히 국가나 지방자치단체의 의사인 행정행위를 따라야 하는 구속을 받게 된다. 여기서 행정행위가 갖는 구속력(拘束力)을 행정행위의 효력(效力)이라 한다. ② 행정행위가 갖는 구속력에는 내용상 구속력, 공정력, 구성요건적 효력, 존속력, 그리고 강제력 등 여러 종류가 있으나, 이를 모두 합하여 행정행위의 효력이라 부른다. ③ 모든 행정행위가 한결같이 내용상 구속력, 공정력, 구성요건적 효력, 존속력, 그리고 강제력을 모두 갖는 것은 아니다. 행정행위에 따라서는 구성요건적 효력이 문제되지 아니하는 경우도 있고, 존속력이 문제되지 아니하는 경우도 있고, 강제력이 문제되지 아니하는 경우도 있다.

[84] 내용상 구속력

1. 의 의

종로세무서장이 甲에게 100만원의 세금을 납부하라는 세금납부통지서를 보내면, 甲은 100만원을 납부하여야 할 구속을 받게 되고(납세의무), 종로세무서장은 100만원을 징수하여야 할 구속(징수의무)을 받게 된다. 경찰서장이 乙에게 1월의 운전면허정지처분통지서를 보내면, 乙은 1월 동안 운전을 하지 말아야 할 구속을 받으며, 경찰서장은 乙이 운전을 하지 않도록 하는 구속을 받게 된다. 이와 같이 행정행위의 내용에 따라야 하는 구속력을 내용상 구속력(內容上 拘束力)이라 한다.

2. 특 징

① 내용상 구속력은 모든 행정행위에 인정되는 실체법(권리와 의무의 발생과 소멸에 관한 법)상 효력이다. 달리 말한다면, 예컨대 과세처분의 경우, 납세의 의무와 징수의 권리를 발생시키는 것을 내용으로 하는바, 내용상 구속력은 행정행위의 내용의 문제이다. ② 내용상 구속력은 그 행정행위가 취소나 철회되지 않는 한 지속한다. 예컨대 과세처분이 취소되거나 철회되면, 과세처분의 내용상 구속력은 소멸하고, 상대방은 세금을 납부할 필요가 없다. 그러나 취소나 철회되지 않는 한, 과세처분의 내용상 구속력은 지속하므로 납세자는 세금을 납부하여야 한다. ③ 내용상 구속력은 처분의 상대방뿐만 아니라 처분청에도 미친다. 예컨대 과세처분의 경우에 내용상 구속력은 처분의 상대방인 납세자뿐만 아니라 세금을 부과한 세무서장에도 미친다. 요컨대 내용상 구속력은 처분청과 상대방의 관계에서 나타나는 구속력이다.

[85] 공 정 력

1. 의 의

행정행위는 위법하다고 하여도 당연무효가 아닌 한 권한을 가진 기관에 의해 취소될 때까지 행위의 상대방이나 제 3 자가 그 효력을 부인할 수 없는 구속력을 발생시키는바, 이러한 구속력을 공정력(公定力)이라 부른다. 예를 들어, 종로세무서장이 甲에게 100만원의 세금을 부과하는 것이 관련된 세법에 따른 것인데, 실수로 甲에게 102만원의 세금을 부과하였다면, 102만원의 과세처분은 위법한 처분이지만, 그렇다고 당연히 무효인 처분이라고 말하기는 어렵다. 종로세무서장이 102만원의 과세처분을 취소하지 않는 한, 甲은 과세처분의 공정력으로 인해 102만원의 세금을 일단 납부하여야 한다. 다만 甲은 102만의 과세처분이 위법하다고 주장하면서 2만원 부분의 취소를 구하는 행정심판(이의신청, 심사청구, 심판청구)과 행정소송을 제기할 수 있다.

2. 법적 근거

행정행위의 공정력을 인정하는 직접적인 법적 근거는 행정기본법 제15조(처분은 권한이 있는 기관이 취소 또는 철회하거나 기간의 경과 등으로 소멸되기 전까지는 유효한 것으로 통용된다. 다만, 무효인 처분은 처음부터 그 효력이 발생하지 아니한다)이다.

3. 인정 취지

① 앞의 예에서 102만원의 부과처분이 위법한바, 甲이 종로세무서장에 대하여 '102만원의 부과처분을 취소하고 새로이 100만원의 과세처분을 할 때까지는 세금을 납부할 수 없다'고 주장할 때, 종로세무서장이 세금을 징수할 수 없다고 한다면, 종로세무서장은 승소판결을 통해서만 세금을 징수할 수 있는 결과가 된다. 모든 납세자가 甲과 같은 주장을 하게 되면 세금 징수의 곤란으로 인해 국가의 재정운용은 난관에 봉착하게 된다. 따라서 원활한 재정운영을 위해서는 행정행위가 다소 위법하다고 하여도 일단은 행정행위의 내용대로 따르게 하는 것이 필요하다(행정정책설). ② 뿐만 아니라 실제상 다소 위법하다고 하여도 위법을 모르는 국민들은 행정행위를 믿고 따를 수밖에 없다. 국민들이 신뢰하는 행정행위는 그대로 유지하는 것이 국민들의 안정된 법생활에 필요하다. 말하자면 행정법관계의 안정성에 기여한다(법적 안정설). 요컨대 원활한 국정운용, 국민들의 안정된 법생활의 확보 내지 행정법관계의 안정성 등을 위해 공정력은 의미를 갖는다.

4. 성 질

공정력은 행정행위의 내용이 적법하다는 내용상의 구속력이 아니다. 공정력은 설령 행정행위가 위법하다고 하여도 무효가 아니라면 절차적으로 일단 준수되어야 한다는 절차상 구속력이다. 처분청이 위법한 처분을 직권으로 취소하지 아니하는 한, 공정력을 깨뜨리려고 하면 행정심판이나 행정소송을 제기하여야 한다. 앞의 예에서 종로세무서장이 102만원의 과세처분을 취소하지 않는 한, 甲은 행정심판(심사청구, 심판청구 등)과 행정소송을 제기하지 않고서는 공정력을 깨뜨릴 수 없다. 공정력이 깨뜨려지기 전까지 甲은 행정행위의 내용을 이행하여야 한다.

5. 주관적 범위

위법한 행정행위를 일단 유효한 것으로 하게 되면, 그 행정행위의 위법을 다툴 수 있는 길(행정쟁송)을 열어 주어야만 한다. 위법한 행정행위를 일단 유효한 것으로 하면서, 그 위법을 다툴 수 없다고 한다면, 그러한 것은 법치국가의 원리에 반한다. 말하자면 공정력을 인정하게 되면 불가피하게 쟁송을 제기할 수 있는 길을 보장해주어야 한다. 그런데 행정쟁송은 상대방과 이해관계인만이 제기할 수 있는 것이지, 다른 행정청이나 법원이 처분청을 상대로 제기할 수 있는 것은 아니다. 따라서 공정력은 행위의 상대방과 이해관계인에게만 미치고, 다른 행정청이나 법원에 대해서는 미치지 아니하는 것으로 볼 것이다. 전통적인 견해가 공정력은 행위의 상대방과 이해관계인 외에 다른 행정청과 법원에도 발생하는 것으로 보는 것은 타당하지 않다.

6. 한 계

① 공정력은 부당한 행위 또는 단순위법의 행정행위의 경우에 인정된다 (행정기본법 제15조 본문). 하자가 중대하고 명백하여 무효인 행정행위의 경우에는 공정력이 인정되지 아니한다(행정기본법 제15조 단서). 병무청장이 실수로 여성에게 입영통지서를 보낸 경우, 당연무효이므로 입영통지서를 받은 여성은 입영할 필요가 없다. 이러한 경우에는 공정력의 인정을 위한 논리적 근거가 되는 행정의 안정성에 대한 침해가 되지 않기 때문이다. ② 공정력은 행정행위에서의 문제이지 사법행위나 사실행위에서의 문제는 아니다. 공정력은 비권력적 공법작용에도 적용이 되지 아니한다.

7. 입증책임

종로세무서장이 甲에게 100만원의 세금을 부과하는 것이 세법에 따르는

것인데, 실수로 甲에게 102만원의 세금을 부과하였으므로 甲이 취소소송을
제기한 경우, 종로세무서장과 甲 중에서 누가 종로세무서장의 처분이 적법
또는 위법하다는 것을 입증하여야 하는가의 문제가 입증책임의 문제이다.
공정력은 국민들의 안정된 법생활의 확보 내지 행정법관계의 안정성을 위
해 인정되는 것일 뿐, 적법 여부와는 직접적인 관련성이 없다. 따라서 공정
력을 이유로 甲이 종로세무서장의 과세처분이 위법하다는 것을 입증하여야
할 책임을 부담한다고 말할 수 없다. 법치행정의 원칙에 비추어 종로세무서
장이 102만원의 과세처분이 적법함을 입증(立證)을 하여야 하고, 甲은 종로세
무서장의 주장에 문제점을 적시하고 102만원의 과세처분이 위법하다고 반
증(反證)을 하여야 하고, 다시 종로세무서장이 甲의 문제점을 적시하고 102만
원의 과세처분이 적법하다고 반증을 하는 등의 방식으로 입증책임을 부담
하여야 한다. 말하자면 입증책임분배(立證責任分配)의 원리에 따라 입증책임을
진다.

[86] 구성요건적 효력

1. 의 의

서울지방국세청장이 운전기사를 채용하겠다는 공고를 내자 甲이 운전면
허증사본 등 필요한 서류를 서울지방국세청에 제출하였다. 그런데 서울지방
경찰청장이 甲에게 내준 운전면허는 위법하였는데, 무효에 이를 정도는 아
닌 단순 위법한 것이었다고 하자. 이러한 경우에 서울지방국세청장은 甲의
운전면허가 위법한 것이라 하여 甲을 심사대상에서 제외할 수 있는가? 결론
부터 말한다면, 서울지방국세청장은 甲의 운전면허가 위법한 것이라 하여
甲을 심사대상에서 제외할 수 없다. 서울지방국세청장은 甲이 제출한 운전
면허가 비록 위법하여도 운전기사 채용에 필요한 서류를 구비한 것으로 보
아야 한다. 이와 같이 취소할 수 있는 행위인가를 불문하고 유효한 행정행
위(예 : 甲에 대한 운전면허)가 존재하는 한, 모든 행정기관(예 : 서울지방국세청장)과
법원은 그 행위와 관련이 있는 자신들의 결정(예 : 甲을 서울지방국세청장의 운전기

사로 임용할 것인지에 대한 결정)에 그 행위(예 : 甲에 대한 운전면허)의 존재와 법적 효
과를 인정해야 하고, 아울러 그 내용(예 : 甲이 운전면허 소지자라는 내용)에 구속되
는데, 행정행위가 갖는 이와 같은 구속력을 구성요건적 효력(構成要件的 效力)
또는 구성요건효(構成要件效)라 부른다. 달리 말한다면, 甲이 운전면허소지자
라는 것은 서울지방국세청 운전기사채용에 관한 (구성)요건인데, 서울지방국
세청장은 서울지방경찰청장이 발급한 甲에 대한 운전면허에 대해 서대문구
운전기사채용에 요구되는 구성요건을 충족한 것으로 시인하여야 할 구속을
받는다. 여기서 서울지방경찰청장이 발급한 甲에 대한 운전면허가 서울지방
국세청장을 구속하는 힘을 구성요건적 효력이라 한다.

2. 성 질

① 구성요건적 효력은 행정행위의 내용과 관련된 효력의 일종이다. 예
컨대 앞의 예에서 서울지방경찰청장이 발급한 甲에 대한 운전면허가 서울
지방국세청장을 구속하는 것은 '서울지방경찰청장이 발급한 甲에 대한 운전
면허가 적법하다'는 것을 구속하는 것이 아니라 '서울지방경찰청장으로부터
甲에 대한 운전면허가 있었다'는 내용을 구속하는 것이다. 한편, 앞서 본 내
용적 구속력은 당해 행위 그 자체의 내용상의 문제(예 : 운전면허의 내용상 구속력
은 운전을 해도 좋다는 것을 내용으로 하는 구속력이다. 따라서 경찰관은 운전면허를 받은 자에게
운전을 못하게 하여서는 아니 된다)인 데 반해, 구성요건적 효력은 당해 행위와 다
른 행위와의 관계에서 당해 행위가 다른 행위의 구성요건요소가 되는 경우
의 효력(예 : 서울지방경찰청장의 운전면허를 서울지방국세청의 운전기사임용에 있어서 요건을
구비한 것으로 인정하라는 구속력)을 의미한다. ② 구성요건효력은 행정행위를 스스
로 폐지할 수 없는 다른 행정청·법원과 관련하여 의미를 갖는다.

3. 근 거

(1) **구성요건효와 행정청**　　　다른 행정청에 구성요건효가 미치는 것
은 각 행정기관의 권한 내지 관할은 상이하나 전체로서 통일적인 행정은 불
가피하고, 또한 기관 상호 간의 권한존중과 권한의 불가침이 요구되기 때문

이다. 만약 앞의 예에서 서울지방국세청장이 「서울지방경찰청장이 甲에게 발급한 운전면허」를 존중하지 않고 그것이 적법한지 또는 위법한지의 여부를 심사할 수 있다고 한다면, 서울지방국세청장이 지방경찰청장의 감독기관의 성격을 갖게 된다. 이렇게 되면 세무행정기관인 국세청·지방국세청과 경찰행정기관인 경찰청·지방경찰청을 분리하여 설치한 취지가 몰각된다. 세무행정과 경찰행정을 구별하여 국세청·지방국세청과 경찰청·지방경찰청을 분리하여 설치한 취지를 살리려고 하면, 지방경찰청장의 행위가 무효가 아닌 한, 지방국세청장은 존중하여야 하고, 반대로 지방국세청장의 행위가 무효가 아닌 한, 지방경찰청장은 존중하여야 한다.

　　(2) **구성요건효와 법원**　　　　법원에 구성요건효가 미치는 것은 헌법상의 권력분립원리에서 나온다. 즉 행정행위의 존재와 내용을 법원이 존중하는 것이 권력분립원리에 합당한 것이기 때문이다. 예컨대 서울지방국세청장이 운전기사를 채용하겠다는 공고를 내자 甲과 乙이 운전면허증사본 등 필요한 서류를 서울지방국세청에 제출하였는데, 서울지방국세청장이 甲을 채용하고 乙을 탈락시키자 乙이 임용거부처분의 취소를 구하는 소를 제기하였고, 이에 법원이 심리를 하다 보니 서울지방경찰청장의 甲에 대한 운전면허가 위법한 것임을 알게 되었다고 하여도, 법원이 서울지방경찰청장의 甲에 대한 운전면허가 위법함을 이유로 취소할 수는 없다. 법원은 당사자가 소송을 제기하여 다투는 사항에 대해서만 재판을 하는 것이지, 당사자가 소송을 통해 다투지 아니하는 사항을 스스로 찾아서 재판하지는 아니한다. 뿐만 아니라 위법한 행정행위일지라도 당연무효가 아닌 한, 법원은 정부의 행위를 존중하여야 한다. 만약 법원이 위법하다고 판단하여 소송제기가 없음에도 불구하고 임의로 취소를 할 수 있다고 한다면, 법원이 정부를 감독하는 상위기관이 되어버린다. 권력분립원리는 사법권과 행정권이 동등하다는 원리이지, 사법권이 행정권에 상위한다는 원리는 아니다.

　　4. 선결문제

　　(1) **민사소송과 선결문제**　　　　영등포세무서장이 甲에게 100만원의 세

금을 부과하였고, 甲은 100만원의 세금을 납부하였다. 그 후 영등포세무서장의 과세처분이 무효임을 알게 된 甲은 100만원을 되돌려 받으려고 한다. 이러한 경우에 甲은 과세처분이 무효임을 이유로 부당이득금반환청구소송을 제기하여야 한다. 부당이득금반환청구소송에서 부당이득 여부의 판단을 위해 먼저 해결되어야 할 문제가 공법(행정법)상의 문제인 '영등포세무서장이 甲에게 한 100만원의 과세처분이 무효인지의 여부'의 문제이다. 이와 같이 소송에서 먼저 해결되어야 할 행정법상 문제를 선결문제(先決問題)라 부른다. 학설상으로는 논란이 있지만, 판례상 공법상 부당이득금반환청구소송은 민사소송(民事訴訟)으로 처리되고 있다. 판례는 민사소송에서 선결문제를 심사하고 있다. 예컨대 민사법원에서 부당이득금반환청구소송을 심리할 때 먼저 영등포세무서장이 甲에게 한 100만원의 과세처분이 무효인지의 여부를 민사법원 스스로 판단할 수 있으며, 심리의 결과 과세처분이 무효라면 국가가 법률상 이유 없이 부당하게 이득을 한 것이므로 부당이득금의 반환을 명하게 되고, 무효가 아니라면 국가의 이득은 법률상 이유가 있는 것이므로 기각판결을 하게 된다. 판례는 처분의 위법여부가 민사상 선결문제인 경우에도 심사하고 있다(예 : 위법한 처분으로 피해를 입은 사인이 국가배상법에 따라 손해배상을 청구하는 경우).

(2) **형사소송과 선결문제**　　　　뇌물을 주고 운전면허를 받은 乙이 무면허운전을 하였다는 이유로 검찰에 의해 기소되었다. 과연 乙이 무면허운전을 하였는가의 여부를 판단하기 위해 먼저 해결되어야 할 문제가 공법(행정법)상의 문제인 '뇌물을 주고 받은 乙의 운전면허가 무효인지의 여부'의 문제이다(운전면허가 취소할 수 있는 행위라면, 취소할 때까지는 유효하므로, 취소 전까지는 무면허운전이 아니다). 이와 같이 형사소송에서도 민사소송과 마찬가지로 선결문제(先決問題)가 발생한다. 판례는 형사소송에서 선결문제를 심사하고 있다. 예컨대 형사법원은 乙의 유죄여부를 판단하기 위해 스스로 乙의 운전면허가 무효인지의 여부를 먼저 판단할 수 있으며, 심리의 결과 운전면허가 무효라면 유죄를 선고하고, 무효가 아니라면 기각판결을 하게 된다. 판례는 처분의 위법여부가 형사상 선결문제인 경우에도 심사하고 있다(예 : 명령불복종으로 기소

된 경우, 상관의 행정법상 명령이 위법한지의 여부가 문제되는 경우).

■**도로교통법** 제152조(벌칙) 다음 각 호의 어느 하나에 해당하는 사람은 1년 이하의 징역이나 300만원 이하의 벌금에 처한다.
1. 제43조를 위반하여 제80조에 따른 운전면허(원동기장치자전거면허는 제외한다. 이하 이 조에서 같다)를 받지 아니하거나(운전면허의 효력이 정지된 경우를 포함한다) 또는 제96조에 따른 국제운전면허증을 받지 아니하고(운전이 금지된 경우와 유효기간이 지난 경우를 포함한다) 자동차를 운전한 사람

[87] 존 속 력

1. 개 관

행정행위는 확정판결과 달리 영속적·종국적으로 관계당사자를 구속하는 것은 아니다. 그러나 행정행위가 발해지면, 그 행정행위를 근거로 하여 많은 법률관계가 형성되기도 하므로, 그 행정행위의 자유로운 취소·변경은 바람직하지 않다. 이 때문에 일단 발해진 행정행위를 존속시키기 위한 제도로서 존속력(存續力)의 문제가 나타난다. 행정행위의 존속력은 형식적 존속력과 실질적 존속력으로 이루어진다.

2. 형식적 존속력

예컨대 종로구청장이 甲에게 100만원의 과징금을 부과하는 것이 적법한 것인데, 실수로 甲에게 102만원의 과징금을 부과하였다면, 甲은 행정심판(취소심판)이나 행정소송(취소소송)의 제기를 통해 102만원의 과징금부과처분을 다툴 수 있으나, 처분이 있음을 안 날부터 90일이 경과하면 다툴 수 없다(행정심판법 제27조 제 1 항, 행정소송법 제20조 제 1 항). 이와 같이 쟁송기간이 도과하거나 판결로써 행정행위가 확정되는 등의 사유가 존재하면, 행정행위의 상대방등이 더 이상 그 행정행위의 효력을 다툴 수 없게 되는바, 행정행위가 갖는 이러한 효력을 형식적 존속력(形式的 存續力) 또는 불가쟁력(不可爭力)이라 한다.

■**행정심판법** 제27조(심판청구의 기간) ① 행정심판은 처분이 있음을 알게 된 날부터 90일 이내에 청구하여야 한다.

③ 행정심판은 처분이 있었던 날부터 180일이 지나면 청구하지 못한다. 다만, 정당한 사유가 있는 경우에는 그러하지 아니하다.

■**행정소송법** 제20조(제소기간) ① 취소소송은 처분등이 있음을 안 날부터 90일 이내에 제기하여야 한다. …

② 취소소송은 처분등이 있은 날부터 1년(제1항 단서의 경우는 재결이 있은 날부터 1년)을 경과하면 이를 제기하지 못한다. 다만, 정당한 사유가 있는 때에는 그러하지 아니하다.

형식적 존속력이 발생한 행정행위는 비록 위법하다고 하여도 더 이상 다툴 수 없다. 그렇다고 형식적 존속력이 발생하면, 위법한 행위가 적법한 행위로 바뀌는 것은 아니다. 예컨대 종로구청장이 甲에게 100만원의 과징금을 부과하는 것이 적법한 것인데, 실수로 甲에게 102만원의 과징금을 부과하였으나, 甲이 이를 알고서도 다투지 아니하고 90일이 경과하게 되어도 102만원의 과징금부과처분이 적법한 처분으로 바뀌는 것은 아니다. 그러나 90일이 경과하였다면 甲은 102만원의 과징금을 납부하여야 한다. 따라서 형식적 존속력은 국가공동체의 법적 평화를 위한 것이라 말할 수 있다.

한편, 행정행위가 형식적 존속력(불가쟁력)을 발생한 후일지라도 ① 처분의 상대방은 행정기본법 제38조가 정하는 바에 따라 처분의 재심사를 신청할 수 있다(이에 관해 [205][206]을 보라). ② 행정청은 행정기본법 제18조가 정하는 바에 따라 행정행위를 취소, 행정기본법 제19조가 정하는 바에 따라 그 행정행위를 철회할 수 있다.

3. 실질적 존속력

① 전통적 견해는 위법하거나 부당한 행정행위는 처분청이 직권으로 취소할 수 있지만, 준사법적 합의제 행정기관인 토지수용위원회의 재결이나 이의재결과 같이 일정한 행정행위는 처분청도 당해 행위에 구속되어 직권으로 취소·변경할 수 없다고 하고, 행정행위가 갖는 이러한 힘을 실질적

존속력(實質的 存續力) 또는 불가변력(不可變力)(협의의 불가변력)이라 불러왔다. ② 행정행위의 하자의 유무를 불문하고, 행정행위의 폐지・변경에는 특별한 제한이 따른다는 의미(즉, 폐지・변경이 자유롭지 않다는 의미)에서 나타나는 구속력을 실질적 존속력 또는 불가변력(광의의 불가변력)이라 부르기도 한다. ③ 일반적인 견해는 불가변력을 협의로 이해한다. 판례도 불가변력을 협의로 이해하고 있다. 이 책에서도 불가변력을 협의의 의미로 사용하기로 한다. ④ 실질적 존속력이 있는 행정행위를 취소하거나 철회하면 그것은 위법한 것이 된다.

한편, 행정행위가 실질적 존속력(불가변력)을 발생한 경우라도 ① 상대방은 행정기본법 제36조의 이의신청이나 제37조의 처분의 재심사를 신청할 수 있고, 행정심판법상 행정심판과 행정소송법상 항고소송을 제기할 수 있다. 한편, ② 실질적 존속력의 개념(협의의 개념)에 비추어 행정청은 불가변력이 발생한 행정행위를 철회하기 어렵다.

4. 양자의 관계

형식적 존속력은 행위의 상대방・이해관계자에 대한 구속력을, 실질적 존속력은 처분청에 대한 구속력을 관심사로 하는바, 양자는 관심방향이 다르다. 따라서 ① 형식적 존속력이 생긴 행위일지라도 실질적 존속력이 없는 한, 권한을 가진 행정청은 그 행위를 취소・변경할 수 있다. 예컨대 종로구청장이 甲에게 100만원의 과징금을 부과하는 것이 적법한 것인데, 실수로 甲에게 102만원의 과징금을 부과하였으나, 甲이 이를 알고서도 다투지 아니한 채 90일이 경과하였다고 하여도 종로구청장은 102만의 과징금부과처분을 취소할 수 있다. 한편, ② 실질적 존속력이 있는 행위일지라도 쟁송수단이 허용되는 한 상대방등은 다툴 수 있다. 예컨대 토지수용위원회가 甲에게 발급한 행정행위(예 : 재결, 이의재결)에 하자가 있다고 하여도, 토지수용위원회는 그 행정행위를 취소 또는 변경할 수 없지만, 쟁송기간이 경과하지 아니하였다면, 甲은 그 행정행위(예 : 재결, 이의재결)의 취소를 구하는 이의신청(행정심판)이나 행정소송을 제기할 수 있다.

■ **공익사업을 위한 토지 등의 취득 및 보상에 관한 법률** 제83조(이의의 신청) ③ 제 1 항 및 제 2 항에 따른 이의의 신청은 재결서의 정본을 받은 날부터 30일 이내에 하여야 한다.

제85조(행정소송의 제기) ① 사업시행자, 토지소유자 또는 관계인은 제34조에 따른 재결에 불복할 때에는 재결서를 받은 날부터 90일 이내에, 이의신청을 거쳤을 때에는 이의신청에 대한 재결서를 받은 날부터 60일 이내에 각각 행정소송을 제기할 수 있다. …

[88] 강 제 력

1. 개 관

행정행위는 경우에 따라 처분의 상대방의 협력(예 : 철거명령에 따른 자발적 철거협력, 교통신호의 준수협력, 여객자동차운수사업면허가 취소된 자는 운수사업을 하지 말아야 할 협력)이 필요한 경우가 많다. 상대방의 협력이 필요한 행위임에도 불구하고 상대방이 협력하지 아니하면, 상대방의 협력을 강제로 확보하는 것이 필요하다. 여기서 상대방의 협력을 강제로 확보할 수 있는 힘이 강제력(強制力)이다. 강제력에는 자력집행력과 제재력이 있다.

2. 자력집행력

① 예컨대 종로구청장이 甲에게 개발제한구역의 지정 및 관리에 관한 특별조치법 등에 근거하여 그린벨트에 지은 위법건축물의 철거를 명하는 처분을 하였으나 甲이 자진하여 철거하지 아니하면, 종로구청장은 그 위법건축물을 강제로 철거할 수 있다. 종로세무서장이 乙에게 소득세법에 근거하여 세금 100만원을 납부하라는 과세통지서를 보냈으나 乙이 이에 응하지 아니하면, 종로세무서장은 乙을 대신하여 乙의 재산을 강제로 매각하여 세금을 징수할 수 있다. 이와 같이 행정행위로 명령되거나 금지된 의무를 불이행하는 경우, 행정청이 법원의 원조를 받음이 없이 스스로 강제력에 의해 직접 의무의 내용을 실현할 수 있고, 또한 상대방에게 그것을 수인하도록 요구할 수 있는 행정행위의 효력을 자력집행력(自力執行力) 또는 집행력(執行力)

이라 부른다. 집행력은 의무가 부과되는 명령적 행위에서 문제되며, 의무부과와 관계없는 형성적 행위에서는 문제되지 아니한다. 운전면허의 취소처분과 같은 형성적 행위는 그 자체로 법적 효과가 완성되는 것으로서 집행이 필요 없기 때문이다. 예컨대 운전면허가 취소된 자가 운전한다면, 강제집행이 아니라 후술하는 처벌(제재력)이 문제된다. ② 앞의 예에서 종로구청장이 강제로 철거할 수 있는 것은 개발제한구역의 지정 및 관리에 관한 특별조치법 등에 근거한 철거명령 속에 강제로 철거할 수 있는 힘이 있어서가 아니라 행정대집행법 등 다른 법률에 강제철거의 근거가 있기 때문이다. 그리고 종로세무서장이 강제로 징수할 수 있는 것은 소득세법에 따른 과세처분 속에 납부하지 아니하면 강제로 징수할 수 있는 힘이 있어서가 아니라 국세징수법 등의 법률에 근거가 있기 때문이므로, 엄밀히 말한다면 자력집행력은 행정행위에 고유한 효과라고 말하기 어렵다.

3. 제재력

① 교통경찰관이 도로상 안전을 위하여 甲 등에게 도로의 우측에 붙여 통행할 것을 명령하였으나, 甲 등이 이에 응하지 아니하면 甲 등에게 벌칙을 가할 수 있다. 이와 같이 행정행위에 의해 부과된 의무를 위반하는 경우, 행정벌을 부과할 수 있는 힘을 제재력(制裁力)이라 한다. ② 앞의 예에서 국가가 甲 등에게 벌칙을 부과할 수 있는 것은 교통경찰관이 도로교통법 제 9 조 제 3 항에 따라 행한 조치(행정행위) 속에 벌칙을 부과할 수 있는 힘이 있어서가 아니라 도로교통법 제157조 제 3 호에 벌칙 부과의 법적 근거가 있기 때문이다. 따라서 엄밀히 말한다면 제재력은 행정행위에 고유한 효과라고 말하기 어렵다.

■**도로교통법** 제 9 조(행렬등의 통행) ③ 경찰공무원은 도로에서의 위험을 방지하고 교통의 안전과 원활한 소통을 확보하기 위하여 필요하다고 인정할 때에는 행렬등에 대하여 구간을 정하고 그 구간에서 행렬등이 도로 또는 차도의 우측(자전거도로가 설치되어 있는 차도에서는 자전거도로를 제외한 부분의 우측을 말한다)

으로 붙어서 통행할 것을 명하는 등 필요한 조치를 할 수 있다.

제157조(벌칙) 다음 각 호의 어느 하나에 해당하는 사람은 20만원 이하의 벌금이나 구류 또는 과료에 처한다.

3. 제 9 조 제 1 항을 위반하거나 같은 조 제 3 항에 따른 경찰공무원의 조치를 위반한 행렬등의 보행자나 지휘자

제 6 항 행정행위의 하자

[89] 일 반 론

1. 행정행위의 하자의 의의

행정행위의 적법요건을 완전하게 구비한 것이 아닌 행정행위, 즉 적법요건에 미비(흠결)가 있는 행위를 하자(瑕疵) 있는 행정행위라 부른다. 그리고 적법요건의 미비를 하자(흠)라 부른다. 예컨대 문서로 하여야 할 행위를 구두로 하면 형식상 하자 있는 행위가 되고, 상대방의 의견을 먼저 듣고 처분을 하여야 할 행위를 상대방의 의견을 듣지 않고 처분을 하면 절차상 하자 있는 행위가 된다. 하자에는 위법(違法)과 부당(不當)이 있다. 부당은 재량권의 행사에 합리성이 다소 결여된 것을 의미한다.

2. 하자 유무 판단의 기준 법령

행정행위의 하자 유무의 판단은 발급된 행정행위의 근거법령을 기준으로 판단하여야 한다. 행정행위의 발급근거가 되는 법령은 다음의 경우로 나누어 살펴볼 필요가 있다.

(1) **일반적인 경우(처분시주의)** 행정행위가 적법한 것인지 또는 위법한 것인지의 여부는 행정행위가 발급되는 시점의 법령등을 기준으로 한다. 행정행위가 적법하게 발령된 이상 발령 후에 법령이 개정되어도 위법한 행위로 되지 아니한다. 예컨대 2030년 9월 1일에 건축법에 따라 적법하

게 건축허가를 받았는데, 2030년 9월 2일에 건축법이 개정되었고, 개정된 건축법은 개정 전의 건축법과 내용이 충돌된다고 하여도 2030년 9월 1일에 적법하게 받은 건축허가는 2030년 9월 2일에도 여전히 적법한 행위이다.

(2) **당사자의 신청에 따른 처분**   당사자의 신청에 따른 처분은 처분 당시의 법령등에 따른다(행정기본법 제14조 제2항). 예를 들어 2월 2일에 단란주점영업허가를 신청하였는데, 2월 5일에 관련 법령등의 개정이 있었고, 허가권자가 2월 10일에 처분을 하려고 하면, 허가권자는 2월 5일에 개정된 법령을 따라야 한다. 한편, "법령등에 특별한 규정이 있거나 처분 당시의 법령등을 적용하기 곤란한 특별한 사정이 있는 경우"에는 2월 5일에 개정된 법령을 따르지 않을 수 있다(행정기본법 제14조 제2항).

(3) **제재처분**

(가) **일반적인 경우**   법령등을 위반한 행위의 성립과 이에 대한 제재처분은 법령등을 위반한 행위 당시의 법령등에 따른다(행정기본법 제14조 제3항 본문). 예를 들어 2월 2일에 음주운전을 하였는데, 2월 10일에 관련 법령등의 개정으로 제재처분이 강화되었고, 운전면허권자가 2월 20일에 처분을 하려고 하면, 면허권자는 2월 2일에 유효한 법령등을 준수하여야 한다. 한편, "특별한 규정이 있는 경우"에는 2월 2일에 유효한 법령등을 따르지 아니할 수 있다.

(나) **제재내용이 완화된 경우**   법령등을 위반한 행위 후 법령등의 변경에 의하여 그 행위가 법령등을 위반한 행위에 해당하지 아니하거나 제재처분 기준이 가벼워진 경우에는 변경된 법령등을 적용한다(행정기본법 제14조 제3항 단서). 예를 들어 2월 2일에 식품위생법 위반행위(A행위)를, 2월 10일에 관련 식품위생법의 개정으로 위반행위(A행위)에 대한 제재처분이 영업허가취소에서 영업정지 3개월로 완화되었고, 허가권자가 2월 20일에 처분을 하려고 하면, 허가권자는 영업정지 3개월로 하여야 한다. 한편, "해당 법령등에 특별한 규정이 있는 경우"에는 변경된 법령등을 적용하지 아니할 수 있다(행정기본법 제14조 제3항 본문).

3. 행정행위의 하자의 효과

학설과 판례는 하자 있는 행정행위의 법적 효과를 행정행위의 부존재, 무효인 행정행위, 취소할 수 있는 행정행위의 세 가지로 구분하고 있다. 행정심판법 제 5 조는 취소, 무효, 부존재의 개념을 전제로 하고, 행정심판의 종류를 규정하고 있고, 행정소송법 제 4 조도 취소, 무효, 부존재의 개념을 전제로 하고 행정소송의 종류를 규정하고 있다.

■**행정심판법** 제 5 조(행정심판의 종류) 행정심판의 종류는 다음 각 호와 같다.
1. 취소심판 : 행정청의 위법 또는 부당한 처분을 취소하거나 변경하는 행정심판
2. 무효등확인심판 : 행정청의 처분의 효력유무 또는 존재여부를 확인하는 행정심판

■**행정소송법** 제 4 조(항고소송) 항고소송은 다음과 같이 구분한다.
1. 취소소송 : 행정청의 위법한 처분등을 취소 또는 변경하는 소송
2. 무효등확인소송 : 행정청의 처분등의 효력유무 또는 존재여부를 확인하는 소송

[90] 행정행위의 부존재

1. 의 의

예컨대 서대문구청의 총무과 직원이 기안한 문서가 총무과장과 구청장의 결재도 거치지 않고 甲에게 우편으로 송달되었다고 하여도, 그러한 행위는 서대문구청 내부에서 의사결정과정에 있는 행위일 뿐, 서대문구청장의 의사결정으로서의 행위라고 말할 수 없다. 정부가 2020년 4월 1일에 카지노영업허가를 하면서 허가기간은 2023년 3월 31일까지로 한다는 조건을 붙였다면, 2023년 4월 1일부터는 카지노영업허가는 존재하지 않는 것이 된다. 이와 같이 외관상 명백히 행정청의 행위로 볼 수 있는 행위가 존재하지 아니하는 경우를 행정행위의 부존재(不存在)라 한다.

2. 의 미

행정행위의 부존재의 경우에는 행정행위가 존재하지 아니하므로, 논리상 문제될 것이 없다. 그러나 현실적으로는 부존재하는 행위를 존재한다고 하면서 행정청이 강제한다면, 강제당하는 상대방은 불리한 입장에 놓이게 된다. 따라서 상대방을 보호하기 위하여 부존재를 다투는 행정심판과 행정소송을 인정할 수밖에 없다. 이리하여 행정심판법과 행정소송법은 행정행위부존재확인심판 및 행정행위부존재확인소송을 명문으로 인정하고 있다(행정심판법 제 5 조 제 2 호, 행정소송법 제 4 조 제 2 호).

3. 효 과

행정행위가 부존재하는 경우에는 아무런 법적 효과도 발생하지 아니한다. 다만 그러한 행위들이 문제될 때에는 문제되는 범위 안에서 부존재확인이나 폐지 등이 가능하다. 다만 폐지된다고 하여도 그것은 법적 외관을 폐기하는 것에 불과하다. 예컨대 서대문구청의 총무과 직원이 총무과장과 구청장의 결재도 거치지 않고 자신이 기안한 문서를 甲에게 우편으로 송달한 것을 알게 된 서대문구청장이 그 문서가 무효임으로 폐지한다고 하여도, 서대문구청장의 폐지는 존재하는 행정행위를 없앤다는 의미에서 폐지가 아니라 직원이 한 행위가 처음부터 아무런 의미가 없었다는 것을 확인하는 의미를 가질 뿐이다.

[91] 행정행위의 무효와 취소의 구별

1. 구별의 필요성

① 취소할 수 있는 행위는 일정한 기간의 경과 등으로 불가쟁력(형식적 존속력)이 발생하지만, 무효인 행위에는 불가쟁력이 발생하지 아니하고, ② 취소할 수 있는 행위는 선·후행행위가 하나의 효과를 목적으로 하는 경우에만 선행행위의 하자가 후행행위에 승계되지만(판례), 무효인 행위에는 하나

의 효과를 목적으로 하지 아니하는 경우에도 승계되고(하자의 승계에 관해서는 뒤에서 자세히 살핀다), ③ 취소할 수 있는 행위에는 하자의 치유가 인정되지만, 무효인 행위에는 하자의 치유가 인정되지 아니하고(하자의 치유에 관해서는 뒤에서 자세히 살핀다), ④ 취소할 수 있는 행위에는 하자의 전환이 인정되지 아니하지만(전통적 견해), 무효인 행위에는 인정된다(하자의 전환에 관해서는 뒤에서 자세히 살핀다). 따라서 무효와 취소를 구별할 필요성이 있다.

2. 구별의 기준

행정행위의 무효와 취소를 구별하는 기준으로 여러 견해가 있으나, 전통적 견해와 판례는 중대명백설(重大明白說)을 취한다. 중대명백설이란 하자가 중대하고 동시에 명백한 행위는 무효이고, 하자가 중대하지만 명백하지 않거나, 명백하지만 중대하지 않은 행위는 취소할 수 있는 행위라는 견해이다. 한편, 하자가 중대하면 무효이지만, 제 3 자나 공공의 신뢰보호의 필요가 있는 경우에는 하자가 중대하고 동시에 명백하여야 무효이고, 그러하지 아니하면 취소할 수 있는 행위라고 하는 명백성보충요건설(明白性補充要件說)도 주장되고 있다.

3. 중대명백설

① 중대명백설이 ⓐ 하자가 중대하고 명백한 행정행위를 무효로 보는 것은 정의(正義)의 원칙을 위한 것이고, ⓑ 하자가 중대하지만 명백하지 아니하거나 하자가 중대하지 아니하지만 명백한 행정행위를 취소할 수 있는 행위로 하여 쟁송기간이 경과하면 하자에도 불구하고 더 이상 하자를 다툴 수 없도록 하는 것은 법적 안정성(法的 安定性)을 위한 것이므로, 중대명백설은 정의의 원칙과 법적 안정성의 원칙의 조화를 내용으로 한다. ② 중대명백설에서 하자가 중대하다는 것은 당해 행정행위의 적법요건의 면에서 하자가 중대하다는 것을 의미하고, 하자가 명백하다는 것은 행정행위의 자체에 하자 있음이 일반인의 관점에서 외관상 명백하다는 것을 의미한다. 그러나 실제상 중대성과 명백성의 판단은 쉽지 않다.

4. 사 례

중대명백설에 따라 몇 가지 사례를 보기로 한다. ① 여성에게 입영통지서를 발부하였다면, 그 입영통지처분은 무효이다. 왜냐하면 병역법상 입영대상자가 아닌 여성을 대상자로 하였다는 점에서 적법요건상 하자가 중대하고, 또한 여성에게 입영통지서를 발부한 것이 위법하다는 것은 일반인에게도 명백하기 때문이다. ② 세금의 납부를 구두로 통지한 것도 무효이다. 왜냐하면 세법이 납세자의 보호를 위해 과세처분은 반드시 서면(書面)으로 할 것을 규정하고 있음으로 서면으로 하지 아니한 것은 적법요건상 하자가 중대하고, 또한 구두로 한 과세처분이 위법하다는 것은 일반인에게도 명백하기 때문이다. ③ 청소년에게 술을 판 단란주점업자에게 의견제출의 기회를 주지 아니하고 영업정지처분을 한 것은 취소할 수 있는 행위이다. 왜냐하면 의견제출의 기회를 부여하지 아니한 하자는 외관상 명백하지만, 의견제출의 기회를 부여하지 아니한 하자가 적법요건상 중대한 하자라고 보기는 어렵기 때문이다. ④ 구로세무서장이 2020년 5월 1일에 A법률에 근거하여 甲에게 100만원의 세금을 부과하였다. 2020년 6월 1일에 헌법재판소가 A법률이 헌법에 위반된다고 선언하였다. 이러한 경우, 甲에 대한 구로세무서장의 과세처분은 무효가 아니고 취소할 수 있는 행위이다. 왜냐하면 무효인 법률에 근거하여 세금을 부과한 것은 중대한 하자가 되지만, 헌법재판소에 의해 A법률이 무효로 선언되기 전인 2020년 5월 1일에는 A법률이 무효라는 것은 명백하지 않았기 때문이다.

[92] 행정행위의 무효

1. 의 의

외관상 행정행위로서 존재함에도 불구하고 하자가 중대하고 동시에 명백하여 행정행위로서 갖는 효과를 전혀 갖지 못하는 것을 무효(無效)라 하고, 그러한 행정행위를 무효인 행정행위라 부른다(통설). 무효인 행정행위는 행위의 외관이 존재한다는 점에서 부존재(不存在)와 구별되며, 처음부터 효력이 없다는 점에서 취소되기 전까지는 효력을 가지는 취소(取消)와 구별된다. 그리고 일단 유효하게 성립하였다가 일정한 사유의 발생으로 효력이 소멸되는 실효(失效)와도 구별된다.

2. 사 유

국가공무원법 제13조 제 2 항이나 지방공무원법 제18조 제 2 항과 같이 개별 법률에서 무효사유를 규정하기도 하지만, 개별 법률에서 규정이 없다고 하여도 중대하고도 명백한 하자는 무효사유가 된다.

■**국가공무원법** 제13조(소청인의 진술권) ① 소청심사위원회가 소청 사건을 심사할 때에는 대통령령 등으로 정하는 바에 따라 소청인 또는 제76조 제 1 항 후단에 따른 대리인에게 진술 기회를 주어야 한다.
② 제 1 항에 따른 진술 기회를 주지 아니한 결정은 무효로 한다.

■**지방공무원법** 제18조(소청인의 진술권) ① 심사위원회가 소청사건을 심사할 때에는 대통령령으로 정하는 바에 따라 소청인 또는 그 대리인에게 진술 기회를 주어야 한다.
② 제 1 항의 진술 기회를 주지 아니한 결정은 무효로 한다.

3. 효 과

무효인 처분은 처음부터 그 효력이 발생하지 아니한다(행정기본법 제15조 단서). 누구라도 무효인 행정행위를 준수할 필요가 없다. 만약 행정청이 무효임에도 유효하다고 주장하면 상대방은 행정심판(무효등확인심판)이나 행정소송(무효등확인소송)의 제기를 통해 무효확인을 구할 수 있다.

[93] 행정행위의 하자의 승계

1. 의 의

서대문구청장이 건축법 제79조에 근거하여 甲에게 불법건물의 철거를 명하였으나, 甲이 철거하지 아니하면, 서대문구청장은 행정대집행법이 정하는 바에 따라 대집행을 할 수 있다. 행정대집행법에 따라 甲의 불법건물을 철거하려고 하면, 서대문구청장은 원칙적으로 甲에게 ① 상당한 이행기한을 정하여 그 기한까지 철거하지 아니하면 서대문구청이 철거할 것을 미리 문서로써 계고하고(알리고), 그럼에도 그 기한까지 철거하지 아니하면, ② 대집행할 시기 등을 기재한 대집행영장을 발부하고 이를 통지한 후, ③ 대집행영장에 기재한 시기에 실제로 강제철거를 하게 된다.

■**건축법** 제79조(위반 건축물 등에 대한 조치 등) ① 허가권자는 이 법 또는 이 법에 따른 명령이나 처분에 위반되는 대지나 건축물에 대하여 이 법에 따른 허가 또는 승인을 취소하거나 그 건축물의 건축주·공사시공자·현장관리인·소유자·관리자 또는 점유자(이하 "건축주등"이라 한다)에게 공사의 중지를 명하거나 상당한 기간을 정하여 그 건축물의 해체·개축·증축·수선·용도변경·사용금지·사용제한, 그 밖에 필요한 조치를 명할 수 있다.

■**행정대집행법** 제 3 조(대집행의 절차) ① 전조의 규정에 의한 처분(이하 대집행이라 한다)을 하려함에 있어서는 상당한 이행기한을 정하여 그 기한까지 이행되지 아니할 때에는 대집행을 한다는 뜻을 미리 문서로써 계고하여야 한다. 이 경우 행정청은 상당한 이행기한을 정함에 있어 의무의 성질·내용 등을 고려하여 사회통념상 해당 의무를 이행하는 데 필요한 기간이 확보되도록 하여야 한다.
② 의무자가 전항의 계고를 받고 지정기한까지 그 의무를 이행하지 아니할 때에는 당해 행정청은 대집행영장으로써 대집행을 할 시기, 대집행을 시키기 위하여 파견하는 집행책임자의 성명과 대집행에 요하는 비용의 개산에 의한 견적액을 의무자에게 통지하여야 한다.

서대문구청장이 甲에게 계고할 때에는 행정대집행법 제 3 조 제 1 항이 정하는 바에 따라 상당한 이행기간을 정하여 문서로 하여야 함에도 불구하고 서대문구청장은 상당한 이행기한이 아니라 매우 짧은 이행기한을 정하여 甲에게 계고하였다면, 甲은 서대문구청장의 계고처분이 위법하므로 계고처분의 취소를 구할 수 있다. 그러나 甲이 계고처분이 있음을 안 날부터 90일이 지나가도록 계고처분을 다투지 아니하였다면, 甲은 더 이상 계고처분의 위법을 다툴 수 없게 되었다.

■**행정심판법** 제27조(심판청구의 기간) ① 행정심판은 처분이 있음을 알게 된 날부터 90일 이내에 청구하여야 한다.

■**행정소송법** 제20조(제소기간) ① 취소소송은 처분등이 있음을 안 날부터 90일 이내에 제기하여야 한다.

계고처분(알리는 처분)에서 정한 상당한 이행기간이 지난 후 서대문구청장이 甲에게 대집행영장이 발부되었다는 통지를 하여 왔다고 하자. 그리고 대집행영장발부통보처분은 행정대집행법 제3조 제2항이 정한 바에 따라 이루어진 적법한 행위였다고 하자. 이러한 경우에 甲은 계고처분이 위법하였으므로 대집행영장발부통보처분의 취소를 구할 수 있는가의 문제가 있다. 이를 일반론적으로 말한다면, 둘 이상의 행정행위가 연속적으로 행해지는 경우, 선행행위(예 : 계고처분)에 하자가 있으면 후행행위(대집행영장발부통보처분)에 하자가 없다고 하여도 선행행위가 위법함을 이유로 후행행위를 다툴 수 있는가의 여부가 바로 하자의 승계(承繼)의 문제이다. 다툴 수 있다면 승계된다고 하고, 다툴 수 없다고 하면 승계되지 아니한다고 표현한다.

2. 문제의 해결

(1) 해결기준　　　전통적인 견해와 판례에 따르면, 행정행위의 하자 문제는 행정행위마다 독립적으로 판단되어야 한다는 전제 하에 선행행위와 후행행위가 일련의 절차를 구성하면서 하나의 효과를 목적으로 하는 경우에는 예외적으로 선행행위의 위법성이 후행행위에 승계되지만, 선행행위와 후행행위가 상호 관련성이 있을지라도 별개의 목적으로 행하여지는 경우에는 선행행위의 단순위법은 후행행위에 승계되지 아니한다고 한다. 그리고 선행행위가 무효이면 어떠한 경우에도 승계된다고 한다. 이를 도해하면 다음과 같다.

효과(목적)의 이동	선행행위	후행행위	승계여부
① 별개의 효과(목적)	단순 위법(취소)	적법	승계되지 아니한다
② 하나의 효과(목적)	단순 위법(취소)	적법	승계된다
③ 별개의 효과(목적)	위법(무효)	적법	승계된다
④ 하나의 효과(목적)	위법(무효)	적법	승계된다

(2) **상기 ①의 예**　　　위법한 철거명령과 적법한 계고처분의 경우를 볼 수 있다. 철거명령은 철거의무의 발생을 목적으로 하고, 계고처분은 발생된 철거의무를 현실적으로 이행하는 것을 목적으로 한다. 즉 별개의 효과를 목적으로 한다. 단순 위법한 철거명령을 다툴 수 있는 기한이 경과한 후에 철거명령의 위법을 이유로 계고처분을 다툴 수 없다.

(3) **상기 ②의 예**　　　단순 위법한 계고처분과 적법한 대집행영장발부통보처분의 경우를 볼 수 있다. 계고처분과 대집행영장발부통보처분은 모두 발생된 철거의무의 현실적인 이행이라는 점에서 목적이 동일하다. 즉 하나의 효과를 목적으로 한다. 계고처분을 다툴 수 있는 기한이 경과하여도 계고처분의 위법을 이유로 대집행영장발부통보처분을 다툴 수 있다.

(4) **상기 ③의 예**　　　무효인 철거명령과 적법한 계고처분의 경우를 볼 수 있다. 철거명령은 철거의무의 발생을 목적으로 하고, 계고처분은 발생된 철거의무를 현실적으로 이행하는 것을 목적으로 한다. 즉 별개의 효과를 목적으로 한다. 그러나 무효인 철거명령으로부터는 철거의무가 발생하지 아니하므로, 철거의무의 불이행을 전제로 한 계고처분을 다툴 수 있다. 이러한 경우에는 철거명령의 무효를 다투는 것도 방법이다.

(5) **상기 ④의 예**　　　무효인 위법한 계고처분과 적법한 대집행영장발부통보처분의 경우를 볼 수 있다. 계고처분과 대집행영장발부통보처분은 모두 발생된 철거의무의 현실적인 이행이라는 점에서 목적이 동일하다. 즉 하나의 효과를 목적으로 한다. 그러나 무효인 계고처분으로부터는 아무런 법적 효과가 발생하지 아니하므로, 계고처분을 전제로 한 대집행영장발부통보처분을 다툴 수 있다. 이러한 경우에는 계고처분의 무효를 다투는 것도 방법이다.

[**보충자료**] 서대문세무서장이 甲에게 100만원의 과세처분을 하였으나, 甲이 지정된 기한까지 납부하지 아니하였으므로 서대문세무서장이 강제징수절차를 거치게 된 경우에 하자의 승계문제를 본다. 강제징수절차는 독촉 → 압류 → 매각 → 청산의 순으로 진행된다.

① 별개의 효과를 목적으로 하는 단순 위법한 부과처분과 적법한 독촉(처분) 사이에서 부과처분의 위법을 이유로 독촉(처분)의 취소를 구할 수 없다.

② 하나의 효과를 목적으로 하는 단순 위법한 독촉(처분)과 적법한 압류(처분) 사이에서 독촉(처분)의 위법을 이유로 압류(처분)의 취소를 구할 수 있다.

③ 별개의 효과를 목적으로 하는 무효인 부과처분과 적법한 독촉(처분) 사이에서 부과처분의 무효를 이유로 독촉(처분)의 취소를 구할 수 있다. 물론 부과처분의 무효를 다툴 수도 있다.

④ 하나의 효과를 목적으로 하는 무효인 독촉(처분)과 적법한 압류(처분) 사이에서 독촉(처분)의 무효를 이유로 압류(처분)의 취소를 구할 수 있다. 물론 독촉처분의 무효를 다툴 수도 있다.

3. 문제점

전통적 견해와 판례는 하나의 효과를 목적으로 하는 선행행위와 후행행위의 관계에서 선행행위를 다툴 수 없게 된 경우에도 선행행위의 위법을 이유로 후행행위를 다툴 수 있다고 하는 것을 살펴본 바 있다. 생각건대 쟁송기간의 경과 등으로 인하여 선행행위에 불가쟁력이 발생하여 선행행위를 다툴 수 없음에도 선행행위의 위법을 이유로 후행행위를 다툴 수 있다고 하는 것은 선행행위를 직접 대상으로 하여 다투는 것과 큰 차이가 없다. 예컨대 단순 위법한 독촉(처분)을 다툴 수 없다고 하면서, 독촉(처분)의 위법을 이유로 압류(처분)를 다툴 수 있다고 하는 것은 독촉(처분)을 다투는 것과 큰 차이가 없다. 요컨대 전통적 견해와 판례는 선행행위를 다툴 수 없다고 하면서 선행행위를 다투는 것과 유사한 효과를 가져오는 하자의 승계를 인정하고 있는데, 이것은 논리적으로 충실하지 않다고 하겠다.

[94]   하자 있는 행정행위의 치유

1. 의   의

서대문구청장은 미성년자에게 상습적으로 술을 팔아온 단란주점영업자 甲에게 단란주점영업허가를 취소하는 처분을 하였다. 단란주점영업허가 취소통보서에는 甲이 저지른 식품위생법 위반사실에 대한 기재가 없었다. 행정절차법 제23조는 처분의 이유를 제시하도록 규정하고 있으므로, 식품위생법 위반사실을 기재하지 아니한 서대문구청장의 처분은 위법하다. 따라서 甲이 취소소송을 제기하면 승소하게 된다. 만약 甲이 취소심판이나 취소소송을 제기하기 전에 서대문구청장이 甲에게 단란주점영업허가를 취소한 이유를 기재한 서면을 보내면, 서대문구청장의 단란주점영업허가취소처분은 처음부터 적법한 것이 된다. 따라서 서대문구청장이 甲에게 단란주점영업허가를 취소한 이유를 보낸 후에 甲이 취소소송을 제기하면, 甲은 승소할 수 없다. 이와 같이 행정행위가 발령 당시에 적법요건을 완전히 구비한 것이 아니어서 위법한 것이라고 하여도 사후에 흠결을 보완하게 되면, 발령당시의 하자에도 불구하고 그 행위의 효과를 다툴 수 없도록 유지하는 것을 하자 있는 행정행위의 치유(治癒)라 부른다.

2. 근   거

① 행정행위의 하자의 치유를 인정하는 것은 국민의 법생활의 안정과 신뢰보호를 위한 것이고, 아울러 행정행위의 불필요한 반복을 방지하기 위한 것이다. 예컨대 하자의 치유를 인정하지 아니한다면, 서대문구청장은 甲에 대하여 새로이 단란주점영업허가 취소절차를 밟아야 한다, 이것은 비경제적이다. 오히려 하자의 치유를 인정하게 되면, 서대문구청장은 甲에 대하여 새로이 단란주점영업허가 취소절차를 거칠 필요 없이 다만 甲에게 취소사유만을 통보하면 된다. 물론 국민의 권익보호에 역행하면서 하자의 치유를 인정할 수는 없다. ② 민법상으로는 하자의 치유의 법리가 명문화되어 있다(민법 제143조 내지 제146조의 취소할 수 있는 법률행위의 추인). 그러나 행정법상으

로는 일반규정이 없다. 전통적 견해와 판례는 하자의 치유를 인정한다. 현재 하자의 치유를 부정하는 견해는 찾아볼 수 없다.

■**민법** 제143조(추인의 방법, 효과) ① 취소할 수 있는 법률행위는 제140조에 규정한 자가 추인할 수 있고 추인후에는 취소하지 못한다.
② 전조의 규정은 전항의 경우에 준용한다.
제144조(추인의 요건) ① 추인은 취소의 원인이 소멸된 후에 하여야만 효력이 있다.
② 제1항은 법정대리인 또는 후견인이 추인하는 경우에는 적용하지 아니한다.
제145조(법정추인) 취소할 수 있는 법률행위에 관하여 전조의 규정에 의하여 추인할 수 있는 후에 다음 각 호의 사유가 있으면 추인한 것으로 본다. 그러나 이의를 보류한 때에는 그러하지 아니하다.
1. 전부나 일부의 이행
2. 이행의 청구
3. 경개
4. 담보의 제공
5. 취소할 수 있는 행위로 취득한 권리의 전부나 일부의 양도
6. 강제집행
제146조(취소권의 소멸) 취소권은 추인할 수 있는 날로부터 3년 내에 법률행위를 한 날로부터 10년 내에 행사하여야 한다.

3. 효   과

치유의 효과는 소급적이다. 처음부터 적법한 행위와 같은 효과를 가진다. 예컨대 서대문구청장이 2020년 5월 1일에 甲에게 식품위생법 위반사실에 대한 기재 없이 단란주점영업허가 취소처분을 하였다가 2020년 6월 1일에 甲에게 식품위생법 위반사실을 기재한 서면을 보내면, 서대문구청장의 단란주점영업허가취소처분은 2020년 5월 1일에 식품위생법 위반사실을 기재한 처분을 한 것과 같은 효과를 갖는다. 치유가 허용되지 않은 행위의 경우에는 새로운 행위를 발령함으로써 치유의 효과를 거둘 수 있을 뿐이다.

4. 적용영역

① 전통적 견해와 판례는 취소할 수 있는 행정행위에 하자의 치유가 인

정되고, 무효인 행정행위에는 하자의 치유가 인정되지 아니한다고 한다. ② 판례는 하자의 치유가 행정심판이나 행정소송이 제기되기 전까지만 가능하다고 한다. 말하자면 처분의 상대방등이 행정심판이나 행정소송으로 다투겠다는 의사가 표출되면, 하자의 치유는 인정되지 아니한다는 것이다.

[95] 하자 있는 행정행위의 전환

1. 의 의

甲이 2020년 3월 5일에 서대문구청장에게 건축허가를 신청하였다. 甲은 2020년 3월 7일에 사망하였다. 서대문구청장은 2020년 3월 9일에 甲을 처분의 상대방으로 하여 건축허가를 내주었다. 서대문구청장의 건축허가는 적법한가? 민법 제 3 조(권리능력의 존속기간)는 "사람은 생존한 동안 권리와 의무의 주체가 된다"고 규정하고 있다. 따라서 2020년 3월 9일에 甲은 생존하고 있지 아니하므로 서대문구청장의 2020년 3월 9일자 처분은 사망한 자에 대한 것이므로 적법한 것이 아니다. 이러한 경우에 서대문구청장의 건축허가처분을 甲의 배우자인 乙에 대한 것으로 전환하면 문제가 없어진다. 이와 같이 하자 있는 행정행위(예: 사망한 甲에 대한 건축허가)를 적법한 다른 행정행위(예: 생존중인 甲의 배우자 乙에 대한 건축허가)로 유지시키는 것을 하자 있는 행정행위의 전환(轉換)이라 한다. 행정행위의 치유는 하자의 사후적인 제거를 위한 것이나, 전환은 새로운 행위를 가져온다는 점에 차이가 있다.

2. 근 거

① 하자 있는 행정행위의 전환을 인정하는 것은 국민의 법생활의 안정과 신뢰보호를 위한 것이고, 아울러 행정행위의 불필요한 반복을 방지하기 위한 것이다. 예컨대 하자의 전환을 인정하지 아니한다면, 甲의 배우자 乙은 새로이 건축허가절차를 밟아야 한다. 이것은 비경제적이다. 오히려 사망한 甲에 대한 건축허가를 생존중인 甲의 배우자 乙에 대한 건축허가로 전환하는 것을 인정하게 되면, 乙은 새로이 건축허가를 신청할 필요는 없고, 다

만 甲의 사망을 확인하는 공문서(예 : 가족관계등록부 중 기본증명서)를 첨부하여 甲의 건축허가신청 중에서 신청인의 이름변경을 신청하면 된다. 물론 국민의 권익보호에 역행하면서 하자 있는 행정행위의 전환을 인정할 수는 없다. ② 하자 있는 행위의 전환의 법리가 민법상으로는 명문화되어 있다(민법 제138조의 무효행위의 전환). 그러나 행정법상으로는 통칙적 규정이 없다. 전통적 견해와 판례는 하자 있는 행정행위의 전환을 인정한다.

> ■ **민법** 제138조(무효행위의 전환) 무효인 법률행위가 다른 법률행위의 요건을 구비하고 당사자가 그 무효를 알았더라면 다른 법률행위를 하는 것을 의욕하였으리라고 인정될 때에는 다른 법률행위로서 효력을 가진다.

3. 효 과

하자 있는 행정행위의 전환은 새로운 행위를 가져온다. 예컨대 사망한 甲에 대한 건축허가를 생존중인 甲의 배우자 乙에 대한 건축허가로 전환하면, 사망한 甲에 대한 건축허가를 그대로 유지시키는 것이 아니라 새로운 행위로서 乙에 대한 건축허가가 된다.

4. 적용영역

전통적 견해와 판례는 하자 있는 행정행위의 전환은 무효인 행정행위에만 인정하고, 취소할 수 있는 행정행위에는 인정하지 아니한다. 저자는 취소할 수 있는 행위에도 전환을 인정할 수 있다고 본다.

제 7 항 행정행위의 폐지

[96] 일 반 론

1. 개 관

행정행위의 폐지(廢止)란 행정청 등의 의사표시에 의해 행정행위의 효과를 소멸시키는 것을 말한다. 행정행위의 폐지에는 하자 있는 위법·부당한 행정행위를 폐지하는 것과 하자 없는 적법한 행정행위를 폐지하는 것이 있다. 전자에는 행정청이 직권으로 폐지하는 직권취소와 행정심판이나 행정소송으로 폐지하는 쟁송취소가 있고, 후자는 행정행위의 철회라고 부른다. 쟁송취소는 행정심판법과 행정소송법에서 살펴보고, 행정행위의 직권취소와 철회만을 보기로 한다.

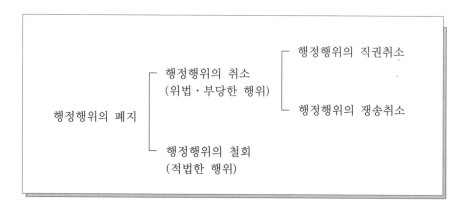

2. 직권취소와 쟁송취소의 비교

	직권취소	쟁송취소
주목적	행정목적실현(공익우선)	권리구제(사익우선)
권한기관	행정청(처분청 + 감독청)	행정청(처분청 + 감독청 + 제 3 기관)·법원
대상	수익적 행위 + 침익적 행위	침익적 행위 + 제 3 자효 있는 행위
주된 사유	공익침해 + 권익침해	권익침해
절차	일반법(행정기본법) 有	일반법(행정심판법·행정소송법) 有
절차의 엄격성	절차가 비교적 엄격하지 않다	절차가 비교적 엄격하다
절차의 개시	행정청 스스로의 판단에 의한다	상대방등의 쟁송제기에 의한다
기간제한	기간제한 없다	쟁송제기에 기간상 제한이 있다
취소내용	적극적 변경도 가능하다	소극적 변경만 가능하다(전통적 견해)
효과	소급 + 불소급	소급원칙

[97] 행정행위의 직권취소

1. 의 의

행정청은 위법 또는 부당한 처분의 전부나 일부를 소급하여 또는 장래를 향하여 취소할 수 있는바(행정기본법 제18조 제 1 항), 이를 행정행위의 직권취소라 한다. 달리 말하면, 직권취소란 일단 유효하게 발령된 행정행위를 처분청 등이 그 행위에 위법 또는 부당한 하자가 있음을 이유로 하여 직권으로 그 효력을 소멸시키는 것을 말한다. 직권취소는 행정청 스스로의 반성에 의거하여 행하는 취소를 말한다. 예컨대 서대문구청장이 미성년자에게 술을 팔았다는 이유로 단란주점업자 甲에게 영업정지 3월의 처분을 하였는데, 영업정지처분을 하기 전에 甲에게 의견제출의 기회를 주지 아니한 하자(위법)가 있음을 알고 서대문구청장이 스스로 3월의 영업정지처분을 취소하는 경우가 직권취소에 해당한다. 직권취소는 적법요건에 흠이 있는 행위의 효과를 소멸시킨다는 점에서 사후의 새로운 사정을 이유로 효력을 소멸시키는 철회와 구별된다.

2. 일반법

행정행위의 직권취소에 관한 일반법으로 행정기본법 제18조가 있다. 권취소를 규정하는 개별 법률도 적지 않다(예 : 도로교통법 제93조).

■도로교통법 제93조(운전면허의 취소·정지) ① 시·도경찰청장은 운전면허(조건부 운전면허는 포함하고, 연습운전면허는 제외한다. 이하 이 조에서 같다)를 받은 사람이 다음 각 호의 어느 하나에 해당하면 행정안전부령으로 정하는 기준에 따라 운전면허(운전자가 받은 모든 범위의 운전면허를 포함한다. 이하 이 조에서 같다)를 취소하거나 1년 이내의 범위에서 운전면허의 효력을 정지시킬 수 있다
8. 제82조에 따라 운전면허를 받을 수 없는 사람이 운전면허를 받은 … 경우

3. 취소권자

직권취소의 취소권자는 행정청이다(행정기본법 제18조 제 1 항). 행정청은 처분청을 의미한다. 예컨대 서대문구청장이 甲에게 위법하게 단란주점영업정지처분을 하였다면, 서대문구청장은 스스로 그 처분을 취소할 수 있다. 행정기본법이 처분청을 직권취소권자로 규정한 것은 처분 권한 속에는 위법한 처분을 바로잡는 권한까지 포함된 것으로 보았기 때문이다. 예컨대 식품위생법령이 서대문구청장에게 단란주점영업정지처분을 할 수 있는 권한을 부여한 것은 적법하게 단란주점영업정지처분을 하라는 것이지, 위법하게 단란주점영업정지처분을 하라는 것은 아니고, 만약 위법하게 단란주점영업정지처분을 하였다면 이를 바로잡기 위하여 단란주점영업정지처분을 취소하라는 것으로 보아야 하기 때문이다.

[참고] 행정조직법상 감독청의 취소권　국가행정조직 내부에서는 감독청이 감독수단으로서 행하는 직권취소에 관한 일반법으로는 정부조직법 제11조 제 2 항, 제18조 제 2 항, 제26조 제 2 항이 있고, 국가가 지방자치단체에 대하여 행하는 감독수단으로서 직권취소에 관한 일반법으로는 지방자치법 제188조 제 1 항 등이 있다.

■정부조직법 제11조(대통령의 행정감독권)　② 대통령은 국무총리와 중앙행정기관의 장의 명령이나 처분이 위법 또는 부당하다고 인정하면 이를 중지 또는 취소

할 수 있다.

제18조(국무총리의 행정감독권) ② 국무총리는 중앙행정기관의 장의 명령이나 처분이 위법 또는 부당하다고 인정될 경우에는 대통령의 승인을 받아 이를 중지 또는 취소할 수 있다.

제26조(행정각부) ③ 장관은 소관사무에 관하여 지방행정의 장을 지휘·감독한다.

■**지방자치법** 제188조(위법·부당한 명령·처분의 시정) ① 지방자치단체의 사무에 관한 지방자치단체의 장(제103조 제 2 항에 따른 사무의 경우에는 지방의회의 의장을 말한다. 이하 이 조에서 같다)의 명령이나 처분이 법령에 위반되거나 현저히 부당하여 공익을 해친다고 인정되면 시·도에 대해서는 주무부장관이, 시·군 및 자치구에 대해서는 시·도지사가 기간을 정하여 서면으로 시정할 것을 명하고, 그 기간에 이행하지 아니하면 이를 취소하거나 정지할 수 있다.

4. 사유와 대상

① 직권취소의 사유는 처분의 위법 또는 부당이다. 여기서 위법은 무효 원인이 아닌 하자, 즉 단순위법을 말한다. 무효원인 아닌 하자란 중대하나 명백하지 않은 하자 또는 명백하나 중대하지 않은 하자를 말한다. ② 직권 취소는 처분의 전부를 대상으로 할 수도 있고(전부취소), 처분의 일부를 대상 으로 할 수도 있다(일부취소).

5. 제한(사익과 공익의 형량)

(1) 수익적 처분의 취소의 제한

(가) 형량의 필요   당사자에게 권리나 이익을 부여하는 처분을 취 소하려는 경우에는 처분의 상대방의 보호를 위해 처분청이 직권취소를 할 수 없는 제한을 받는다(행정기본법 제18조 제 2 항 본문). 즉, 행정청은 제 1 항에 따 라 당사자에게 권리나 이익을 부여하는 처분을 취소하려는 경우에는 취소로 인하여 당사자가 입게 될 불이익을 취소로 달성되는 공익과 비교·형량하 여야 한다(행정기본법 제18조 제 2 항 본문). 비교·형량의 결과 당사자의 불이익이 보다 크다면 직권취소를 할 수 없다,

[예] 서대문구청장이 甲에게 건축허가를 하였고 이에 따라 甲이 건축을 완료한

후, 서대문구청장이 건축허가에 위법이 있음을 발견하였다고 하자. 이러한 경우에 그 위법을 바로잡아야 할 필요(공익)와 건축허가의 취소로 인해 甲이 입게 될 손해(사익)를 비교하여 공익이 크다면 직권취소를 할 수 있지만, 사익이 크다면 직권취소를 할 수 없다.

(나) **형량의 불요** 수익적 처분일지라도 ① 거짓이나 그 밖의 부정한 방법으로 처분을 받은 경우나, ② 당사자가 처분의 위법성을 알고 있었거나 중대한 과실로 알지 못한 경우에는 직권취소를 할 수 있다(행정기본법 제18조 제2항 단서).

(2) **침익적 처분의 취소의 자유** 행정기본법은 침익적 처분의 직권취소의 경우에는 사익과 공익의 형량을 요구하지 아니한다. 따라서 침익적 처분의 직권취소는 수익적 처분의 직권취소보다 용이하다고 하겠다.

[참고] 취소기간의 제한 행정청이 직권취소할 수 있는 기간에 관한 일반적 규정은 없다. 그러나 위법하나 수익적 행위의 직권취소의 경우, 행정기본법 제12조 제2항 본문의 실권의 법리에 따라 취소기간은 제한을 받을 수 있다.

6. 절 차

직권취소처분도 행정처분이므로 행정절차법에서 정하는 일반적인 절차규정을 따르면 된다. 예컨대 서대문구청장이 甲에게 내준 건축허가를 직권으로 취소하려고 하면, 행정절차법이 정하는 바에 따라 甲에게 사전통지 및 의견제출의 기회를 주고 또는 이유제시를 하여야 한다. 물론 개별법령에서 구체적인 절차를 규정하고 있으면, 그것도 따라야 한다.

7. 효 과

행정청은 위법 또는 부당한 처분의 전부나 일부를 소급하여 또는 장래를 향하여 취소할 수 있다(행정기본법 제18조 제2항). 즉, 직권취소에는 소급효를 갖는 직권취소와 장래효를 갖는 직권취소가 있다.

(1) **소급효** 적법요건에 하자가 있음을 이유로 행정행위의 효력을

부인하려는 것이 행정행위의 직권취소이므로, 직권취소의 효과는 소급(遡及)하는 것이 원칙이다. 예컨대 종로세무서장이 2030년 3월 15일에 甲에게 한 102만원의 과세처분이 위법하다고 판단하여 2030년 4월 10일에 그 과세처분(2030년 3월 15일자 과세처분)을 직권취소하였다면, 2030년 3월 15일부터 과세처분의 효력이 없었던 것으로 보아야 하며, 2030년 4월 10일부터 과세처분의 효력이 없는 것으로 보아서는 아니 된다. 침익적 행위의 직권취소의 효과는 대체로 소급한다.

(2) **장래효**　　경우에 따라서는 취소의 효과를 장래적인 것, 즉 장래효(將來效)를 갖는 것으로 보아야 하는 경우도 있다. 예컨대 종로구청장이 2030년 3월 15일 甲에게 내준 단란주점영업의 허가가 위법하다고 하여 2030년 4월 10일에 그 영업허가를 직권으로 취소하면, 2030년 4월 10일부터 영업허가의 효력이 없는 것으로 보아야 하며, 2030년 3월 15일부터 효력이 없는 것으로 보아서는 아니 된다. 만약 2030년 3월 15일부터 효력이 없는 것으로 보면, 甲은 2030년 3월 15일부터 2030년 4월 10일까지 불법영업을 한 셈이 된다. 위법하다고 하여도 종로구청장의 허가를 받은 후 경영한 단란주점영업을 불법이라고 하는 것은 甲의 보호나 일반 고객들의 보호에 어울리지 아니한다. 물론 甲이 악질적으로 허가를 받은 경우에는 사정이 다를 수도 있을 것이다.

8. 직권취소의 하자

① 직권취소처분 자체에 중대하고 명백한 하자가 있으면 그 취소는 당연무효이고, 직권취소의 상대방이 취소처분에 대해 무효선언으로서의 취소나 무효확인을 구할 수 있다. 처분청도 직권으로 무효를 확인할 수 있다. ② 직권취소처분에 단순위법의 하자가 있는 경우, 처분청은 직권취소처분을 다시 직권으로 취소할 수 있는가의 문제가 있다. 예컨대 종로구청장이 2030년 3월 15일 甲에게 내준 단란주점영업의 허가가 위법하다고 판단하여 의견제출절차도 거치지 아니한 채 2030년 4월 10일에 그 영업허가를 직권으로 취소하였다면, 종로구청장의 영업허가취소처분은 절차상 하자가 있는 위법한

처분이 된다. 이러한 경우에 종로구청장은 2030년 4월 10일자 영업허가취소처분을 다시 직권으로 취소할 수 있는가의 여부가 문제된다. 학설은 직권취소를 다시 직권취소를 할 수 있다는 적극설과 직권취소를 다시 직권취소를 할 수 없다는 소극설로 견해가 나뉜다. 판례의 태도는 일정하지 않다. 종로구청장의 2030년 4월 10일자 영업허가취소처분을 다시 직권취소를 할 수 없다고 하면, 甲은 새로이 영업허가절차를 거쳐야 할 것이다

[98] 행정행위의 철회

1. 의 의

행정청은 적법한 처분이 일정한 사유가 있는 경우에는 그 처분의 전부 또는 일부를 장래를 향하여 철회할 수 있다(행정기본법 제19조 제1항). 철회는 원행정행위와 독립된 별개의 의사표시이며, 철회는 실정법상으로는 취소로 불리기도 한다. 예컨대 경주시장이 2030년 3월 5일에 甲에게 적법하게 건축허가를 하였으나, 2030년 3월 10일에 甲의 건축예정부지가 신라시대의 왕릉이 있었던 지역임이 밝혀지자, 경주시장은 문화재보호의 이유에서 甲에게 내준 건축허가를 없었던 것으로 하는 의사표시가 행정행위의 철회에 해당한다. 철회는 적법요건에 흠이 없는 행위의 효력을 소멸시킨다는 점에서 적법요건에 흠이 있음을 이유로 효력을 소멸시키는 직권취소와 구별된다. 철회는 실정법상 취소로 불리기도 한다.

2. 법적 근거

행정행위의 철회에 관한 일반법으로 행정기본법 제19조가 있다. 철회를 규정하는 개별 법률도 적지 않다(예 : 도로교통법 제93조).

■ **도로교통법** 제93조(운전면허의 취소·정지) ① 시·도경찰청장은 운전면허(조건부 운전면허는 포함하고, 연습운전면허는 제외한다. 이하 이 조에서 같다)를 받은 사람이 다음 각 호의 어느 하나에 해당하면 행정안전부령으로 정하는 기준에 따

라 운전면허(운전자가 받은 모든 범위의 운전면허를 포함한다. 이하 이 조에서 같다)를 취소하거나 1년 이내의 범위에서 운전면허의 효력을 정지시킬 수 있다
1. 제44조 제 1 항을 위반하여 술에 취한 상태에서 자동차등을 운전한 경우

3. 철회권자

철회권자는 행정청이다(행정기본법 제19조 제 1 항). 행정청은 처분청을 의미한다. 행정기본법이 처분청을 철회권자로 규정한 것은 처분권한에는 기존의 처분을 변화하는 환경에 적합하도록 조정할 수 있는 권한도 포함되어 있다고 보았기 때문이다. 한편, 감독청은 철회권을 갖지 못한다. 왜냐하면 철회도 하나의 독립된 새로운 행정행위인데 감독청이 철회한다면, 이는 감독청이 합리적인 이유 없이 처분청의 권한을 침해하는 결과가 되고, 이러한 결과는 처분청을 둔 행정조직의 목적에 반하기 때문이다.

4. 철회의 사유와 대상

(1) 사 유   철회의 사유는 ① 법률에서 정한 철회 사유에 해당하게 된 경우, ② 법령등의 변경이나 사정변경으로 처분을 더 이상 존속시킬 필요가 없게 된 경우, ③. 중대한 공익을 위하여 필요한 경우이다(행정기본법 제19조 제 1 항 각호). 행정기본법이 제정되기 전 학설과 판례상 철회사유로 보았던 「철회권이 유보되어 있거나, 부담을 불이행하는 경우」는 행정기본법이 규정하는 「중대한 공익을 위하여 필요한 경우」에 해당하는 것으로 볼 수 있을 것이다.

[법적 상황의 변화의 경우의 예] 강서구청장이 甲에게 건축허가를 하였으나, 그 직후에 甲의 건축예정부지가 개발제한구역(그린벨트)으로 지정된 경우, 강서구청장은 甲에게 내준 건축허가를 철회할 수 있다.
[사실관계 변화의 경우의 예] 강서구청장이 甲에게 건축허가를 하였으나, 그 후에 甲의 건축예정부지가 월드컵주경기장 건설예정지로 지정된 경우, 강서구청장은 甲에게 내준 건축허가를 철회할 수 있다.
[철회권유보의 경우의 예] 서대문구청장이 甲에게 단란주점영업을 허가하면서 영업장을 도박장소로 제공하면 영업허가를 철회(취소)한다고 조건(부관)을 붙였는

데, 甲이 乙에게 도박장소를 제공하였다가 적발된 경우에 서대문구청장은 영업허
가를 철회할 수 있다.

[**부담을 불이행하는 경우의 예**]　서울특별시장이 2030년 4월 1일에 甲에게 한강변
에서의 수상스키업을 허가하면서 점용료(한강사용료) 500만원을 2030년 5월 31일
까지 납부토록 하였으나, 甲이 점용료납부(부담)를 이행하지 아니한 경우에 철회
할 수 있다.

(2) 대　상　　철회는 처분의 전부 또는 일부를 대상으로 한다(행정기
본법 제19조 제 1 항). 전부를 대상으로 하는 경우로 부담부 골재채취허가처분
전부의 철회(전부철회), 일부를 대상으로 하는 경우로 부담부 골재채취허가처
분 중 부담 부분의 철회(일부철회)를 볼 수도 있다. 일부철회가 가능하다면 비
례원칙상 전부철회가 아닌 일부철회를 하여야 한다.

[예]　관계 행정청이 甲에게 100만평에 대한 공원묘지건설허가를 하였으나, 그
후에 甲의 건설예정부지가 월드컵주경기장 건설예정지로 지정된 경우, 월드컵주
경기장이 30만평으로 가능하다면 100만평 전부에 대한 공원묘지건설허가를 철회
할 것이 아니고 30만평 부분에 대해서만 공원묘지건설허가를 철회하여야 한다.

5. 철회의 제한(사익과 공익의 형량)

처분을 철회하려는 경우에는 철회로 인하여 당사자가 입게 될 불이익
을 철회로 달성되는 공익과 비교·형량하여야 한다(행정기본법 제19조 제 2 항).
비교·형량의 결과 당사자의 불이익이 보다 크다면 철회를 할 수 없다. 침
익적 행위의 철회는 수익적인 결과를 가져오기 때문에 비교적 자유롭다.
그러나 수익적 행정행위의 철회는 상대방에 불이익하므로 비교적 자유롭지
않다.

[예]　서대문구청장이 甲에게 건축허가를 한 후, 그 허가지역 일대가 공항지구로
지정된 경우, 공항으로 하여야 할 필요(공익)와 건축허가의 취소로 인해 甲이 입
게 될 손해(사익)를 비교하여 공익이 크다면 철회를 할 수 있지만, 사익이 크다면
철회를 할 수 없다.

[참고] 철회기간의 제한   행정청이 철회할 수 있는 기간에 관한 일반적인 규정은 없다. 그러나 수익적 행위의 철회의 경우, 행정기본법 제12조 제2항 본문이 정하는 실권의 법리에 따라 철회기간은 제한을 받을 수 있다.

6. 철회의 절차

철회도 행정처분이므로 행정절차법에서 정하는 일반적인 절차규정을 따르면 된다. 예컨대 서대문구청장이 甲에게 내준 건축허가를 철회하려고 하면, 행정절차법이 정하는 바에 따라 甲에게 사전통지 및 의견제출의 기회를 주고 또는 이유제시를 하여야 한다. 물론 개별법령에서 구체적인 절차를 규정하고 있으면, 그것도 따라야 한다.

7. 철회의 효과

① 행정청은 적법한 …처분의 전부 또는 일부를 장래를 향하여 철회할 수 있다(행정기본법 제19조 제1항). 즉, 행정행위의 철회의 효과는 장래적이다. 그것은 처음부터 적법한 행위였기 때문이다. 예컨대 양천구청장이 2030년 3월 15일에 甲에게 단란주점영업허가를 내주었다가 2030년 4월 10일에 철회처분을 하였다면, 2030년 4월 10일부터 단란주점영업허가의 효력이 없어지는 것으로 보아야 하며, 2030년 3월 15일부터 효력이 없어지는 것으로 보아서는 아니 된다. 왜냐하면 만약 2030년 3월 15일부터 효력이 없는 것으로 보게 되면 甲은 2030년 3월 15일부터 무허가영업을 한 결과가 되기 때문이다. ② 수익적 행정행위의 철회로 인해 상대방이 재산상의 특별한 손해를 입게 되면, 상대방에게 귀책사유가 없는 한 행정청은 그 손실을 보상해 주는 것이 정당하다. 그러나 이에 관한 일반법은 없다

8. 철회의 하자

① 철회처분 자체에 중대하고 명백한 하자가 있으면 그 철회는 당연무효이고, 철회의 상대방이 철회에 대해 무효선언으로서의 취소나 무효확인을 구할 수 있다. 처분청도 직권으로 무효를 확인할 수 있다. ② 철회처분에 단

순위법의 하자가 있는 경우, 그 철회처분의 직권취소가 가능한가의 문제가 있다. 하자 있는 직권취소의 문제와 동일하게 생각하면 된다(이와 관련하여 이 책 [97] 8.을 보라).

[99] 행정행위의 실효

1. 의 의

건축허가를 받아 건축한 건물이 화재로 완전히 타버리면, 그 건축허가의 효과는 당연히 소멸한다. 운전면허를 받은 甲이 사망하면, 甲에 대한 운전면허의 효력은 소멸한다. 이와 같이 행정청의 의사와 관계없이 일정한 사실의 발생(예 : 화재로 인한 소실, 사망)으로 인해 행정행위의 효력이 장래를 향하여 당연히 소멸하는 것을 행정행위의 실효(失效)라 한다.

2. 사 유

실효의 사유에는 대상의 소멸(예 : 사망으로 인한 운전면허의 효력이 소멸한다), 부관의 성취(예 : 2020년 12월 31일까지 허가한 경우, 2020년 12월 31일이 성과하면 허가의 효력이 소멸한다), 목적의 달성(예 : 불법건물에 대한 철거하명의 경우, 철거하면 철거하명의 효력은 소멸한다), 새로운 법규의 제정·개정(특정한 행정행위와 상충되는 내용을 가진 법령이 제정·개정되면서 그 법령과 상충되는 행위의 효력을 부인하는 규정을 둔다면, 동 법령의 효력발생과 더불어 기존의 특정한 행정행위는 효력이 소멸된다) 등이 있다.

3. 효 과

행정행위의 실효의 사유가 발생하면, 그 때부터 장래에 향하여 효력이 소멸된다. 일단 실효된 행위는 다시 되살아날 수는 없다. 실효의 여부에 관해 분쟁이 생기면, 실효확인의 소의 제기를 통해 해결할 수 있다.

[99a] 행정행위의 변경

1. 의 의

행정행위의 변경이란 행정행위의 내용의 일부 또는 전부를 다른 내용으로 변경하는 것을 말한다(예 : 현역병의 병역처분을 받은 병역의무자에게 질병 또는 심신장애나 그 치유 등의 사유가 발생한 경우에 병역법 제65조 등이 정하는 바에 따라 병역면제처분으로 변경하는 경우).

2. 적법요건

행정행위의 변경에 요구되는 적법요건(주체 · 내용 · 형식 · 절차 및 표시의 요건)은 변경 전의 행위에 적용되었던 적법요건과 다를 바 없다.

3. 변경의 효과

변경된 행정행위가 변경 전 행정행위를 전부 폐기하거나 주요 부분을 실질적으로 변경하는 것이라면, 변경 전 행위는 원칙적으로 실효된다. 그러나 변경된 행정행위가 변경 전 행정행위를 일부만 변경하는 것이라면, 변경 전 행정행위는 소멸되는 것이 아니라 변경되지 아니한 부분만을 내용으로 하는 행정행위로 변경된다(대판 2020. 4. 9, 2019두49953).

제 8 항 행정행위의 부관

[100] 행정행위의 부관의 관념

1. 부관의 개념

甲이 단란주점영업허가를 신청하자 관할 행정청인 서대문구청장은 식품위생법령에 근거하여 단란주점영업을 허가하면서 다음과 같은 허가증을 교부하였다.

[별지 제32호 서식]

제100호

영 업 허 가 증

업소명 : 틸덴파크

소재지 : 서울특별시 서대문구 신촌동 000번지

영업장면적 : 100평

대표자 : 갑(甲)   （생년월일 : 1960. 1. 1.)

영업의 종류 : 식품접객업(단란주점영업)

허가조건 : 별지 기재

　　식품위생법 제37조 제1 항 및 같은 법 시행규칙 제40조 제3 항에
따라 식품접객업의 영업을 허가합니다.

2020년   2월   2일

서울특별시 서대문구청장 [인]

210mm×297mm(보존용지(1종) 120g/㎡)

[별지 기재 사항]

준 수 사 항

1. 영업자는 청소년에게 주류를 제공하지 말아야 합니다.

2. 영업허가기간은 2025년 12월 31일까지 입니다.

3. 영업자는 우리 구청의 위생검사에 협조하여야 합니다.

4. 우리 구청은 추후에 영업자에게 새로운 허가요건을 추가할 수 있습니다.

5. 영업자가 앞의 사항을 위반하면, 우리 구청은 영업허가를 취소(철회)할 수 있습니다.

■**식품위생법** 제37조(영업허가 등) ① 제36조 제 1 항 각 호에 따른 영업 중 대통령령으로 정하는 영업을 하려는 자는 대통령령으로 정하는 바에 따라 영업 종류별 또는 영업소별로 식품의약품안전처장 또는 특별자치시장·특별자치도지사·시장·군수·구청장의 허가를 받아야 한다. 허가받은 사항 중 대통령령으로 정하는 중요한 사항을 변경할 때에도 또한 같다.
② 식품의약품안전처장 또는 특별자치시장·특별자치도지사·시장·군수·구청장은 제 1 항에 따른 영업허가를 하는 때에는 필요한 조건을 붙일 수 있다.

甲이 받은 허가증에 기재된 내용 중에서 중심적인 사항은 「식품접객업(단란주점영업)을 허가한다」는 것이다. 이것을 주(主)된 행위라 부른다. 그런데 별지기재사항에서 준수사항으로 규정된 사항들(단 1.은 사정이 다르다. 다음의 법정부관을 보라)은 주된 행위인 식품접객업(단란주점영업)의 허가의 범위를 제한하거나 보충하는 등 주된 행위인 식품접객업의 범위를 보다 자세히 규율하는 종(從)된 규율이다. 이와 같이 행정행위의 효력범위를 보다 자세히 정하기 위하여 주된 행정행위에 부가된 종된 규율을 행정행위의 부관(附款)이라 한다. 종된 규율은 주된 행정행위의 효과를 제한하거나 특별한 의무를 부과하거나 요건을 보충하는 내용으로 이루어진다.

[참고] **법정부관**   법규에서 직접 효력범위를 자세히 정하고 있는 경우를 행정행위의 부관의 경우와 구분하여 법정부관이라 부른다. 법정부관은 법령의 한 부분을 구성한다.

[예] 위의 예에서 서대문구청장이 조건으로 "1. 청소년에게 주류를 제공하지 말아야 합니다"라는 내용을 붙이지 아니하였다고 하여도, 甲은 청소년에게 주류를 제공하지 말아야 한다. 왜냐하면 "청소년에게 주류를 제공하지 말아야 할 의무"는 서대문구청장이 붙인 조건에서 나오는 것이 아니라, 바로 식품위생법 제44조 제 2 항 제 4 호에 의해 나오기 때문이다. 서대문구청장이 붙인 "1. 청소년에게 주류를 제공하지 말아야 합니다"라고 한 것은 서대문구청장이 甲에게 친절을 배푸는 차원에서 식품위생법 제44조 제 2 항 제 4 호를 알려준 것에 불과하다. 이와 같이 법령에서 바로 나오는 부관을 행정행위의 부관과 구별하여 법정부관이라 부른다.

■**식품위생법** 제44조(영업자등의 준수사항) ② 식품접객영업자는「청소년 보호법」제 2 조에 따른 청소년(이하 이 항에서 "청소년"이라 한다)에게 다음 각 호의 어느 하나에 해당하는 행위를 하여서는 아니 된다.
1. 청소년을 유흥접객원으로 고용하여 유흥행위를 하게 하는 행위
2. 「청소년 보호법」제 2 조 제 5 호 가목 3)에 따른 청소년출입·고용 금지업소에 청소년을 출입시키거나 고용하는 행위
3. 「청소년 보호법」제 2 조 제 5 호 나목 3)에 따른 청소년고용금지업소에 청소년을 고용하는 행위
4. 청소년에게 주류를 제공하는 행위

2. 부관의 법적 근거

행정행위의 부관에 관한 일반법으로 행정기본법 제17조가 있다. 행정행위의 부관을 규정하는 개별 법률도 적지 않다(예 : 식품위생법 제37조 제 2 항). 개별 법률에 규정이 없다고 하여도 행정청은 일반법인 행정기본법 제17조가 정하는 바에 따라 부관을 붙일 수 있다.

■**식품위생법** 제37조(영업허가 등) ② 식품의약품안전처장 또는 특별자치시장·특별자치도지사·시장·군수·구청장은 제 1 항에 따른 영업허가를 하는 때에는 필요한 조건을 붙일 수 있다.

[101] 행정행위의 부관의 종류

행정기본법은 부관의 종류로 조건, 기한, 부담, 철회권의 유보 등을 규

정하고 있다(행정기본법 제17조 제1항). 행정기본법은 부관의 종류를 제한적이 아니라 예시적으로 규정하고 있다.

1. 조 건

① 甲이 서대문구청장에게 A도로점용허가를 신청하였다. 이에 대하여 서대문구청장은 甲에게 "2030년 1월 5일자로 A도로의 점용을 허가한다. 다만, 2030년 2월 2일까지 A도로에 접속되는 B도로를 건설한 후부터 점용할 수 있다"는 처분을 하였다. 여기서 甲이 2030년 2월 2일까지 B도로를 건설할 것인지 아니할 것인지는 불확실하지만, 甲이 2030년 2월 2일까지 B도로를 건설하여야 A도로의 점용허가는 효력이 발생된다. 이와 같이 행정행위의 효력(예 : 도로의 점용)의 발생·소멸을 장래에 발생여부가 객관적으로 불확실한 사실(예 : B도로의 건설)에 의존시키는 부관을 조건(條件)이라 한다. ② 조건에는 정지조건과 해제조건이 있다. 정지조건이란 앞의 甲에 대한 A도로점용허가의 경우와 같이 일정사실의 발생으로 효력을 발생시키는 경우를 말하고, 해제조건이란 "A도로의 점용을 허가한다. 다만, 2030년 2월 2일까지 B도로를 건설하지 아니하면 2030년 2월 2일 자정에 점용허가의 효과는 소멸하는 것으로 한다"와 같이 일정사실의 발생으로 효력을 소멸시키는 경우를 말한다. ③ 한편, 조건은 조건·기한·철회권의 유보·부담·부담유보 등 모든 부관을 통칭하는 의미로 사용되기도 한다(넓은 의미의 조건). 법령상으로는 조건이 빈번히 이러한 넓은 의미로 사용되고 있다.

2. 기 한

앞의 별지기재사항 "2. 영업허가기간은 2035년 12월 31일까지 입니다"에서 보는 바와 같이 행정행위의 효력의 발생·소멸을 장래에 발생여부가 객관적으로 확실한 사실에 의존시키는 부관을 기한(期限)이라 한다. 기한은 발생여부가 확실하다는 점에서 조건과 다르다. ② 기한에는 시기와 종기, 확정기한과 불확정기한이 있다. 시기(始期)란 "도로점용을 허가한다. 다만, 허가기간은 2030년 2월 1일부터 6월로 한다"와 같이 행정행위의 효력의 발생을 장래 발생이 확실한 사실에 의존하게 하는 경우를 말하고, 종기(終期)란 앞의 별지기재사항 2.와 같이 행정행위의 효력의 소멸을 장래 발생이 확실한 사실에 의존하게 하는 경우를 말하고, 확정기한(確定期限)이란 "도로점용을 허가한다. 다만, 허가기간은 2030년 2월 1일부터 6월로 한다" 또는 "도로점용을 허가한다. 다만, 허가기간은 2030년 12월 31일까지로 한다"와 같이 장래 발생시점이 확정된 경우를 말하고, 불확정기한(不確定期限)이란 "도로점용을 허가한다. 다만, 허가기간은 첫 눈이 오는 날까지로 한다"에서 보는 바와 같이 장래 발생은 확실하나 발생시점이 불확정적인 경우를 말한다.

3. 철회권의 유보

철회권(撤回權)의 유보(留保)란 별지기재사항 "5. 영업자가 앞의 사항을 위반하면, 우리 구청은 영업허가를 취소할 수 있습니다"에서 보는 바와 같이 일정요건 하에서 행정행위를 철회하여 행정행위의 효력을 소멸케 할 수 있음을 정하는 부관을 말한다. 용례상 취소권의 유보라고 부르기도 한다. 철회권의 유보가 있다고 하여 언제나 철회권의 행사가 용이한 것은 아니다. 그것은 공익상의 요구가 있음을 전제로, 그리고 상대방의 신뢰보호의 고려 하에 행정청의 의무에 합당한 재량에 따라 이루어져야 한다.

4. 부 담

부담(負擔)이란 수익적 행정행위에 부가된 부관으로 상대방에게 작위·부작위·수인·급부를 명하는 것을 말한다. "모래채취를 허가한다. 단 허가일로부터 30일 이내에 시가지(市街地) 침수방지시설을 하여야 한다"라는 처분에서 '침수방지시설을 하여야 한다'라는 것은 작위부담(作爲負擔)에 해당하고, "모래채취를 허가한다. 단 강변을 훼손하여서는 아니 된다"라는 처분에서 '강변을 훼손하여서는 아니 된다'라는 것은 부작위부담(不作爲負擔)에 해당하고, 앞의 별지기재사항 "3. 영업자는 우리 구청의 위생검사에 협조하여야 합니다"라는 것은 위생검사시에 甲이 수인하여야(참아야) 할 의무를 발생시키므로 수인부담(受忍負擔)에 해당하고, "모래채취를 허가한다. 단 허가일로부터

30일 이내에 채취료 1,000만원을 납부하여야 한다"라는 처분에서 '채취료 1,000만원을 납부하여야 한다'라는 것은 급부부담(給付負擔)에 해당한다.

5. 부담유보

부담유보(負擔留保)란 ① "도로점용을 허가합니다. 다만, 우리 군에서는 추후에 도로점용료를 징수할 수 있습니다." 또는 ② "도로점용을 허가합니다. 도로 점용료로 매월 1일 100만원을 납부하여야 합니다. 우리 군에서는 추후에 도로점용료를 인상할 수 있습니다"라는 처분에서 보듯이 사후적으로 부담을 설정하거나(①의 경우), 변경하거나(②의 경우) 하는 등의 권리를 미리 유보해 두는 경우의 부관을 말한다. 부담유보의 사후적인 행사는 새로운 행정행위를 뜻한다. 부담의 유보는 행정행위의 사후변경의 유보, 부담의 추가·변경 또는 보충권의 유보라 불리기도 한다. 부담의 유보는 영속적인 효과를 갖는 행정행위에서 변화하는 환경에 적합한 행정을 실현하는 데에 의미를 갖는다.

[102] 행정행위의 부관의 가능성, 요건, 사후부관

1. 가능성

(1) **재량행위**   행정청은 처분에 재량이 있는 경우에는 부관을 붙일 수 있다(행정기본법 제17조 제1항). 재량행위의 경우에도 성질상 부관을 붙일 수 없는 경우(예 : 외국인 A를 한국인으로 귀화허가하면서, '만약 국법을 위반하면 귀화허가를 취소한다'라는 조건을 붙일 수는 없다)가 있다.

(2) **기속행위**   행정청은 처분에 재량이 없는 경우에는 법률에 근거가 있는 경우에 부관을 붙일 수 있다(행정기본법 제17조 제2항). 기속행위의 경우에도 부관이 법상의 전제요건을 충족시키게 될 때(예 : 허가에 5가지 서류가 필요하지만, 4가지 서류만 제출한 경우, 나머지 1가지 서류를 제출할 것을 조건으로 허가하는 경우)에는 부관을 붙일 수 있다고 볼 것이다.

2. 요 건

행정기본법은 부관의 요건으로 다음의 3가지를 규정하고 있다(행정기본법 제17조 제 4 항). 행정기본법 제정 전까지 이러한 요건은 학문상 부관의 한계로 다루었다.

(1) **목적상 요건**　　　　부관은 해당 처분의 목적에 위배되지 아니하여 야 한다(행정기본법 제17조 제 4 항 제 1 호). 예컨대 숙박용 건축물의 건축허가를 하면서, '주거용으로만 사용하여야 한다'는 조건을 붙이면, 이러한 조건은 목적상 한계에 반하는 것이 된다.

(2) **실질적 관련성 요건**　　　　부관은 해당 처분과 실질적인 관련이 있어야 한다(행정기본법 제17조 제 4 항 제 2 호). 예컨대, 식품위생법에 따라 단란주점영업을 허가하면서 "고객용 주차장으로 100평 이상을 마련할 것"이라는 부관을 붙일 수는 없다. 왜냐하면 단란주점영업의 허가와 주차장의 마련은 사항적으로 상호 관련성이 없기 때문이다. 물론 식품위생법에 주차장설치에 관한 규정이 있거나, 아니면 주차장법이 정하는 바에 따라 주차장을 마련하라고 처분하는 것은 가능하다.

> [**참고**]　행정행위의 성질에 비추어 부관을 붙이는 것이 곤란한 경우, 예컨대, 다중이 모이는 단란주점의 성격에 비추어 어느 정도의 소음이 발생한다는 것은 불가피하기 때문에 단란주점영업허가를 하면서 '일체의 소음을 발생시켜서는 아니 된다'라는 조건을 붙인다면, 이러한 조건도 실질적 관련성 요건을 구비하지 못한 것으로 볼 것이다.

(3) **비례원칙 요건**　　　　부관은 해당 처분의 목적을 달성하기 위하여 필요한 최소한의 범위 내에서 이루어져야 한다(행정기본법 제17조 제 4 항 제 3 호).

3. 사후부관

행정행위를 발령한 후에 새로이 부관을 붙이거나 변경을 할 수 있는가의 여부가 사후부관의 문제이다. 예컨대 2030년 5월 2일 허가처분을 한 후,

2030년 6월 5일에 부관을 붙일 수 있는가의 문제인 사후부관의 문제가 시간적 한계의 문제이다. 행정청은 부관을 붙일 수 있는 처분이 ① 법률에 근거가 있는 경우, ② 당사자의 동의가 있는 경우, ③ 사정이 변경되어 부관을 새로 붙이거나 종전의 부관을 변경하지 아니하면 해당 처분의 목적을 달성할 수 없다고 인정되는 경우에는 그 처분을 한 후에도 부관을 새로 붙이거나 종전의 부관을 변경할 수 있다(행정기본법 제17조 제3항).

■**도로교통법** 제80조(운전면허) ④ 지방경찰청장은 제87조 및 제88조에 따라 적성검사를 받은 사람의 신체 상태 또는 운전 능력에 따라 제3항에 따른 조건을 새로 붙이거나 바꿀 수 있다.

[103] 행정행위의 부관의 하자

1. 위법부관의 유형

부관의 가능성과 한계를 벗어난 부관은 위법한 것이 된다. 행정행위의 하자론의 일반원리에 따라 중대하고 명백한 하자를 가진 부관은 무효가 되고, 단순위법의 하자를 가진 부관은 취소할 수 있는 행위가 된다.

2. 위법부관의 직권폐지

① 부관의 무효는 원칙적으로 주된 행위에 아무런 영향을 미치지 아니하므로 부관만을 무효로 선언하여야 하나, 예외적으로 부관이 없었다면 주된 행위를 하지 않았을 것이라 인정되는 경우에는 부관부 행정행위 전체가 무효로 되므로 처분청은 부관부행정행위 전부를 무효로 선언하여야 한다. 예컨대 서대문구청장이 甲에게 "A도로의 점용을 허가한다. 다만 A도로에 연결되는 B도로를 전액 甲의 비용으로 완성할 것을 조건으로 한다"라는 처분을 하였는데, 이 처분 중에서 부관 부분, 즉 '다만 A도로에 연결되는 B도로를 전액 甲의 비용으로 완성할 것을 조건으로 한다'는 부분이 무효라고 하자. 그런데 B도로의 건설 없이는 A도로의 점용을 허가할 수 없는 상황인

바, 서대문구청장이 부관 부분 없이는 甲에게 A도로의 점용을 허가하지 아니하였을 것이라고 인정된다면, 부관 부분만이 무효일지라도 허가청인 서대문구청장은 전체 처분을 무효로 선언하여야 한다. ② 부관이 취소의 사유를 가진 경우에도 부관이 무효인 경우와 논리가 같다.

3. 위법부관의 쟁송

(1) 쟁송의 대상　　　판례는 부담을 제외한 부관은 독립하여 쟁송의 대상이 되지 아니한다는 입장을 취한다. 예컨대 서대문구청장이 甲에게 "A도로의 점용을 허가한다. 다만 점용기간은 2020년 1월 1일부터 2020년 6월 30일까지로 한다"라는 처분을 한 경우, '다만 점용기간은 2020년 1월 1일부터 2020년 6월 30일까지로 한다'라는 부분이 점용목적에 비추어 위법하다면, 甲은 아래의 [청구의 취지(1)]과 같이 처분 전체의 취소를 구하는 소송을 제기하면서, '점용기간은 2020년 1월 1일부터 2020년 6월 30일까지로 한다'라는 부분이 위법함을 주장하여야 한다. 왜냐하면 '점용기간은 2020년 1월 1일부터 2020년 6월 30일까지로 한다'라는 부관은 기한(期限)으로서 독립하여 다툴 수 있는 부관이 아니기 때문이라는 것이다. 따라서 판례는 [청구의 취지(2)]와 같이 처분 중 부관(기한) 부분만의 취소를 구하는 소송을 제기할 수는 없다는 입장이다.

> [**청구의 취지**(1)] 「"A도로의 점용을 허가한다. 다만 점용기간은 2020년 1월 1일부터 2020년 6월 30일까지로 한다"라는 처분을 취소한다」라는 판결을 구함.
> [**청구의 취지**(2)] 「"A도로의 점용을 허가한다. 다만 점용기간은 2020년 1월 1일부터 2020년 6월 30일까지로 한다"라는 처분 중 '다만 점용기간은 2020년 1월 1일부터 2020년 6월 30일까지로 한다'라는 부분을 취소한다」라는 판결을 구함.

그러나 판례는 부관 중 부담만은 독립하여 쟁송의 대상이 되고, 독립하여 취소의 대상이 된다고 한다. 예컨대 서대문구청장이 甲에게 "A도로의 점용을 허가한다. 다만 점용료로 매월 1,000만원을 납부하여야 한다"라는 처분에서 '다만 점용료로 매월 1,000만원을 납부하여야 한다'라는 부분이 점용목적에 비추어 위법하다면, 甲은 아래의 [청구의 취지(4)]와 같이 전체 처분 중에서 부담(負擔) 부분만의 취소를 구하는 소송을 제기하여야 하며, 아래의 [청구의 취지(3)]과 같이 처분 전체의 취소를 구하는 소송을 제기하여서는 아니 된다. 판례가 부담만을 독립하여 다툴 수 있도록 하는 것은 부담이 주된 행위로부터 독립적인 성질을 갖는 것으로 보았기 때문이다.

> [**청구의 취지(3)**] 「"A도로의 점용을 허가한다. 다만 점용료로 매월 1,000만원을 납부하여야 한다"라는 처분을 취소한다」라는 판결을 구함.
> [**청구의 취지(4)**] 「"A도로의 점용을 허가한다. 다만 점용료로 매월 1,000만원을 납부하여야 한다"라는 처분 중 '다만 점용료로 매월 1,000만원을 납부하여야 한다'라는 부분을 취소한다」라는 판결을 구함.

(2) **독립취소가능성**   판례는 부담을 제외한 부관은 독립하여 취소의 대상이 되지 아니한다는 입장이다. 앞의 [청구의 취지(1)]에 대하여 다음의 [주문(1)]의 형태만 인정하고, [주문(2)]의 형태는 인정하지 아니한다. 물론 청구에 이유가 없다면(즉, 위법하지 않다면), 기각판결을 하게 된다. 한편 청구이유가 있다고 하여도(즉, 위법하다고 하여도) 부관 부분이 중요부분이 아니라면, 기각판결을 한다.

> [**주문(1)**] "甲에게 A도로의 점용을 허가한다. 다만 점용기간은 2020년 1월 1일부터 2020년 6월 30일까지로 한다"라는 처분을 취소한다.
> [**주문(2)**] "甲에게 A도로의 점용을 허가한다. 다만 점용기간은 2020년 1월 1일부터 2020년 6월 30일까지로 한다"라는 처분 중 '다만 점용기간은 2020년 1월 1일부터 2020년 6월 30일까지로 한다'라는 처분을 취소한다.

한편, 부담의 경우에는 독립하여 취소의 대상이 된다. 앞의 [청구의 취지(4)]에 대하여 다음의 [주문(3)]의 형태가 아니라, [주문(4)]의 형태를 인정한다. 물론 청구에 이유가 없다면(즉, 위법하지 않다면), 기각판결을 하게 된다.

> [**주문(3)**] "甲에게 A도로의 점용을 허가한다. 다만 점용료로 매월 1,000만원을 납부하여야 한다"라는 처분을 취소한다.

[**주문(4)**] "甲에게 A도로의 점용을 허가한다. 다만 점용료로 매월 1,000만원을 납부하여야 한다"라는 처분 중 '다만 점용료로 매월 1,000만원을 납부하여야 한다'라는 부분(처분)을 취소한다.

제 9 항 확   약

[104] 확약의 개념

1. 확 언

甲은 국민여가선용에 기여하기 위하여 Y군(郡)에서 골프장업을 설치·운영하고자 골프장업사업계획서를 강원도지사에게 제출하였고, 강원도지사는 체육시설의 설치·이용에 관한 법률(다른 관련 법률은 논외로 하기로 한다)이 정하는 사항을 구비하여 골프장업의 등록을 신청하면 등록을 받아주겠다고 하였다. 이에 甲은 체육시설의 설치·이용에 관한 법률이 정하는 사항을 구비하여 골프장업의 등록을 신청하였으나, 강원도지사는 Y군(郡)에 골프장이 너무 많다는 이유로 수리를 거부하였다. 여기서 ① 등록수리거부처분이 체육시설의 설치·이용에 관한 법률에 위반되는가의 문제와는 별도로 ② 甲이 강원도지사에게 "체육시설의 설치·이용에 관한 법률이 정하는 사항을 구비하여 골프장업의 등록을 신청하면 등록을 받아주겠다고 한 약속을 왜 이행하지 아니하는가?"라고 다툴 수 있는가의 문제가 있다. ②와 관련하여 행정청(예 : 강원도지사)은 당사자의 신청(예 : 골프장업의 등록신청)에 따라 장래에 어떤 처분을 하거나 하지 아니할 것을 내용으로 하는 의사표시를 할 수 있는바(행정절차법 제40조의2 제 1 항), 행정절차법은 그 의사표시를 확약이라 부른다. 행정절차법상 확약은 모든 처분이 아니라 당사자가 신청할 수 있는 처분만을 대상으로 하는바, 아래에서 보는 종래 강학상 확약의 개념보다 좁다.

[참고] 종래 강학상 확언·확약의 개념
 [1] 종래 강학상으로는 행정주체가 사인에 대하여 장차 일정한 행정작용을 행하

거나 행하지 않겠다고 하는 것을 내용으로 하는 공법상 일방적인 자기구속의 의
사표시를 확언이라 하고, 확언의 대상이 특정 행정행위의 발령이나 불발령에 관
한 것인 경우를 확약(넓은 의미의 확약개념)이라 불렀다. 확언의 대상이 특정 행
정행위의 발령이 아닌 경우의 예로, 서대문구 A번지에 사는 주민 甲과 乙이 서대
문구청장에게 A번지 앞의 도로를 포장해줄 것을 탄원하였고, 서대문구청장은
2030년 4월 30일까지 포장해주겠다고 한 경우, 서대문구청장의 도로포장의 의사
표시를 볼 수 있다.

[2] 행정절차법이 2022년에 개정되기 전에 확언이나 확약의 법리는 이론과 판례
에 맡겨져 있었다. 2022년 개정 행정절차법은 모든 처분이 아니라 당사자가 신청
할 수 있는 처분만을 대상으로 하여 확약의 개념을 입법화 하였다(좁은 의미의
확약개념).

[105] 확약의 법적 성질

확약이 공법상의 의사표시이긴 하지만, 그 자체가 행정행위인가에 관해
서는 견해가 갈린다. 다수설은 행정행위성을 인정한다. 확약을 행정법상 독
자적 행위형식으로 보는 견해도 있다. 생각건대 확약은 종국적인 행위 그
자체는 아니지만, 확약의 구속적인 의사표시 그 자체는 행정행위의 개념(행
정청이 법 아래서 구체적 사실에 대한 법집행으로서 행하는 권력적 단독행위로서의 공법행위)을 충
족시킨다고 본다. 판례는 확약을 행정처분이 아니라 한 경우도 있고(대판 1995. 1.
20, 94누6529), 행정처분이라 한 경우도 있다(대판 2020. 4. 29, 2017두31064). 한편, 판
례는 확약의 취소행위는 처분으로 보았다(대판 1991. 6. 28, 90누4402).

[106] 확약의 법적 근거

좁은 의미의 확약에 관한 일반법으로 행정절차법 제40조의2가 있다.

[확언 등의 법적 근거]
(1) 행정주체가 사인에 대하여 장차 일정한 행정작용을 행하거나 행하지 않겠다
고 하는 것을 내용으로 하는 공법상 일방적인 자기구속의 의사표시 중 행정절차
법 제40조의2에서 규정되지 아니한 부분도 일반적인 법제도로서 인정될 수 있을

것인가의 문제가 있다. 예를 들어, 앞의 확언의 예에서, 2030년 4월 30일까지 서
대문구청장이 A번지 앞의 도로를 포장하지 아니한 경우에 주민 甲과 乙은 서대문
구청장에게 "A번지 앞의 도로를 4월 30일까지 포장해주겠다"고 한 약속을 이행하
라고 요구할 수 있는가의 문제가 발생한다.

(2) 확언 등으로 인해 국민은 앞으로 있을 행정을 미리 알 수 있는 이익(예지이익)
과 미리 알게 됨으로써 그에 대처할 수 있는 이익(대처이익)을 갖게 되는데, 그러
한 이익은 법적으로 보호받아야 할 가치가 있는 이익이라 판단되는바, 명문의 규
정이 없다고 하여도 확언 등도 법적 구속력을 갖는 법제도로서 인정되어야 할 것
이다. 논거로, 본처분(本處分)을 할 수 있는 권한 속에는 확언을 할 수 있는 권한
까지 포함된다고 본다. 예컨대 서대문구청장이 갖는 도로포장의 직무권한에는 장
래 도로포장을 할 것이라는 일방 구속적인 의사표시를 할 수 있는 권한까지 포함
되어 있는 것으로 본다. 종래의 강학상 확언·확약 중 입법화되지 아니한 부분에
는 행정절차법 제40조의2가 규정하는 확약의 법리를 유추적용할 수 있을 것이다

[107] 확약의 요건

1. 주체요건

유효한 확언이나 확약은 권한을 가진 행정청에 의해서만, 그리고 권한
의 범위 내에서만 발해질 수 있다. 서대문경찰서장이 서대문세무서장의 권
한사항에 대하여 확언이나 확약을 할 수 없는 것은 자명하다.

2. 내용요건

① 확약은 법령등에서 당사자가 신청할 수 있는 처분을 대상으로 한다
(행정절차법 제40조의2 제 1 항). 당사자에게 신청권이 인정되지 아니하는 처분은
확약의 대상이 아니다. ② 확약의 내용은 행정기본법이 정하는 행정의 법원
칙에 부합하여야 한다. ③ 확약은 추후 행정행위의 규율내용과 범위에서 일
치되어야 한다.

3. 형식요건

확약은 문서로 하여야 한다(절차법 제40조의2 제 2 항).

4. 절차요건

① 확약은 당사자의 신청을 전제로 한다(행정절차법 제40조의2 제1항). 당사자의 신청 없이 이루어지는 행정청의 일방구속적인 약속은 행정절차법 제40조의2의 적용대상이 아니다. ② 행정청은 다른 행정청과의 협의 등의 절차를 거쳐야 하는 처분에 대하여 확약을 하려는 경우에는 확약을 하기 전에 그 절차를 거쳐야 한다(행정절차법 제40조의2 제3항). 그렇지 않다면 확약은 절차 회피의 수단으로 남용될 수 있다.

[108] 확약의 효과

1. 효력의 발생

확약도 상대방에 통지되어야 효력을 발생한다. 확약도 행정행위의 일종이므로, 단순위법의 확약도 효력을 가진다. 또한 그것은 하자의 치유의 대상이 된다. 예컨대 이유가 기재되지 아니한 확약은 추후에 이유가 보완되면, 적법한 확약이 된다.

2. 구 속 효

통상의 행정행위만큼 광범위한 것은 아니나 확약도 구속효를 갖는다. 적법한 확약이 성립하면, 행정청은 상대방에 대해 확약한 행위를 이행하여야 할 의무를 부담하고, 상대방은 당해 행정청에 대해 그 이행을 청구할 수 있다. 예컨대 강원도지사가 甲에게 체육시설의 설치·이용에 관한 법률(다른 관련 법률은 논외로 하기로 한다)이 정하는 사항을 구비하여 골프장업의 등록을 신청하면 등록을 받아주겠다고 확약하였다면, 그리고 이에 따라 甲이 체육시설의 설치·이용에 관한 법률(다른 관련 법률은 논외로 하기로 한다)이 정하는 사항을 구비하여 골프장업의 등록을 신청하였다면, 강원도지사는 골프장업등록을 받아주어야 한다.

3. 실효·철회·취소(구속력의 배제)

(1) 실효 등   행정청은 확약을 한 후에 확약의 내용을 이행할 수 없을 정도로 법령등이나 사정이 변경된 경우(대판 1996. 8. 20, 95누10877) 또는 확약이 위법한 경우에는 확약에 기속되지 아니한다(행정절차법 제40조의2 제4항). 예컨대 강원도지사가 甲에게 체육시설의 설치·이용에 관한 법률(다른 관련 법률은 논외로 하기로 한다)이 정하는 사항을 구비하여 골프장업의 등록을 신청하면 등록을 받아주겠다고 확약하였지만, 확약 후 그러나 등록신청 전에 골프장업이 허가업으로 변경되었다면, 등록업을 전제로 하였던 확약은 당연히 소멸된다고 볼 것이다.

(2) 폐 지   행정청은 위법한 행정행위를 취소하거나(행정기본법 제18조) 적법한 행정행위를 철회할 수 있는 것(행정기본법 제19조)과 동일한 요건 하에서 확약을 취소 또는 철회함으로써 확약의 구속성을 사후적으로 제거할 수도 있다.

4. 하 자

확약에 중대하고 명백한 하자가 있다면, 그러한 확약은 무효가 된다. 예컨대 서대문구청의 구청장이 아니라 담당공무원이 甲에게 체육시설의 설치·이용에 관한 법률이 정하는 사항을 구비하여 골프장업의 등록신청을 하면 등록을 받아주겠다고 한 확약은 하자가 중대하고 명백하므로 무효이다. 단순위법의 하자가 있다면 취소할 수 있는 행위가 된다.

제 4 절   기타의 행위형식

제 1 항   공법상 계약

[109]   공법상 계약의 개념

1. 정   의

서울특별시장과 경기도지사는 도로법 제85조 제 2 항 등이 정하는 바에 따라 상호 대등한 입장에서 서울특별시와 경기도의 경계에 있는 도로의 비용을 분담하는 계약을 체결할 수 있다. 뿐만 아니라 서울특별시장은 서울특별시립체육시설의 설치 및 운영에 관한 조례 제16조 등이 정하는 바에 따라 잠실야구장의 관리운영을 사인(LG스포츠·두산베어스)과의 위탁계약을 통해 사인에게 맡길 수 있다. 이와 같이 행정주체(행정청)는 공법의 영역에서 계약을 통해 행정법을 집행하기도 한다. 여기서 공법상 효과의 발생을 목적으로 하는 대등한 복수당사자의 반대방향의 의사의 합치에 의해 성립되는 공법행위를 공법상 계약(公法上 契約)이라 한다(대판 2023. 6. 29, 2021다250025).

> ■**도로법** 제85조(비용부담의 원칙) ② 제 1 항에도 불구하고 제20조에 따라 노선이 지정된 도로나 행정구역의 경계에 있는 도로에 관한 비용은 관계 지방자치단체가 협의하여 부담 금액과 분담 방법을 정할 수 있다.

■ **서울특별시립체육시설의 설치 및 운영에 관한 조례** 제16조(운영의 위탁) ① 시장은 필요하다고 인정할 때에는 체육시설의 운영과 관련되는 사무(제23조 제 1 항의 각 호의 사무를 말한다) 중 그 일부 또는 전부를 체육진흥에 이바지할 수 있는 법인·단체 또는 개인에게 위탁할 수 있다.

② 제 1 항에 따라 위탁·운영할 수 있는 체육시설은 다음 각 호와 같다.

1. 잠실종합운동장 중 제 1 수영장, 제 2 수영장, 야구장, 풋살구장

2. 공법상 계약과 행정계약

공법상 계약은 공법의 영역에서 이루어지는 계약으로서 공법상 효과, 즉 공법상 권리·의무의 발생·변경·소멸을 목적으로 한다. 그러나 행정주체는 문방구류 구매계약과 같이 사법상 계약을 체결하기도 한다. 행정주체가 일방당사자가 되는 공법상 계약과 사법상 계약을 합하여 행정계약이라 부르기도 한다.

[참고] **공법상 계약과 시법상 계약의 구별 기준에 관한 판례**   어떠한 계약이 공법상 계약에 해당하는지는 계약이 공행정 활동의 수행 과정에서 체결된 것인지, 계약이 관계 법령에서 규정하고 있는 공법상 의무 등의 이행을 위해 체결된 것인지, 계약 체결에 계약 당사자의 이익만이 아니라 공공의 이익 또한 고려된 것인지 또는 계약 체결의 효과가 공공의 이익에도 미치는지, 관계 법령에서의 규정 또는 그 해석 등을 통해 공공의 이익을 이유로 한 계약의 변경이 가능한지, 계약이 당사자들에게 부여한 권리와 의무 및 그 밖의 계약 내용 등을 종합적으로 고려하여 판단하여야 한다(대판 2024. 7. 11, 2024다211762).

[110] 공법상 계약과 법치행정

1. 일반법(적용법규)

행정기본법 제27조가 공법상 계약에 관한 일반법이다. 특별법이 있으면, 특별법이 행정기본법에 우선하여 적용된다. 특별법이나 행정기본법에 규정이 없는 사항에 대해서는 성질이 허락하는 범위 안에서 민법이 유추 적용될 수 있을 것이다

2. 법치행정의 원칙(행정기본법 제 8 조)과의 관계

① 공법상 계약에도 법률의 우위의 원칙은 적용된다. 즉, 행정청은 법령 등을 위반하지 아니하는 범위에서 행정목적을 달성하기 위하여 필요한 경우에는 공법상 법률관계에 관한 계약(이하 "공법상 계약"이라 한다)을 체결할 수 있다(행정기본법 제27조 제 1 항 본문). 강행법규에 반하는 공법상 계약은 위법한 것이 된다. 국유재산법 제29조에서 보는 바와 같이 공법상 계약에는 사적 자치의 원칙보다 법규에 의해 체결의 자유와 형성의 자유가 제한될 수 있다. ② 행정기본법 제27조가 공법상 계약에 관해 일반적인 근거법이므로, 공법상 계약에 법률유보의 원칙이 적용되고 있는 셈이다.

[111] 공법상 계약의 종류

1. 주체에 따른 유형의 개관

공법상 계약은 주체에 따라 행정주체 사이에 이루어지는 공법상 계약, 행정주체와 사인 사이에 이루어지는 공법상 계약, 그리고 사인 사이에 이루어지는 공법상 계약이 있다.

2. 행정주체 사이의 공법상 계약

행정주체(行政主體) 사이에 이루어지는 공법상 계약은 국가와 지방자치단체 또는 지방자치단체 사이에 특정의 행정사무의 처리를 합의하는 경우를 말한다. 예로서 지방자치단체 사이의 사무의 위탁, 공공시설의 관리(예 : 도로법 제24조), 경비분담협의(예 : 도로법 제70조)의 경우를 볼 수 있다.

■**도로법** 제24조(관리의 협의 및 재정) ① 제23조에도 불구하고 행정구역의 경계에 있는 도로는 관계 행정청이 협의하여 도로관리청과 관리방법을 따로 정할 수 있다.

3. 행정주체와 사인 사이의 공법상 계약

행정주체(行政主體)와 사인(私人) 사이의 공법상 계약의 예로 임의적 공용부담 (공공용도로의 기부채납)·보조금(자금)지원계약·행정사무위탁(예 : 서울 잠실야구장 위탁운영)·특별행정법관계설정합의(지원입대)·공익사업을 위한 토지 등의 취득 및 보상에 관한 법률상 협의의 경우를 볼 수 있다.

4. 사인 사이의 공법상 계약

사인(私人) 사이의 공법상 계약은 국가로부터 공권을 위탁받은 사인과 타 사인 간의 계약을 말한다(예 : 기업자로서의 사인과 토지소유자 간의 토지수용에 관한 합의). 국가로부터 공권을 위탁받은 사인은 행정주체의 기능을 수행한다.

[112] 공법상 계약의 적법요건

1. 주체요건

공법상 계약의 한쪽 당사자는 행정청이다(행정기본법 제27조 제 1 항). 논리적으로 보면, 공법상 계약의 한쪽 당사자는 권리주체이어야 하는바, 국가나 지방자치단체 등이 당사자가 되어야 한다. 그러나 현실적으로는 행정청이 계약당사자의 기능을 수행하는바, 행정기본법은 행정청을 공법상 계약의 당사자로 하였다.

2. 내용요건

① 공법상 계약의 내용은 법령등을 위반하지 않아야 한다(행정기본법 제27조 제 1 항). ② 공법상 법률관계에 관한 것이어야 한다(행정기본법 제27조 제 1 항). ③ 사인의 급부와 행정청의 급부가 부당하게 결부되어서는 아니 된다(행정기본법 제13조).

3. 형식요건

공법상 계약의 체결은 계약의 목적 및 내용을 명확하게 적은 계약서(문서)로 하여야 한다(행정기본법 제27조 제1항). 문서형식은 계약내용을 명확히 하고, 추후에 분쟁이 발생한 경우에 분쟁해결에 기여한다.

4. 절차요건

공법상 계약의 절차에 관한 일반법은 없다. 특별규정이 없는 한, 의사표시와 계약에 관한 일반원칙을 따르게 된다. 경우에 따라서는 공법상 계약의 성립에 감독청의 승인·인가 등을 받게 할 수도 있다.

5. 공공성요건

행정청은 공법상 계약의 상대방을 선정하고 계약 내용을 정할 때 공법상 계약의 공공성과 제3자의 이해관계를 고려하여야 한다(행정기본법 제27조 제2항). 공법상 계약도 공익실현을 목적으로 하는 공행정의 한 부분이기 때문이다.

[113]   공법상 계약의 해제·변경과 실현

1. 해제와 변경

계약의 효과를 소급적으로 제거하는 것을 해제(解除)라 한다. 공법상 계약의 해제와 변경에 관한 일반법은 없다. 사법상 해제에는 ① 계약 당사자가 약정한 사유가 발생한 경우에 당사자 일방의 의사표시로 이루어지는 해제인 약정해제(約定解除)와 ② 법률에서 정한 사유인 이행지체(민법 제544조) 또는 이행불능(민법 제546조) 등의 경우에 당사자 일방의 의사표시로 이루어지는 해제인 법정해제(法定解除)가 있다. 해제에 관한 사법규정은 공법상 계약에도 적용될 수 있다. 이 밖에 행정법은 사법의 경우와 달리 공공복지를 위해 중대한 불이익을 제거하거나 방지하기 위해 계약체결 후 계약내용의 결정에 기준이 된 상황이 본질적으로 달리 변경될 때를 대비하여 특별한 수정권(修正權)과 해제권(解除權)을 인정할 수도 있다. 만약 국가에 의한 해제로 귀책사유 없는 상대방이 손실을 입게 되면, 국가는 그 손실을 보상하여야 할 것이다. 한편 상대방은 공익에 영향을 미치지 아니하는 경우에만 해제를 할 수 있다.

2. 계약내용의 실현

계약당사자는 계약내용에 따라 이행의무(履行義務)를 진다. 당사자가 계약 상의 의무를 이행하지 아니하면 상대방은 법원의 도움을 받아 이행을 강제할 수 있다. 행정행위의 경우와 달리 법원의 도움 없이 강제집행할 수는 없다. 다만 예외적으로 명문의 규정이 있다면, 행정청은 판결 없이 강제집행을 할 수도 있을 것이다.

3. 행정소송

공법상 계약에 관한 분쟁은 행정소송법 제3조 제2호에 의거하여 당사자소송(當事者訴訟)의 대상이 된다. 공법상 계약에 관한 것인 한, 그것이 계약 이행의 문제인가, 또는 계약상의 손해배상청구의 문제인가는 가리지 않는다. 그러나 판례는 손해배상 부분과 관련하여 견해를 달리한다.

[대판 2023. 6. 29, 2021다250025] 공법상 계약의 한쪽 당사자가 다른 당사자를 상 대로 그 이행을 청구하는 소송 또는 이행의무의 존부에 관한 확인을 구하는 소송 은 공법상 법률관계에 관한 분쟁이므로 분쟁의 실질이 공법상 권리·의무의 존 부·범위에 관한 다툼이 아니라 손해배상액의 구체적인 산정방법·금액에 국한되 는 등의 특별한 사정이 없는 한 공법상 당사자소송으로 제기하여야 한다.

[114] 공법상 계약의 하자

1. 위법·무효의 효과

위법한 공법상 계약의 효과 등에 관한 일반적인 규정은 없다. 명문의 규 정이 없는 한, 하자 있는 공법상 계약은 원칙적으로 무효로 볼 것이다. 무효인 공법상 계약으로부터는 아무런 법적 효과도 발생하지 아니한다. 누구도 무효인 공법상 계약의 이행을 주장할 수 없다. 만약 무효인 공법상 계약에 기하여 급부를 제공하였다면, 공법상 부당이득반환청구권의 법리에 따라 급부의 반환을 요구할 수 있다.

2. 유동적 무효

제 3 자의 권리를 침해하는 공법상 계약이 제 3 자의 동의 없이 체결되었다면(예 : 서대문구청장이 공익사업을 위한 토지 등의 취득 및 보상에 관한 법률에 근거하여 甲과 토지의 매수협의를 하면서 乙의 토지까지 협의내용으로 한 경우), 제 3 자의 문서에 의한 동의가 있기까지 유동적 무효(流動的 無效)의 상태에 있다고 볼 것이다. 그리고 다른 행정청의 동의 또는 합의를 요하는 공법상 계약의 경우에 다른 행정청의 동의 또는 합의가 없이 체결된 공법상 계약은 다른 행정청의 동의 또는 합의가 있기까지는 유동적 무효의 상태에 있다고 볼 것이다.

3. 무효인 공법상 계약에 근거한 행정행위의 효과

무효인 계약에 근거하여 행정청이 행정행위를 발령하였다면, 그러한 행정행위는 하자 있는 행정행위가 된다고 볼 것이다. 그러한 행정행위의 효과는 중대명백설에 따라 판단하면 된다. 예컨대 공익사업을 위한 토지 등의 취득 및 보상에 관한 법률에 근거하여 서대문구청장이 甲과 토지의 매수협의를 한 후, 관할 토지수용위원회의 협의성립의 확인을 받아두었고, 그 협의 내용에는 서대문구 A번지 소재 甲소유의 토지에 건축허가를 내주는 것을 중요한 조건으로 하였다. 그런데 A번지는 건축허가를 내줄 수 없는 개발제한구역(그린벨트)이었다. 하지만 서대문구청장은 甲과의 협의에 따라 A번지 소재 甲소유의 토지에 건축허가를 내주었다. 이러한 경우, 그린벨트에 건축허가를 내주기로 하는 것을 중요 내용으로 하는 서대문구청장과 甲 사이의 공법상 계약(공익사업을 위한 토지 등의 취득 및 보상에 관한 법률상 협의)은 무효이고, 무효인 공법상 계약에 근거하여 A번지 소재 甲소유의 토지에 내준 건축허가는 당연히 위법하다. 중대명백설에 따라 판단할 때, 그 위법의 하자는 중대하고 동시에 명백하므로 서대문구청장이 甲에게 내준 건축허가는 무효이다.

4. 일부 무효

공법상 계약의 위법과 무효가 계약의 일부분에 관련하는 경우, 그 계약 내용이 가분(可分)이라면, ① 원칙적으로 나머지 부분(위법하지 아니한 부분)만 유효하다. 그러나 ② 무효부분을 제외하고는 계약을 체결하지 아니하였으리라고 판단되는 경우에는 계약의 전부가 무효가 된다고 볼 것이다.

제 2 항 공법상 사실행위(사실행위론 1)

[115] 공법상 사실행위의 개념

1. 정 의

서울특별시 서대문구 등 모든 지방자치단체는 주민들의 편의를 위해 도로의 포장공사를 한다. 도로가 새로이 단장된다고 하여, 그것으로부터 주민들에게 어떠한 권리나 의무가 발생하지 아니한다. 도로의 포장은 주민의 편의를 사실상으로 증진시킬 뿐이다. 군수가 공립학교졸업식에서 축사를 한다고 하여, 축사로부터 졸업생들에게 권리나 의무가 발생하지 아니한다. 축사로부터 졸업생들은 의미 있는 지혜를 사실상으로 얻을 수 있을 뿐이다. 이와 같이 일정한 법적 효과의 발생을 목적으로 하는 것이 아니라 도로의 포장, 교량의 건설, 졸업식에서의 축사 등에서 보는 바와 같이 직접 어떠한 사실상의 효과·결과의 실현을 목적으로 하는 행정작용을 공법상 사실행위(公法上 事實行爲)라 한다.

2. 문제상황

공법상 사실행위는 의사표시가 아니라 사실로서의 어떤 상태의 실현을 내용으로 한다. 공법상 사실행위는 아무런 직접적인 법적 효과를 갖는 것이 아니라고 하여 공법상 사실행위가 법적으로 무의미한 것은 아니다. 왜냐하면 공법상 사실행위도 법질서에 부합해야 하고, 만약 그것이 위법한 경우에는 손해배상의 문제를 발생시키기 때문이다. 예컨대 서대문구청이 도로포장공사를 하면서 甲의 건물을 파손하게 되면, 서대문구청은 甲에게 손해배상을 하여야 한다. 따라서 법적 관점에서 사실행위는 특히 권리구제문제와 관련하여 의미를 갖는다.

[116] 공법상 사실행위의 종류

1. 권력적 사실행위와 비권력적 사실행위

권력적 사실행위(權力的 事實行爲)란 공공의 안녕과 질서의 유지를 위해 경찰관이 범법자들에게 무기를 사용하는 것과 같이 명령적·강제적 공권력행사로서의 사실행위를 말하고, 비권력적 사실행위(非權力的 事實行爲)란 행정지도나 축사 또는 표창과 같이 명령적·강제적 공권력행사와 직접 관련성이 없는 사실행위를 말한다.

2. 독립적 사실행위와 집행적 사실행위

독립적 사실행위(獨立的 事實行爲)란 시장이나 군수에 의한 축사같이 자체로서 독립적인 사실행위를 말하고, 집행적 사실행위(執行的 事實行爲)란 경찰관이 범죄행위의 저지를 위하여 무기를 사용하거나 세무공무원이 압류를 위하여 실력을 행사하는 것과 같이 법령이나 행정행위를 집행하기 위해 행해지는 사실행위를 말한다.

[117] 공법상 사실행위의 법적 근거와 한계

1. 법적 근거

공법상 사실행위에도 법률의 우위의 원칙과 법률의 유보의 원칙이 적용된다. 먼저, ① 공법상 사실행위는 조직규범의 범위 내에서 이루어져야 한다. 세무서장은 세법이 정하는 범위 안에서 공법상 사실행위를 할 수 있다. 다음으로 ② 개인의 신체·자유·재산에 직접 침해를 야기할 수 있는 사실행위는 작용법상 근거도 가져야 한다(중요사항유보설). 예컨대 공공의 안녕과 질서를 파괴하는 범죄자에게 무기를 사용하려면, 경찰법령의 근거가 있어야 한다. 현행법령상으로는 경찰관직무집행법 제10조의4가 무기사용의 근거규정이다. ③ 개인의 신체·자유·재산에 직접 침해를 야기할 수 있는 경우가 아니라면, 공법상 사실행위에는 법적 기속이 완화되며, 따라서 법률로부터 자유로운 행정영역의 주요 부분이 된다.

> ■ **경찰관 직무집행법** 제10조의4(무기의 사용) ① 경찰관은 범인의 체포, 범인의 도주 방지, 자신이나 다른 사람의 생명·신체의 방어 및 보호, 공무집행에 대한 항거의 제지를 위하여 필요하다고 인정되는 상당한 이유가 있을 때에는 그 사태를 합리적으로 판단하여 필요한 한도에서 무기를 사용할 수 있다. 다만, 다음 각 호의 어느 하나에 해당할 때를 제외하고는 사람에게 위해를 끼쳐서는 아니 된다.
> 1. 「형법」에 규정된 정당방위와 긴급피난에 해당할 때
> 2. 다음 각 목의 어느 하나에 해당하는 때에 그 행위를 방지하거나 그 행위자를 체포하기 위하여 무기를 사용하지 아니하고는 다른 수단이 없다고 인정되는 상당한 이유가 있을 때
>   가. 사형·무기 또는 장기 3년 이상의 징역이나 금고에 해당하는 죄를 범하거나 범하였다고 의심할 만한 충분한 이유가 있는 사람이 경찰관의 직무집행에 항거하거나 도주하려고 할 때
>   나. 체포·구속영장과 압수·수색영장을 집행하는 과정에서 경찰관의 직무집행에 항거하거나 도주하려고 할 때
>   다. 제 3 자가 가목 또는 나목에 해당하는 사람을 도주시키려고 경찰관에게 항거할 때
>   라. 범인이나 소요를 일으킨 사람이 무기·흉기 등 위험한 물건을 지니고 경찰관으로부터 3회 이상 물건을 버리라는 명령이나 항복하라는 명령을 받고도 따르지 아니하면서 계속 항거할 때
> 3. 대간첩 작전 수행 과정에서 무장간첩이 항복하라는 경찰관의 명령을 받고도 따르지 아니할 때
> ② 제 1 항에서 "무기"란 사람의 생명이나 신체에 위해를 끼칠 수 있도록 제작된 권총·소총·도검 등을 말한다.

③ 대간첩 · 대테러 작전 등 국가안전에 관련되는 작전을 수행할 때에는 개인화기(個人火器) 외에 공용화기(共用火器)를 사용할 수 있다.

2. 법적 한계

공법상 사실행위는 ① 조직법상 주어진 권한의 범위 내에서 가능하다. 세무서장이 경찰서장의 권한을 대신하여 행사할 수는 없다. ② 개별 법령에 공법상 사실행위에 관한 규정이 있다면, 그에 따라야 한다. ③ 공법상 사실행위는 그 행위의 목적의 범위 내에서만 가능하다. 예컨대 경찰관직무집행법상 무기의 사용은 경찰관 직무집행법 제10조의4가 정하는 범위 내에서만 가능하다. ④ 공법상 사실행위도 행정작용이므로 행정기본법이 정하는 행정의 법 원칙(법치행정의 원칙, 평등의 원칙, 비례의 원칙, 성실의무 및 권한남용금지의 원칙, 신뢰보호의 원칙, 부당결부금지의 원칙)을 준수하여야 한다(행정기본법 제 8 조-제13조). 이에 위반하면 위법한 행위가 된다. 위법한 사실행위는 손해배상청구 등의 문제를 가져온다.

[118] 공법상 사실행위와 권리보호

1. 행정쟁송

(1) **행정쟁송의 대상여부**　　　위법한 행정작용으로 권리(법률상 이익)가 침해되면, 침해된 권리를 회복할 필요가 있다. 침해된 권리를 회복하는 방식으로 행정기관에 의한 구제방식인 행정심판(行政審判)과 법원에 의한 구제방식인 행정소송(行政訴訟)이 있다. 행정심판에 관한 일반법으로 행정심판법이 있고, 행정소송에 관한 일반법으로 행정소송법이 있다. 행정심판법과 행정소송법은 모두 처분(處分)을 대상으로 한다. 지배적 견해는 사실행위 중 권력적 사실행위는 대부분이 사실행위의 요소(집행행위)와 법적 행위의 요소(수인하명)가 결합되어 있다고 새기면서, 법적 요소로 인해 권력적 사실행위는 행정심판과 행정소송의 대상이 된다고 새긴다. 예컨대 무허가건물의 강제철거는 ① 실제상 강제로 철거하는 사실행위와 ② 강제철거시에 상대방이 강제철

거를 참아야 하는 수인의무가 결합되어 있다고 새기면서, 수인의무의 부분이 행정심판법과 행정소송법상 처분에 해당하므로 수인의무의 취소나 무효확인을 구하는 의미에서 강제철거처분의 취소나 무효확인을 구하는 소송을 제기할 수 있다고 새긴다.

(2) **권리보호의 필요**　　　① 행정의 실제상 권력적 사실행위(權力的 事實行爲)는 단기간에 종료되는 것이 일반적이며, 권력적 사실행위가 종료된다면, 그 이후에는 권리보호(權利保護)의 필요(必要)가 없는 것이 된다. 따라서 권력적 사실행위의 종료 후에 제소되면, 각하판결을 받게 된다. 예컨대 일반적으로 건물에 대한 강제철거행위는 오래 걸리지 아니한다. 건물이 철거된 후에는 행정소송을 통해 강제철거행위의 취소를 구할 이익이 없게 된다. 왜냐하면 건물이 철거된 후에 강제철거처분이 취소된다고 하여도 철거된 건물이 저절로 되살아날 수는 없기 때문이다. 따라서 강제철거가 이루어진 후에 강제철거처분취소청구소송을 제기하면 각하판결을 받게 된다. 각하판결을 면하고자 하면 권력적 사실행위(강제철거행위)가 이루어지기 전에 철거행위를 하지 못하게 하는 집행정지(執行停止)를 신청하여 집행정지의 결정을 받아 두어야 한다. 집행정지를 받게 되면, 행정청은 강제철거를 할 수 없다. ② 한편, 비권력적 사실행위(非權力的 事實行爲)의 경우에는 법적 행위의 요소를 찾아보기 어려우므로, 행정심판이나 행정소송의 대상이 되지 아니한다. 예컨대 대학교의 졸업식에서 이루어진 대통령의 축사는 비권력적인 행위로서 권리나 의무를 발생시키는 법적 행위가 아니기 때문에 행정심판이나 행정소송의 대상이 되는 처분에 해당하지 아니한다. 말하자면 대통령 축사의 취소를 구하는 소송이나 무효확인을 구하는 소송은 허용되지 아니한다.

2. 결과제거청구권

서대문구청장이 도로포장공사를 하면서 공사용 장비를 甲의 허락 없이 임의로 甲의 토지에 두게 되면, 위법한 사실행위로 甲의 토지소유권을 침해하는 것이 된다. 이러한 침해상태가 계속되는 한, 서대문구청장은 위법한 상태를 제거하고 적법한 상태를 회복할 의무를 부담하고, 甲은 서대문구청장에게 공사용 장비를 자기의 토지에서 치워줄 것을 청구할 수 있다. 이와 같이 사인은 행정청에 대하여 행정청의 위법한 사실행위로 발생한 위법한 상태를 제거하고 적법한 상태로의 회복을 청구할 수 있는 권리를 갖는데, 이러한 권리를 결과제거청구권(結果除去請求權)이라 한다. 행정소송상으로 결과제거청구권은 당사자소송형식을 통해 주장할 수 있다.

3. 손해배상

위법한 행정상 사실행위로 인해 사인이 손해를 입게 되면, 피해자는 그 사실행위가 사법적(私法的) 사실행위인 경우에는 민사법(민법 제750조 등)에 따라, 공법적(公法的) 사실행위인 경우에는 국가배상법과 행정소송법에 따라 손해배상(損害賠償)을 청구할 수 있다. 그러나 판례는 후자를 민사사건으로 다루고 있다. 예컨대 서대문구청에서 도로포장을 하면서 실수로 甲의 담장을 부수었다면, 甲은 국가배상법과 행정소송법이 정하는 바에 따라 손해배상을 청구할 수 있다. 그러나 판례는 이러한 경우에 국가배상법과 민사소송법이 정하는 바에 따라 민사법원에서 손해배상을 청구할 수 있다는 입장이다.

4. 손실보상

적법한 공법상 사실행위로 사인이 손실을 입게 되면, 그 사인은 그 손실이 특별한 희생에 해당하는 경우에 희생보상(犧牲補償)이나 손실보상(損失補償)을 청구할 수 있다. 다만 보상에 관한 명문의 규정이 없는 경우는 문제이다. 이 때에는 헌법 제23조 제 1 항(재산권보장), 제11조(평등원칙), 제23조 제 3 항 등을 종합적으로 고려하여 보상을 청구할 수 있다고 볼 것이다(이 책 [199] 이하를 보라). 예컨대 우리의 영공에 침투한 적의 비행기를 격추시키기 위해 대공포를 쏘았는데, 그 대공포의 파편으로 인해 甲이 신체상이나, 재산상의 피해를 입었다면 피해의 보상을 청구할 수 있다고 볼 것이다.

5. 기 타

위법한 행정상 사실행위를 행한 공무원에 대한 형사책임·징계책임의 추궁, 감독청의 직무상 감독작용, 관계자의 청원 등도 간접적이긴하나 피해자의 권리보호에 기여할 수 있다. 그리고 헌법소원 역시 권리구제의 중요한 수단이다.

[119] 공법상 사실행위로서 공적 경고

1. 의 의

예컨대 정부가 "甲회사가 A국으로부터 수입한 B농산품과 乙회사가 자체 개발하여 시판중인 C공산품에는 인체에 유해한 성분을 함유하고 있을지도 모른다"고 발표하는 것과 같이 특정 공산품이나 농산품과 관련하여 사인에게 발하는 행정청의 설명·성명·공고·고시 등을 공적 경고(公的 警告)라 부르고 있다. 공적 경고는 법적 구속이 미약하지만 그 효과에 있어서는 결코 미약하지 않다. 공적 경고에 대하여 국민들이 진지하게 받아들이게 되면, 그 상품은 더 이상 판매되기 어렵다. 그것은 판매금지와 유사한 효과를 가져온다. 말하자면 정부의 발표가 B상품과 C상품의 판매를 금지하는 것은 아니라고 하여도 정부의 발표로 인해 B상품이나 C상품의 판매는 기대하기 어렵고, 경우에 따라서는 甲회사나 乙회사의 도산까지도 가져올 수 있다.

2. 법적 성격

공적 경고가 오로지 사실행위에 해당하는 것인지, 아니면 행정법상 행정청의 고유한 행위형식인지의 여부는 불분명하다. 공적 경고의 종류와 효과는 매우 상이하므로, 현재로서 공적 경고를 개념상 명백하게 파악하는 것은 어려울 뿐만 아니라 그에 관한 법적 효과를 정립하는 것도 용이하지 않다. 현재로서 공적 경고는 사실행위의 특별한 경우로 이해되고 있을 뿐이다.

3. 법적 문제

(1) **직업선택의 자유의 침해여부**　　공적 경고가 직업선택의 자유에 대한 본질적인 침해가 아닌가의 문제가 있다. 예컨대 정부가 "甲회사가 A국

으로부터 수입한 B농산품과 乙회사가 자체 개발하여 시판중인 C공산품에는 인체에 유해한 성분을 함유하고 있을지도 모른다"고 발표하는 것이 甲회사와 乙회사의 직업선택의 자유(영업의 자유)에 대한 본질적인 침해가 아닌가의 문제가 있다. 생각건대 공적 경고는 중대한 공익(예:국민의 생명·신체·건강)을 위한 것이고 또한 국민의 직업선택의 자유는 일정한 제약을 전제로 하는 것이므로 공적 경고가 원칙적으로 직업선택의 자유에 대한 본질적 침해라고 보기는 어렵다.

(2) **법적 근거의 필요여부** 공적 경고에 법률의 근거를 요하는가의 문제가 있다. 특정인의 이익을 직접 침해하는 것을 목적으로 하는 것이 아닌 공적 경고는 조직법상 권한에 관한 규정만으로도 가능하다고 본다. 그러나 개인의 이해와 직결된 경고는 침해를 가능하게 하는 권한규정이 필요하다고 본다. 예컨대 자외선이 강하다는 공적 경고와 같이 특정인의 이익과 무관한 공적 경고의 경우에는 정부조직법 제39조 제 2 항과 같은 조직법상 권한규정만으로 가능하다고 본다. 그러나 정부가 "甲회사가 A국으로부터 수입한 B농산품과 乙회사가 자체 개발하여 시판중인 C공산품에는 인체에 유해한 성분을 함유하고 있을지도 모른다"고 발표하는 것과 같이 개인의 이해와 직결된 경고의 경우에는 정부조직법 제25조 제 1 항과 같은 조직법상 권한규정 외에 식품위생법령상 작용법상 권한규정이 있어야 할 것인데, 식품위생법 제73조를 유추해석한다면, 동 조문은 작용법상 권한규정으로 볼 여지도 있다.

■ **정부조직법** 제39조(환경부) ② 기상에 관한 사무를 관장하기 위하여 환경부장관 소속으로 기상청을 둔다.
제25조(식품의약품안전처) ① 식품 및 의약품의 안전에 관한 사무를 관장하기 위하여 국무총리 소속으로 식품의약품안전처를 둔다.

■ **식품위생법** 제73조(위해식품등의 공표) ① 식품의약품안전처장, 시·도지사 또는 시장·군수·구청장은 다음 각 호의 어느 하나에 해당되는 경우에는 해당 영업자에 대하여 그 사실의 공표를 명할 수 있다. 다만, 식품위생에 관한 위해가 발생한 경우에는 공표를 명하여야 한다.

1. 제 4 조부터 제 6 조까지, 제 7 조 제 4 항, 제 8 조 또는 제 9 조 제 4 항 등을 위반하여 식품위생에 관한 위해가 발생하였다고 인정되는 때

제 3 항 행정지도(사실행위론 2)

[120] 행정지도의 관념

1. 개 념

정부나 지방자치단체는 추석이 다가오면 경제의 안정을 도모하기 위하여 물가가 오르는 것을 방지하는 노력을 기울인다. 그러한 노력의 일환으로 지방자치단체는 관할구역 안의 목욕장이나 이발관 또는 미용실 등에 대하여 요금을 인상하지 아니하도록 권고·권유한다. 정부나 지방자치단체는 여름철에 전염병이 발생하지 않도록 하기 위해 각종의 보건위생상의 주의사항을 홍보한다. 이와 같이 "행정기관이 그 소관사무의 범위에서 일정한 행정목적을 실현하기 위하여 특정인에게 일정한 행위를 하거나 하지 아니하도록 지도·권고·조언 등을 하는 행정작용"을 행정지도(行政指導)라 한다(행정절차법 제 2 조 제 3 호). 개별 법령상으로는 지도(사행행위 등 규제 및 처벌특례법 제19조 제 1 항)·권고(주택법 제53조 제 1 항) 등으로 불리기도 한다.

2. 성 질

행정지도는 국민의 임의적인 협력을 전제로 하는 비권력적 사실행위(非權力的 事實行爲)이다. 예컨대 지방자치단체가 관할구역 안의 목욕장이나 이발관 또는 미용실 등에 대하여 요금을 인상하지 아니하도록 권고한다고 하여 목욕장이나 이발관 또는 미용실의 경영자에게 요금을 인상하지 말아야 할 의무가 발생하는 것은 아니다. 행정지도의 효과를 제고하기 위하여 이익의 제공(예 : 자금의 융자, 교부지원금지급, 정보제공)이 따르기도 한다. 요컨대 행정지도는 일정한 법적 효과의 발생을 목적으로 하는 의사표시가 아니며, 단지 상

대방의 임의적인 협력을 통해 사실상의 효과를 기대하는 사실행위(事實行爲)일 뿐이다. 행정지도는 공법상 사실행위의 대표적인 예에 해당한다.

3. 유용성과 문제점

① 행정지도는 행정주체에 대해서는 법적 근거가 없는 경우에 행정의 편의와 탄력성을 제고하고, 행정의 상대방에 대해서는 합의에 유사한 의미를 갖게 함으로써 분쟁을 미연에 방지하고 행정에 적극적인 협력을 가능하게 하는 의미를 갖는다. 한편 ② 행정지도는 사실상의 강제성을 통한 법치주의의 붕괴, 한계와 책임소재의 불분명으로 인한 책임행정의 이탈, 행정상 구제수단의 결여 내지 행정구제의 기회상실 등을 문제점으로 갖는다. ③ 문제점을 줄여가면서 행정지도의 의미를 살려가는 것이 행정지도의 중심과제이다.

[121] 행정지도의 종류

1. 법규상 지도·비법규상 지도

① 법규상 지도(法規上 指導)란 작용법상 근거 하에 이루어지는 행정지도를 말한다. 법규상 지도에는 ⓐ 직업안정법 제14조와 같이 특정의 행정지도 자체가 법규에 규정되어 있는 경우도 있고, ⓑ 식품위생법 제21조에 규정된 처분권(특정식품등의 판매 등 금지권한)을 배경으로 하여 특정식품의 판매를 하지 말 것을 권유하는 경우에 보는 바와 같은 지도도 있다. ⓐ의 경우를 법령의 직접적인 근거에 의한 행정지도, ⓑ의 경우를 법령의 간접적인 근거에 의한 행정지도라 부른다. ② 비법규상 지도(非法規上 指導)란 국가의 경제위기시에 기획재정부장관이 직접적인 작용법상 근거법규 없이 조직규범인 정부조직법 제27조 제1항을 바탕으로 하여 절약 또는 소비를 권유하는 경우에 보는 것과 같은 행정지도를 말한다. 비법규상 지도도 조직규범이 정한 업무의 범위 내에서만 이루어진다고 볼 것이므로, 엄밀하게 말하자면 비법규상 지도라는 것도 넓은 의미에서 법규상 지도의 일종이다.

■ **직업안정법** 제14조(직업지도) ① 직업안정기관의 장은 다음 각 호의 어느 하나에 해당하는 사람에게 직업지도를 하여야 한다.

1. 새로 취업하려는 사람

2. 신체 또는 정신에 장애가 있는 사람

3. 그 밖에 취업을 위하여 특별한 지도가 필요한 사람

② 제 1 항에 따른 직업지도의 방법·절차 등에 관하여 필요한 사항은 고용노동부장관이 정한다.

■ **식품위생법** 제21조(특정 식품등의 수입·판매 등 금지) ① 식품의약품안전처장은 특정 국가 또는 지역에서 채취·제조·가공·사용·조리 또는 저장된 식품등이 그 특정 국가 또는 지역에서 위해한 것으로 밝혀졌거나 위해의 우려가 있다고 인정되는 경우에는 그 식품등을 수입·판매하거나 판매할 목적으로 제조·가공·사용·조리·저장·소분·운반 또는 진열하는 것을 금지할 수 있다.

■ **정부조직법** 제27조(기획재정부) ① 기획재정부장관은 중장기 국가발전전략수립, 경제·재정정책의 수립·총괄·조정, 예산·기금의 편성·집행·성과관리, 화폐·외환·국고·정부회계·내국세제·관세·국제금융, 공공기관 관리, 경제협력·국유재산·민간투자 및 국가채무에 관한 사무를 관장한다.

2. 규제적 지도·조정적 지도·조성적 지도

① 규제적 지도(規制的 指導)란 독점규제 및 공정거래에 관한 법률 제51조 제 1 항에서 보는 바와 같이 일정한 행위의 억제를 내용으로 하는 행정지도를 말한다. ② 조정적 지도(調整的 指導)란 남녀고용평등과 일·가정 양립 지원에 관한 법률 제15조에서 보는 바와 같이 이해관계자 사이의 분쟁이나 지나친 경쟁의 조정을 내용으로 하는 행정지도를 말한다. ③ 조성적 지도(造成的 指導)란 농촌진흥법 제 4 조와 같이 보다 발전된 사회질서 내지 생활환경의 형성을 내용으로 하는 행정지도를 말한다.

■ **독점규제 및 공정거래에 관한 법률** 제88조(위반행위의 시정권고) ① 공정거래위원회는 이 법을 위반하는 행위가 있는 경우에 해당 사업자 또는 사업자단체에 시정방안을 정하여 이에 따를 것을 권고할 수 있다.

■ **남녀고용평등과 일·가정 양립 지원에 관한 법률** 제15조(직업 지도) 「직업안정법」 제 2 조의2 제 1 호에 따른 직업안정기관은 여성이 적성, 능력, 경력 및 기능의

정도에 따라 직업을 선택하고, 직업에 적응하는 것을 쉽게 하기 위하여 고용정
보와 직업에 관한 조사·연구 자료를 제공하는 등 직업 지도에 필요한 조치를
하여야 한다.

■**농촌진흥법** 제 2 조(정의) 이 법에서 사용하는 용어의 뜻은 다음과 같다.
3. "농촌지도사업"이란 연구개발 성과의 보급과 농업경영체의 경영혁신을 통하여
농업의 경쟁력을 높이고 농촌자원을 효율적으로 활용하는 사업으로서 다음 각 목
의 업무를 수행하는 사업을 말한다.
가. 연구개발 성과의 보급
나. 농업경영체의 경영 진단 및 지원
다. 농촌자원의 소득화 및 생활 개선 지원
라. 농업후계인력, 농촌지도자 및 농업인 조직의 육성
마. 농작물 병해충의 과학적인 예찰, 방제정보의 확산 및 기상재해에 대비한 기술
　　지도
바. 가축질병 예방을 위한 방역 기술 지도
사. 그 밖에 농촌지도에 관하여 대통령령으로 정하는 업무
제15조(농촌지도사업의 조정) ① 농촌진흥청장은 지역농업의 균형적인 발전을 도
모하고 효율적인 농촌지도사업을 추진하기 위하여 지방자치단체가 실시하는 농촌
지도사업을 조정할 수 있으며, 지방자치단체의 장은 지역특성에 맞는 농촌지도사
업을 개발하여 추진하여야 한다.

3. 행정주체·행정기관에 대한 지도와 사인에 대한 지도

① 행정주체(行政主體)에 대한 지도란 지방자치법 제184조 제 1 항에서 보
는 바와 같이 국가가 지방자치단체에 대하여 또는 광역지방자치단체가 기초
지방자치단체에 대하여 행하는 지도를 말하고, 행정기관(行政機關)에 대한 지도
란 국세청장이 지방국세청장에게 지도하는 경우에 보는 바와 같이 상급행정
기관이 하급행정기관에 대하여 행하는 지도를 말한다. ② 사인(私人)에 대한
지도란 앞의 2.에서 본 예와 같이 사인을 상대방으로 하는 지도를 말한다. 행
정절차법은 행정지도의 상대방으로 특정인이라는 표현을 사용하고 있다.

■**지방자치법** 제184조(지방자치단체의 사무에 대한 지도와 지원) ① 중앙행정기관
의 장이나 시·도지사는 지방자치단체의 사무에 관하여 조언 또는 권고하거나 지
도할 수 있으며, 이를 위하여 필요하면 지방자치단체에 자료 제출을 요구할 수 있다.

[122] 행정지도의 법적 근거와 한계

1. 법적 근거

① 행정지도에 법적 근거가 필요한가의 여부에 관한 일반법은 없다. 행정절차법은 행정지도에 적용되는 일반원칙과 행정지도의 방법을 규정하고 있을 뿐이다(행정절차법 제48조 이하). 개별 법령에서 행정지도에 관해 규정하는 경우가 적지 않다. ② 행정지도는 법적 구속력을 갖지 아니하는 사실상의 행위에 불과하므로, 법적 근거를 요하는 것은 아니다.

2. 법적 한계

① 행정기관은 조직법상 주어진 권한 내에서만 행정지도를 할 수 있다. 만약 이를 위반하면 위법한 행정지도가 된다. 예컨대 경찰서장이 식품위생에 대한 행정지도를 한다면, 그것은 위법한 것이 된다. ② 조직법상 권한 내에서의 행정지도라고 하여도 개별 법령에서 정하는 행정지도에 관한 작용법상 규정(예 : 행정절차법 제48조 내지 제51조)을 준수하여야 한다. ③ 행정지도 역시 행정작용의 하나이므로, 행정기본법이 정하는 행정의 법 원칙(법치행정의 원칙, 평등의 원칙, 비례의 원칙, 성실의무 및 권한남용금지의 원칙, 신뢰보호의 원칙, 부당결부금지의 원칙)을 준수하여야 한다(행정기본법 제8조-제13조).

[123] 행정지도상 원칙

① 행정지도는 그 목적달성에 필요한 최소한도에 그쳐야 한다(행정절차법 제48조 제1항 제1문). 이것은 행정지도에 비례원칙(比例原則)이 적용됨을 의미한다. ② 행정청은 행정지도의 상대방의 의사에 반하여 부당하게 강요하여서는 아니 된다(행정절차법 제48조 제1항 제2문). 이것은 행정지도에 임의성(任意性)의 원칙이 적용됨을 의미한다. 강제적인 지도는 행정지도가 아니다. ③ 행정기관은 행정지도의 상대방이 행정지도에 따르지 아니하였다는 것을 이유로 불이익한 조치를 하여서는 아니 된다(행정절차법 제48조 제2항). 이를 불이익조치금지(不利益

措置禁止)의 원칙이라 한다. ④ 행정지도를 행하는 자는 그 상대방에게 당해 행정지도의 취지·내용 및 신분을 밝혀야 한다(행정절차법 제49조 제1항). 이를 행정지도실명제(行政指導實名制)라 한다. 행정지도실명제는 행정지도를 행하는 자와 지도의 내용을 분명히 함으로써 위법하거나 과도한 행정지도로부터 상대방에게 가져다 줄 수 있는 불이익을 방지하고자 함에 그 목적이 있다.

[123a] 행정지도의 효과

1. 사실상의 효과

사실행위는 법적 효과의 발생을 목적으로 하는 의사표시가 아니므로, 사실행위로부터 아무런 법적 효과도 발생하지 않는다(대판 1999. 8. 24, 99두592; 대판 1991. 12. 13, 91누1776).

2. 개별법에 따른 절차상 효과

개별 법률에서 행정지도에 절차상 법적 효과를 부여하는 경우는 있다[예: 대·중소기업 상생협력 촉진에 관한 법률 제33조(사업조정에 관한 권고 및 명령) ④ 중소벤처기업부장관은 제3항에 따른 공표 후에도 정당한 사유 없이 권고사항을 이행하지 아니하는 경우에는 해당 대기업등에 그 이행을 명할 수 있다. 다만, 제2항에 따른 권고의 내용이 사업이양인 경우에는 그러하지 아니하다].

3. 행정지도 효과의 제고

행정지도의 효과를 제고하기 위하여 이익의 제공(예: 자금의 융자, 교부지원금 지급, 정보제공)이 따르기도 한다. 그러나 이러한 수단은 행정지도에 부수하는 것이지 그 자체가 행정지도의 내용이나 효과를 구성하는 것은 아니다(실효성 확보수단).

[124]   행정지도와 권리보호

1. 위법지도와 위법성조각

서대문구의 주민인 甲은 서대문구청장으로부터 서대문구의 조경을 위하여 甲소유의 A토지에 B시설을 영구적으로 설치하도록 권유를 받아 B시설을 설치하였다. 그런데 A토지는 일체의 시설물의 설치가 금지되는 구역 안에 있었다. 그 후 甲은 A토지에 B시설을 설치하였다는 이유로 기소되었다. 甲은 서대문구청장의 행정지도를 받아 B시설을 설치하였기 때문에 B시설을 설치한 자신의 행위가 위법하지 않다고 할 수 있는가? 여기서 위법한 행정지도(예 : 시설물의 설치가 금지되는 구역에 시설물을 설치하라는 서대문구청장의 권유행위)에 따른 사인의 행위(예 : A토지에 B시설의 설치)의 위법여부가 문제된다. 생각건대 행정지도는 강제가 아니라 상대방의 임의적인 협력을 기대하는 것이므로, 행정지도에 따른 행위는 상대방의 자의(恣意)에 의한 행위라고 볼 수밖에 없다(예 : 서대문구청장의 권유행위가 있었다고 하여도 A토지에 B시설을 설치한 것은 甲의 자신의 판단에 의한 행위이지 서대문구청장의 강제에 의한 행위로 볼 수는 없다). 따라서 위법한 행정지도에 따라 행한 사인의 행위는, 법령에 명시적으로 정함이 없는 한, 위법성이 조각(阻却)된다고 할 수 없다. 판례의 입장도 같다.

2. 행정쟁송

행정지도는 법적 효과를 갖지 아니하는 비권력적 사실행위에 불과하다. 행정지도는 '공권력행사를 개념요소로 하는 행정심판법과 행정소송법상 처분개념'에 해당하지 아니하므로 행정심판의 대상도 아니고 행정소송의 대상도 아니다. 다수설과 판례의 입장이기도 하다. 그러나 행정지도를 따르지 아니함으로 인하여 일정한 행정행위가 있게 되는 경우, 그 행정행위에 대하여 행정소송을 제기함으로써 간접적으로 행정지도를 다툴 수 있음은 물론이다. 예컨대 서대문구청장이 목욕장업자인 甲에게 요금을 내릴 것을 권유하였지만, 甲이 이에 불응하자, 서대문구청장이 甲에게 위생시설 미비로 목욕장업의 정지를 명하는 처분을 하였다고 하자. 이러한 경우에 甲은 "서대문구청장이 요금인하를 권유하는 행위"의 취소를 구하는 행정심판이나 행정소송을 제기할 수는 없지만, 요금인하에 불응하자 위생시설미비로 목욕장업의 정지를 명하는 것은 '불이익조치금지의 원칙(행정절차법 제48조 제 2 항)'에 위반된다는 이유로 목욕장업 영업정지처분의 취소를 구하는 행정심판이나 행정소송을 제기할 수는 있다.

3. 손해배상

행정지도를 따름으로 인해 피해를 입은 자는 국가배상법이 제 2 조 제 1 항 제 1 문이 정하는 바에 따라 손해의 배상을 청구할 수도 있다. 특히 문제가 되는 것은 손해배상청구권이 발생하기 위해서는 행정지도와 손해발생 사이에 인과관계(因果關係)가 있어야 하는데, 즉 손해의 발생이 행정지도에 기인하는 것이어야 하는데, 과연 '손해가 행정지도에 의한 것이라고 말할 수 있을 것인가'라는 점이다. 행정지도의 상대방이 행정지도를 따른다는 것은 자신의 임의적인 의사에 따라 행정지도를 따른 것이라 할 것이므로, 손해가 행정지도에 의한 것이라 말하기 어렵다. 말하자면 행정지도와 손해발생 사이에 인과관계가 존재한다고 보기는 어렵다. 그러나 사실상 강제에 의한 경우, 즉 제반사정을 고려할 때 국민이 행정지도를 따를 수밖에 없는 불가피한 경우라고 해석되는 경우에는 인과관계가 존재한다고 보아 국가의 배상책임을 인정하여야 할 것이다.

예컨대 정부가 식품제조업자에게 원자재로 A물건을 사용할 것을 권고하자 甲회사가 이를 따랐으나, 판매단계에 들어가자 원자재로 A물건을 사용한 제품은 건강에 위태로운 것으로 밝혀졌고, 이로 인해 甲회사가 상당한 재산상 피해를 입었다고 하자. 이러한 경우에 甲회사가 원자재로 A물건을 사용한 것이 甲회사의 자의에 의한 것인지, 아니면 정부의 행정지도에 의한 것인지가 문제된다. 행정지도에서 지도는 다만 지도일 뿐이고, 지도를 따를 것인지의 여부는 지도를 받는 자의 몫이라는 것이 일반적인 견해이고, 이러한 일반적 견해에 의하면, 원자재로 A물건을 사용할 것인지의 여부에 대한 판단은 甲회사의 몫이고, 따라서 甲회사는 손해배상청구권을 갖지 못한다.

그러나 만약 甲회사가 행정지도를 따르지 아니하면 상당한 불이익을 가하겠다는 의지를 정부가 강하게 표명하였고, 甲회사가 정부의 의지를 믿을 수밖에 없었다면 행정지도와 손해의 발생 사이에 인과관계가 있다고 할 것이고, 따라서 甲회사는 손해배상청구권을 갖는다고 볼 것이다.

■ **국가배상법** 제2조(배상책임) ① 국가나 지방자치단체는 공무원 또는 공무를 위탁받은 사인(이하 "공무원"이라 한다)이 직무를 집행하면서 고의 또는 과실로 법령을 위반하여 타인에게 손해를 입히거나, 「자동차손해배상 보장법」에 따라 손해배상의 책임이 있을 때에는 이 법에 따라 그 손해를 배상하여야 한다. 다만, 군인·군무원·경찰공무원 또는 예비군대원이 전투·훈련 등 직무 집행과 관련하여 전사·순직하거나 공상을 입은 경우에 본인이나 그 유족이 다른 법령에 따라 재해보상금·유족연금·상이연금 등의 보상을 지급받을 수 있을 때에는 이 법 및 「민법」에 따른 손해배상을 청구할 수 없다.

4. 손실보상

행정지도는 권력적 행위가 아니고 비권력적 행위에 불과하다. 행정지도를 따르고 따르지 아니하고는 행정지도의 상대방이 정할 일이다. 말하자면 행정지도는 상대방의 임의적인 협력을 전제로 하는 법형식이다. 따라서 행정권의 적법한 권력적 행위(강제적 행위)로 인하여 발생하는 특별한 희생에 대하여 주어지는 손실보상이 행정지도로 인하여 발생하는 피해에 대하여 주어질 수는 없다. 그러나 사실상의 강제로 인하여 특별한 희생이 있고, 그 희생이 행정지도와 인과관계를 갖는 경우에는 예외적으로 보상이 가능하다고 본다.

예컨대 정부는 우리 쌀의 국제적 경쟁력을 높이고자 비와 바람에 강하고, 병충해에 강하고, 다수확이고 또한 맛이 좋은 품종인 "노풍"이라고 이름을 붙인 새 종자를 개발하여 농민들에게 경작을 권유하였고, 권유에 따르지 아니하는 농가에 대하여는 영농자금의 대출을 제한하였다고 하자. 그리고 "노풍"을 심어본 결과 비와 바람에 쓰러지고, 병충해에 약하고, 빈 쭉정이가 태반이고 또한 맛은 지지리도 없는 것으로 밝혀지고, 그 결과 "노풍"을 심은 농민들이 엄청난 피해를 입었다고 하자. ① 만약 정부가 사전에 "노풍"

이 갖는 이러한 문제점을 알았거나 과실로 알지 못하였다면 국가의 손해배상책임(損害賠償責任)이 인정될 수 있겠지만, 정부가 사전에 "노풍"이 갖는 이러한 문제점을 알았거나 과실로 알지 못하였다고 보기 어렵다. ② 그렇다고 정부가 농민들의 재산을 수용한 것도 아니므로 농민들은 통상의 손실보상청구권(損失補償求權)도 갖지 못한다. ③ 이러한 경우에는 ⓐ 정부가 농민들에게 "노풍"을 경작토록 권유한 것은 쌀의 국제적 경쟁력 강화라는 공공필요(公共必要)를 위한 것이고, ⓑ 수확을 거의하지 못하였다는 것은 재산권(財産權)에 대한 ⓒ 일종의 특별희생(特別犧牲)에 해당하는 것임을 고려하여 ⓓ 비록 정부가 농민의 재산을 적극적·의도적으로 침해(侵害)한 것은 아닐지라도, 영농자금 대출 없이는 영농이 사실상 불가능한 농민에게는 "노풍"을 경작토록 권유한 것이 단순한 행정지도가 아니라 일종의 "노풍"경작의 강제로 보면서 국가에 의한 침해(수용·사용·제한에 비견할 수 있는 침해)가 있었던 것으로 간주하여 국가가 그러한 농민의 손실을 보상하는 것이 타당하다.

제 4 항 사법형식의 행정작용

[125] 일 반 론

1. 의   의

서대문구청장은 소속 공무원들의 업무처리를 위해 민간기업체인 甲으로부터 문방구류를 구매할 수 있다. 여기서 서대문구청장이 甲과 맺는 문방구류 구매계약은 사법적 효과를 발생시키는 사법계약(私法契約)의 성질을 갖는다. 이와 같이 지방자치단체 등 공행정주체는 사법관계의 한 당사자로서 법률관계를 맺을 수 있는데, 공행정주체의 사법상 작용을 광의의 국고행정(國庫行政)이라 부르기도 한다. 광의의 국고행정작용에는 협의의 국고작용과 행정사법작용이 있다. 협의의 국고작용에는 조달작용과 영리활동이 있다.

```
                        ┌ 조달행정(고객으로서 국가)
              ┌ 협의의 국고작용
    넓은 의미의 │              └ 영리활동(기업으로서 국가)
    국고작용  │
              └ 행정사법작용(공적 사무의 수행자로서 국가)
```

2. 한 계

① 사법적 행정작용은 각 행정청이 갖는 권한의 범위 내에서만 가능하다. 예컨대 행정안전부장관은 당연히 행정안전부장관의 소관사무(권한사항)와 관련하여 사법작용을 행할 수 있을 뿐, 법무부장관의 소관사무(권한사항)에 대하여 사법작용을 행할 수는 없다. ② 국가나 지방자치단체가 사법작용을 행함에 있어서도 기본권을 보장하여야 한다. 헌법 제10조가 규정하는 국가나 지방자치단체의 기본권보장의무는 공법의 영역뿐만 아니라 사법의 영역에도 적용된다고 볼 것이기 때문이다. 특히 자의금지라는 의미에서 평등원칙은 제한 없이 적용된다.

■헌법 제10조 모든 국민은 인간으로서의 존엄과 가치를 가지며, 행복을 추구할 권리를 가진다. 국가는 개인이 가지는 불가침의 기본적 인권을 확인하고 이를 보장할 의무를 진다.
제11조 ① 모든 국민은 법 앞에 평등하다. 누구든지 성별·종교 또는 사회적 신분에 의하여 정치적·경제적·사회적·문화적 생활의 모든 영역에 있어서 차별을 받지 아니한다.

[126] 행정사법작용

1. 의 의

국가나 지방자치단체는 주택을 건설하여 분양하기도 하고, 극장이나 체육시설을 설치·운영하기도 한다. 그리고 지방자치단체는 수돗물을 공급하기도 한다. 이러한 작용은 국민·주민과의 관계에서 사법형식(私法形式)으로 이루어지지만, 공공의 복지증진이라는 공적 목적을 직접 실현하기 위한 것이므로, 이러한 작용에는 공법적 제약이 가해진다. 이와 같이 공적 사무를 사법형식으로 수행하되 공법적 제약이 가해지는 행정작용을 행정사법작용(行政私法作用)이라 하고, 이러한 원리를 행정사법(行政私法)이라 한다. 행정사법은 주로 복리행정분야에서 나타난다. 행정사법작용은 ① 사법형식의 행정작용이라는 점, ② 공적 임무수행을 직접적인 목적으로 한다는 점, ③ 공법적 규율이 가해진다는 점을 특징으로 갖는다.

2. 공법적 제약

행정사법작용에는 사적 자치(私的 自治)가 그대로 적용되는 것이 아니다. 행정사법작용에는 헌법 제10조에 근거하여 기본권 구속이 따른다. 국가나 지방자치단체는 기본권, 특히 자유권이나 평등권에 구속된다. 예컨대 지방자치단체는 공급대상자를 선정하여 수돗물을 공급할 수는 없고, 모든 주민에게 평등하게 공급하여야 한다. 그리고 지방자치단체는 적자가 난다는 이유만으로 임의로 수돗물공급사업을 중단할 수도 없다.

3. 관할법원

특별규정이 없는 한, 행정사법작용의 법관계는 공법적인 제약에도 불구하고 전체로서 사법적인 성질을 갖는다. 따라서 행정사법작용에 관한 분쟁은 민사법원의 관할사항이다. 예컨대 서대문구청이 甲과 체결한 아파트분양계약에 관해 분쟁이 발생하였다면, 그러한 분쟁은 민사법원의 관할사항이 된다. 즉 甲은 민사법원에 제소하여 분쟁을 해결할 수 있다.

[127] 조달행정

1. 의 의

국가나 지방자치단체는 공무를 처리하기 위한 공간인 청사를 마련하기 위하여 사인과 청사건설계약을 체결하기도 하고, 공무원들에게 필요한 문방구류도 매입하고, 국방에 필요한 군수물자를 매입하기도 한다. 이와 같이 행정청이 공적 임무를 수행하는데 전제가 되는 물건을 확보하는 행정작용을 조달행정(調達行政)이라 부른다. 조달행정은 사법상 조성행위(造成行爲)로 불리기도 한다. 조달행정은 공적 목적을 간접적으로 수행한다는 점에서 공적 목적을 직접적으로 수행하는 행정사법작용과 구별된다. 조달행정을 국고적이라 하는 것은 조달행정이 사법적으로 이루어지는 것을 의미한다.

2. 공법적 제약

① 물자의 구매에 관련된 절차·종류·방법 등에 공법상의 제한이 있는 경우에는 구매 자체의 법적 성질 여하를 불문하고 그러한 제한을 준수하여야 한다. 이러한 범위에서 국가의 계약의 자유는 제한된다. 한편 ② 조달작용이 사법작용이라 할지라도 기본권 특히 평등권에 구속된다. 조달작용도 내용에 따라서는 공적 기속이 강조되어야 하는 경우도 적지 않다. 예컨대 국군의 새로운 무기체계에 관한 대단위조달작용은 국방·과학기술발전·일자리확보·군수산업촉진 등의 효과와 직접 관련을 맺는바, 이러한 효과들은 바로 공적인 것이라 하지 않을 수 없고, 따라서 무기체계의 조달을 단순히 사법이 적용되는 조달작용이라고만 할 수는 없다.

3. 관할법원

특별규정이 없는 한, 조달행정에 관한 법적 분쟁은 원칙적으로 민사법원의 관할사항이다. 예컨대 서대문구청이 서대문구청의 청사건축을 위한 계약을 甲과 체결하였으나, 계약의 이행과정에서 분쟁이 생긴 경우, 이러한 분쟁은 민사법원의 관할사항이 된다.

[128] 영리활동

1. 의 의

국가나 지방자치단체는 잡종재산을 매각하여 재정수입을 넓히기도 하며, 국가는 우체국을 통해 예금사업·보험사업을 하면서 재정수입을 도모하기도 한다. 이와 같이 공행정목적의 직접적인 수행과는 관계없이 수익의 확보를 위한 국가나 지방자치단체의 행정작용을 영리활동(營利活動) 또는 영리작용(營利作用)이라 부른다. 영리활동은 재정확보를 통해 공적 목적을 간접적으로 보장한다는 점에서 공적 목적을 직접적으로 수행하는 행정사법작용과 구별된다. 영리작용을 국고적이라 하는 것은 영리작용이 사법적으로 이루어지는 것을 의미한다.

2. 공법상 제약

국민들로부터 세금을 강제로 징수하는 국가나 지방자치단체가 국민이나 주민과 경쟁적으로 영리활동을 하는 것이 헌법상 가능한가의 문제가 있으나, 공적 사무의 수행에 필요한 범위 안에서 제한적으로 가능하다는 것이 일반적인 견해이다.

3. 관할법원

특별규정이 없는 한, 영리작용에 관한 법적 분쟁은 원칙적으로 민사법원의 관할사항이다. 예컨대 서대문구청이 오래 사용한 자동차를 甲에게 매각하였으나 매매계약의 이행과정에서 분쟁이 생긴 경우, 이러한 분쟁은 민사법원의 관할사항이 된다.

3장

행정절차 · 행정정보

제 1 절   행정절차

제 1 항   일 반 론

[129]   행정절차의 관념

1. 행정절차의 개념

행정절차(行政節次)의 개념은 다의적(多義的)이다. ① 이론상으로 ⓐ 넓게는 행정과정상 행정기관이 거쳐야 하는 일체의 절차(계획하고, 결정하고, 집행하고, 사후적으로 통제하는 등 행정청이 하는 모든 절차)를 말한다. 이러한 의미의 행정절차는 입법절차·사법절차에 대응하는 개념이다. ⓑ 좁게는 행정의사결정에 관한 제 1 차적 결정과정인 절차를 말한다. 일반적으로 이론상 행정절차란 좁은 의미로 이해되고 있다. 그러나 ② 실정법(實定法)인 행정절차법은 처분, 신고, 행정상 입법예고, 행정예고 및 행정지도의 절차를 행정절차로 규정하고 있다(행정절차법 제 3 조 제 1 항).

2. 행정절차의 중요성

국가권력의 행사인 행정과정에 주권자인 국민이 참여한다는 것은 당연하며, 행정의사결정과정에 있어서 국민의 참여를 통해 국정에 국민의사의 반영을 보장하는 것은 행정의 민주화를 가져온다. 그리고 행정의 절차를 법제화하면 국민으로 하여금 행정권발동의 예측을 가능하게 하여 개인의 법생활의 안정을 도모할 뿐만 아니라 법적 분쟁을 미연에 방지할 수 있는 기회를 제공함으로써 사전적 권리구제제도로서의 의미를 갖는다. 이 때문에 행정절차를 제도화하고 행정절차과정에 국민의 참여를 보장하기 위하여 행정절차법이 제정되어 있다.

3. 행정절차의 법적 근거

① 헌법 제12조 제 1 항과 제 3 항은 형사사건의 적법절차에 관해 규정하고 있고, 행정절차에 관해서는 특별히 규정하는 바는 없지만 헌법의 동 규정은 행정절차에도 적용된다(판례). ② 행정절차에 관한 일반법으로 행정절차법이 있다. 민원사무와 관련된 일반법으로 민원사무처리에 관한 법률이 있다. 그 밖에 행정절차에 관한 개별규정을 두는 법률도 있다. 예컨대 개별 법률에서 공무원을 징계할 때에는 진술의 기회를 부여하여야 하고(국가공무원법 제13조), 식품의 제조방법과 관련하여 다른 업체를 비방하는 광고를 금지한 식품위생법 제13조 제 1 항 제 4 호 위반을 이유로 동법 제75조 제 1 항 제 2 호에 근거하여 면허를 취소하는 경우에는 청문을 하여야 하고(식품위생법 제81 조 제 3 호), 위험한 사태가 발생한 경우에 경찰관이 경고를 발할 수 있는 것(경찰관 직무집행법 제 5 조)을 규정하고 있는 것을 볼 수 있다.

■ **헌법** 제12조 ① 모든 국민은 신체의 자유를 가진다. 누구든지 법률에 의하지 아니하고는 체포 · 구속 · 압수 · 수색 또는 심문을 받지 아니하며, 법률과 적법한 절차에 의하지 아니하고는 처벌 · 보안처분 또는 강제노역을 받지 아니한다.
③ 체포 · 구속 · 압수 또는 수색을 할 때에는 적법한 절차에 따라 검사의 신청에 의하여 법관이 발부한 영장을 제시하여야 한다. 다만, 현행범인인 경우와 장기 3 년 이상의 형에 해당하는 죄를 범하고 도피 또는 증거인멸의 염려가 있을 때에는 사후에 영장을 청구할 수 있다.

■ **국가공무원법** 제13조(소청인의 진술권) ① 소청심사위원회가 소청 사건을 심사할 때에는 대통령령 등으로 정하는 바에 따라 소청인 또는 제76조 제 1 항 후단에 따

른 대리인에게 진술 기회를 주어야 한다.

② 제1항에 따른 진술 기회를 주지 아니한 결정은 무효로 한다.

■ **식품위생법** 제81조(청문) 식품의약품안전처장, 시·도지사 또는 시장·군수·구청장은 다음 각 호의 어느 하나에 해당하는 처분을 하려면 청문을 하여야 한다.

3. 제75조 제1항부터 제3항까지의 규정에 따른 영업허가 또는 등록의 취소나 영업소의 폐쇄명령

■ **경찰관 직무집행법** 제5조(위험 발생의 방지 등) ① 경찰관은 사람의 생명 또는 신체에 위해를 끼치거나 재산에 중대한 손해를 끼칠 우려가 있는 천재(天災), 사변(事變), 인공구조물의 파손이나 붕괴, 교통사고, 위험물의 폭발, 위험한 동물 등의 출현, 극도의 혼잡, 그 밖의 위험한 사태가 있을 때에는 다음 각 호의 조치를 할 수 있다.

1. 그 장소에 모인 사람, 사물(事物)의 관리자, 그 밖의 관계인에게 필요한 경고를 하는 것

[130] 행정절차법

1. 성 격

행정절차에 관한 공통적인 사항을 규정하여 국민의 행정참여를 도모함으로써 행정의 공정성·투명성 및 신뢰성을 확보하고 국민의 권익을 보호함을 목적으로 행정절차법이 제정되어 있다. ① 행정절차법은 행정절차에 관한 일반법(一般法)이다. 따라서 개별 법률에 특별한 규정이 없는 한, 행정절차에 관해서는 당연히 행정절차법이 적용된다. 행정절차법은 공법상 행정작용에 관한 일반법이며, 사법작용과는 무관하다. 한편, ② 행정절차법은 「절차법」이지만, 그렇다고 행정절차법은 절차적 규정만을 갖는 것은 아니고 실체적 규정(예: 제4조의 신뢰보호의 원칙)도 갖는다. 절차적 규정이 행정절차법의 주류를 이루고 있음은 물론이다.

2. 적용범위

① 행정절차법은 행정절차에 관한 일반법이지만, 모든 행정작용에 적용

되는 것은 아니다. 처분, 신고, 확약, 위반사실 등의 공표, 행정계획, 행정상 입법예고, 행정예고 및 행정지도의 절차(이하 "행정절차"라 한다)에 관하여 다른 법률에 특별한 규정이 있는 경우를 제외하고는 이 법에서 정하는 바에 따른다(행정절차법 제 3 조 제 1 항). 따라서 행정절차법은 공법상 계약이나 도시기본계획과 같은 행정계획절차에는 적용되지 아니한다. ② 행정절차법은 지방자치단체에도 적용된다(행정절차법 제 2 조 제 1 호). 한편, ③ 행정절차법은 국회 또는 지방의회의 의결을 거치거나 동의 또는 승인을 얻어 행하는 사항 등에 대하여는 적용되지 아니한다(행정절차법 제 3 조 제 2 항).

제 2 항 행정절차의 종류

제 1 목 처분절차

[131] 처분의 신청

1. 문서주의

건축허가의 신청이나 운전면허의 신청 등 행정청에 처분을 구하는 신청(申請)은 문서(文書)로 하여야 한다(행정절차법 제17조 제 1 항 본문). 이를 처분신청의 문서주의(文書主義)라 한다. 다만, 다른 법령등에 특별한 규정이 있는 경우와 행정청이 미리 다른 방법을 정하여 공시한 경우에는 그러하지 아니하다(행정절차법 제17조 제 1 항 단서).

2. 의무적 접수

행정청은 신청을 받았을 때에는 다른 법령 등에 특별한 규정이 있는 경우를 제외하고는 그 접수를 보류 또는 거부하거나 부당하게 되돌려 보내서는 아니 되며, 신청을 접수한 경우에는 신청인에게 접수증(接受證)을 주어야 한다(행정절차법 제17조 제 4 항 본문). 다만, 대통령령으로 정하는 경우에는 접수증을 주지 아니할 수 있다(행정절차법 제17조 제4항 단서).

3. 신청의 보완

행정청은 신청에 구비서류의 미비 등 흠이 있는 경우에는 보완에 필요한 상당한 기간을 정하여 지체 없이 신청인에게 보완(補完)을 요구하여야 한다(행정절차법 제17조 제5항). 행정청은 신청인이 제5항에 따른 기간 내에 보완을 하지 아니하였을 때에는 그 이유를 구체적으로 밝혀 접수된 신청을 되돌려 보낼 수 있다(행정절차법 제17조 제6항). 신청인은 처분이 있기 전에는 그 신청의 내용을 보완·변경하거나 취하할 수 있다(행정절차법 제17조 제8항 본문).

[132] 처분의 처리기간

1. 처리기간의 설정·연장

행정청은 신청인의 편의를 위하여 처분의 처리기간(處理期間)을 종류별로 미리 정하여 공표하여야 한다(행정절차법 제19조 제1항). 한편, 행정청은 부득이한 사유로 제1항에 따른 처리기간 내에 처분을 처리하기 곤란한 경우에는 해당 처분의 처리기간의 범위에서 한 번만 그 기간을 연장할 수 있다(행정절차법 제19조 제2항). 행정청은 제2항에 따라 처리기간을 연장할 때에는 처리기간의 연장 사유와 처리 예정 기한을 지체 없이 신청인에게 통지하여야 한다(행정절차법 제19조 제3항).

2. 처리기간의 경과

(1) **위법 여부**   처리기간에 관한 규정은 일반적으로 훈시적 규정으로 볼 것이다. 따라서 처리기간 내에 처리하지 못하고, 처리기간 경과 후에 처리한 경우, 그러한 처리를 위법하다고 말하기 어렵다(대판 2019. 12. 13, 2018두41907). 그러나 개별 법령에서 달리 규정할 수도 있을 것이다.

(2) **신속처리요구권**   행정청이 정당한 처리기간 내에 처리하지 아니하였을 때에는 신청인은 해당 행정청 또는 그 감독 행정청에 신속한 처리를

요청할 수 있다(행정절차법 제19조 제 4 항). 본조항에 의한 신청인의 신속처리요청은 신청인의 권익보호를 위한 것이므로, 신청인은 본조항에 근거하여 절차적 권리로서 신속처리요구권(迅速處理要求權)을 갖는다.

[133] 처분의 처리기준

1. 공표의 원칙

행정청은 필요한 처분기준(處分基準)을 해당 처분의 성질에 비추어 되도록 구체적으로 정하여 공표하여야 한다(행정절차법 제20조 제 1 항 제 1 문). 처분기준을 변경하는 경우에도 또한 같다(행정절차법 제20조 제 1 항 제 2 문). 그리고 「행정기본법」 제24조에 따른 인허가의제의 경우 관련 인허가 행정청은 관련 인허가의 처분기준을 주된 인허가 행정청에 제출하여야 하고, 주된 인허가 행정청은 제출받은 관련 인허가의 처분기준을 통합하여 공표하여야 한다(행정절차법 제20조 제 2 항 제 1 문). 처분기준을 변경하는 경우에도 또한 같다(행정절차법 제20조 제 2 항 제 2 문). 그러나 제 1 항에 따른 처분기준을 공표하는 것이 해당 처분의 성질상 현저히 곤란하거나 공공의 안전 또는 복리를 현저히 해치는 것으로 인정될 만한 상당한 이유가 있는 경우에는 처분기준을 공표하지 아니할 수 있다(행정절차법 제20조 제 3 항).

2. 해석 · 설명요구권

당사자등은 공표한 처분기준이 명확하지 아니한 경우 해당 행정청에 그 해석(解釋) 또는 설명(說明)을 요청할 수 있다(행정절차법 제20조 제 4 항 제 1 문). 이 경우 해당 행정청은 특별한 사정이 없으면 그 요청에 따라야 한다(행정절차법 제20조 제 4 항 제 2 문). 본조항에 의한 신청인의 해석요구 · 설명요구는 신청인의 권익보호를 위한 것인바, 신청인은 본조항에 근거하여 절차적 권리로서 해석요구권 · 설명요구권을 갖는다.

[134] 처분의 사전 통지와 의견청취

1. 사전 통지

행정청은 당사자에게 침익적 처분을 하는 경우에 미리 일정한 사항을 당사자등에게 통지하여야 한다(행정절차법 제21조 제 1 항)(사전 통지에 관해서는 이 책 [144]에서 살핀다).

2. 의견청취

경우에 따라 행정청은 청문·공청회·의견제출 등의 의견청취절차를 거쳐야 한다. 행정절차법은 이 세 가지 절차를 의견청취(意見聽取)라 부른다(행정절차법 제22조). 의견청취제도 중에서 청문이나 공청회의 개최는 법문상 비교적 제한적이기 때문에 일반적으로 적용되는 것은 약식절차라 할 당사자등의 의견제출제도이다(의견청취에 관해서는 이 책 [145] 이하에서 살핀다).

[135] 처분의 발령

1. 문서주의 등

(1) **문서주의와 전자문서**　행정청이 처분을 할 때에는 다른 법령등에 특별한 규정이 있는 경우를 제외하고는 문서로 하여야 한다(행정절차법 제24조 제 1 항 제 1 문). 그러나 ① 당사자등의 동의가 있는 경우와 ② 당사자가 전자문서로 처분을 신청한 경우에는 전자문서로 할 수 있다(행정절차법 제24조 제 1 항 제 2 문).

(2) **문서가 아닌 방법**　제24조 제 1 항에도 불구하고 공공의 안전 또는 복리를 위하여 긴급히 처분을 할 필요가 있거나 사안이 경미한 경우에는 말, 전화, 휴대전화를 이용한 문자 전송, 팩스 또는 전자우편 등 문서가 아닌 방법으로 처분을 할 수 있다. 이 경우 당사자가 요청하면 지체 없이 처분에 관한 문서를 주어야 한다(행정절차법 제24조 제 2 항).

2. 이유제시

행정청은 처분을 할 때에는 당사자에게 그 근거와 이유를 제시하여야 한다(행정절차법 제23조 제 1 항). 이를 이유제시(理由提示)라 한다. 이유제시에는 관련사실과 관련법조문을 적시하여야 한다. 예컨대 단란주점업자 甲이 16세의 미성년자에게 주류를 제공한 것을 서대문구청장이 적발하고 甲에게 영업허가를 취소하는 경우, 서대문구청장은 취소통지서에 甲이 16세의 미성년자에게 주류를 제공한 사실과 그 사실이 식품위생법 제44조 제 2 항 제 4 호에 위반되므로, 제75조 제 1 항 제13호에 따라 취소한다는 것을 알려야 한다.

> ■ **식품위생법** 제44조(영업자 등의 준수사항) ② 식품접객영업자는 「청소년 보호법」
> 제 2 조에 따른 청소년(이하 이 항에서 "청소년"이라 한다)에게 다음 각 호의 어느
> 하나에 해당하는 행위를 하여서는 아니 된다.
> 4. 청소년에게 주류를 제공하는 행위
> 제75조(허가취소 등) ① 식품의약품안전처장 또는 특별자치시장 · 특별자치도지
> 사 · 시장 · 군수 · 구청장은 영업자가 다음 각 호의 어느 하나에 해당하는 경우에
> 는 대통령으로 정하는 바에 따라 영업허가 또는 등록을 취소하거나 6개월 이내
> 의 기간을 정하여 그 영업의 전부 또는 일부를 정지하거나 영업소 폐쇄(제37조
> 제 4 항에 따라 신고한 영업만 해당한다. 이하 이 조에서 같다)를 명할 수 있다. …
> 13. 제44조 제 1 항 · 제 2 항 및 제 4 항을 위반한 경우

다만 ① 신청 내용을 모두 그대로 인정하는 처분인 경우, ② 단순 · 반복적인 처분 또는 경미한 처분으로서 당사자가 그 이유를 명백히 알 수 있는 경우, 그리고 ③ 긴급히 처분을 할 필요가 있는 경우에는 이유제시가 생략될 수 있다(행정절차법 제23조 제 1 항). 그러나 행정청은 ②와 ③의 경우에 처분 후 당사자가 요청하는 경우에는 그 근거와 이유를 제시하여야 한다(행정절차법 제23조 제 2 항).

3. 불복고지

행정청이 처분을 할 때에는 당사자에게 그 처분에 관하여 행정심판 및

행정소송을 제기할 수 있는지 여부, 그 밖에 불복을 할 수 있는지 여부, 청구절차 및 청구기간, 그 밖에 필요한 사항을 알려야 한다(행정절차법 제26조). 이를 불복고지(不服告知)라 한다. 예컨대 甲의 건축허가신청에 대하여 서대문구청장이 거부처분을 하는 경우, 서대문구청장은 건축허가거부처분통지서에 "이 처분에 대하여 불복하면 이 처분을 안 날부터 90일 이내에 서울특별시 행정심판위원회에 행정심판을 제기할 수 있습니다. 그러나 심판청구는 처분이 있은 날로부터 180일을 경과하면 제기하지 못합니다. 다만, 정당한 사유가 있는 경우에는 그러하지 아니합니다"라는 등의 문구를 삽입하여야 한다.

4. 처분의 정정

행정청은 처분에 오기(誤記), 오산(誤算) 또는 그 밖에 이에 준하는 명백한 잘못이 있을 때에는 직권으로 또는 신청에 따라 지체 없이 정정하고 그 사실을 당사자에게 통지하여야 한다(행정절차법 제25조). 예컨대 100만원을 기재하여야 하는 것을 100만 달러로 기재하는 경우가 오기에 해당한다.

제 2 목 신고절차

[136] 신고절차의 관념

1. 의 의

출생신고(가족관계의 등록 등에 관한 법률 제44조), 전입신고(주민등록법 제176조 제1항), 도로공사의 신고(도로교통법 제69조 제1항) 등과 같이 법령이 정하는 바에 따라 일정한 사실을 행정청에 통지하는 것을 신고라 한다.

2. 법적 근거

신고절차 전반에 관한 일반법은 없다. 다만 행정기본법은 수리를 요하는 신고의 효력발생에 관한 일반적 규정을 두고 있고(행정기본법 제34조), 행정절차법은 수리를 요하지 아니하는 신고의 요건 등에 관한 일반적 규정을 두고 있다(행정절차법 제40조). 행정기본법·행정절차법 그리고 개별 법률에 규정이 없는 사항에 관해서는 학설과 판례가 정하는 바에 의할 수밖에 없다.

3. 종 류

신고에는 도달로써 효력이 발생하는 경우와 행정청의 수리가 있어야 효력이 발생하는 경우가 있다. 명시적 규정이 없는 한, 신고는 도달로써 효력이 발생한다(행정기본법 제34조 제1항).

■ **행정기본법** 제34조(수리 여부에 따른 신고의 효력) 법령등으로 정하는 바에 따라 행정청에 일정한 사항을 통지하여야 하는 신고로서 법률에 신고의 수리가 필요하다고 명시되어 있는 경우(행정기관의 내부 업무 처리 절차로서 수리를 규정한 경우는 제외한다)에는 행정청이 수리하여야 효력이 발생한다.

[137] 수리를 요하지 않는 신고의 절차

1. 적용법령

법령등에서 행정청에 대하여 일정한 사항을 통지함으로써 의무가 끝나는 신고는 행정절차법의 적용을 받는다. 예컨대 도로상 통행인이 화재를 발견하고 소방서에 하는 신고는 의무적 신고가 아니므로 행정절차법의 적용을 받지 않지만, 전입신고나 출생신고는 주민등록법이나 가족관계의 등록 등에 관한 법률상 의무적이므로 행정절차법의 적용을 받는다.

2. 신고의 요건

이러한 신고는 ① 신고서의 기재상에 흠이 없어야 하고, ② 필요한 구비서류가 첨부되어야 하며, ③ 그 밖에 법령등에서 규정된 형식상의 요건에 적합하여야 한다(행정절차법 제40조 제2항). 행정청은 제2항 각호의 요건을 갖추지 못한 신고서가 제출된 경우에는 지체 없이 상당한 기간을 정하여 신고인에게 보완을 요구하여야 한다(행정절차법 제40조 제3항). 행정청은 신고인이 제3항에 따른 기간 내에 보완을 하지 아니하였을 때에는 그 이유를 구체적으로 밝혀 해당 신고서를 되돌려 보내야 한다(행정절차법 제40조 제4항).

3. 신고의 효과

법령등에서 행정청에 일정한 사항을 통지함으로써 의무가 끝나는 신고가 상기의 요건을 갖춘 경우에는 신고서가 접수기관에 도달된 때에 신고 의무가 이행된 것으로 본다(행정절차법 제40조 제2항). 발신주의가 아니라 도달주의가 채택되고 있다.

4. 편 람

법령등에서 행정청에 일정한 사항을 통지함으로써 의무가 끝나는 신고를 규정하고 있는 경우 신고를 관장하는 행정청은 신고에 필요한 구비서류, 접수기관 그 밖에 법령등에 따른 신고에 필요한 사항을 게시(인터넷 등을 통한 게시를 포함한다)하거나 이에 대한 편람(便覽)을 갖추어 두고 누구나 열람할 수 있도록 하여야 한다(행정절차법 제40조 제1항).

제 3 목 행정상 입법예고절차

[138] 입법예고의 원칙과 방법

1. 입법예고의 원칙

법령등을 제정·개정 또는 폐지(이하 "입법"이라 한다)하려는 경우에는 해당 입법안을 마련한 행정청은 이를 예고하여야 한다(행정절차법 제41조 제1항 본문). 이를 입법예고(立法豫告)의 원칙이라 한다. 다만, 다음 각 호(1. 신속한 국민의 권리 보호 또는 예측 곤란한 특별한 사정의 발생 등으로 입법이 긴급을 요하는 경우, 2. 상위 법령등의 단순한 집행을 위한 경우, 3. 입법내용이 국민의 권리·의무 또는 일상생활과 관련이 없는 경우, 4. 단순한 표현 · 자구를 변경하는 경우 등 입법내용의 성질상 예고의 필요가 없거나 곤란하다고 판단되는 경우, 5. 예고함이 공공의 안전 또는 복리를 현저히 해칠 우려가 있는 경우)의 어느 하나에 해당하는 경우에는 예고를 하지 아니할 수 있다(행정절차법 제41조 제 1 항 단서).

2. 입법예고의 방법

행정청은 입법안의 취지, 주요 내용 또는 전문(全文)을 다음 각 호(1. 법령의 입법안을 입법예고하는 경우 : 관보 및 법제처장이 구축 · 제공하는 정보시스템을 통한 공고, 2. 자치법규의 입법안을 입법예고하는 경우 : 공보를 통한 공고)의 구분에 따른 방법으로 공고하여야 하며, 추가로 인터넷, 신문 또는 방송 등을 통하여 공고할 수 있다(행정절차법 제42조 제 1 항). 입법예고기간은 예고할 때 정하되, 특별한 사정이 없는 한 40일(자치법규는 20일) 이상으로 한다(행정절차법 제43조).

[139] 입법안에 대한 의견

1. 의견의 제출

누구든지 예고된 입법안에 대하여 그 의견을 제출할 수 있다(행정절차법 제44조 제 1 항). 행정청은 의견접수기관 · 의견제출기관 그 밖에 필요한 사항을 해당 입법안을 예고할 때 함께 공고하여야 한다(행정절차법 제44조 제 2 항). 행정청은 입법안에 관하여 공청회를 개최할 수 있다(행정절차법 제45조 제 1 항).

2. 의견의 반영

행정청은 해당 입법안에 대한 의견이 제출된 경우 특별한 사유가 없으면 이를 존중하여 처리하여야 한다(행정절차법 제44조 제 3 항). 행정청은 의견을 제출한 자에게 그 제출된 의견의 처리결과를 통지하여야 한다(행정절차법 제44조 제 4 항).

제 4 목   행정예고절차

[140]   행정예고의 원칙과 방법

1. 행정예고의 원칙

행정청은 정책, 제도 및 계획(이하 "정책등"이라 한다)을 수립·시행하거나 변경하려는 경우에는 이를 예고하여야 한다. 다만, 다음 각 호(1. 신속하게 국민의 권리를 보호하여야 하거나 예측이 어려운 특별한 사정이 발생하는 등 긴급한 사유로 예고가 현저히 곤란한 경우, 2. 법령등의 단순한 집행을 위한 경우, 3. 정책등의 내용이 국민의 권리·의무 또는 일상생활과 관련이 없는 경우, 4. 정책등의 예고가 공공의 안전 또는 복리를 현저히 해칠 우려가 상당한 경우)의 어느 하나에 해당하는 경우에는 예고를 하지 아니할 수 있다(행정절차법 제46조 제 1 항). 제 1 항에도 불구하고 법령등의 입법을 포함하는 행정예고는 입법예고로 갈음할 수 있다(행정절차법 제46조 제 2 항). 행정예고기간은 예고 내용의 성격 등을 고려하여 정하되, 특별한 사정이 없으면 20일 이상으로 한다(행정절차법 제46조 제 3 항).

2. 행정예고의 방법

행정청은 정책등안(案)의 취지, 주요 내용 등을 관보·공보나 인터넷·신문·방송 등을 통하여 공고하여야 한다(행정절차법 제47조 제 1 항).

[141]   행정예고에 대한 의견

의견의 제출과 의견의 처리방법도 입법예고의 경우와 같다(행정절차법 제47조). 다만, 입법예고의 경우와 달리 행정청은 의견을 제출한 자에게 그 제출된 의견의 처리결과를 통지할 의무를 부담하지 아니한다. 입법예고의 경우와 같이 행정청은 공청회를 개최할 수 있다(행정절차법 제47조). 그러나 전자공청회는 개최하지 아니할 수 있다(행정절차법 제47조).

제5목 행정지도절차

[142] 행정지도의 개념과 원칙

1. 행정지도의 개념

행정지도(行政指導)란 행정기관이 그 소관 사무의 범위에서 일정한 행정목적을 실현하기 위하여 특정인에게 일정한 행위를 하거나 하지 아니하도록 지도·권고·조언 등을 하는 행정작용을 말한다(행정절차법 제2조 제3호). 행정지도의 예로 물가안정을 위하여 관련 사업자들에게 목욕요금이나 이발요금을 올리지 말라고 권유하거나, 여름철 건강을 위하여 국민들에게 일정음식물의 섭취를 자제토록 권유하는 행위 등을 볼 수 있다(자세한 것은 이 책 [120] 이하를 보라).

2. 행정지도상 원칙

행정지도는 그 목적 달성에 필요한 최소한도에 그쳐야 하며, 행정지도의 상대방의 의사에 반하여 부당하게 강요하여서는 아니 된다(행정절차법 제48조 제1항). 행정기관은 행정지도의 상대방이 행정지도에 따르지 아니하였다는 것을 이유로 불이익한 조치를 하여서는 아니 된다(행정절차법 제48조 제2항). 이에 위반하면 위법한 것이 된다. 예컨대 서대문구청장이 물가안정을 위하여 목욕요금을 올리지 말라고 권유하였음에도 목욕장업자인 甲이 이에 불응한 경우, 서대문구청장이 위생관리상태의 불량을 이유로 甲에게 영업정지처분을 하는 것은 위법한 행위가 된다.

[143] 행정지도의 방법

1. 실명제

행정지도를 하는 자는 그 상대방에게 그 행정지도의 취지 및 내용과 신분을 밝혀야 한다(행정절차법 제49조 제1항). 행정지도를 행하는 자가 상대방에게 신분 등을 밝히는 제도를 행정지도실명제(行政指導實名制)라 한다. 행정지도실명제는 책임행정의 구현에 기여한다.

2. 구술지도와 서면교부

행정지도가 말로 이루어지는 경우에 상대방이 제1항의 사항을 적은 서면의 교부를 요구하는 때에는 그 행정지도를 하는 자는 직무 수행에 특별한 지장이 없으면 이를 교부하여야 한다(행정절차법 제49조 제2항).

제3항 당사자등의 권리

[144] 사전 통지를 받을 권리(처분의 사전 통지제도)

1. 의 의

행정청은 당사자에게 의무를 부과하거나 권익을 제한하는 처분을 하는 경우에는 미리 다음 각 호(1. 처분의 제목, 2. 당사자의 성명 또는 명칭과 주소, 3. 처분하려는 원인이 되는 사실과 처분의 내용 및 법적 근거, 4. 제3호에 대하여 의견을 제출할 수 있다는 뜻과 의견을 제출하지 아니하는 경우의 처리방법, 5. 의견제출기관의 명칭과 주소, 6. 의견제출기한, 7. 그 밖에 필요한 사항)의 사항을 당사자등에게 통지하여야 한다(행정절차법 제21조 제1항). 예컨대 의무를 부과하는 처분인 도로교통법을 위반한 자에게 범칙금을 부과하기 위해서는 범칙금을 부과하기 전에, 권익을 제한하는 처분인 도로교통법을 위반한 자에게 운전면허정지처분을 하기 위해서는 운전면허정지처분을 하기 전에 처분의 제목 등 앞에서 열거한 사항을 반드시 알려야 한다. 그런데 건축허가신청에 대한 거부처분과 같이 수익적 행위의 거부의 경우에는 사전 통지제도가 인정되지 않는다는 것이 판례의 입장이다.

2. 의견제출기한

행정청이 당사자에게 의무를 과하거나 권익을 제한하는 처분을 하고자 하여 미리 당사자에게 통지하는 경우, 그 의견제출기한은 의견제출에 필요한 기간을 10일 이상으로 고려하여 정하여야 한다(행정절차법 제21조 제3항). 상당한 기간이란 불확정개념이다. 상당한 기간의 여부는 사회적인 통념에 따라 판단할 수밖에 없다.

3. 사전 통지의 생략

일정한 경우에는 사전 통지를 아니할 수 있다(행정절차법 제21조 제4항, 제5항).

■ **행정절차법** 제21조(처분의 사전 통지) ④ 다음 각 호의 어느 하나에 해당하는 경우에는 제1항에 따른 통지를 하지 아니할 수 있다.
1. 공공의 안전 또는 복리를 위하여 긴급히 처분을 할 필요가 있는 경우
2. 법령등에서 요구된 자격이 없거나 없어지게 되면 반드시 일정한 처분을 하여야 하는 경우에 그 자격이 없거나 없어지게 된 사실이 법원의 재판 등에 의하여 객관적으로 증명된 경우
3. 해당 처분의 성질상 의견청취가 현저히 곤란하거나 명백히 불필요하다고 인정될 만한 상당한 이유가 있는 경우
⑤ 처분의 전제가 되는 사실이 법원의 재판 등에 의하여 객관적으로 증명된 경우 등 제4항에 따른 사전 통지를 하지 아니할 수 있는 구체적인 사항은 대통령령으로 정한다.

[145] 의견제출권(의견제출제도)

1. 의 의

행정절차법상 의견제출(意見提出)이란 행정청이 어떠한 행정작용을 하기 전에 당사자등이 의견을 제시하는 절차로서 청문이나 공청회에 해당하지 아니하는 절차를 말한다(행정절차법 제2조 제7호). 예컨대 서대문구청장이 식품위생법위반자인 甲에게 단란주점영업정지처분을 하려고 하면, 甲에게 단란

주점영업정지처분을 할 것임을 사전 통지할 것이고, 사전 통지를 받은 甲은 영업정지처분을 막기 위하여 구두나 문서로 자신의 의견을 서대문구청장에게 제출하게 된다. 여기서 甲이 서대문구청장에게 자신의 의견을 제출하는 것이 바로 의견제출에 해당한다. 의견제출절차는 약식절차이다. 의견제출제도는 사전 통지제도와 마찬가지로 의무를 부과하거나 권익을 제한하는 경우에만 적용되고, 수익적 행위나 수익적 행위의 거부의 경우에는 적용이 없다.

2. 성 질

의견제출을 할 수 있는 것은 절차적 권리로서 당사자의 개인적 공권으로 보호된다. 의견제출의 기회부여는 의무적이다. 이에 위반하면 위법한 것이 된다. 예컨대 서대문구청장이 식품위생법위반자인 甲에게 단란주점영업정지처분을 하려고 하면, 甲에게 반드시 의견제출의 기회를 주어야 한다. 甲에게 의견제출의 기회를 주지 아니하고 단란주점영업정지처분을 하면, 그러한 처분은 위법한 것이 된다. 한편, 의견제출권은 개인적 공권이지만 당사자에 의해 포기될 수 있다(행정절차법 제22조 제4항 참조). 말하자면 앞의 예에서 서대문구청장으로부터 의견제출하라는 통지를 받은 甲은 반드시 의견제출을 하여야 하는 것은 아니다. 물론 의견제출을 하지 아니하면 실제상 甲에게 불이익할 수도 있을 것이다. 의견제출절차는 후술하는 청문절차에 비교할 때, 약식절차의 성격을 갖는다.

3. 방 법

① 당사자등은 처분 전에 그 처분의 관할 행정청에 서면이나 말로 또는 정보통신망을 이용하여 의견제출을 할 수 있다(행정절차법 제27조 제1항). ② 당사자등은 제1항에 따라 의견제출을 하는 경우 그 주장을 입증하기 위한 증거자료 등을 첨부할 수 있다(행정절차법 제27조 제2항).

4. 의견반영

① 행정청은 처분을 할 때에 당사자등이 제출한 의견이 상당한 이유가 있다고 인정하는 경우에는 이를 반영하여야 한다(행정절차법 제27조의2). 행정청이 반드시 당사자등의 의견을 따라야 하는 것은 아니다. ② 행정청은 당사자등이 제출한 의견을 반영하지 아니하고 처분을 한 경우 당사자등이 처분이 있음을 안 날부터 90일 이내에 그 이유의 설명을 요청하면 서면으로 그 이유를 알려야 한다. 다만, 당사자등이 동의하면 말, 정보통신망 또는 그 밖의 방법으로 알릴 수 있다(행정절차법 제27조의2 제 2 항). 그리고 ③ 당사자등이 정당한 이유 없이 의견제출기한까지 의견제출을 하지 아니한 경우에는 의견이 없는 것으로 본다(행정절차법 제27조 제 4 항).

[146] 청문권(청문제도)

1. 의 의

행정절차법상 청문(聽聞)이란 "행정청이 어떠한 처분을 하기 전에 당사자등의 의견을 직접 듣고 증거를 조사하는 절차"를 말한다(행정절차법 제 2 조 제 5 호). 이론상 청문은 행정절차의 참가자가 자기 자신을 표현할 수 있는 기회로 정의되기도 하고(협의의 청문개념), 무릇 국가기관의 행위에 영향을 받거나 불이익을 받게 될 자가 자신의 의견을 밝히거나 자신을 방어할 수 있는 기회로 이해되기도 한다(광의의 청문개념). 청문은 정식의 의견청취절차이다.

2. 성 질

청문권(청문을 받을 권리)은 개인적 공권이다. 청문권의 보장은 당사자에게 예상 외의 놀라운 결정을 방지하고, 당사자에게 절차의 종결 전에 자신의 관점에서 결정에 중요한 사실관계 등을 제출할 수 있는 기회를 확보해 주기 위한 것이다. 청문권은 포기될 수 있는 권리이지만(행정절차법 제22조 제 4 항 참조), 청문절차제도 그 자체는 법치국가의 행정절차에서 포기할 수 없는 부분이다.

3. 실시여부

(1) 필요적 청문   행정청이 처분을 할 때 아래의 경우에는 반드시 청문을 하여야 한다(행정절차법 제22조 제1항).

■ **행정절차법** 제22조(의견청취) ① 행정청이 처분을 할 때 다음 각 호의 어느 하나에 해당하는 경우에는 청문을 한다.
1. 다른 법령등에서 청문을 하도록 규정하고 있는 경우
2. 행정청이 필요하다고 인정하는 경우
3. 다음 각 목의 처분을 하는 경우
가. 인허가 등의 취소
나. 신분ㆍ자격의 박탈
다. 법인이나 조합 등의 설립허가의 취소

■ **식품위생법** 제81조(청문) 식품의약품안전처장, 시ㆍ도지사 또는 시장ㆍ군수ㆍ구청장은 다음 각 호의 어느 하나에 해당하는 처분을 하려면 청문을 하여야 한다.
4. 제80조 제1항에 따른 면허의 취소

(2) 임의적 청문   행정청이 처분을 할 때 필요적 청문이 요구되는 경우(즉, 행정절차법 제22조 제1항의 경우)일지라도 제21조 제4항 각 호의 어느 하나에 해당하는 경우와 당사자가 의견진술의 기회를 포기한다는 뜻을 명백히 표시한 경우에는 의견청취를 하지 아니할 수 있다(행정절차법 제22조 제4항).

■ **행정절차법** 제21조(처분의 사전 통지) ④ 다음 각 호의 어느 하나에 해당하는 경우에는 제1항에 따른 통지를 하지 아니할 수 있다.
1. 공공의 안전 또는 복리를 위하여 긴급히 처분을 할 필요가 있는 경우
2. 법령등에서 요구된 자격이 없거나 없어지게 되면 반드시 일정한 처분을 하여야 하는 경우에 그 자격이 없거나 없어지게 된 사실이 법원의 재판 등에 의하여 객관적으로 증명된 경우
3. 해당 처분의 성질상 의견청취가 현저히 곤란하거나 명백히 불필요하다고 인정될 만한 상당한 이유가 있는 경우

4. 방 법

약식절차인 의견제출절차와 달리 청문은 정식의 절차로서 복잡한 과정을 거치게 된다. ① 청문은 행정청이 소속 직원 또는 대통령령으로 정하는 자격을 가진 자 중에서 선정하는 자가 주재한다(행정절차법 제28조 제1항). ② 청문 주재자가 청문을 시작할 때에는 먼저 예정된 처분의 내용, 그 원인이 되는 사실 및 법적 근거 등을 설명하여야 하고(행정절차법 제31조 제1항), 당사자등은 의견을 진술하고 증거를 제출할 수 있으며, 참고인이나 감정인 등에게 질문할 수 있다(행정절차법 제31조 제2항). ③ 청문 주재자는 직권 또는 당사자의 신청에 따라 필요한 조사를 할 수 있으며, 당사자등이 주장하지 아니한 사실에 대하여도 조사할 수 있다(행정절차법 제33조 제1항). ④ 청문 주재자는 다음 각 호(1. 제목, 2. 청문 주재자의 소속, 성명 등 인적사항, 3. 당사자등의 주소, 성명 또는 명칭 및 출석 여부, 4. 청문의 일시 및 장소, 5. 당사자등의 진술의 요지 및 제출된 증거, 6. 청문의 공개 여부 및 공개하거나 제30조 단서에 따라 공개하지 아니한 이유, 7. 증거조사를 한 경우에는 그 요지 및 첨부된 증거, 8. 그 밖에 필요한 사항)의 사항이 적힌 청문조서(聽聞調書)를 작성하여야 한다(행정절차법 제34조 제1항). ⑤ 청문 주재자는 다음 각 호(1. 청문의 제목, 2. 처분의 내용, 주요 사실 또는 증거, 3. 종합의견, 4. 그 밖에 필요한 사항)의 사항이 적힌 청문 주재자의 의견서를 작성하여야 한다(행정절차법 제34조의2).

5. 의견반영

행정청은 처분을 할 때에 제35조 제4항에 따라 받은 청문조서, 청문주재자의 의견서 그 밖의 관계 서류 등을 충분히 검토하고 상당한 이유가 있다고 인정하는 경우에는 청문결과를 반영하여야 한다(행정절차법 제35조의2). 청문에서 나타난 결과를 반영하는 것은 필요하지만, 청문절차에서 나타난 사인의 의견에 행정청이 구속되지는 않는다.

[147] 공청회참여권(공청회제도)

1. 의 의

행정절차법상 공청회(公聽會)란 "행정청이 공개적인 토론을 통하여 어떠한 행정작용에 대하여 당사자등, 전문지식과 경험을 가진 사람 그 밖의 일반인으로부터 의견을 널리 수렴하는 절차"를 말한다(행정절차법 제2조 제6호).

2. 실시여부

행정청이 처분을 할 때 ① 다른 법령등에서 공청회를 개최하도록 규정하고 있는 경우(예 : 경관법 제11조), ② 해당 처분의 영향이 광범위하여 널리 의견을 수렴할 필요가 있다고 행정청이 인정하는 경우, ③ 국민생활에 큰 영향을 미치는 처분으로서 대통령령으로 정하는 처분에 대하여 대통령령으로 정하는 수 이상의 당사자등이 공청회 개최를 요구하는 경우에는 공청회를 개최한다(행정절차법 제22조 제2항). 한편, 일정한 사유(청문이 배제되는 사유와 같다)가 있는 경우에는 공청회를 개최하지 아니할 수 있다(행정절차법 제22조 제4항).

> ■ 경관법 제11조(공청회 및 지방의회의 의견청취) ① 시·도지사등은 경관계획을 수립하거나 변경하려는 경우에는 미리 공청회를 개최하여 주민 및 관계 전문가 등의 의견을 들어야 하며, 공청회에서 제시된 의견이 타당하다고 인정할 때에는 경관계획에 반영하여야 한다.

3. 방 법

① 행정청은 공청회를 개최하려는 경우에는 공청회 개최 14일 전까지 다음 각 호(1. 제목, 2. 일시 및 장소, 3. 주요 내용, 4. 발표자에 관한 사항, 5. 발표신청 방법 및 신청기한, 6. 정보통신망을 통한 의견제출, 7. 그 밖에 공청회 개최에 필요한 사항)의 사항을 당사자등에게 통지하고 관보, 공보, 인터넷 홈페이지 또는 일간신문 등에 공고하는 등의 방법으로 널리 알려야 한다. 다만, 공청회 개최를 알린 후 예정대로 개최하지 못하여 새로 일시 및 장소 등을 정한 경우에는 공청회 개최 7일 전까지 알려야 한다(행정절차법 제38조). 행정청은 제38조에 따른 공청회와

병행하여서만 정보통신망을 이용한 공청회(이하 "온라인공청회"라 한다)를 실시할 수 있다(행정절차법 제38조의2 제 1 항). ② 공청회의 주재자는 공청회를 공정하게 진행하여야 하며, 공청회의 원활한 진행을 위하여 발표 내용을 제한할 수 있고, 질서유지를 위하여 발언 중지, 퇴장 명령 등 행정안전부장관이 정하는 필요한 조치를 할 수 있다(행정절차법 제39조 제1 항).

4. 의견반영

① 행정청은 공청회를 거쳤을 때에는 신속히 처분하여 해당 처분이 지연되지 아니하도록 하여야 한다(행정절차법 제22조 제5 항). 그리고 ② 행정청은 처분을 할 때에 공청회·온라인공청회 및 정보통신망 등을 통하여 제시된 사실 및 의견이 상당한 이유가 있다고 인정하는 경우에는 이를 반영하여야 한다(행정절차법 제39조의2).

5. 공청회의 재개최

행정청은 공청회를 마친 후 처분을 할 때까지 새로운 사정이 발견되어 공청회를 다시 개최할 필요가 있다고 인정할 때에는 공청회를 다시 개최할 수 있다(행정절차법 제39조의3).

제 4 항   행정절차의 하자

[148] 절차상 하자의 관념

1. 의 의

행정행위의 적법요건 중 절차요건에 미비가 있는 것을 절차상 하자(節次上 瑕疵)라 한다. 예컨대 처분을 하면서 사전 통지와 의견청취절차가 필요함에도 불구하고 이를 생략하였다든가 아니면 처분이유를 기재하여야 함에도 불구하고 처분이유를 기재하지 아니한 경우가 절차상 하자에 해당한다.

2. 특 성

절차상 하자가 있다고 하여 반드시 실체상 하자가 있다고 단언하기 어렵다. 예컨대 미성년자에게 주류를 판매한 자에게 사전 통지와 의견청취절차를 생략하고 영업정지처분을 한 경우, 사전 통지와 의견청취절차를 생략한 절차상 하자가 있기 때문에 영업정지처분은 위법한 처분이라고 할 수는 있지만, 처분의 내용으로서 영업정지가 잘못된 것이라고 단언할 수는 없다. 왜냐하면 사전 통지와 의견청취절차를 거쳤다고 하여도 영업정지처분을 할 수밖에 없는 경우도 있을 것이기 때문이다. 따라서 행정절차상의 하자에 대하여 어떠한 효과를 부여할 것인가는 검토를 요한다. 그 효과는 기본적으로는 입법자가 정할 사항이다.

[149] 절차상 하자의 효과

1. 명문규정이 있는 경우

현재로서 일반법(一般法)은 없다. 국가공무원법과 지방공무원법 등 개별 법률에서 규정하는 경우가 있다.

■ **국가공무원법** 제13조(소청인의 진술권) ① 소청심사위원회가 소청 사건을 심사할 때에는 대통령령 등으로 정하는 바에 따라 소청인 또는 제76조 제 1 항 후단에 따른 대리인에게 진술 기회를 주어야 한다.
② 제 1 항에 따른 진술 기회를 주지 아니한 결정은 무효로 한다.

■ **지방공무원법** 제18조(소청인의 진술권) ① 심사위원회가 소청사건을 심사할 때에는 대통령령으로 정하는 바에 따라 소청인 또는 그 대리인에게 진술 기회를 주어야 한다.
② 제 1 항의 진술 기회를 주지 아니한 결정은 무효로 한다.

2. 명문규정이 없는 경우

(1) 위 법   학설과 판례는 절차상 하자가 있는 행위를 위법한 것

으로 본다. 말하자면 절차상 하자는 그 자체가 독자적인 위법사유가 된다. 예컨대 행정절차법은 "행정청이 당사자에게 의무를 부과하거나 권익을 제한하는 처분을 할 때 제 1 항(청문) 또는 제 2 항(공청회)의 경우 외에는 당사자 등에게 의견제출의 기회를 주어야 한다(행정절차법 제22조 제 3 항)"고 규정하고 있는바, 침익적 처분에는 반드시 의견청취절차(청문 또는 의견제출)를 거쳐야 하고, 이를 거치지 아니하면 위법한 것이 된다.

(2) **무효와 취소**   절차상 하자의 효과가 무효인지 아니면 취소인지의 여부는 중대명백설에 따라 판단하여야 한다. 즉, 하자가 중대하고 동시에 명백하다면 무효사유가 되고 그렇지 않다면 취소사유가 된다. 예컨대 서대문구청장이 미성년자에게 주류를 제공한 단란주점업자 甲에게 의견제출의 기회를 주지 아니하고 영업정지처분을 한 경우, 의견제출의 기회를 주지 아니한 하자는 명백하지만, 의견제출의 기회를 주지 아니한 하자가 중대한 것이라고 보기는 어려우므로 甲에게 한 영업정지처분은 취소할 수 있는 행위이지 무효행위로 볼 것은 아니다.

> [참고] 행정절차상 하자의 효과에 관한 판례   행정청이 침해적 행정처분을 하면서 위와 같은 절차(사전 통지, 의견청취, 이유 제시)를 거치지 않았다면 원칙적으로 그 처분은 위법하여 취소를 면할 수 없다(대판 2023. 9. 21, 2023두39724).

[150] 절차상 하자의 치유

1. 의 의

예컨대 2030년 5월 5일에 서대문구청장이 甲에게 단란주점영업정지처분을 하면서 처분문서에 처분사유를 기재하지 아니하였다면, 서대문구청장의 처분은 절차상 하자가 있는 것이 된다. 그런데 처분사유가 누락된 것을 발견한 서대문구청장이 2030년 5월 10일에 甲에게 2030년 5월 5일자 단란주점영업정지처분의 처분사유를 통보하면, 2030년 5월 5일자 단란주점영업정지처분은 처음부터 적법한 것과 같은 효과를 갖게 된다. 이와 같이 행정행위가 발령 당시에 절차요건에 흠결이 있었으나 사후에 그 흠결을 보완하면, 발령당시의 하자에도 불구하고 그 행위의 효과를 다툴 수 없도록 유지하는 것을 절차상 하자의 치유(治癒)라 한다.

2. 인정여부

① 민법상으로는 하자의 치유의 법리가 명문화되어 있으나(민법 제143조 내지 제146조), 행정법상으로는 통칙적 규정이 없다. 통설은 법치행정의 요청(위법한 행위로부터는 법적 효과를 발생할 수 없다는 요청)과 무용한 절차의 반복을 방지하여야 한다는 요청(흠이 있다고 하여 복잡한 절차를 새로 거쳐서 처분을 하기보다는 흠있는 행위에 약간의 손질을 가하여 그 흠을 바로잡는 것이 보다 경제적이고 합리적이라는 요청)을 근거로 하자의 치유가 제한적으로만 허용된다는 제한적 긍정설을 취한다. ② 판례 역시 제한적 긍정설을 취한다. ③ 판례가 말하는 바와 같이 "하자 있는 행정행위의 치유는 행정행위의 성질이나 법치주의의 관점에서 볼 때 원칙적으로 허용될 수 없는 것이지만, 행정행위의 무용한 반복을 피하고 당사자의 법적 안정성을 위해" 허용할 필요가 있다. 즉 제한적으로 긍정할 필요가 있다(제한적 긍정설).

3. 치유시기

판례는 하자의 치유가 행정심판(행정쟁송)의 제기 이전에 가능하다고 한다. 즉 처분의 상대방 등이 불복을 하기 전까지만 가능하며, 불복을 하면 불가능하다고 한다. 예컨대 2030년 5월 5일에 서대문구청장이 甲에게 단란주점영업정지처분을 하면서 처분사유를 기재하지 아니하였는데 서대문구청장이 처분사유의 누락을 2030년 5월 15일에 알았다고 하자. 2030년 5월 14일까지 甲이 행정심판이나 행정소송을 제기하지 아니하였다면 서대문구청장은 2030년 5월 15일에 하자를 치유할 수 있다. 그러나 甲이 2030년 5월 15일 이전에 행정심판이나 행정소송을 제기하였다면, 서대문구청장은 하자를 치유할 수 없다는 것이 판례의 입장이다.

4. 효 과

하자의 치유로 인해 절차상 위법은 제거되고, 행정행위는 적법한 것으로 간주된다. 치유의 효과는 소급적이다. 처음부터 적법한 행위와 같은 효과를 가진다. 예컨대 2030년 5월 5일에 서대문구청장이 甲에게 단란주점영업정지처분을 하면서 처분사유를 기재하지 아니하였으나 서대문구청장이 2030년 5월 10일에 단란주점영업정지처분의 처분사유를 통보하면, 단란주점영업정지처분은 2030년 5월 5일부터 적법한 행위와 같은 효과를 갖는다.

제 2 절 행정정보

제 1 항 정보상 자기결정권(자기정보결정권)

[151] 정보상 자기결정권의 관념

1. 의 의

개인은 누구나 자신에 관한 정보를 관리하고, 통제하고, 외부로 표현함에 있어 스스로 결정할 수 있는 권리를 가지는바, 이러한 권리를 정보상 자기결정권(情報上 自己決定權) 또는 자기정보결정권(自己情報決定權)이라 한다. 뒤에서 보는 정보공개청구권은 국가의 정보상 협력을 통해 개인의 정보영역을 확대하는데 기여하지만(국가에 의한 정보확보), 정보상 자기결정권은 국가로부터 개인정보의 침해를 방지하는데 기여한다(국가의 정보상 침해방지).

[참고] 개인정보자기결정권의 의의에 관한 판례　개인정보자기결정권은 자신에 관한 정보가 언제 누구에게 어느 범위까지 알려지고 또 이용되도록 할 것인지를 그 정보주체가 스스로 결정할 수 있는 권리이다. 즉 정보주체가 개인정보의 공개와 이용에 관하여 스스로 결정할 권리를 말한다(헌재 2024. 4. 25, 2020헌마542).

2. 법적 근거

① 정보상 자기결정권의 헌법적 근거로 사생활의 비밀과 자유를 보장하는 헌법 제17조가 있다. 동 조항은 개개인에게 인적 자료의 사용과 교부에 관해 스스로 결정할 수 있는 권리까지 보장하는 규정이다. ② 헌법의 구체화로서 개인정보의 처리 및 보호에 관한 사항을 정함으로써 개인의 자유와 권리를 보호하고, 나아가 개인의 존엄과 가치를 구현함을 목적으로 개인정보 보호법이 있다. 이하에서 개인정보 보호법의 내용을 보기로 한다.

■ 헌법 제17조 모든 국민은 사생활의 비밀과 자유를 침해받지 아니한다.

■ 개인정보 보호법 제 6 조(다른 법률과의 관계) 개인정보 보호에 관하여는 다른 법률에 특별한 규정이 있는 경우를 제외하고는 이 법에서 정하는 바에 따른다.

[152] 보호대상 개인정보

1. 보호대상 개인정보의 주체(보호대상자)

개인정보 보호법상 "개인정보"란 「살아 있는 개인」에 관한 정보를 말한다(개인정보 보호법 제 2 조 제 1 호). 따라서 사자(死者)나 법인은 보호대상 개인정보의 주체가 아니다. 요컨대 사자나 법인의 정보는 개인정보 보호법의 보호대상이 아니다. 한편, 개인정보 보호법은 처리되는 정보에 의하여 알아볼 수 있는 사람으로서 그 정보의 주체가 되는 사람을 "정보주체"라 부른다(정보법 제 2 조 제 3 호).

2. 보호대상 개인정보의 처리자(개인정보처리자)

개인정보 보호법상 "개인정보처리자"란 업무를 목적으로 개인정보파일을 운용하기 위하여 스스로 또는 다른 사람을 통하여 개인정보를 처리하는 공공기관(국회, 법원, 헌법재판소, 중앙선거관리위원회의 행정사무를 처리하는 기관, 중앙행정기관(대통령 소속 기관과 국무총리 소속 기관을 포함한다) 및 그 소속 기관, 지방자치단체, 그 밖의 국가기관 및 공공단체 중 대통령령으로 정하는 기관), 법인, 단체 및 개인 등을 말한다(개인정보 보호법 제 2 조 제 5 호). 과거의 「공공기관의 개인정보보호에 관한 법률」에서는 공공기관에 의해 처리되는 정보만을 보호하였으나, 현행 개인정보 보호법은 공공기관에 의해 처리되는 정보뿐만 아니라 사인(민간)에 의해 처리되는 정보까지 보호대상으로 하고 있는 것이 특징적이다.

3. 보호대상 개인정보의 의미

개인정보 보호법상 "개인정보"란 살아 있는 개인에 관한 정보로서 다음 각 목[가. 성명, 주민등록번호 및 영상 등을 통하여 개인을 알아볼 수 있는 정보. 나. 해당 정보만으로는 특정 개인을 알아볼 수 없더라도 다른 정보와 쉽게 결합하여 알아볼 수 있는 정보. 이 경우 쉽게 결합할 수 있는지 여부는 다른 정보의 입수 가능성 등 개인을 알아보는 데 소요되는 시간, 비용, 기술 등을 합리적으로 고려하여야 한다. 다. 가목 또는 나목을 제 1 호의2에 따라 가명처리함으로써 원래의 상태로 복원하기 위한 추가 정보의 사용·결합 없이는 특정 개인을 알아볼 수 없는 정보(이하 "가명정보"라 한다)]의 어느 하나에 해당하는 정보를 말한다(개인정보 보호법 제 2 조 제 1 호). 정보에는 생년월일·연령·가족관계등록부의 등록기준지·가족상황·교육수준·직업·종교·취미·지문·사진·수입·재산·보험·납세상황·차량·은행거래 등이 포함된다.

[153] 정보상 자기결정권의 내용(정보주체의 권리)

정보주체는 자신의 개인정보 처리와 관련하여 다음 각 호의 권리, 즉 ① 개인정보의 처리에 관한 정보를 제공받을 권리, ② 개인정보의 처리에 관한 동의 여부, 동의 범위 등을 선택하고 결정할 권리, ③ 개인정보의 처리 여부를 확인하고 개인정보에 대한 열람(사본의 발급을 포함한다. 이하 같다) 및 전송을 요구할 권리, ④ 개인정보의 처리 정지, 정정·삭제 및 파기를 요구할 권리, ⑤ 개인정보의 처리로 인하여 발생한 피해를 신속하고 공정한 절차에 따라 구제받을 권리, ⑥ 완전히 자동화된 개인정보 처리에 따른 결정을 거부하거나 그에 대한 설명 등을 요구할 권리를 가진다(개인정보 보호법 제 4 조).

1. 열람청구권

정보주체는 개인정보처리자가 처리하는 자신의 개인정보에 대한 열람을 해당 개인정보처리자에게 요구할 수 있다(개인정보 보호법 제35조 제1항). 제1항에도 불구하고 정보주체가 자신의 개인정보에 대한 열람을 공공기관에 요구하고자 할 때에는 공공기관에 직접 열람을 요구하거나 대통령령으로 정하는 바에 따라 보호위원회를 통하여 열람을 요구할 수 있다(개인정보 보호법 제35조 제2항).

2. 전송요구권

정보주체는 개인정보 처리 능력 등을 고려하여 대통령령으로 정하는 기준에 해당하는 개인정보처리자에 대하여 다음 각 호[1. 정보주체가 전송을 요구하는 개인정보가 정보주체 본인에 관한 개인정보로서 다음 각 목(가. 제15조 제1항 제1호, 제23조 제1항 제1호 또는 제24조 제1항 제1호에 따른 동의를 받아 처리되는 개인정보, 나. 제15조 제1항 제4호에 따라 체결한 계약을 이행하거나 계약을 체결하는 과정에서 정보주체의 요청에 따른 조치를 이행하기 위하여 처리되는 개인정보, 다. 제15조 제1항 제2호 · 제3호, 제23조 제1항 제2호 또는 제24조 제1항 제2호에 따라 처리되는 개인정보 중 정보주체의 이익이나 공익적 목적을 위하여 관계 중앙행정기관의 장의 요청에 따라 보호위원회가 심의 · 의결하여 전송 요구의 대상으로 지정한 개인정보)의 어느 하나에 해당하는 정보일 것, 2. 전송을 요구하는 개인정보가 개인정보처리자가 수집한 개인정보를 기초로 분석 · 가공하여 별도로 생성한 정보가 아닐 것, 3. 전송을 요구하는 개인정보가 컴퓨터 등 정보처리장치로 처리되는 개인정보일 것]의 요건을 모두 충족하는 개인정보를 자신에게로 전송할 것을 요구할 수 있다(개인정보 보호법 제35조의2 제1항).

3. 정정 · 삭제청구권

제35조에 따라 자신의 개인정보를 열람한 정보주체는 개인정보처리자에게 그 개인정보의 정정 또는 삭제를 요구할 수 있다. 다만, 다른 법령에서 그 개인정보가 수집 대상으로 명시되어 있는 경우에는 그 삭제를 요구할 수

없다(개인정보 보호법 제36조 제1항). 개인정보처리자는 제1항에 따른 정보주체의 요구를 받았을 때에는 개인정보의 정정 또는 삭제에 관하여 다른 법령에 특별한 절차가 규정되어 있는 경우를 제외하고는 지체 없이 그 개인정보를 조사하여 정보주체의 요구에 따라 정정·삭제 등 필요한 조치를 한 후 그 결과를 정보주체에게 알려야 한다(개인정보 보호법 제36조 제2항).

4. 처리정지요구권

정보주체는 개인정보처리자에 대하여 자신의 개인정보 처리의 정지를 요구하거나 개인정보 처리에 대한 동의를 철회할 수 있다. 이 경우 공공기관에 대해서는 제32조에 따라 등록 대상이 되는 개인정보파일 중 자신의 개인정보에 대한 처리의 정지를 요구하거나 개인정보 처리에 대한 동의를 철회할 수 있다(개인정보 보호법 제37조 제1항). 개인정보처리자는 제1항에 따른 처리정지 요구를 받았을 때에는 지체 없이 정보주체의 요구에 따라 개인정보 처리의 전부를 정지하거나 일부를 정지하여야 한다. 다만, 다음 각 호(1. 법률에 특별한 규정이 있거나 법령상 의무를 준수하기 위하여 불가피한 경우, 2. 다른 사람의 생명·신체를 해할 우려가 있거나 다른 사람의 재산과 그 밖의 이익을 부당하게 침해할 우려가 있는 경우, 3. 공공기관이 개인정보를 처리하지 아니하면 다른 법률에서 정하는 소관 업무를 수행할 수 없는 경우, 4. 개인정보를 처리하지 아니하면 정보주체와 약정한 서비스를 제공하지 못하는 등 계약의 이행이 곤란한 경우로서 정보주체가 그 계약의 해지 의사를 명확하게 밝히지 아니한 경우)의 어느 하나에 해당하는 경우에는 정보주체의 처리정지 요구를 거절할 수 있다(개인정보 보호법 제37조 제2항).

5. 완전히 자동화된 개인정보 처리 결정 거부권과 설명요구권

① 정보주체는 완전히 자동화된 시스템(인공지능 기술을 적용한 시스템을 포함한다)으로 개인정보를 처리하여 이루어지는 결정(행정기본법 제20조에 따른 행정청의 자동적 처분은 제외하며, 이하 이 조에서 "자동화된 결정"이라 한다)이 자신의 권리 또는 의무에 중대한 영향을 미치는 경우에는 해당 개인정보처리자에 대하여 해당 결정을 거부할 수 있는 권리를 가진다. 다만, 자동화된 결정이 제15조 제

1항 제 1 호 · 제 2 호 및 제 4 호에 따라 이루어지는 경우에는 그러하지 아니하다(개인정보 보호법 제37조의2 제 1 항). ② 정보주체는 개인정보처리자가 자동화된 결정을 한 경우에는 그 결정에 대하여 설명 등을 요구할 수 있다(개인정보 보호법 제37조의2 제 2 항).

6. 개인정보 유출 통지를 받을 권리

개인정보처리자는 개인정보가 분실 · 도난 · 유출(이하 이 조에서 "유출등"이라 한다)되었음을 알게 되었을 때에는 지체 없이 해당 정보주체에게 다음 각 호(1. 유출등이 된 개인정보의 항목, 2. 유출등이 된 시점과 그 경위, 3. 유출등으로 인하여 발생할 수 있는 피해를 최소화하기 위하여 정보주체가 할 수 있는 방법 등에 관한 정보, 4. 개인정보처리자의 대응조치 및 피해 구제절차, 5. 정보주체에게 피해가 발생한 경우 신고 등을 접수할 수 있는 담당 부서 및 연락처)의 사항을 알려야 한다. 다만, 정보주체의 연락처를 알 수 없는 경우 등 정당한 사유가 있는 경우에는 대통령령으로 정하는 바에 따라 통지를 갈음하는 조치를 취할 수 있다(개인정보 보호법 제34조 제 1 항).

[154] 정보주체의 권리보호

1. 손해배상청구권

정보주체는 개인정보처리자가 이 법을 위반한 행위로 손해를 입으면 개인정보처리자에게 손해배상을 청구할 수 있다. 이 경우 그 개인정보처리자는 고의 또는 과실이 없음을 입증하지 아니하면 책임을 면할 수 없다(개인정보 보호법 제39조 제 1 항). 한편, 제39조 제 1 항에도 불구하고 정보주체는 개인정보처리자의 고의 또는 과실로 인하여 개인정보가 분실 · 도난 · 유출 · 위조 · 변조 또는 훼손된 경우에는 300만원 이하의 범위에서 상당한 금액을 손해액으로 하여 배상을 청구할 수 있다. 이 경우 해당 개인정보처리자는 고의 또는 과실이 없음을 입증하지 아니하면 책임을 면할 수 없다(개인정보 보호법 제39조의2 제 1 항).

2. 분쟁조정

(1) 의 의　　　개인정보와 관련한 분쟁의 조정을 원하는 자는 분쟁조정위원회에 분쟁조정을 신청할 수 있다(개인정보 보호법 제43조 제1항). 분쟁조정위원회는 당사자 일방으로부터 분쟁조정 신청을 받았을 때에는 그 신청 내용을 상대방에게 알려야 한다(개인정보 보호법 제43조 제2항). 개인정보처리자가 제2항에 따른 분쟁조정의 통지를 받은 경우에는 특별한 사유가 없으면 분쟁조정에 응하여야 한다(개인정보 보호법 제43조 제3항).

(2) 집단분쟁조정　　　국가 및 지방자치단체, 개인정보 보호단체 및 기관, 정보주체, 개인정보처리자는 정보주체의 피해 또는 권리침해가 다수의 정보주체에게 같거나 비슷한 유형으로 발생하는 경우로서 대통령령으로 정하는 사건에 대하여는 분쟁조정위원회에 일괄적인 분쟁조정(집단분쟁조정)을 의뢰 또는 신청할 수 있다(개인정보 보호법 제49조 제1항).

3. 행정소송

(1) 행정소송　　　개인정보처리자가 국가·지방자치단체인 경우, 정보주체는 행정소송법이 정하는 바에 따라 국가·지방자치단체의 처분을 다투는 행정소송을 제기할 수도 있다. 이 경우의 행정소송은 주관적 소송의 형태가 된다.

(2) 개인정보 단체소송　　　개인정보 보호법은 제51조 이하에서 「개인정보 단체소송」을 규정하고 있다. 이 규정은 행정소송법에 대한 특칙에 해당한다.

■개인정보 보호법 제51조(단체소송의 대상 등) 다음 각 호의 어느 하나에 해당하는 단체는 개인정보처리자가 제49조에 따른 집단분쟁조정을 거부하거나 집단분쟁조정의 결과를 수락하지 아니한 경우에는 법원에 권리침해 행위의 금지·중지를 구하는 소송(이하 "단체소송"이라 한다)을 제기할 수 있다.
1.「소비자기본법」 제29조에 따라 공정거래위원회에 등록한 소비자단체로서 다음 각 목의 요건을 모두 갖춘 단체

가. 정관에 따라 상시적으로 정보주체의 권익증진을 주된 목적으로 하는 단체일 것
나. 단체의 정회원수가 1천명 이상일 것
다. 「소비자기본법」 제29조에 따른 등록 후 3년이 경과하였을 것
2. 「비영리민간단체 지원법」 제2조에 따른 비영리민간단체로서 다음 각 목의 요건을 모두 갖춘 단체
가. 법률상 또는 사실상 동일한 침해를 입은 100명 이상의 정보주체로부터 단체소송의 제기를 요청받을 것
나. 정관에 개인정보 보호를 단체의 목적으로 명시한 후 최근 3년 이상 이를 위한 활동실적이 있을 것
다. 단체의 상시 구성원수가 5천명 이상일 것
라. 중앙행정기관에 등록되어 있을 것

제2항　정보공개청구권

[155]　정보공개청구권의 관념

1. 의　의

정보공개청구권(情報公開請求權)이란 사인이 공공기관에 대하여 정보를 제공해 줄 것을 요구할 수 있는 개인적 공권을 말한다. 정보공개청구권은 ① 자기와 직접적인 이해관계 있는 특정한 사안에 관한 개별적 정보공개청구권(個別的 情報公開請求權)과 ② 자기와 직접적인 이해관계가 없는 일반적 정보공개청구권(一般的 情報公開請求權)으로 구분된다. ①의 예로 甲이 관할 등기소장에게 자기 소유의 건축물에 대한 등기부의 열람을 청구하는 경우를 볼 수 있고, ②의 예로 안양시민이 서울특별시장에게 판공비의 사용처에 대한 정보공개를 청구하는 경우를 볼 수 있다. 공공기관의 정보공개에 관한 법률의 정보공개청구권은 ①과 ②의 양자를 포함하는 개념이다. 사인의 정보공개청구권은 알 권리의 실현에 기여한다. 알 권리는 헌법상 원리로서의 참정권의 전제가 된다.

2. 법적 근거

① 정보공개청구권의 헌법상 근거조항에 관해서는 견해가 갈린다. 일설은 행복추구권을 규정하는 헌법 제10조가 근거조항이라 하고, 일설은 표현의 자유를 규정하는 헌법 제21조 제 1 항이 근거조항이라 한다. 판례는 후자의 견해를 취한다. ② 일반 법률로는 공공기관의 정보공개에 관한 법률이 있다. 정보공개청구권과 관련된 규정을 갖는 개별 법률도 있다(예 : 민원 처리에 관한 법률 제13조의 민원편람의 비치, 제36조의 민원처리기준표의 고시, 행정절차법 제19조의 처리기간의 공표, 제20조의 처분기준의 공표, 제23조의 처분의 이유제시). ③ 공공기관의 정보공개에 관한 법률은 "지방자치단체는 그 소관 사무에 관하여 법령의 범위에서 정보공개에 관한 조례를 정할 수 있다(공공기관의 정보공개에 관한 법률 제 4 조 제 2 항)"고 규정하여 지방자치단체의 정보공개조례의 법적 근거를 명시적으로 마련하고 있다. 따라서 지방자치단체의 주민은 조례에 근거하여 정보공개청구권을 가질 수도 있다.

> ■ **공공기관의 정보공개에 관한 법률** 제 4 조(적용범위) ① 정보의 공개에 관하여는 다른 법률에 특별한 규정이 있는 경우를 제외하고는 이 법에서 정하는 바에 따른다.

[156] 정보공개청구권의 주체 · 대상

1. 정보공개청구권자

모든 국민은 정보의 공개를 청구할 권리를 가진다(공공기관의 정보공개에 관한 법률 제 5 조 제 1 항). 따라서 모든 국민이 정보공개청구권자(情報公開請求權者)이다. 국민이란 자연인 외에 법인을 포함하는 개념이다. 법인격 없는 단체도 포함된다. 외국인의 정보공개 청구에 관하여는 대통령령으로 정한다(공공기관의 정보공개에 관한 법률 제 5 조 제 2 항).

2. 공개대상정보와 비공개대상정보

① 정보공개청구권의 행사의 대상이 되는 정보는 공공기관이 수집 · 관리하고 있는 각종 정보를 말한다. 여기서 공공기관이란 "국가기관[1) 국회, 법원, 헌법재판소, 중앙선거관리위원회, 2) 중앙행정기관(대통령 소속 기관과 국무총리 소속 기관을 포함한다) 및 그 소속 기관, 3) 「행정기관 소속 위원회의 설치 · 운영에 관한 법률」에 따른 위원회], 지방자치단체, 「공공기관의 운영에 관한 법률」 제 2 조에 따른 공공기관, 그 밖에 대통령령으로 정하는 기관"을 말한다(공공기관의 정보공개에 관한 법률 제 2 조 제 3 호).

> ■ 공공기관의 정보공개에 관한 법률 시행령 제 2 조(공공기관의 범위) 「공공기관의 정보공개에 관한 법률」(이하 "법"이라 한다) 제 2 조 제 3 호 라목에서 "대통령령으로 정하는 기관"이란 다음 각 호의 기관 또는 단체를 말한다.
> 1. 「유아교육법」, 「초 · 중등교육법」, 「고등교육법」에 따른 각급 학교 또는 그 밖의 다른 법률에 따라 설치된 학교
> 2. 「지방공기업법」에 따른 지방공사 및 지방공단
> 3. (이하 생략)

정보란 "공공기관이 직무상 작성 또는 취득하여 관리하고 있는 문서(전자문서를 포함한다) · 도면 · 사진 · 필름 · 테이프 · 슬라이드 및 그 밖에 이에 준하는 매체 등에 기록된 사항"을 말한다(공공기관의 정보공개에 관한 법률 제 2 조 제 1 호). 한편, ② 공공기관의 정보공개에 관한 법률은 "다른 법률 또는 법률이 위임한 명령(국회규칙 · 대법원규칙 · 헌법재판소규칙 · 중앙선거관리위원회규칙 · 대통령령 및 조례로 한정한다)에 따라 비밀이나 비공개 사항으로 규정된 정보" 등 일정 사항에 대하여는 공개하지 아니할 수 있다고 규정하고 있다(공공기관의 정보공개에 관한 법률 제 9 조 제 1 항).

[157]   정보공개청구의 절차

1. 정보공개의 청구

① 정보의 공개를 청구하는 자(이하 "청구인"이라 한다)는 해당 정보를 보유

하거나 관리하고 있는 공공기관에 다음 각 호[1. 청구인의 성명·생년월일·주소 및 연락처(전화번호·전자우편주소 등을 말한다. 이하 이 조에서 같다). 다만, 청구인이 법인 또는 단체인 경우에는 그 명칭, 대표자의 성명, 사업자등록번호 또는 이에 준하는 번호, 주된 사무소의 소재지 및 연락처를 말한다. 2. 청구인의 주민등록번호(본인임을 확인하고 공개 여부를 결정할 필요가 있는 정보를 청구하는 경우로 한정한다). 3. 공개를 청구하는 정보의 내용 및 공개방법]의 사항을 적은 정보공개 청구서를 제출하거나 말로써 정보의 공개를 청구할 수 있다(공공기관의 정보공개에 관한 법률 제10조 제 1 항). ② 제 1 항에 따라 청구인이 말로써 정보의 공개를 청구할 때에는 담당 공무원 또는 담당 임직원(이하 "담당 공무원등"이라 한다)의 앞에서 진술하여야 하고, 담당공무원등은 정보공개 청구 조서를 작성하여 이에 청구인과 함께 기명날인하거나 서명하여야 한다(공공기관의 정보공개에 관한 법률 제10조 제 2 항).

2. 공개여부의 결정

① 공공기관은 제10조에 따라 정보공개의 청구를 받으면 그 청구를 받은 날부터 10일 이내에 공개 여부를 결정하여야 한다(공공기관의 정보공개에 관한 법률 제11조 제 1 항). ② 공공기관은 부득이한 사유로 제 1 항에 따른 기간 이내에 공개 여부를 결정할 수 없을 때에는 그 기간이 끝나는 날의 다음 날부터 기산(起算)하여 10일의 범위에서 공개 여부 결정기간을 연장할 수 있다. 이 경우 공공기관은 연장된 사실과 연장 사유를 청구인에게 지체 없이 문서로 통지하여야 한다(공공기관의 정보공개에 관한 법률 제11조 제 2 항).

3. 결정의 통지

① 공공기관은 제11조에 따라 정보의 공개를 결정한 경우에는 공개의 일시 및 장소 등을 분명히 밝혀 청구인에게 통지하여야 한다(공공기관의 정보공개에 관한 법률 제13조 제 1 항). ② 공공기관은 청구인이 사본 또는 복제물의 교부를 원하는 경우에는 이를 교부하여야 한다(공공기관의 정보공개에 관한 법률 제13조 제 2 항). ③ 공공기관은 공개 대상 정보의 양이 너무 많아 정상적인 업무수행에 현저한 지장을 초래할 우려가 있는 경우에는 해당 정보를 일정 기간별로

나누어 제공하거나 사본 · 복제물의 교부 또는 열람과 병행하여 제공할 수 있다(공공기관의 정보공개에 관한 법률 제13조 제 3 항). ④ 공공기관은 제 1 항에 따라 정보를 공개하는 경우에 그 정보의 원본이 더럽혀지거나 파손될 우려가 있거나 그 밖에 상당한 이유가 있다고 인정할 때에는 그 정보의 사본 · 복제물을 공개할 수 있다(공공기관의 정보공개에 관한 법률 제13조 제 4 항). ⑤ 공공기관은 제11조에 따라 정보의 비공개 결정을 한 경우에는 그 사실을 청구인에게 지체 없이 문서로 통지하여야 한다. 이 경우 제 9 조 제 1 항 각 호 중 어느 규정에 해당하는 비공개 대상 정보인지를 포함한 비공개 이유와 불복의 방법 및 절차를 구체적으로 밝혀야 한다(공공기관의 정보공개에 관한 법률 제13조 제 5 항).

[158] 권리보호

1. 정보공개청구권자의 권리보호

(1) 이의신청　　　① 청구인이 정보공개와 관련한 공공기관의 비공개 결정 또는 부분 공개 결정에 대하여 불복이 있거나 정보공개 청구 후 20일이 경과하도록 정보공개 결정이 없는 때에는 공공기관으로부터 정보공개 여부의 결정 통지를 받은 날 또는 정보공개 청구 후 20일이 경과한 날부터 30일 이내에 해당 공공기관에 문서로 이의신청을 할 수 있다(공공기관의 정보공개에 관한 법률 제18조 제 1 항). ② 국가기관등은 제 1 항에 따른 이의신청이 있는 경우에는 심의회를 개최하여야 한다. 다만, 다음 각 호(1. 심의회의 심의를 이미 거친 사항, 2. 단순 · 반복적인 청구, 3. 법령에 따라 비밀로 규정된 정보에 대한 청구)의 어느 하나에 해당하는 경우에는 개최하지 아니할 수 있다(공공기관의 정보공개에 관한 법률 제18조 제 2 항). ③ 공공기관은 이의신청을 받은 날부터 7일 이내에 그 이의신청에 대하여 결정하고 그 결과를 청구인에게 지체 없이 문서로 통지하여야 한다. 다만, 부득이한 사유로 정하여진 기간 이내에 결정할 수 없을 때에는 그 기간이 끝나는 날의 다음 날부터 기산하여 7일의 범위에서 연장할 수 있으며, 연장 사유를 청구인에게 통지하여야 한다(공공기관의 정보공개에 관한 법률 제18조 제 3 항). ④ 공공기관은 이의신청을 각하(却下) 또는 기각(棄却)하는

결정을 한 경우에는 청구인에게 행정심판 또는 행정소송을 제기할 수 있다는 사실을 제3항에 따른 결과 통지와 함께 알려야 한다

(2) **행정심판**　　　① 청구인이 정보공개와 관련한 공공기관의 결정에 대하여 불복이 있거나 정보공개 청구 후 20일이 경과하도록 정보공개 결정이 없는 때에는 「행정심판법」에서 정하는 바에 따라 행정심판을 청구할 수 있다. 이 경우 국가기관 및 지방자치단체 외의 공공기관의 결정에 대한 감독행정기관은 관계 중앙행정기관의 장 또는 지방자치단체의 장으로 한다(공공기관의 정보공개에 관한 법률 제19조 제1항). ② 청구인은 제18조에 따른 이의신청 절차를 거치지 아니하고 행정심판을 청구할 수 있다(공공기관의 정보공개에 관한 법률 제19조 제2항).

(3) **행정소송**　　　① 청구인이 정보공개와 관련한 공공기관의 결정에 대하여 불복이 있거나 정보공개 청구 후 20일이 경과하도록 정보공개 결정이 없는 때에는 「행정소송법」에서 정하는 바에 따라 행정소송을 제기할 수 있다(공공기관의 정보공개에 관한 법률 제20조 제1항). ② 재판장은 필요하다고 인정하면 당사자를 참여시키지 아니하고 제출된 공개 청구 정보를 비공개로 열람·심사할 수 있다(공공기관의 정보공개에 관한 법률 제20조 제2항).

2. 제3자의 권리보호

(1) **제3자에 통지와 의견청취**　　　공공기관은 공개 청구된 공개 대상 정보의 전부 또는 일부가 제3자와 관련이 있다고 인정할 때에는 그 사실을 제3자에게 지체 없이 통지하여야 하며, 필요한 경우에는 그의 의견을 들을 수 있다(공공기관의 정보공개에 관한 법률 제11조 제3항). 예컨대 甲이 서대문세무서장에게 동업자들에 대한 과세관련자료의 공개를 청구한 경우, 서대문세무서장이 甲으로부터 청구된 자료의 일부분이 경쟁자인 乙의 영업활동과 관련이 있다고 판단되면, 서대문세무서장은 甲으로부터 동업자들에 대한 과세자료의 공개를 청구받았다는 사실을 乙에게 지체 없이 통지하여야 하고, 필요하다고 판단되면 乙로부터 의견을 청취할 수 있다.

(2) **제3자의 비공개요청**　　　제11조 제3항에 따라 공개 청구된 사

실을 통지받은 제3자는 그 통지를 받은 날부터 3일 이내에 해당 공공기관에 대하여 자신과 관련된 정보를 공개하지 아니할 것을 요청할 수 있다(공공기관의 정보공개에 관한 법률 제21조 제1항).

(3) **공개결정과 행정쟁송**　　　　제1항에 따른 비공개 요청에도 불구하고 공공기관이 공개 결정을 할 때에는 공개 결정 이유와 공개 실시일을 분명히 밝혀 지체 없이 문서로 통지하여야 하며, 제3자는 해당 공공기관에 문서로 이의신청을 하거나 행정심판 또는 행정소송을 제기할 수 있다. 이 경우 이의신청은 통지를 받은 날부터 7일 이내에 하여야 한다(공공기관의 정보공개에 관한 법률 제21조 제2항). 공공기관은 제2항에 따른 공개 결정일과 공개 실시일 사이에 최소한 30일의 간격을 두어야 한다(공공기관의 정보공개에 관한 법률 제21조 제3항).

4장

행정의 실효성확보

행정의 실효성확보

[159] 개 관

　행정권은 각종의 행위형식(예：행정입법·행정계획·행정행위)을 활용하면서 행정목적(공공복리의 증진과 질서유지)을 실현하려고 한다. 그러나 행정목적의 실현에는 행정의 상대방(국민·주민)의 협력이 필요한 경우가 적지 않다. 상대방의 협력이란 행정법상 의무를 준수하는 것(예：빨간신호등이 켜진 때에는 진입하지 아니하는 것)과 행정법상 의무를 이행하는 것(예：과세처분이 있으면 세금을 납부하는 것)을 말한다. 그러나 만약 행정의 상대방이 의무를 위반하면 처벌하고, 불이행하면 강제하는 것이 필요하다. 그래야만 행정은 실효성이 있게 된다. 행정의 실효성(實效性)의 확보를 위한 수단들을 도해하면 다음과 같다.

내용	종류	
행정상 의무위반에 대한 제재	행정벌	행정형벌
		행정질서벌(과태료)
행정상 의무불이행과 이행강제	행정상 강제집행	행정대집행
		이행강제금
		직접강제
		강제징수
	즉시강제	
자료획득작용	행정조사	
새로운 수단	과징금·관허사업제한·공표 등	

제 1 절 행 정 벌

[160] 행정벌의 관념

1. 개   념

식품접객업자가 병든 동물의 고기를 팔아서는 아니 되는 의무를 위반하여 병든 동물의 고기를 팔면, 7년 이하의 징역 또는 1억원 이하의 벌금이 부과된다(식품위생법 제94조 제 1 호). 특별자치도지사 · 시장 · 군수 또는 구청장에게 신고하여야 하는 의무를 위반하여 신고하지 아니하고 집단급식소를 설치 · 운영하면 500만원 이하의 과태료가 부과된다(식품위생법 제101조 제 2 항 제 9 호). 이와 같이 행정의 상대방이 행정법상 의무를 위반한 경우에 국가 또는 지방자치단체가 행정의 상대방에 과하는 행정법상의 제재로서의 처벌(예 : 징역 · 벌금 · 과태료)을 행정벌(行政罰)이라 한다. 행정벌은 직접적으로는 의무위반에 대하여 대가를 치르게 하는 것이고, 간접적으로는 처벌을 무기로 하여 의무위반을 방지하는 것을 목적으로 한다, 따라서 행정벌은 간접적으로 의무이행을 확보하는 수단으로서 행정법규의 실효성확보에 그 의미를 갖는다.

■ **식품위생법** 제94조(벌칙) ① 다음 각 호의 어느 하나에 해당하는 자는 10년 이하의 징역 또는 1억원 이하의 벌금에 처하거나 이를 병과할 수 있다.
1. 제 4 조부터 제 6 조까지(제88조에서 준용하는 경우를 포함하고, 제93조 제 1 항 및 제 3 항에 해당하는 경우는 제외한다)를 위반한 자

제5조(병든 동물 고기 등의 판매 등 금지) 누구든지 총리령으로 정하는 질병에 걸렸거나 걸렸을 염려가 있는 동물이나 그 질병에 걸려 죽은 동물의 고기 · 뼈 · 젖 · 장기 또는 혈액을 식품으로 판매하거나 판매할 목적으로 채취 · 수입 · 가공 · 사용 · 조리 · 저장 · 소분 또는 운반하거나 진열하여서는 아니 된다.

제101조(과태료) ② 다음 각 호의 어느 하나에 해당하는 자에게는 500만원 이하의 과태료를 부과한다.

9. 제88조 제1항 전단을 위반하여 신고를 하지 아니하거나 허위의 신고를 한 자

제88조(집단급식소) ① 집단급식소를 설치 · 운영하려는 자는 총리령으로 정하는 바에 따라 특별자치시장 · 특별자치도지사 · 시장 · 군수 · 구청장에게 신고하여야 한다. ….

2. 구별개념

① 행정벌은 목적에서 행정조사와 구별된다. 행정벌은 과거의 의무위반에 대한 제재를 목적으로 하는 점에서 단순히 자료획득을 위한 행정조사와 목적을 달리한다. ② 행정벌은 내용상 강제집행이나 즉시강제와 구분된다. 행정벌은 과거의 의무위반에 대한 제재로서 처벌을 내용으로 하나, 행정상 강제집행은 불이행한 의무를 이행시키는 것을 내용으로 하고, 행정상 즉시강제는 의무를 명함이 없이 행정상 필요한 상태를 현실로 실현시키는 것을 내용으로 한다.

3. 종 류

행정벌은 행정형벌과 행정질서벌로 나누어진다. 행정형벌은 형사벌과 유사하다. 일반적인 견해는 행정형벌과 형사벌의 구별이 상대적 · 유동적이라는 전제 하에 윤리를 기준으로 하여 형사벌의 대상은 반윤리적 행위이나, 행정형벌의 대상은 비교적 반윤리적 요소가 적은 행위라고 한다. 한편, 어떤 행정법규 위반행위에 대하여 입법자가 행정질서벌인 과태료를 부과할 것인지, 행정형벌을 부과할 것인지, 과태료를 부과하기로 한 경우 그 과태료의 액수를 정하는 것은 입법재량에 속한다(헌재 2017. 5. 25, 2017헌바57).

[161] 행정형벌

1. 의 의

형법은 형의 종류로 사형, 징역(무기·유기), 금고(무기·유기), 자격상실, 자격정지, 벌금, 구류, 과료, 몰수를 규정하고 있다(형법 제41조, 제42조). 앞에서 본 식품위생법 제94조와 같이 행정법령에 형법에 규정되어 있는 형벌이 규정되기도 하는데, 이와 같이 행정법상 의무위반에 대하여 형법에 규정되어 있는 형벌이 가해지는 행정벌을 행정형벌(行政刑罰)이라 한다.

2. 법적 근거

죄형법정주의(罪刑法定主義)의 원칙상 행정형벌은 법률의 근거를 요한다. 현재로서 행정형벌에 관한 일반법은 없다. 단행 법률에서 개별적으로 규정되고 있다. 개별 법률의 위임이 있다면, 법규명령으로 행정벌을 규정할 수도 있으나, 헌법 제75조와 제95조의 위임입법의 법리에 따라야 한다.

> ■ **헌법** 제75조 대통령은 법률에서 구체적으로 범위를 정하여 위임받은 사항과 법률을 집행하기 위하여 필요한 사항에 관하여 대통령령을 발할 수 있다.
> 제95조 국무총리 또는 행정각부의 장은 소관사무에 관하여 법률이나 대통령령의 위임 또는 직권으로 총리령 또는 부령을 발할 수 있다.

3. 형법총칙 적용여부

식품위생법 제94조 제1항 제1호는 총리령이 정하는 질병에 걸린 동물의 고기를 판매하면 10년 이하의 징역 또는 1억원 이하의 벌금에 처하거나 이를 병과할 수 있다고 규정한다. 그러나 총리령이 정하는 질병에 걸린 동물의 고기를 판매하려다 미수에 그친 경우, 처벌할 수 있는가의 여부에 관해 식품위생법에는 아무런 규정이 없다. 이러한 경우에 형법총칙(刑法總則)에서 규정하는 미수에 관한 조항을 적용할 것인가의 문제가 발생한다. 그런데 형법 제8조 본문은 "본법 총칙은 타법령에 정한 죄에 적용한다"고 규정하고 있고, 식품위생법은 타법령에 해당하므로 총리령이 정하는 질병에 걸린 동물의 고기를 판매하려다 미수에 그친 경우, 처벌할 수 있는가의 여부는 형법총칙이 정하는 미수범(未遂犯)에 관한 규정, 즉 형법 제29조가 정하는 바에 의한다. 따라서 식품위생법에 미수범에 대한 처벌조항이 없으므로 형법 제29조에 의거하여 벌할 수 없다.

■ **형법** 제 8 조(총칙의 적용) 본법 총칙은 타법령에 정한 죄에 적용한다. 단 그 법령에 특별한 규정이 있는 때에는 예외로 한다.
제25조(미수범) ① 범죄의 실행에 착수하여 행위를 종료하지 못하였거나 결과가 발생하지 아니한 때에는 미수범으로 처벌한다.
② 미수범의 형은 기수범보다 감경할 수 있다.
제29조(미수범의 처벌) 미수범을 처벌할 죄는 각 본조에 정한다.

4. 과형절차

① 행정형벌의 부과에 관한 일반적인 절차는 형벌의 경우와 마찬가지로 형사소송법에 의한다. 그러나 ② 경우에 따라서는 특별절차로서 통고처분절차가 활용되기도 한다.

5. 통고처분

통고처분(通告處分)이란 일반형사소송절차에 앞선 절차로서 일정한 위법행위의 범법자에게 범칙금을 납부토록 하고, 범칙자가 그 범칙금을 납부하면 처벌이 종료되는 과형절차를 말한다. 통고처분은 조세범·관세범·출입국사범·교통사범(예 : 도로교통법 제163조) 등의 경우에 적용되고 있다. 범칙자가 범칙금납부통고서에서 정한 범칙금을 납부하면 과형절차는 종료되고, 범칙자는 다시 형사소추되지 아니한다(예 : 도로교통법 제164조 제 3 항). 만약 범칙자가 통고처분의 내용을 이행하지 아니하면 권한행정청은 즉결심판을 청구하거나(도로교통법 제165조 제 1 항) 고발을 하게 된다(출입국관리법 제105조 제 2 항). 범칙금의 납부자는 형벌을 받은 자와 달리 전과자(前科者)가 아니다.

■ **도로교통법** 제163조(통고처분) ① 경찰서장이나 제주특별자치도지사(제주특별자치도지사의 경우에는 제6조 제 1 항·제 2 항, 제61조 제 2 항에 따라 준용되는

제15조 제 3 항, 제39조 제 5 항, 제60조, 제62조, 제64조부터 제66조까지, 제73조 제 2 항 제 2 호부터 제 4 호까지 및 제95조 제 1 항의 위반행위는 제외한다)는 범칙 자로 인정하는 사람에 대하여는 이유를 분명하게 밝힌 범칙금 납부통고서로 범칙 금을 낼 것을 통고할 수 있다. 다만, 다음 각 호의 어느 하나에 해당하는 사람에 대하여는 그러하지 아니하다.

1. 성명이나 주소가 확실하지 아니한 사람
2. 달아날 우려가 있는 사람
3. 범칙금 납부통고서 받기를 거부한 사람

② 제주특별자치도지사가 제 1 항에 따라 통고처분을 한 경우에는 관할 경찰서장 에게 그 사실을 통보하여야 한다.

제164조(범칙금의 납부) ③ 제 1 항이나 제 2 항에 따라 범칙금을 낸 사람은 범칙 행위에 대하여 다시 벌 받지 아니한다.

제165조(통고처분 불이행자 등의 처리) ① 경찰서장 또는 제주특별자치도지사는 다음 각 호의 어느 하나에 해당하는 사람에 대하여는 지체 없이 즉결심판을 청구 하여야 한다. 다만, 제 2 호에 해당하는 사람으로서 즉결심판이 청구되기 전까지 통고받은 범칙금액에 100분의 50을 더한 금액을 납부한 사람에 대하여는 그러하 지 아니하다.

1. 제163조 제 1 항 각 호의 어느 하나에 해당하는 사람
2. 제164조 제 2 항에 따른 납부기간에 범칙금을 납부하지 아니한 사람

[참고] 조세범 처벌절차법에 따른 통고처분제도의 취지에 관한 판례　통고처분 제도 는 형벌에 의한 규제 대상으로 규정된 의무위반에 대하여 행정절차로 제재를 가 함으로써 세무행정권의 침해를 신속히 회복하고, 사법기관의 과중한 업무 부담을 경감시키기 위한 제도이다(헌재 2024. 4. 25, 2022헌마251).

[162] 행정질서벌

1. 의　의

앞의 [160] 1.에서 본 식품위생법 제101조와 같이 일반사회의 법익(法益) 에 직접 영향을 미치지는 않으나 행정상의 질서(예 : 집단급식소 현황파악과 관리를 위한 행정)에 장해를 야기할 우려가 있는 의무위반에 대해 과태료가 가해지는 제재를 행정질서벌(行政秩序罰)이라 한다. 행정질서벌이나 행정형벌 모두 행정

법규위반의 경우에 과해지는 제재라는 점에서 같다. 그러나 행정형벌은 공
행정목적을 정면으로 위반한 경우에 과해지는 것이나, 행정질서벌은 단순의
무위반으로 공행정질서에 장해를 줄 가능성이 있는 정도의 경미한 범법행
위에 과해지는 제재라는 점이 다르다. 한편, 질서위반행위규제법은 질서위
반행위를 형식적인 관점에서 「법률(조례 포함)상의 의무를 위반하여 과태료에
처하는 행위」으 정의하고 있다. 질서위반행위규제법에서 말하는 모든 질서
위반행위가 행정질서벌에 해당하는 것은 아니고, 다만 행정법의 영역에서
이루어지는 질서위반행위만이 행정질서벌에 해당한다.

2. 법적 근거

① 행정질서벌의 총칙(행정질서벌의 성립요건 등에 관한 규정)으로 질서위반행위
규제법이 있고(엄밀히 말한다면 질서위반행위규제법은 행정질서벌을 포함한 모든 질서벌의 일
반법이다), 각칙(행정질서벌의 구체적인 종류를 정하는 규정)은 개별 법률에서 규정되고
있다. ② 조례로써 벌칙을 정할 수도 있다. 즉 지방자치단체는 조례로써 조
례위반행위에 대하여 천만원 이하의 과태료를 정할 수 있다(지방자치법 제27조
제1항). 그리고 공공시설부정사용자등에 대하여 조례로 과태료를 정할 수 있
다(지방자치법 제139조 제2항). 개별 법률상 위임이 있으면, 위임의 범위 안에서
조례로 벌칙을 정할 수도 있다. ③ 과태료의 부과·징수, 재판 및 집행 등의
절차에 관한 다른 법률의 규정 중 이 법(질서위반행위규제법)의 규정에 저촉되는
것은 이 법이 정하는 바에 따른다(질서위반행위규제법 제5조).

3. 질서위반행위의 성립 등

① 고의 또는 과실이 없는 질서위반행위는 과태료를 부과하지 아니한다
(질서위반행위규제법 제7조). ② 14세가 되지 아니한 자의 질서위반행위는 과태
료를 부과하지 아니한다. 다만, 다른 법률에 특별한 규정이 있는 경우에는
그러하지 아니하다(질서위반행위규제법 제9조). ③ 법인의 대표자, 법인 또는 개
인의 대리인·사용인 그 밖의 종업원이 업무에 관하여 법인 또는 그 개인에
게 부과된 법률상의 의무를 위반한 때에는 법인 또는 그 개인에게 과태료를

부과한다(질서위반행위규제법 제11조 제1항). ④ 과태료는 행정청의 과태료 부과처분이나 법원의 과태료 재판이 확정된 후 5년 간 징수하지 아니하거나 집행하지 아니하면 시효로 인하여 소멸한다(질서위반행위규제법 제15조 제1항).

4. 과태료의 부과·징수와 이의제기

(1) 부과·징수　　① 행정청이 질서위반행위에 대하여 과태료를 부과하고자 하는 때에는 미리 당사자(제11조 제2항에 따른 고용주등을 포함한다. 이하 같다)에게 대통령령으로 정하는 사항을 통지하고, 10일 이상의 기간을 정하여 의견을 제출할 기회를 주어야 한다. 이 경우 지정된 기일까지 의견 제출이 없는 경우에는 의견이 없는 것으로 본다(질서위반행위규제법 제16조 제1항). ② 행정청은 제16조의 의견 제출 절차를 마친 후에 서면으로 과태료를 부과하여야 한다(질서위반행위규제법 제17조 제1항). ③ 행정청은 질서위반행위가 종료한 날(다수인이 질서위반행위에 가담한 경우에는 최종행위가 종료한 날을 말한다)부터 5년을 경과한 경우에는 해당 질서위반행위에 대하여 과태료를 부과할 수 없다(질서위반행위규제법 제19조 제1항).

(2) 이의제기　　① 행정청의 과태료 부과에 불복하는 당사자는 제17조 제1항에 따른 과태료 부과 통지를 받은 날부터 60일 이내에 해당 행정청에 서면으로 이의제기를 할 수 있다(질서위반행위규제법 제20조 제1항). 제1항에 따른 이의제기가 있는 경우에는 행정청의 과태료 부과처분은 그 효력을 상실한다(질서위반행위규제법 제20조 제2항). ② 제20조 제1항에 따른 이의제기를 받은 행정청은 이의제기를 받은 날부터 14일 이내에 이에 대한 의견 및 증빙서류를 첨부하여 관할법원에 통보하여야 한다. 다만, 다음 각 호(1. 당사자가 이의제기를 철회한 경우, 2. 당사자의 이의제기에 이유가 있어 과태료에 처할 필요가 없는 것으로 인정되는 경우)의 어느 하나에 해당하는 경우에는 그러하지 아니하다(질서위반행위규제법 제21조 제1항).

5. 질서위반행위의 재판과 집행

(1) 재　판　　① 과태료 사건은 다른 법령에 특별한 규정이 있는

경우를 제외하고는 당사자의 주소지의 지방법원 또는 그 지원의 관할로 한다(질서위반행위규제법 제25조). ② 법원은 심문기일을 열어 당사자의 진술을 들어야 한다(질서위반행위규제법 제31조 제 1 항). ③ 법원은 검사의 의견을 구하여야 하고, 검사는 심문에 참여하여 의견을 진술하거나 서면으로 의견을 제출하여야 한다(질서위반행위규제법 제31조 제 2 항). ④ 과태료 재판은 이유를 붙인 결정으로써 한다(질서위반행위규제법 제36조 제 1 항). 결정은 당사자와 검사에게 고지함으로써 효력이 생긴다(질서위반행위규제법 제37조 제 1 항).

(2) **집 행**   과태료 재판은 검사의 명령으로써 이를 집행한다. 이 경우 그 명령은 집행력 있는 집행권원과 동일한 효력이 있다(질서위반행위규제법 제42조 제 1 항). 과태료 재판의 집행절차는 「민사집행법」에 따르거나 국세 또는 지방세 체납처분의 예에 따른다(질서위반행위규제법 제42조 제 2 항 본문).

6. 병과(이중처벌가능성)

(1) **행정형벌과 행정질서벌의 병과**   행정형벌과 행정질서벌의 개념은 법익침해의 강약 등에 따른 처벌의 강약에 차이가 있다. 입법자는 특정 행위의 법익침해의 정도가 강하여 강한 처벌이 필요하면 행정형벌로 규정할 것이고, 미약하다면 행정질서벌로 규정할 것이다. 따라서 ① 특정의 행위는 행정형벌의 대상이 되든지 아니면 행정질서벌의 대상이 되는 것이지, 동시에 행정형벌의 대상이 되면서 행정질서벌의 대상이 될 수는 없다(부정설). 그러나 ② 만약 입법자가 하나의 행위가 갖는 여러 의미를 분리하여 규정한다면, 경우에 따라 양자의 병과는 가능하다고 볼 것이다.

[참고] 과거의 자동차등록법은 임시운행허가기간을 경과한 후의 운행에 대하여 과태료의 벌칙, 자동차미등록 운행에 대하여 벌금의 벌칙을 규정하였으나, 현행 자동차등록법은 임시운행허가기간을 경과한 후의 운행에 대하여 벌칙규정을 따로 두고 있지 않다. 구법하에서는 동일한 행위로 과태료와 벌금을 부과받을 수 있었다. 이에 대하여 이중처벌의 논란이 있었다. 구법상 임시운행허가기간을 경과한 후의 운행에 대한 제재는 임시운행허가 번호판을 악용하여 임시운행허가기간이 경과한 후에 운행하는 것을 방지하겠다는 취지도 갖는다고 본다면, 반드시 이중

처벌이라 말하기 어렵다. 그렇다고 구법의 태도가 바람직하다고 보기는 어렵다. 현행법은 임시운행허가기간을 경과한 후의 운행에 대하여 특별한 제재규정을 두고 있지 않다. 현행법의 이러한 태도는 임시운행허가기간을 경과한 후의 운행도 미등록상태에서의 운행의 한 종류로 본 것이라 하겠다.

(2) 징계벌과 행정질서벌의 병과   징계벌과 행정질서벌은 모두 불이익한 처벌이다. 그러나 징계벌은 공무원 사회의 내부질서를 위한 것이지만 행정질서벌은 국가 전체의 질서를 위한 것이라는 점에서 양자는 목적을 달리한다. 따라서 징계벌을 부과한 후 행정질서벌을 부과할 수도 있다. 예컨대 새차(新車)를 구입하면서 임시운행기간의 경과 후에도 자동차등록원부에 등록을 하지 아니한 채 자동차를 운행하면, 임시운행기간의 경과 후의 운행을 이유로 행정질서벌(과태료)이 부과될 수 있을 뿐만 아니라 공무원의 품위를 유지하지 아니하였다는 이유로 징계처분을 받을 수도 있다.

■**국가공무원법** 제63조(품위유지의 의무) 공무원은 직무의 내외를 불문하고 그 품위가 손상되는 행위를 하여서는 아니 된다.
제78조(징계사유) ① 공무원이 다음 각 호의 어느 하나에 해당하면 징계 의결을 요구하여야 하고 그 징계 의결의 결과에 따라 징계처분을 하여야 한다.
1. 이 법 및 이 법에 따른 명령을 위반한 경우
2. 직무상의 의무(다른 법령에서 공무원의 신분으로 인하여 부과된 의무를 포함한다)를 위반하거나 직무를 태만히 한 때
3. 직무의 내외를 불문하고 그 체면 또는 위신을 손상하는 행위를 한 때

■**지방공무원법** 제55조(품위유지의 의무) 공무원은 품위를 손상하는 행위를 하여서는 아니 된다.
제69조(징계사유) ① 공무원이 다음 각 호의 어느 하나에 해당하면 징계의결을 요구하여야 하고, 징계의결의 결과에 따라 징계처분을 하여야 한다.
1. 이 법 또는 이 법에 따른 명령이나 지방자치단체의 조례 또는 규칙을 위반하였을 때
2. 직무상의 의무(다른 법령에서 공무원의 신분으로 인하여 부과된 의무를 포함한다)를 위반하거나 직무를 태만히 하였을 때
3. 공무원의 품위를 손상하는 행위를 하였을 때

7. 관련문제

(1) **관허사업의 제한**　　　① 행정청은 허가·인가·면허·등록 및 갱신을 요하는 사업을 경영하는 자로서 다음 각 호(1. 해당 사업과 관련된 질서위반행위로 부과받은 과태료를 3회 이상 체납하고 있고, 체납발생일부터 각 1년이 경과하였으며, 체납금액의 합계가 500만원 이상인 체납자 중 대통령령으로 정하는 횟수와 금액 이상을 체납한 자, 2. 천재지변 그 밖의 중대한 재난 등 대통령령으로 정하는 특별한 사유없이 과태료를 체납한 자)의 사유에 모두 해당하는 체납자에 대하여는 사업의 정지 또는 허가등의 취소를 할 수 있다(질서위반행위규제법 제52조 제1항). ② 허가등을 요하는 사업의 주무관청이 따로 있는 경우에는 행정청은 당해 주무관청에 대하여 사업의 정지 또는 허가등의 취소를 요구할 수 있다(질서위반행위규제법 제52조 제2항). ③ 제2항에 따른 행정청의 요구가 있는 때에는 당해 주무관청은 정당한 사유가 없는 한 이에 응하여야 한다(질서위반행위규제법 제52조 제4항).

(2) **신용정보의 제공**　　　① 행정청은 과태료 징수 또는 공익목적을 위하여 필요한 경우 「국세징수법」 제7조의2를 준용하여 「신용정보의 이용 및 보호에 관한 법률」 제2조에 따른 신용정보회사 또는 같은 법 제25조에 따른 신용정보집중기관의 요청에 따라 체납 또는 결손처분자료를 제공할 수 있다(질서위반행위규제법 제53조 제1항 본문). ② 행정청은 당사자에게 과태료를 납부하지 아니할 경우에는 체납 또는 결손처분자료를 제1항의 신용정보회사또는 신용정보집중기관에게 제공할 수 있음을 미리 알려야 한다(질서위반행위규제법 제53조 제2항). ③ 행정청은 제1항에 따라 체납 또는 결손처분자료를 제공한 경우에는 대통령령으로 정하는 바에 따라 해당 체납자에게 그 제공사실을 통보하여야 한다(질서위반행위규제법 제53조 제3항).

(3) **고액·상습체납자에 대한 제재**　　　① 법원은 검사의 청구에 따라 결정으로 30일의 범위 이내에서 과태료의 납부가 있을 때까지 다음 각 호(1. 과태료를 3회 이상 체납하고 있고, 체납발생일부터 각 1년이 경과하였으며, 체납금액의 합계가 1,000만원 이상인 체납자 중 대통령령으로 정하는 횟수와 금액 이상을 체납한 경우, 2. 과태료 납부능력이 있음에도 정당한 사유없이 체납한 경우)의 사유에 모두 해당하는 경우 체납

자(법인인 경우에는 대표자를 말한다. 이하 이 조에서 같다)를 감치(監置)에 처할 수 있다 (질서위반행위규제법 제54조 제1항). ② 행정청은 과태료 체납자가 제1항 각 호의 사유에 모두 해당하는 경우에는 관할 지방검찰청 또는 지청의 검사에게 체납자의 감치를 신청할 수 있다(질서위반행위규제법 제54조 제2항). ③ 제1항에 따라 감치에 처하여진 과태료 체납자는 동일한 체납사실로 인하여 재차 감치되지 아니한다(질서위반행위규제법 제54조 제4항).

(4) 자동차 관련 과태료 체납자에 대한 자동차 등록번호판의 영치

① 행정청은「자동차관리법」제2조 제1호에 따른 자동차의 운행·관리 등에 관한 질서위반행위 중 대통령령으로 정하는 질서위반행위로 부과받은 과태료(이하 "자동차 관련 과태료"라 한다)를 납부하지 아니한 자에 대하여 체납된 자동차 관련 과태료와 관계된 그 소유의 자동차의 등록번호판을 영치할 수 있다(질서위반행위규제법 제55조 제1항). ② 자동차 관련 과태료를 납부하지 아니한 자가 체납된 자동차 관련 과태료를 납부한 경우 행정청은 영치한 자동차 등록번호판을 즉시 내주어야 한다(질서위반행위규제법 제55조 제3항).

제 2 절 행정상 강제

제 1 항 일 반 론

[163] 행정상 강제의 관념

1. 의 의

행정청은 행정목적을 달성하기 위하여 필요한 경우에는 법률로 정하는 바에 따라 필요한 최소한의 범위에서 다음 각 호(행정대집행, 이행강제금의 부과, 직접강제, 강제징수, 즉시강제)의 어느 하나에 해당하는 조치를 할 수 있다(행정기본법 제30조 제 1 항). 행정기본법은 이러한 수단들을 행정상 강제라 부르고 있다(행정기본법 제30조 명칭).

2. 유 형

행정대집행·이행강제금의 부과·직접강제·강제징수는 의무자가 행정상 의무를 불이행하는 경우의 행정상 강제수단이고, 즉시강제는 의무의 부과와 동시에 이루어지는 행정상 강제수단이다. 이하에서 행정대집행·이행강제금의 부과·직접강제·강제징수를 합하여 강제집행으로 부르기로 한다.

3. 행정상 강제 법정주의

행정기본법 제30조 제 1 항은 "···법률로 정하는 바에 따라···조치(행정상 강제)를 할 수 있다"고 규정하고 있다. 따라서 행정기본법은 행정상 강제는 법률로 정하는 바에 따라야 한다는 행정상 강제 법정주의를 취하고 있다.

4. 비례원칙

행정기본법 제31조 제 1 항은 ① "행정목적을 달성하기 위하여 필요한 경우"에 ② "필요한 최소한의 범위에서" 조치(행정상 강제)를 할 수 있다"고 규정하여 행정상 강제가 이루어질 수 있는 실체적 요건으로서 비례원칙을 규정하고 있다.

제 2 항   강제집행

[164]   행정대집행

1. 의   의

의무자가 행정상 의무(법령등에서 직접 부과하거나 행정청이 법령등에 따라 부과한 의무를 말한다. 이하 이 절에서 같다)로서 타인이 대신하여 행할 수 있는 의무를 이행하지 아니하는 경우 법률로 정하는 다른 수단으로는 그 이행을 확보하기 곤란하고 그 불이행을 방치하면 공익을 크게 해칠 것으로 인정될 때에 행정청이 의무자가 하여야 할 행위를 스스로 하거나 제 3 자에게 하게 하고 그 비용을 의무자로부터 징수하는 것을 말한다(행정기본법 제30조 제 1 항 제 1 호). 예컨대, 서대문구청장이 甲에게 甲이 축조한 무허가건물을 철거할 것을 명하였음에도 甲이 철거하지 아니하면, 서대문구청장은 소속 공무원으로 하여금 甲의 무허가건물을 철거토록 하고, 철거에 드는 비용을 甲으로부터 받아내는 것과 같이, 대체적 작위의무, 즉 타인이 대신하여 행할 수 있는 의무(예 : 불법건물의 철거)의 불이행이 있는 경우, 당해 행정청이 불이행된 의무를 스스로 행하거나 제 3 자로 하여금 이행하게 하고, 그 비용을 의무자로부터 징수하는 것을 행정대집행(行政代執行)이라 한다.

2. 법적 근거

행정대집행은 법률의 근거가 있어야 가능하다(행정기본법 제30조 제 1 항). 행정대집행에 관한 일반법으로 행정대집행법이 있다. 행정대집행에 관한 규정을 갖는 개별 법률도 있다(예 : 건축법 제85조, 골재채취법 제33조, 공익사업을 위한 토지 등의 취득 및 보상에 관한 법률 제89조). 개별 법률에 특별한 규정이 없는 경우에는 행정대집행법이 일반법으로 적용된다.

> ■**공익사업을 위한 토지 등의 취득 및 보상에 관한 법률** 제89조(대집행) ① 이 법 또는 이 법에 따른 처분으로 인한 의무를 이행하여야 할 자가 그 정하여진 기간 이내에 의무를 이행하지 아니하거나 완료하기 어려운 경우 또는 그로 하여금 그 의무를 이행하게 하는 것이 현저히 공익을 해친다고 인정되는 사유가 있는 경우에는 사업시행자는 시·도지사나 시장·군수 또는 구청장에게 「행정대집행법」에서 정하는 바에 따라 대집행을 신청할 수 있다. 이 경우 신청을 받은 시·도지사나 시장·군수 또는 구청장은 정당한 사유가 없으면 이에 따라야 한다.
> ② 사업시행자가 국가나 지방자치단체인 경우에는 제 1 항에도 불구하고 「행정대집행법」에서 정하는 바에 따라 직접 대집행을 할 수 있다.

3. 요　건

행정대집행의 요건은 행정대집행법 제 2 조가 규정하고 있다. 행정대집행법 제 2 조는 대집행의 요건으로 ① 공법상 의무의 불이행이 있을 것(사법상 의무는 대집행의 대상이 아니다), ② 불이행된 의무는 대체적 작위의무일 것(비대체적 작위의무는 대집행의 대상이 아니다), ③ 다른 방법이 없을 것(대집행보다 침해가 경미한 수단이 있으면 대집행할 수 없다), 그리고 ④ 공익상의 요청이 있을 것(대집행하는 것이 실제상 공익에 보탬이 되지 아니하면 대집행할 수 없다)을 규정하고 있다.

■**행정대집행법** 제2조(대집행과 그 비용징수) 법률(법률의 위임에 의한 명령, 지방자치단체의 조례를 포함한다. 이하 같다)에 의하여 직접 명령되었거나 또는 법률에 의거한 행정청의 명령에 의한 행위로서 타인이 대신하여 행할 수 있는 행위를 의무자가 이행하지 아니하는 경우 다른 수단으로써 그 이행을 확보하기 곤란하고 또한 그 불이행을 방치함이 심히 공익을 해할 것으로 인정될 때에는 당해 행정청은 스스로 의무자가 하여야 할 행위를 하거나 또는 제3자로 하여금 이를 하게 하여 그 비용을 의무자로부터 징수할 수 있다

4. 주 체

① 행정대집행을 결정하고 이를 실행할 수 있는 권한을 가진 자를 대집행주체(代執行主體)라 한다. 대집행주체는 당해 행정청이다(행정대집행법 제2조). 당해 행정청이란 의무를 부과한 행정청을 의미한다. 그것은 국가기관일 수도 있고, 지방자치단체의 기관일 수도 있다. ② 대집행을 현실로 수행하는 자를 대집행행위자(代執行行爲者)라 하는데, 대집행행위자는 반드시 당해 행정청이어야 하는 것은 아니다. 예컨대 행정청과 제3자(예 : ○○건설주식회사) 사이에 사법상 도급계약을 통해 제3자가 대집행을 수행할 수도 있다.

5. 절 차

행정대집행의 절차는 행정대집행법 제3조가 규정하고 있다. 대집행은 ① 계고 → ② 대집행영장에 의한 통지 → ③ 대집행의 실행 → ④ 비용의 징수의 순으로 이루어진다. 계고(戒告)란 대집행요건이 갖추어진 경우, 상당한 이행기한을 정하여 그 기한까지 이행되지 아니할 때에는 대집행을 한다는 뜻을 미리 문서로써 알리는 것을 말한다(행정대집행법 제3조 제1항).

■**행정대집행법** 제3조(대집행의 절차) ① 전조의 규정에 의한 처분(이하 대집행이라 한다)을 하려함에 있어서는 상당한 이행기한을 정하여 그 기한까지 이행되지 아니할 때에는 대집행을 한다는 뜻을 미리 문서로써 계고하여야 한다. 이 경우 행정청은 상당한 이행기한을 정함에 있어 의무의 성질·내용 등을 고려하여 사회통념상 해당 의무를 이행하는 데 필요한 기간이 확보되도록 하여야 한다.
② 의무자가 전항의 계고를 받고 지정기한까지 그 의무를 이행하지 아니할 때에

는 당해 행정청은 대집행영장으로써 대집행을 할 시기, 대집행을 시키기 위하여 파견하는 집행책임자의 성명과 대집행에 요하는 비용의 개산(槪算)에 의한 견적액을 의무자에게 통지하여야 한다.

③ 비상시 또는 위험이 절박한 경우에 있어서 당해 행위의 급속한 실시를 요하여 전 2항에 규정한 수속을 취할 여유가 없을 때에는 그 수속을 거치지 아니하고 대집행을 할 수 있다.

6. 권리보호(1) ― 행정심판과 행정소송

① 대집행(계고, 대집행영장에 의한 통지, 대집행의 실행)에 대하여는 행정심판(行政審判)을 제기할 수 있다(행정대집행법 제 7 조). ② 대집행에 대한 행정심판의 제기가 법원에 대한 출소의 권리를 방해하지 아니한다(행정대집행법 제 8 조). 즉, 대집행에 관하여 불복이 있는 자는 행정소송(行政訴訟)의 제기를 통하여 위법한 대집행을 다툴 수도 있다. 한편, ③ 행정기본법 제36조가 정하는 바에 이의신청을 할 수도 있다.

7. 권리보호(2) ― 집행정지와 손해배상

① 대집행이 완료되면 더 이상 행정쟁송을 제기할 권리보호(權利保護)의 필요는 없게 된다. 따라서 대집행이 완료되기 전에 집행정지제도를 활용할 필요가 있다. 예컨대 서대문구청장이 甲소유의 A건물이 불법건물이라 하여 甲에게 철거처분을 내렸으나 甲은 A건물이 불법건물이 아니라는 이유로 불응하였고, 이에 서대문구청장이 대집행(강제철거)에 나섰다고 하자. 甲으로서는 대집행의 취소를 구하는 행정심판이나 행정소송을 제기하려면 A건물이 철거되기 전까지 하여야 한다. 왜냐하면 판례는 행정심판이나 행정소송으로 다투는 것은 위법한 대집행 자체의 제거를 목적으로 하는 것이지, 사라진 건물을 다시 짓는 것을 목적으로 하는 것은 아니므로 이미 철거된 건물에 대한 대집행의 취소를 구할 수 없다고 하기 때문이다. 말하자면 A건물이 서대문구청장에 의해 현실적으로 철거되어 버린 후에는 행정심판이나 행정소송에서 甲이 이긴다고 하여도 A건물이 저절로 되살아나는 것은 아니기 때문에 甲의 권리(소유권)를 보호할 필요성이 없기 때문이라는 것이다. 따라서

甲으로서는 대집행의 효력을 묶어두는 집행정지제도(執行停止制度)를 활용하여 서대문구청장의 대집행을 묶어두고 행정심판이나 행정소송을 제기할 필요가 있다. ② 만약 서대문구청장이 A건물을 철거해버린 후라면 甲은 서대문구를 상대로 손해배상(損害賠償)을 청구할 수 있을 뿐이다

[165] 이행강제금의 부과

1. 의 의

이행강제금의 부과란 의무자가 행정상 의무를 이행하지 아니하는 경우 행정청이 적절한 이행기간을 부여하고, 그 기한까지 행정상 의무를 이행하지 아니하면 금전급부의무를 부과하는 것을 말한다(행정기본법 제30조 제 1 항 제 2 호). 달리 말하면, 서대문구청장이 위법하게 증축한 甲에게 시정명령을 내렸음에도 甲이 시정하지 아니하면, 서대문구청장은 건축법이 정하는 바에 따라 甲에게 일정한 기간까지 시정할 것을 명하고 아울러 시정하지 아니하면 일정 금액의 금전납부의무를 부과할 것을 통지하게 된다. 이와 같이 의무의 불이행시에 일정액수의 금전납부의무가 부과될 것임을 의무자에게 미리 계고함으로써 의무의 이행을 확보하는 수단 내지 이러한 수단에서 말하는 금전을 이행강제금(履行强制金)이라 한다.

2. 법적 근거

(1) **부과 근거에 관한 법률**   이행강제금의 부과는 개별 법률에 근거가 있어야 한다(행정기본법 제30조 제 1 항). 그러한 개별 법률에는 이행강제금에 관한 다음 각 호의 사항(1. 부과·징수 주체, 2. 부과 요건, 3. 부과 금액, 4. 부과 금액 산정기준, 5. 연간 부과 횟수나 횟수의 상한)을 명확하게 규정하여야 한다(행정기본법 제31조 제 1 항 본문). 개별 법률로 건축법과 주차장법 등을 볼 수 있다.

■**건축법** 제80조(이행강제금) ① 허가권자는 제79조 제 1 항에 따라 시정명령을 받은 후 시정기간 내에 시정명령을 이행하지 아니한 건축주등에 대하여는 그 시정

명령의 이행에 필요한 상당한 이행기한을 정하여 그 기한까지 시정명령을 이행하지 아니하면 다음 각 호의 이행강제금을 부과한다. …

■ **주차장법** 제32조(이행강제금) ① 시장·군수 또는 구청장은 제19조의4 제 3 항 전단에 따른 원상회복명령을 받은 후 그 시정기간 이내에 그 원상회복명령을 이행하지 아니한 시설물의 소유자 또는 부설주차장의 관리책임이 있는 자에게 다음 각 호의 한도에서 이행강제금을 부과할 수 있다. (각 호 생략)

(2) **부과절차 등에 관한 법률**   이행강제금의 부과절차 등은 부과의 근거를 규정하는 법률(이행강제금 부과의 근거법률)에 따른다. 이행강제금 부과의 근거법률에 규정이 없는 사항에 대해서는 행정기본법 제31조 제 2 항 이하에 의한다.

3. 부과 금액의 가중 감경

행정청은 ① 의무 불이행의 동기, 목적 및 결과, ② 의무 불이행의 정도 및 상습성, ③ 그 밖에 행정목적을 달성하는 데 필요하다고 인정되는 사유를 고려하여 이행강제금의 부과 금액을 가중하거나 감경할 수 있다(행정기본법 제31조 제 2 항).

4. 부과절차

(1) **문서에 의한 계고**   행정청은 이행강제금을 부과하기 전에 미리 의무자에게 적절한 이행기간을 정하여 그 기한까지 행정상 의무를 이행하지 아니하면 이행강제금을 부과한다는 뜻을 문서로 계고하여야 한다(행정기본법 제31조 제 3 항).

(2) **이행강제금 부과처분**   행정청은 의무자가 제 3 항에 따른 계고에서 정한 기한까지 행정상 의무를 이행하지 아니한 경우 이행강제금의 부과 금액·사유·시기를 문서로 명확하게 적어 의무자에게 통지하여야 한다(행정기본법 제31조 제 4 항).

(3) **반복부과**   행정청은 의무자가 행정상 의무를 이행할 때까지

이행강제금을 반복하여 부과할 수 있다. 다만, 의무자가 의무를 이행하면 새로운 이행강제금의 부과를 즉시 중지하되, 이미 부과한 이행강제금은 징수하여야 한다(행정기본법 제31조 제5항).

5. 강제징수

행정청은 이행강제금을 부과받은 자가 납부기한까지 이행강제금을 내지 아니하면 국세 체납처분의 예 또는 「지방행정제재·부과금의 징수 등에 관한 법률」에 따라 징수한다(행정기본법 제31조 제6항).

6. 권리보호

이행강제금의 부과가 잘못이라든지 또는 부과된 이행강제금이 과다하다든지 하여 이행강제금의 부과처분에 불복이 있는 자는 개별 법률이 정하는 바에 따라 다툴 수 있다. 개별 법률에 특별히 정하는 것이 없다면, 행정심판법이나 행정소송법이 정하는 바에 따라 다툴 수 있다. 행정기본법 제36조가 정하는 바에 따라 이의신청을 할 수도 있다. 그러나 행정기본법상 처분의 재심사는 허용되지 아니한다(행정기본법 제38조 제1항).

[166] 직접강제

1. 의 의

직접강제란 의무자가 행정상 의무를 이행하지 아니하는 경우 행정청이 의무자의 신체나 재산에 실력을 행사하여 그 행정상 의무의 이행이 있었던 것과 같은 상태를 실현하는 것을 말한다(행정기본법 제30조 제1항 제3호). 달리 말하면, 해군이 작전훈련을 위해 A해상에 어선의 출입을 금지하였음에도 불구하고 어민 甲이 A해역에서 조업을 하고 있다면, 해군은 甲에게 A해상 밖으로 나갈 것을 명할 것이고, 그럼에도 甲이 A해역에서 조업을 계속한다면, 해군은 강제로 甲의 어선을 A해상 밖으로 끌어내게 된다. 이와 같이 의무자가 의무를 불이행할 때, 행정기관이 직접 의무자의 신체·재산에 실력을 가하여 의무자가 직접 의무를 이행한 것과 같은 상태를 실현하는 작용을 직접강제(直接强制)라 한다.

2. 법적 근거

(1) **근거에 관한 법률**   직접강제는 개별 법률에 근거가 있어야 한다(행정기본법 제30조 제1항). 그러한 법률로 공중위생관리법 등을 볼 수 있다.

■ **공중위생관리법** 제11조(공중위생영업소의 폐쇄등) ⑤ 시장·군수·구청장은 공중위생영업자가 제1항의 규정에 의한 영업소폐쇄명령을 받고도 계속하여 영업을 하는 때에는 관계공무원으로 하여금 당해 영업소를 폐쇄하기 위하여 다음 각호의 조치를 하게 할 수 있다. 제3조 제1항 전단을 위반하여 신고를 하지 아니하고 공중위생영업을 하는 경우에도 또한 같다.
1. 당해 영업소의 간판 기타 영업표지물의 제거
2. 당해 영업소가 위법한 영업소임을 알리는 게시물등의 부착
3. 영업을 위하여 필수불가결한 기구 또는 시설물을 사용할 수 없게 하는 봉인
제3조(공중위생영업의 신고 및 폐업신고) ① 공중위생영업을 하고자 하는 자는 공중위생영업의 종류별로 보건복지부령이 정하는 시설 및 설비를 갖추고 시장·군수·구청장(자치구의 구청장에 한한다. 이하 같다)에게 신고하여야 한다. ….

(2) **절차 등에 관한 일반법**   직접강제의 절차 등은 직접강제를 규정하는 법률(직접강제의 근거법률)에 따른다. 직접강제의 근거법률에 규정이 없는 사항에 대해서는 행정기본법 제32조에 의한다.

3. 보충성

직접강제는 행정대집행이나 이행강제금 부과의 방법으로는 행정상 의무이행을 확보할 수 없거나 그 실현이 불가능한 경우에 실시하여야 한다(행정기본법 제32조 제1항). 이것은 직접강제가 행정대집행이나 이행강제금 부과의 관계에서 보충적인 지위에 있음을 의미한다.

4. 절 차

(1) **증표의 제시**   직접강제를 실시하기 위하여 현장에 파견되는 집행책임자는 그가 집행책임자임을 표시하는 증표를 보여 주어야 한다(행정기본법 제32조 제 2 항). 증표를 보여 주는 것은 직접강제의 절차요건으로서 필요적이다.

(2) **계고와 통지**   ① 행정청은 직접강제를 하기 전에 미리 의무자에게 적절한 이행기간을 정하여 그 기한까지 행정상 의무를 이행하지 아니하면 직접강제를 한다는 뜻을 문서로 계고하여야 한다(행정기본법 제32조 제 3 항, 제31조 제 3 항). ② 행정청은 의무자가 제 3 항의 계고에서 정한 기한까지 행정상 의무를 이행하지 아니한 경우 직접강제의 실시 사유·시기를 문서로 명확하게 적어 의무자에게 통지하여야 한다(행정기본법 제32조 제 3 항, 제31조 제 4 항).

5. 권리보호

① 직접강제의 발동은 기본적으로 사실작용이지만, 상대방에게 수인의무를 요구한다는 점에서 법적 행위의 성질도 갖는다. 따라서 직접강제의 발동도 행정심판이나 행정소송의 대상이 된다. 그러나 직접강제는 통상 신속하게 종료되므로, [164] 7.에서 본 바와 같은 이유로 권리보호의 이익이 없게 된다. 이 때문에 직접강제수단을 행정심판이나 행정소송의 대상으로 하는 것은 현실적으로 기대하기 어렵다. 침해가 장기간에 걸치는 직접강제의 경우에는 사정에 따라 행정심판이나 행정소송을 제기할 수도 있다. 행정기본법 제36조가 정하는 바에 따라 이의신청을 할 수도 있다. 한편, ② 위법한 직접강제를 통해 손해를 입은 자는 특별규정이 없는 한 국가배상법이 정하는 바에 따라 국가나 지방자치단체를 상대로 손해배상을 청구할 수 있다.

[167] 강제징수

1. 의 의

강제징수란 의무자가 행정상 의무 중 금전급부의무를 이행하지 아니하는 경우 행정청이 의무자의 재산에 실력을 행사하여 그 행정상 의무가 실현된 것과 같은 상태를 실현하는 것을 말한다(행정기본법 제30조 제 1 항 제 4 호). 달리 말하면, 서대문세무서장이 乙에게 과세처분을 하였으나 乙이 세금을 납부하지 아니하면, 서대문세무서장이 乙의 재산을 강제로 팔아서 세금으로 충당하는 것과 같이, 사인이 국가 또는 지방자치단체 등에 대해 부담하고 있는 공법상 금전급부의무를 불이행한 경우에 행정청이 강제적으로 그 의무가 이행된 것과 같은 상태를 실현하는 작용을 강제징수(强制徵收)라 한다.

2. 법적 근거

강제징수는 법률의 근거가 있어야 가능하다(행정기본법 제30조 제 1 항). 여러 법률이 강제징수에 있어서 원래 국세징수를 위한 법률인 「국세징수법」을 준용하고 있는 결과, 국세징수법은 공법상 금전급부의무의 강제에 관한 일반법으로 기능하고 있다.

3. 절 차

국세징수법상 강제징수는 체납자가 관할 세무서장의 독촉장을 발급받고 지정된 기한까지 국세 또는 체납액을 완납하지 아니한 경우 ① 재산의 압류, ② 압류재산의 매각·추심, ③ 청산의 절차에 따라 이루어진다, 압류는 의무자의 재산에 대하여 사실상 및 법률상의 처분을 금지하고, 아울러 이를 확보하는 강제적인 보전행위를 말하고, 매각이란 압류한 재산을 팔아서 금전으로 확보하는 것을 말하고, 청산이란 확보된 금전 등으로 강제징수비, 국세, 가산세 기타의 채권에 배분하는 것을 말한다.

4. 권리보호

강제징수에 대하여 불복이 있을 때에는 개별 법령에 특별한 규정이 없는 한 국세기본법(제55조 이하)·행정심판법·행정소송법이 정한 바에 따라 전심절차를 거쳐 행정상 쟁송을 제기할 수 있다. 물론 불복을 할 수 있는 자는 강제징수에 대하여 법률상 직접적인 이해관계를 가진 자에 국한된다.

제 3 항   즉시강제

[168] 관 념

1. 의 의

현재의 급박한 행정상의 장해를 제거하기 위한 경우로서 다음 각 목(가. 행정청이 미리 행정상 의무 이행을 명할 시간적 여유가 없는 경우, 나. 그 성질상 행정상 의무의 이행을 명하는 것만으로는 행정목적 달성이 곤란한 경우)의 어느 하나에 해당하는 경우에 행정청이 곧바로 국민의 신체 또는 재산에 실력을 행사하여 행정목적을 달성하는 것을 말한다(행정기본법 제30조 제 1 항 제 5 호). 달리 말하면, 홍수가 나서 교량(다리)에 균열이 생겨서 무너질 가능성이 발생하면, 경찰관은 즉시로 그 다리를 지나가려는 사람들에게 통행을 금지시키고, 통행인들은 금지통보를 받는 순간부터 통행을 하지 말아야 한다. 통행을 하려고 하면 경찰관은 힘으로 통행을 막는다. 이와 같이 '행정상 장해가 존재하거나 장해의 발생(예 : 교량의 붕괴)이 목전에 급박한 경우에 성질상 개인에게 의무를 명해서는 공행정목적을 달성할 수 없거나, 또는 미리 의무를 명할 시간적 여유가 없는 경우에 행정기관이 직접 개인의 신체나 재산에 실력을 가해 행정상 필요한 상태의 실현을 목적으로 하는 작용'을 즉시강제(行政上 卽時强制)라 한다.

2. 법적 근거

(1) 근거에 관한 법률   즉시강제는 개별 법률에 근거가 있어야 한다(행정기본법 제30조 제1항). 그러한 법률로 경찰관 직무집행법, 마약류관리에 관한 법률(제47조), 소방기본법(제25조), 감염병의 예방 및 관리에 관한 법률(제42조) 등이 있다.

(2) 절차 등에 관한 일반법   즉시강제의 절차 등은 즉시강제를 규정하는 법률(즉시강제의 근거법률)에 따른다. 즉시강제의 근거법률에 규정이 없는 사항에 대해서는 행정기본법 제33조에 의한다.

3. 보충성

즉시강제는 다른 수단으로는 행정목적을 달성할 수 없는 경우에만 허용되며, 이 경우에도 최소한으로만 실시하여야 한다(행정기본법 제33조 제1항). 이것은 즉시강제가 다른 수단과의 관계에서 보충적인 지위에 있음을 의미한다.

[169] 절차와 권리보호

1. 절 차

(1) 사전고지(원칙)   즉시강제를 실시하기 위하여 현장에 파견되는 집행책임자는 그가 집행책임자임을 표시하는 증표를 보여 주어야 하며, 즉시강제의 이유와 내용을 고지하여야 한다(행정기본법 제33조 제2항). 증표를 보여 주는 것과 이유와 내용을 고지하는 것은 즉시강제의 절차요건으로서 필요적이다.

(2) 사후고지(예외)   제2항에도 불구하고 집행책임자는 즉시강제를 하려는 재산의 소유자 또는 점유자를 알 수 없거나 현장에서 그 소재를 즉시 확인하기 어려운 경우에는 즉시강제를 실시한 후 집행책임자의 이름 및 그 이유와 내용을 고지할 수 있다. 다만, 다음 각 호(1. 즉시강제를 실시한 후에도 재산의 소유자 또는 점유자를 알 수 없는 경우, 2. 재산의 소유자 또는 점유자가 국외에 거

주하거나 행방을 알 수 없는 경우, 3. 그 밖에 대통령령으로 정하는 불가피한 사유로 고지할 수 없는 경우)에 해당하는 경우에는 게시판이나 인터넷 홈페이지에 게시하는 등 적절한 방법에 의한 공고로써 고지를 갈음할 수 있다(행정기본법 제33조 제 3 항). 사후고지는 사전고지의 원칙을 정하는 행정기본법 제33조 제 2 항이 적용될 수 없는 경우에 보충적으로 적용된다.

(3) **영장주의 적용 여부**　　헌법은 제12조에서 신체의 구속 등에 영장이 필요함을, 제16조에서 주거의 수색 등의 경우에 영장이 필요함을 규정하고 있다. 그러나 헌법은 행정작용의 경우에는 명시적으로 표현하는 바가 없다. 행정작용의 경우에도 영장이 필요한가의 문제와 관련하여 영장이 필요하다는 견해(영장필요설), 영장이 불필요하다는 견해(영장불요설)와 원칙적으로 영장필요설에 입각하면서도 행정목적의 달성을 위해 불가피하다고 인정할 만한 특별한 사유가 있는 경우에는 사전영장주의의 적용을 받지 않는다는 견해(절충설)가 있으나, 절충설이 일반적 견해이자 판례의 입장이다.

　　■헌법 제12조 ③ 체포·구속·압수 또는 수색을 할 때에는 적법한 절차에 따라 검사의 신청에 의하여 법관이 발부한 영장을 제시하여야 한다. …
　　제16조 모든 국민은 주거의 자유를 침해받지 아니한다. 주거에 대한 압수나 수색을 할 때에는 검사의 신청에 의하여 법관이 발부한 영장을 제시하여야 한다.

2. 권리보호

① 직접강제의 발동은 기본적으로 사실작용이지만, 상대방에게 수인의무를 요구한다는 점에서 법적 행위의 성질도 갖는다. 따라서 직접강제의 발동도 행정심판이나 행정소송의 대상이 된다. 그러나 직접강제는 통상 신속하게 종료되므로, [164] 7.에서 본 바와 같은 이유로 권리보호의 이익이 없게 된다. 이 때문에 직접강제수단을 행정심판이나 행정소송의 대상으로 하는 것은 현실적으로 기대하기 어렵다. 침해가 장기간에 걸치는 직접강제의 경우에는 사정에 따라 행정심판이나 행정소송을 제기할 수도 있다. 행정기본법 제36조가 정하는 바에 따라 이의신청을 할 수도 있다. 한편, ②

위법한 직접강제를 통해 손해를 입은 자는 특별규정이 없는 한 국가배상법이 정하는 바에 따라 국가나 지방자치단체를 상대로 손해배상을 청구할 수 있다.

제 3 절 행정조사

[170] 행정조사의 관념

1. 의 의

서대문구 신촌동 연세대학교 정문 앞에서 범죄가 행해지려고 한다는 전화신고를 받고 출동한 서대문경찰서 소속 경찰관 A는 범죄예방을 위해 연세대학교 정문 앞에 있는 사람들 중 전화신고를 받은 내용에 대하여 알만하다고 생각되는 사람에게 그 내용에 관해 물어볼 수 있다. 강남구청장은 강남구의 역점사업을 정하기 위하여 강남구의 구민들에게 「강남구에서 가장 중요시 하여야 할 사업이 무엇이라 생각하는가」을 물어볼 수 있다. 이와 같이 적정하고도 효과적인 행정을 위해 "행정기관이 정책을 결정하거나 직무를 수행하는 데 필요한 정보나 자료를 수집하기 위하여 현장조사·문서열람·시료채취 등을 하거나 조사대상자에게 보고요구·자료제출요구 및 출석·진술요구를 행하는 활동"을 행정조사(行政調査)라 한다(행정조사기본법 제 2 조 제 1 호). 행정조사는 행정기관이 개인에 관한 자료·정보를 수집하는 사실행위 또는 사실행위와 법적 행위의 합성적 행위(合成的 行爲)로서의 조사작용이다.

2. 종 류

행정조사는 조사의 성질에 따라 권력적 행정조사와 비권력적 행정조사로 구분된다. 비권력적 조사는 법적 효과를 가져오지 아니하지만(예 : 앞의 강남구청장의 여론조사의 경우), 권력적 조사의 경우에는 조사에 대하여 참아야 하는 수인의무를 가져온다(예 : 앞의 서대문경찰서 소속 경찰관 A의 불심검문). 그 밖에 조사의 방법에 따라 직접조사·간접조사, 조사의 대상에 따라 대인적 조사·대물적 조사·대가택조사, 조사의 영역에 따라 경찰행정상 조사·경제행정상 조사·교육행정상 조사, 조사의 목적의 개별성과 일반성에 따라 개별조사·일반조사로 구분된다.

3. 법적 근거

① 행정조사에 관한 일반법으로 행정조사기본법이 있다. 동법은 행정조사에 관한 기본원칙·행정조사의 방법 및 절차 등에 관한 공통적인 사항을 규정함으로써 행정의 공정성·투명성 및 효율성을 높이고, 국민의 권익을 보호함을 목적으로 제정되었다(행정조사기본법 제1조). 행정조사에 관하여 다른 법률에 특별한 규정이 있는 경우를 제외하고는 행정조사기본법으로 정하는 바에 따른다(행정조사기본법 제3조 제1항). ② 개별법에서 행정조사에 관해 규정하기도 한다(예 : 경찰관 직무집행법 제3조 제1항, 소방의 화재조사에 관한 법률 제9조, 국세징수법 제27조).

■ **경찰관 직무집행법** 제3조(불심검문) ① 경찰관은 다음 각 호의 어느 하나에 해당하는 사람을 정지시켜 질문할 수 있다.
1. 수상한 행동이나 그 밖의 주위 사정을 합리적으로 판단하여 볼 때 어떠한 죄를 범하였거나 범하려 하고 있다고 의심할 만한 상당한 이유가 있는 사람
2. 이미 행하여진 범죄나 행하여지려고 하는 범죄행위에 관한 사실을 안다고 인정되는 사람

■ **소방의 화재조사에 관한 법률** 제9조(출입·조사 등) ① 소방관서장은 화재조사를 위하여 필요한 경우에 관계인에게 보고 또는 자료 제출을 명하거나 화재조사관으로 하여금 해당 장소에 출입하여 화재조사를 하게 하거나 관계인등에게 질문하게 할 수 있다.

■ **국세징수법** 제27조(질문권·검사권) 세무공무원은 체납처분을 집행하면서 압류할 재산의 소재 또는 수량을 알고자 할 때에는 다음 각 호의 어느 하나에 해당하는 자에게 질문하거나 장부, 서류, 그 밖의 물건을 검사할 수 있다.

1. 체납자
2. 체납자와 거래관계가 있는 자
3. 체납자의 재산을 점유하는 자
(제 4 호 이하 생략)

행정기관은 법령등에서 행정조사를 규정하고 있는 경우에 한하여 행정조사를 실시할 수 있다. 다만, 조사대상자의 자발적인 협조를 얻어 실시하는 행정조사의 경우에는 그러하지 아니하다(행정조사기본법 제 5 조).

[171] 행정조사의 한계

1. 실체법상 한계

① 행정조사는 그 조사의 목적에 필요한 범위 내에서만 가능하다. 경찰관이 과세자료를 얻기 위하여 조사할 수는 없고, 구청장이 자신의 인기를 유지하기 위하여 여론몰이용 행정조사를 할 수 없는 것과 같이 권력적 조사와 비권력적 조사 모두 위법한 목적을 위한 조사는 불가능하다. ② 비권력적 조사를 포함하여 모든 행정조사는 기본권보장, 보충성의 원칙, 비례원칙 등 행정법의 일반원칙의 범위 내에서만 가능하다.

2. 절차법상 한계

① 권력적 조사의 경우, 헌법 제12조 제 3 항 및 제16조의 영장주의가 행정조사를 위한 질문·검사·가택출입 등의 경우에도 적용될 것인가의 문제가 있다. 논리적으로는 행정상 즉시강제의 경우처럼 영장필요설·영장불요설·절충설이 있는데, 절충설이 지배적인 견해이다. 생각건대 행정조사도 상대방의 신체나 재산에 직접 실력을 가하는 것인 한, 그리고 행정조사의 결과가 형사책임의 추궁과 관련성을 갖는 한 사전영장주의(事前令狀主義)는 원칙적으로 적용되어야 한다. 다만 긴급을 요하는 불가피한 경우에는 그러하지 않다고 보겠다. 다만 이 경우에도 침해가 장기적이면 사후영장이 필요하다. 절충설이 타당하다고 본다. 판례의 입장도 같다. ② 비권력적 행정조사

의 경우에는 영장주의의 문제가 생기지 아니한다. 비권력적 행정조사는 피조사자에 대해 강제력을 행사하는 것이 아니고 피조사자측의 임의적인 협력을 전제로 하는 것이기 때문이다.

[172] 실력행사와 위법조사

1. 실력행사

① 권력적 행정조사를 위한 임검 · 장부검사 · 가택수색 등의 경우에 피조사자측의 거부 · 방해 등이 있으면, 명시적인 규정이 없음에도 불구하고 행정조사를 행하는 공무원은 피조사자측의 저항을 실력으로 억압하고 강제조사(强制調査)를 할 수 있는가의 문제가 있다. 학설은 긍정설 · 부정설로 나뉘고 있다. 명문의 규정이 없다는 이유로 의무자의 위법한 저항을 억압할 수 없다고 하면, 권력적 조사제도의 취지는 몰각된다. 따라서 긍정설이 타당하다. 명문으로 강제할 수 없음을 규정하고 있는 경우(예 : 경찰관 직무집행법 제 3 조 제 2 항 단서 · 제 7 항)에는 물론 실력행사를 하여서는 아니 된다. ② 비권력적 조사의 경우에는 피조사자측의 저항이 있어도, 행정조사를 행하는 공무원은 실력으로 그 저항을 억압할 수 없다.

■ **경찰관 직무집행법** 제 3 조(불심검문) ② 경찰관은 제 1 항에 따라 같은 항 각 호의 사람을 정지시킨 장소에서 질문을 하는 것이 그 사람에게 불리하거나 교통에 방해가 된다고 인정될 때에는 질문을 하기 위하여 가까운 경찰서 · 지구대 · 파출소 또는 출장소(지방해양경찰관서를 포함하며, 이하 "경찰관서"라 한다)로 동행할 것을 요구할 수 있다. 이 경우 동행을 요구받은 사람은 그 요구를 거절할 수 있다. ⑦ 제 1 항부터 제 3 항까지의 규정에 따라 질문을 받거나 동행을 요구받은 사람은 형사소송에 관한 법률에 따르지 아니하고는 신체를 구속당하지 아니하며, 그 의사에 반하여 답변을 강요당하지 아니한다.

2. 위법조사의 효과

권력적 조사나 비권력적 조사가 위법하게 이루어진 경우, 그 위법이 당해 조사를 기초로 한 행정결정에 승계되는가의 문제가 있다. 예컨대 경찰관이 조사과정에서 폭력을 행사하여 확보한 자료를 근거로 처분을 하면, 그러한 처분이 적법한가의 문제가 있다. 학설은 적극설·소극설·절충설로 나뉘고 있다. 절충설(법령이 행정조사를 필수적인 절차로 규정하고 있는 경우에는 만약 조사자체가 위법하게 이루어졌다면, 조사의 결과 얻은 자료가 정당한 것이라고 하여도 하자 있는 결정으로 보아야 한다는 견해)이 전통적 견해이다. 그러나 국가는 어떠한 경우에도 적법하고 정당한 절차를 거쳐야만 하기 때문에 위법이 승계된다고 볼 것이다. 말하자면 그러한 처분은 위법하다고 보아야 한다.

[173] 행정조사의 권리보호

1. 적법조사의 경우

적법한 행정조사로 인하여 특별한 희생을 당한 자는 손실보상을 청구할 수 있다. 다만 현재로서는 이에 관한 일반법이 없다. 간혹 개별법규에서 나타나기도 한다(예 : 공익사업을 위한 토지 등의 취득 및 보상에 관한 법률 제9조).

■ **공익사업을 위한 토지 등의 취득 및 보상에 관한 법률** 제9조(사업의 준비를 위한 출입의 허가 등) ④ 사업시행자는 제1항에 따라 타인이 점유하는 토지에 출입하여 측량·조사함으로써 발생하는 손실을 보상하여야 한다.

2. 위법조사의 경우

① 위법한 권력적 조사처분의 취소·변경을 구할 법률상 이익이 있는 자는 권리보호의 필요가 구비되면 행정심판이나 행정소송을 제기할 수 있다. 그러나 권력적 행정조사가 완성되어버리면 취소나 변경을 구할 이익이 없기 때문에, 실제상 행정상 쟁송은 권력적 행정조사가 장기간에 걸쳐 계속되는 경우에 의미를 갖는다(이와 관련하여 이 책 [164] 7.을 보라). ② 위법한 행정조사로 인하여 손해를 입은 자는 국가나 지방자치단체를 상대로 국가배상법이 정하는 바에 따라 손해배상을 청구할 수 있다.

제 4 절   기타 수단

[174]   금전상 제재

1. 과징금

(1) 의 의   행정청이 법령등에 따른 의무를 위반한 자에 대하여 법률로 정하는 바에 따라 그 위반행위에 대한 제재로서 부과하는 금전을 말한다(행정기본법 제28조 제 1 항). 과징금은 성격에 따라 부당이득을 환수하는 성격의 과징금, 행정제재로서 금전적 제재 성격의 과징금, 사업의 취소·정지에 갈음하는 과징금의 유형으로 구분되기도 한다. 사업의 취소·정지에 갈음하는 과징금제도는 그 사업을 취소·정지하는 경우, 이용하는 국민들이 겪을 불편을 방지하기 위한 것이다.

(2) 과징금법정주의   행정기본법 제28조 제 1 항은 "행정청은 … 법률로 정하는 바에 따라 …과징금을 부과할 수 있다"고 하여 과징금법정주의를 규정하고 있다. 과징금법정주의는 헌법 제37조 제 2 항(국민의 모든 자유와 권리는 국가안전보장·질서유지 또는 공공복리를 위하여 필요한 경우에 한하여 법률로써 제한할 수 있으며, 제한하는 경우에도 자유와 권리의 본질적인 내용을 침해할 수 없다) 등에 따른 것이다. 과징금법정주의로 인해 법률의 근거 없이 과징금을 부과하면, 그러한 과징금 부과처분은 위법하나 처분이다. 과징금에 대한 일반법은 없고, 다만 식품위생법 등 개별법규에서 단편적으로 나타나고 있다.

■**식품위생법** 제82조(영업정지 등의 처분에 갈음하여 부과하는 과징금 처분) ① 식품의약품안전처장, 시·도지사 또는 시장·군수·구청장은 영업자가 제75조 제 1 항 각 호 또는 제76조 제 1 항 각 호의 어느 하나에 해당하는 경우에는 대통령령으로 정하는 바에 따라 영업정지, 품목 제조정지 또는 품목류 제조정지 처분을 갈음하여 10억원 이하의 과징금을 부과할 수 있다. …

제75조(허가취소 등) ① 식품의약품안전처장 또는 특별자치시장·특별자치도지사·시장·군수·구청장은 영업자가 다음 각 호의 어느 하나에 해당하는 경우에는 대통령령으로 정하는 바에 따라 영업허가 또는 등록을 취소하거나 6개월 이내 316 제 4 장 행정의 실효성확보의 기간을 정하여 그 영업의 전부 또는 일부를 정지하거나 영업소 폐쇄(제37조 제 4 항에 따라 신고한 영업만 해당한다. 이하 이 조에서 같다)를 명할 수 있다.

… (각 호 생략)

[**참고**] **과징금의 성격에 관한 판례**   「독점규제 및 공정거래에 관한 법률」이나 가맹사업법 등에 따른 과징금은 위반행위에 의하여 얻은 불법적인 경제적 이익을 박탈한다는 부당이득 환수뿐만 아니라, 위반행위의 억지라는 행정목적을 실현하기 위하여 부과된다는 성격을 모두 가지고 있다(대판 2024. 7. 11, 2022두64808).

2. 가산세

① 가산세(加算稅)란 '국세기본법 및 세법에서 규정하는 의무의 성실한 이행을 확보하기 위하여 세법에 따라 산출한 세액에 가산하여 징수하는 금액'을 말한다(국세기본법 제 2 조 제 4 호). ② 가산세는 의무이행의 확보를 위한 것이지 처벌은 아니다. ③ 가산세는 그 자체가 침익적 행정행위(급부하명)이므로 헌법 제37조 제 2 항에 비추어 법률의 근거가 필요하다. 가산세의 예로 국세기본법 제47조의4를 볼 수 있다.

■ **국세기본법** 제47조의4(납부지연가산세) ① 납세의무자(연대납세의무자, 납세자를 갈음하여 납부할 의무가 생긴 제 2 차 납세의무자 및 보증인을 포함한다)가 법정납부기한까지 국세(「인지세법」 제 8 조 제 1 항에 따른 인지세는 제외한다)의 납부(중간예납·예정신고납부·중간신고납부를 포함한다)를 하지 아니하거나 납부하여야 할 세액보다 적게 납부(이하 "과소납부"라 한다)하거나 환급받아야 할 세액보다 많이 환급(이하 "초과환급"이라 한다)받은 경우에는 다음 각 호의 금액을

합한 금액을 가산세로 한다. ….

[**참고**] **가산세의 성격에 관한 판례**   가산세는 납세의무자에게 부여된 협력의무위반에 대한 책임을 묻는 행정적 제재를 조세의 형태로 구성한 것인바, 의무위반에 대한 책임의 추궁에 있어서는 의무위반의 정도와 부과되는 제재 사이에 적정한 비례관계가 유지되어야 하므로, 조세의 형식으로 부과되는 금전적 제재인 가산세 역시 의무위반의 정도에 비례하여 부과되어야 하고, 그렇지 못한 경우에는 비례원칙에 어긋나서 재산권에 대한 부당한 침해가 된다(헌재 2024. 3. 28, 2020헌바466).

[175] 제재처분

1. 의   의

행정기본법상 "제재처분"이란 법령등에 따른 의무를 위반하거나 이행하지 아니하였음을 이유로 당사자에게 의무를 부과하거나(예 : 과징금 부과처분) 권익을 제한하는(예 : 식품판매업 허가 취소·정지 처분, 운전면허 취소·정지 처분) 처분을 말한다(행정기본법 제2조 제5호 본문). 다만, 제30조 제1항 각 호에 따른 행정상 강제는 제외한다(행정기본법 제2조 제5호 단서). 따라서 행정기본법상 행정상 강제와 제재처분은 별개의 제도이다.

2. 법적 근거

제재처분은 권익침해의 효과를 가져 오기 때문에 철회권의 유보가 있거나, 법률유보의 원칙상 명문의 근거가 있어야 한다. 제재처분의 근거가 되는 법률에는 제재처분의 주체, 사유, 유형 및 상한을 명확하게 규정하여야 한다. 이 경우 제재처분의 유형 및 상한을 정할 때에는 유사한 위반행위와의 형평성 등을 종합적으로 고려하여야 한다(행정기본법 제22조 제1항).

3. 종   류

제재처분에는 ① 미성년자에게 주류를 제공한 단란주점영업자에게 단란주점영업허가를 취소하는 것과 같이 인가·허가 등의 거부·정지·철회 등이 의무위반사항과 직접 관련을 갖는 사업에 대한 경우(예 : 식품위생법 제75조), ② 서대문구에서 단란주점을 하는 甲이 사업소득세를 납부하지 아니하는 경우, 서대문세무서장의 요구에 의하여 허가청인 서대문구청장이 甲의 단란주점영업의 허가를 취소하거나 정지하는 경우와 같이 인가·허가 등의 거부·정지·철회 등이 의무위반사항과 직접 관련을 갖지 아니하는 사업에 대한 경우(예 : 국세징수법 제7조, 지방세징수법 제7조), ③ 음주운전자에 대한 운전면허취소와 같이 영업·사업에 직접 관련이 없는 경우로 구분할 수 있다.

4. 제척기간

행정청은 법령등의 위반행위가 종료된 날부터 5년이 지나면 해당 위반행위에 대하여 제재처분(인허가의 정지·취소·철회처분, 등록 말소처분, 영업소 폐쇄처분과 정지처분을 갈음하는 과징금 부과처분을 말한다. 이하 이 조에서 같다)을 할 수 없다(행정기본법 제23조 제1항). 그러나 일정한 경우(1. 거짓이나 그 밖의 부정한 방법으로 인허가를 받거나 신고를 한 경우, 2. 당사자가 인허가나 신고의 위법성을 알고 있었거나 중대한 과실로 알지 못한 경우, 3. 정당한 사유 없이 행정청의 조사·출입·검사를 기피·방해·거부하여 제척기간이 지난 경우, 4. 제재처분을 하지 아니하면 국민의 안전·생명 또는 환경을 심각하게 해치거나 해칠 우려가 있는 경우)에는 5년이 경과되어도 제재처분을 할 수 있다(행정기본법 제23조 제2항).

5. 권리보호

① 제재처분이 위법하면 행정기본법에 따라 이의신청을 할 수 있고(행정기본법 제36조 제1항), 행정심판법에 따라 행정심판을 제기할 수 있으나, 행정기본법상 처분의 재심사는 허용되지 아니한다(행정기본법 제37조 제1항). ② 행정소송법이 정하는 바에 따라 행정소송을 제기할 수 있다. ③ 국가배상법이 정하는 바에 따라 손해배상을 청구할 수도 있다.

[176] 공 표

1. 의 의

국세청장은 10억 이상 고액의 세금을 체납하여 납세의무를 불이행하고 있는 자의 명단을 공개할 수 있고, 여성가족부장관은 청소년의 성을 사는 행위를 하여 청소년보호의무를 위반한 자의 이름 등을 공개할 수 있다. 이와 같이 행정청은 법령에 따른 의무를 위반한 자의 성명 · 법인명, 위반사실, 의무 위반을 이유로 한 처분사실 등(이하 "위반사실등"이라 한다)을 법률로 정하는 바에 따라 일반에게 알릴 수 있는바, 행정절차법은 이를 위반사실 등의 공표라 부른다(이 책에서는 단순히 공표로 부르기로 한다)(행정절차법 제40조의3 제 1 항).

2. 성 질

① 공표제도는 개인의 명예심 내지 수치심을 자극함으로써 개인에게 제재를 가하고 그로 인해 간접적으로 의무이행을 확보하는 성질을 갖는다. ② 공표는 행정의 실효성확보수단의 하나로서 사실행위이다. 공표는 의사표시를 요소로 하는 법적 행위가 아니므로 아무런 법적 효과(권리 · 의무)도 발생시키지 아니한다.

3. 법적 근거

행정청은 법령에 따른 의무를 위반한 자의 성명 · 법인명, 위반사실, 의무 위반을 이유로 한 처분사실 등(이하 "위반사실등"이라 한다)을 법률로 정하는 바에 따라 일반에게 공표할 수 있는바(행정절차법 제40조의3 제 1 항), 행정절차법은 공표법정주의를 규정하고 있다. 공표를 규정하는 개별 법률은 적지 않다. 공표를 규정하는 개별 법률에 특별히 정함이 없는 사항에 대해서는 행정절차법 제40조의3가 적용된다.

■ **공공기관의 정보공개에 관한 법률** 제 3 조(정보공개의 원칙) 공공기관이 보유 · 관리하는 정보는 국민의 알권리 보장 등을 위하여 이 법에서 정하는 바에 따라

적극적으로 공개하여야 한다.

■ **국세기본법** 제85조의5(불성실기부금수령단체 등의 명단 공개) ① 국세청장은 제81조의13과 「국제조세조정에 관한 법률」 제57조에도 불구하고 다음 각 호의 어느 하나에 해당하는 자의 인적사항 등을 공개할 수 있다. 다만, 체납된 국세가 이의신청·심사청구 등 불복청구 중에 있거나 그 밖에 대통령령으로 정하는 사유가 있는 경우에는 그러하지 아니하다.

1. 삭제

2. 대통령령으로 정하는 불성실기부금수령단체(이하 이 조에서 "불성실기부금수령단체"라 한다)의 인적사항, 국세추징명세 등

3. 「조세범 처벌법」 제 3 조 제 1 항, 제 4 조 및 제 5 조에 따른 범죄로 유죄판결이 확정된 자로서 「조세범 처벌법」 제 3 조 제 1 항에 따른 포탈세액 등이 연간 3억원 이상인 자(이하 "조세포탈범"이라 한다)의 인적사항, 포탈세액 등

4. 「국제조세조정에 관한 법률」 제53조 제 1 항에 따른 계좌신고의무자로서 신고기한 내에 신고하지 아니한 금액이나 과소 신고한 금액이 50억원을 초과하는 자(이하 이 조에서 "해외금융계좌신고의무위반자"라 한다)의 인적사항, 신고의무 위반금액 등

4. 절 차

① 행정청은 위반사실등의 공표를 하기 전에 사실과 다른 공표로 인하여 당사자의 명예·신용 등이 훼손되지 아니하도록 객관적이고 타당한 증거와 근거가 있는지를 확인하여야 한다(행정절차법 제40조의3 제 2 항). ② 행정청은 위반사실등의 공표를 할 때에는 미리 당사자에게 그 사실을 통지하고 의견제출의 기회를 주어야 한다(행정절차법 제40조의3 제 3 항 본문). ② 제 3 항에 따라 의견제출의 기회를 받은 당사자는 공표 전에 관할 행정청에 서면이나 말 또는 정보통신망을 이용하여 의견을 제출할 수 있다(행정절차법 제40조의3 제 4 항). ③ 행정청은 위반사실등의 공표를 하기 전에 당사자가 공표와 관련된 의무의 이행, 원상회복, 손해배상 등의 조치를 마친 경우에는 위반사실등의 공표를 하지 아니할 수 있다(행정절차법 제40조의3 제 7 항).

5. 권리보호

① 공표는 사실행위이지 행정쟁송법(행정심판법＋행정소송법)상 처분이 아니므로 행정상 쟁송의 대상이 될 수 없다. ② 공표는 사실행위이지만 국가배상법 제 2 조의 직무행위에 해당한다. 따라서 공표가 만약 위법한 것이라면, 손해배상을 청구할 수 있다. ③ 공표의 상대방은 민법 제764조에 근거하여 정정공고를 구할 수도 있다.

> ■ **민법** 제764조(명예훼손의 경우의 특칙) 타인의 명예를 훼손한 자에 대하여는 법원은 피해자의 청구에 의하여 손해배상에 갈음하거나 손해배상과 함께 명예회복에 적당한 처분을 명할 수 있다.

[177] 공급거부

과거에는 건축법에 위반되는 건축물의 소유자에게 전기·전화·수도 또는 도시가스공급을 중단할 수 있었다. 이와 같이 행정법상 의무의 위반·불이행이 있는 경우에 행정상 일정한 재화나 서비스의 공급을 거부하는 행정작용을 공급거부(供給拒否)라 한다. 공급거부는 침익적 행정이므로 헌법 제37조 제 2 항에 비추어 법률의 근거를 필요로 한다. 현행법상 공급거부에 관한 규정을 찾아보기 어렵다. 과거의 건축법에는 수도의 설치·공급금지에 관한 규정이 있었다.

> 2005년 11월 8일에 개정되기 전까지의 ■ **건축법** 제69조(위반건축물등에 대한 조치등) ① 허가권자는 대지 또는 건축물이 이 법 또는 이 법의 규정에 의한 명령이나 처분에 위반한 경우에는 이 법의 규정에 의한 허가 또는 승인을 취소하거나 그 건축물의 건축주·공사시공자·현장관리인·소유자·관리자 또는 점유자(이하 "건축주등"이라 한다)에 대하여 그 공사의 중지를 명하거나 상당한 기간을 정하여 그 건축물의 철거·개축·증축·수선·용도변경·사용금지·사용제한 기타 필요한 조치를 명할 수 있다.
> ② 허가권자는 제 1 항의 규정에 의하여 허가 또는 승인이 취소된 건축물 또는 제

1항의 규정에 의한 시정명령을 받고 이행하지 아니한 건축물에 대하여는 전기·
전화·수도의 공급자, 도시가스사업자 또는 관계행정기관의 장에게 전기·전화·
수도 또는 도시가스공급시설의 설치 또는 공급의 중지를 요청하거나 당해 건축물
을 사용하여 행할 다른 법령에 의한 영업 기타 행위의 허가를 하지 아니하도록
요청할 수 있다. 다만, 허가권자가 기간을 정하여 그 사용 또는 영업 기타 행위를
허용한 주택과 대통령령이 정하는 경우에는 그러하지 아니하다.

③ 제2항의 규정에 의한 요청을 받은 자는 특별한 이유가 없는 한 이에 응하여
야 한다.

5장

국가책임법(배상과 보상)

제1절 손해배상제도

제1항 일 반 론

[178] 국가배상제도의 관념

1. 의 의

단란주점업자 甲이 식품위생법을 위반하지 아니하였음에도 불구하고 서대문구청장이 실수로 甲에게 내준 단란주점영업허가를 취소한다면, 甲은 서대문구를 상대로 손해배상을 청구할 수 있다. 경찰관 A가 불심검문 도중에 시민 乙을 강제로 불법적으로 연행하였다면, 乙은 국가를 상대로 피해배상(손해배상)을 청구할 수 있다. 이와 같이 국가나 지방자치단체 소속의 공무원이 자신의 직무수행과 관련하여 위법하게 타인에게 손해를 가한 경우에 국가나 지방자치단체가 피해자에게 손해를 배상해주는 제도를 국가배상제도(國家賠償制度)라 한다.

2. 헌법과 국가배상제도

헌법 제29조 제1항 본문은 "공무원의 직무상 불법행위로 손해를 받은 국민은 법률이 정하는 바에 의하여 국가 또는 공공단체에 정당한 배상을 청구할 수 있다"고 하여 국가배상제도를 헌법적으로 보장하고 있다.

[179] 국가배상법

1. 일반법

헌법 제29조에 근거하여 국가배상법(國家賠償法)이 제정되어 있다. "국가나 지방자치단체의 손해배상책임에 관하여는 이 법에 규정된 사항 외에는 「민법」에 따른다. 다만, 「민법」 외의 법률에 다른 규정이 있을 때에는 그 규정에 따른다"는 국가배상법 제8조의 규정내용상 국가배상법은 국가 또는 지방자치단체의 불법행위책임에 관한 일반법이다.

2. 성 질

① 국가배상법의 성질과 관련하여 학설은 공법설과 사법설로 나뉘고 있다. ② 판례는 사법설을 취한다. 국가배상법을 공법(公法)으로 보는 입장에서는 국가배상청구권을 공권(公權)으로 보고, 사법(私法)으로 보는 견해는 그것을 사권(私權)으로 본다. 판례는 사권으로 보아, 국가배상사건을 민사법원의 관할사항으로 하고 있다.

3. 배상책임의 유형

국가배상법은 배상책임의 유형으로 ① 공무원의 직무상 불법행위로 인한 배상책임과 ② 영조물의 설치·관리상의 하자로 인한 배상책임의 두 가지를 규정하고 있다. ③ 국가배상법은 국가나 지방자치단체가 사인(私人)의 지위에서 행하는 사경제작용(예: 서대문구청이 경영합리화를 위해 중고자동차를 민간인에게 매각하는 행위)으로 인한 손해배상책임에 관해서는 규정하는 바가 없으므로, 이러한 배상책임은 민법에 의한다.

제 2 항   손해배상책임의 성립요건

[180]   위법한 직무집행행위로 인한 배상책임의 성립요건

1. 개   관

국가배상법 제 2 조는 위법한 직무집행행위로 인한 배상책임을 규정하고 있다. 동조는 ① 공무원, ② 직무, ③ 집행하면서, ④ 고의 또는 과실, ⑤ 법령을 위반, ⑥ 타인, ⑦ 손해의 개념을 요소로 하여 국가배상책임의 성립요건을 규정하고 있다. 국가배상책임이 성립하기 위해서는 이러한 요건을 모두 구비하여야만 한다. 이러한 요건들을 차례로 살펴보기로 한다. 다만 자동차손해배상 보장법의 규정에 의하여 국가나 지방자치단체가 손해배상의 책임이 있는 경우에 관해서는 설명을 약하기로 한다.

■ **국가배상법** 제 2 조(배상책임) ① 국가나 지방자치단체는 공무원 또는 공무를 위탁받은 사인(이하 "공무원"이라 한다)이 직무를 집행하면서 고의 또는 과실로 법령을 위반하여 타인에게 손해를 입히거나, 「자동차손해배상 보장법」에 따라 손해배상의 책임이 있을 때에는 이 법에 따라 그 손해를 배상하여야 한다. …

2. 공무원

국가배상법상 공무원이란 국가(입법부·행정부·사법부 등)나 지방자치단체에 소속된 모든 공무원뿐만 아니라 국가나 지방자치단체로부터 일시적으로 사무를 위탁받은 사인도 포함한다. 예를 들면, 강서구청장이 강서구의 노인 甲과 乙에게 아침 8시부터 9시까지 A초등학교 앞에서 어린이를 보호하는 일을 맡겼는데, 甲과 乙이 그 시간에 어린이를 보호하다가 어린이를 다치게 하였다면, 甲과 乙은 국가배상법상 공무원에 해당한다.

3. 직   무

(1) **공법상 직무**   제 2 조의 직무에는 모든 공법작용(公法作用)이 포

함된다. 다만 국가배상법 제 5 조의 직무는 제외되지만, 제 5 조의 영조물의 설치·관리가 제 2 조의 직무와 경합되는 경우도 있을 수 있다(이와 관련하여 이 책 [183] 6.을 보라). 사법작용(私法作用)은 직무에서 제외된다.

(2) **사익보호성**　　　국가배상법 제 2 조의 직무는 오로지 공익(公益)을 위한 직무가 아니라 공익과 사익(私益)을 동시에 위한 직무이든지 아니면 사익을 위한 직무이어야 한다. 예컨대 甲이 A은행에 예금을 하였는데, A은행이 파산하였다고 하자. 이러한 경우에 甲은 국가가 A은행에 대한 감독을 잘못하였다는 이유로 국가를 상대로 손해배상을 청구할 수는 없다. 왜냐하면 국가가 은행을 감독하는 것은 오로지 공공의 이익인 금융질서의 확보를 위한 것일 뿐, 예금자 개개인의 보호를 위한 취지는 없다고 보기 때문이다. 경찰관이 심야에 보호자로부터 이탈하여 길을 잃고 헤매는 미아(迷兒)를 보고서도 외면하였는데, 마침 그 미아가 강물에 빠져 변을 당하였다면, 그 미아의 부모는 국가를 상대로 손해배상을 청구할 수 있다. 왜냐하면 경찰관 직무집행법은 적당한 보호자가 없고 응급의 구호를 요한다고 인정되는 미아를 보호하는 것을 경찰의 직무로 하고 있는데, 그러한 직무는 미아 개개인을 보호하는 것도 목적으로 하고 있다고 보기 때문이다.

■**경찰관 직무집행법** 제 4 조(보호조치 등) ① 경찰관은 수상한 행동이나 그 밖의 주위 사정을 합리적으로 판단해 볼 때 다음 각 호의 어느 하나에 해당하는 것이 명백하고 응급구호가 필요하다고 믿을 만한 상당한 이유가 있는 사람(이하 "구호대상자"라 한다)을 발견하였을 때에는 보건의료기관이나 공공구호기관에 긴급구호를 요청하거나 경찰관서에 보호하는 등 적절한 조치를 할 수 있다.
1. 정신착란을 일으키거나 술에 취하여 자신 또는 다른 사람의 생명·신체·재산에 위해를 끼칠 우려가 있는 사람
2. 자살을 시도하는 사람
3. 미아, 병자, 부상자 등으로서 적당한 보호자가 없으며 응급구호가 필요하다고 인정되는 사람. 다만, 본인이 구호를 거절하는 경우는 제외한다.

4. 집행하면서

통설과 판례는 직무를 '집행하면서'를 직무집행행위뿐만 아니라 널리 외

형상으로 직무집행과 관련 있는 행위를 포함하는 것으로 새긴다(외형설). 강서
구청장이 강서구의 노인 甲과 乙에게 아침 8시부터 9시까지 A초등학교 앞
B교차로에서만 어린이를 보호하는 일을 맡겼는데, 甲과 乙이 그 시간에 A초
등학교 앞 C교차로에서 어린이를 보호하다가 어린이를 다치게 하였다면, 甲
과 乙의 행위는 엄밀한 의미에서 직무집행행위라 보기 어렵지만, 외형상 직
무집행과 관련 있는 행위로 볼 것이므로, 甲과 乙의 행위도 '집행하면서'에
해당한다.

5. 고의 또는 과실

① 고의(故意)란 어떠한 위법행위의 발생가능성을 인식(認識)하고 그 결과
를 인용(認容)하는 것을 말하고, 과실(過失)이란 부주의로 인해 어떠한 위법한
결과를 초래하는 것을 말한다. 공무원의 직무집행상의 과실이라 함은 공무
원이 그 직무를 수행함에 있어 당해 직무를 담당하는 평균인(平均人)이 통상
갖추어야 할 주의의무를 게을리 하는 것을 말한다. ② 고의 · 과실의 유무는
당해 공무원을 기준으로 판단한다. 공무원에게 고의 · 과실이 없으면 국가는
배상책임이 없다. 폭넓은 국가배상책임의 성립을 위해 피해자인 사인이 고
의 · 과실의 개연성을 주장하면, 무과실의 입증책임이 국가측에 옮겨가는 것
으로 보는 입증책임(立證責任)의 완화제도의 정착이 필요하다.

6. 법령을 위반

① 법령에는 성문법 외에 불문법도 포함된다. 종전에 행정법의 일반원
칙으로 이해되었던 비례의 원칙, 성실의무 및 권한남용금지의 원칙, 신뢰보
호의 원칙, 부당결부금지의 원칙은 행정기본법에 반영됨으로써 성문법으로
전환되었다(행정기본법 제10조-제13조). 헌법상 나오는 기본권(인권존중)도 법령에
당연히 포함된다. 아울러 고시 · 훈령형식의 법규명령도 포함된다. ② 위반
이란 법령에 위배됨을 의미한다. 위반에는 적극적인 작위(作爲)에 의한 위반
(예 : 불심검문시 경찰관이 검문당하는 자에게 폭행을 가하는 경우)과 소극적인 부작위(不作
爲)에 의한 위반(예 : 경찰관이 심야에 보호자로부터 이탈하여 길을 잃고 해매는 미아를 보호하

여야 함에도 불구하고 외면하

는 경우)도 있다. 물론 부작위의 경우에는 작위의무가 있어야 한다(예 : 경찰관의 보호의무). ③ 법령위반여부의 판단시점은 공무원의 가해행위가 이루어지는 행위시(行爲時)이다. 국가배상법상 국가의 배상책임은 공무원의 가해행위시의 불법(행위불법)을 문제로 삼는 것이지, 행위의 결과의 불법(결과불법)을 문제로 삼는 것은 아니기 때문이다.

7. 타 인

타인(他人)이란 위법한 행위를 한 자나 그 행위에 가담한 자를 제외한 모든 피해자를 말한다. 가해한 공무원과 동일한 행위를 위해 그 행위의 현장에 있다가 피해를 받은 공무원도 타인에 해당한다. 가해자가 국가인 경우에는 지방자치단체, 가해자가 지방자치단체인 경우에는 국가도 타인에 해당한다. 다만 피해자가 군인·군무원 등인 경우에는 뒤에서 보는 바의 특례가 인정되고 있다.

8. 손 해

① 손해(損害)란 가해행위로부터 발생한 일체의 손해를 말한다. 손해는 법익침해(法益侵害)로서의 불이익을 의미한다. 반사적 이익의 침해는 여기의 손해에 해당하지 아니한다. 적극적 손해인가 또는 소극적 손해인가, 재산상의 손해인가 또는 생명·신체·정신상의 손해인가를 가리지 않는다. ② 가해행위인 직무집행행위와 손해의 발생 사이에는 상당인과관계가 있어야 한다. 인과관계유무의 판단은 관련법령의 내용, 가해행위의 태양, 피해의 상황 등 제반사정을 복합적으로 고려하면서 이루어져야 한다.

[181] 영조물의 하자로 인한 배상책임의 성립요건

1. 개 관

가로등이 넘어져 길을 가던 행인이 다친 경우, 그 행인은 가로등의 관리를 잘못한 지방자치단체에 피해의 배상을 청구할 수 있는바, 여기서 지방자치단체가 부담하는 책임이 영조물의 하자로 인한 배상책임이다. 국가배상법은 제 5조에서 영조물의 하자로 인한 배상책임을 규정하고 있다. 동조는 ① 영조물, ② 설치 또는 관리에 하자, ③ 타인, ④ 손해의 개념을 요소로 하여 국가배상책임의 성립요건을 규정하고 있다. 국가배상책임이 성립하기 위해서는 이러한 요건을 모두 구비하여야만 한다. 이러한 요건들을 차례로 살펴보기로 한다.

■**국가배상법** 제 5 조(공공시설등의 하자로 인한 책임) ① 도로·하천 그 밖의 공공의 영조물의 설치나 관리에 하자가 있기 때문에 타인에게 손해를 발생하게 하였을 때에는 국가나 지방자치단체는 그 손해를 배상하여야 한다. …

2. 영조물

영조물(營造物)이란 일반적으로 인적·물적 종합시설을 의미한다. 그러나 국가배상법 제 5 조에서 예시되고 있는 도로·하천은 공적 목적에 제공된 물건, 공물(公物)을 의미하기 때문에 국가배상법 제 5 조에서 영조물이란 공물의 의미로 사용되고 있다. 공물에는 자연공물(예 : 한강)·인공공물(예 : 서대문구청사), 동산·부동산이 있고, 동물도 포함되며, 사소유물이라도 공물인 한 여기의 공물에 해당한다. 공물에 공용물과 공공용물이 포함된다.

3. 설치 또는 관리에 하자

① 설치(設置)란 영조물(공물)의 설계에서 건조까지를 말하고, 관리(管理)란 영조물의 건조 후의 유지·수선을 의미한다. ② 하자(瑕疵)의 의미와 관련하여 학설은 주관설(하자를 공물주체가 관리의무, 즉 안전확보 내지 사고방지의무를 게을리한 잘못으로 이해하는 견해)·객관설(하자를 공물 자체가 항상 갖추어야 할 객관적인 안정성의 결여로 이해하는 견해)·절충설(하자를 영조물 자체의 하자뿐만 아니라 관리자의 안전관리의무위반이라는 주관적 요소도 부가하여 이해하여야 한다는 견해) 등으로 나뉘고 있다. 판례는 객관설을 취하는 것으로 보인다. 생각건대 국가배상법 제 5 조의 표현은 주관설에 입각한 것으로 보이나 제 2 조와의 관계상 객관설을 취할 때 국가의 무과실책

임이 인정될 것이므로 객관설이 타당하다. 객관설이 전통적 견해의 입장이다. ③ 객관적 안전성을 갖춘 이상 불가항력에 의한 가해행위는 면책(免責)이 된다. ④ 예산(豫算)의 부족은 배상액의 산정에 참작사유는 될지언정 안전성 판단에 결정적인 사유는 될 수 없다. ⑤ 국가배상법 제5조의 국가책임은 무과실책임(無過失責任)이다. 말하자면 국가나 지방자치단체가 공물을 설치·관리함에 있어 고의·과실이 없었음에도 하자가 발생하였다면, 즉 공물 자체에 객관적 안전성이 결여되었다면 국가나 지방자치단체는 배상책임을 부담한다.

4. 타 인

타인(他人)이란 설치·관리의 주체 이외의 자로서 영조물의 설치 또는 관리상의 하자로 인한 모든 피해자를 말한다. 영조물의 설치 또는 관리의 주체가 국가인 경우에는 지방자치단체, 지방자치단체인 경우에는 국가도 타인에 해당한다. 다만 피해자가 군인·군무원 등인 경우에는 뒤에서 보는 바의 특례가 인정되고 있다.

5. 손 해

① 손해(損害)란 영조물의 설치 또는 관리상의 하자로 인해 발생한 일체의 손해를 말한다. 손해는 법익침해(法益侵害)로서의 불이익을 의미한다. 반사적 이익의 침해는 여기의 손해에 해당하지 아니한다. 적극적 손해인가 또는 소극적 손해인가, 재산상의 손해인가 또는 생명·신체·정신상의 손해인가를 가리지 않는다. ② 영조물의 설치 또는 관리상의 하자와 손해의 발생 사이에는 상당인과관계가 있어야 한다. 인과관계유무의 판단은 관련법령의 내용, 영조물의 설치 또는 관리의 태양, 피해의 상황 등 제반사정을 복합적으로 고려하면서 이루어져야 한다.

6. 제2조와 경합

서대문구청에서 연세대학교 앞에 육교를 설치하였는데, 그 육교가 붕괴되는 사고가 발생하였고 이로 인해 甲이 다쳤다고 하자. 이러한 경우, 육교

제 1 절 손해배상제도 327

의 설계도의 잘못이 원인이라고 한다면, 설계도작성의 잘못은 ① 영조물의 설치·관리상의 하자에 해당하기도 하고, ② 육교건설사무(건설담당공무원의 육교건설이라는 직무)의 수행과정상 잘못에 해당하기도 한다. ①의 관점에서는 제5조와 관련하고, ②의 관점에서는 제2조와 관련한다. 甲은 제5조를 근거로 배상을 청구할 수도 있고, 제2조를 근거로 배상을 청구할 수도 있다. 이와 같이 공물의 설치·관리상의 하자와 공무원의 위법한 직무집행행위가 경합(競合)하는 경우에는 피해자는 국가배상법 제5조나 제2조 그 어느 규정에 의해서도 배상을 청구할 수 있다. 제5조는 제2조와의 관계에서 보충적인 지위에 있으므로 경합을 부정해야 한다는 견해도 있다.

제3항 손해배상책임의 내용, 손해배상의 청구권자와 책임자

[182] 손해배상책임의 내용

1. 배상기준

국가배상법은 생명·신체에 대한 침해와 물건의 멸실·훼손으로 인한 손해에 관해서는 배상금액의 기준(基準)을 정해 놓고 있으며(국가배상법 제3조 제1항 내지 제3항), 그 밖의 손해에 대해서는 불법행위와 상당인과관계가 있는 범위 내의 손해를 기준으로 하고 있다(국가배상법 제3조 제4항). 국가배상법 제3조에서 규정하는 기준은 법원을 구속하는 한정액이라는 견해(한정액설)와 단순한 기준에 불과하다는 견해(기준액설)가 있으나, 기준액설이 지배적인 견해이다. 판례의 입장도 같다.

2. 양도·압류의 금지

생명·신체의 침해로 인한 국가배상을 받을 권리는 이를 양도(讓渡)하거나 압류(押留)하지 못한다(국가배상법 제4조). 이것은 사회보장적 관점에서 피해자 또는 피해자의 유족의 보호를 위한 것이다.

[183] 손해배상의 청구권자

1. 모든 피해자

공무원이 그 직무를 집행하면서 고의 또는 과실로 법령을 위반하여 타인에게 손해를 가한 경우, 손해를 입은 타인은 누구나 배상금의 지급을 청구할 수 있다(국가배상법 제 2 조 제 1 항 본문).

2. 이중배상의 배제

군인・군무원・경찰공무원 또는 예비군대원이 전투・훈련 등 직무집행과 관련하여 전사・순직 또는 공상을 입은 경우에 본인 또는 그 유족이 다른 법령의 규정에 의하여 재해보상금・유족연금・상이연금 등의 보상을 지급받을 수 있을 때에는 이 법 및 민법의 규정에 의한 손해배상을 청구할 수 없다(국가배상법 제 2 조 제 1 항 단서).

[184] 손해배상의 책임자

1. 사무의 귀속주체로서 배상책임자

국가배상법 제 2 조(위법한 직무집행행위로 인한 배상책임) 제 1 항과 제 5 조(영조물의 하자로 인한 배상책임) 제 1 항에서 국가 또는 지방자치단체가 배상책임을 진다고 하는 것은 당해 사무의 귀속주체(歸屬主體)에 따라 국가사무의 경우에는 국가가 배상책임을 지고, 자치사무의 경우에는 당해 지방자치단체가 배상책임을 진다는 것을 뜻한다. 국가나 광역 지방자치단체가 자신의 사무를 광역지방자치단체나 기초지방자치단체가 아니라 광역지방자치단체의 기관(예 : 특별시장・광역시장・특별자치시장・도지사・특별자치도지사)이나 기초지방자치단체의 기관(예 : 시장・군수・구청장)에 위임한 사무인 기관위임사무(예 : 보건복지부장관이 군이 아니라 군수에게 위임한 사무)의 경우에는 위임기관이 속한 행정주체가 배상책임을 진다.

2. 비용부담자로서 배상책임자

(1) 일반론　　　국가배상법 제 6 조 제 1 항은 "제 2 조(위법한 직무집행행위로 인한 배상책임)·제 3 조(배상기준) 및 제 5 조(영조물의 하자로 인한 배상책임)의 규정에 따라 국가나 지방자치단체가 손해를 배상할 책임이 있는 경우에 공무원의 선임·감독 또는 영조물의 설치·관리를 맡은 자와 공무원의 봉급·급여 그 밖의 비용 또는 영조물의 설치·관리의 비용을 부담하는 자가 동일하지 아니하면 그 비용을 부담하는 자도 손해를 배상하여야 한다(국가배상법 제 6 조 제 1 항)"고 규정하고 있다. 국가배상법 제 6 조 제 1 항을 분석하면 동 조항은 ⓐ 공무원의 선임·감독자와 공무원의 봉급·급여 기타의 비용을 부담하는 자가 동일하지 아니한 경우와 ⓑ 영조물의 설치·관리를 맡은 자와 영조물의 설치·관리의 비용을 부담하는 자가 동일하지 아니한 경우를 규정하고 있다. ⓐ는 국가배상법 제 2 조와 관련되고, ⓑ는 국가배상법 제 5 조와 관련된다.

(2) 공무원의 봉급·급여 기타의 비용 부담자　　　공무원의 선임·감독자와 공무원의 봉급·급여 기타의 비용을 부담하는 자가 동일하지 아니한 경우란 기관위임사무와 관련하여 의미를 갖는다. '공무원의 선임·감독을 맡은 자'란 사무의 귀속주체인 국가 또는 지방자치단체를 뜻하는 것으로, '공무원의 봉급·급여 기타의 비용을 부담하는 자'란 현실적으로 기관위임사무를 처리하는 지방자치단체로 이해되고 있다. 예컨대 보건복지부장관이 노인에 관한 사무의 일부를 서울특별시장에게 위임한 경우, 서울특별시장의 사무처리에 불법행위가 발생하였다면, 보건복지부장관이 속한 국가는 국가배상법 제 2 조 제 1 항에 따라 사무의 귀속주체로서 배상책임을 지고, 서울특별시장이 속한 서울특별시는 국가배상법 제 6 조 제 1 항에 따라 비용부담자로서 배상책임을 진다.

(3) 영조물의 설치·관리의 비용부담자　　　영조물의 설치·관리를 맡은 자와 영조물의 설치·관리의 비용을 부담하는 자가 동일하지 아니한 경우도 기관위임사무와 관련하여 의미를 갖는다. '영조물의 설치·관리를

맡은 자'란 사무의 귀속주체인 국가 또는 지방자치단체를 뜻하는 것으로, '영조물의 설치·관리의 비용을 부담하는 자'란 영조물의 설치·관리에 현실적으로 비용을 부담하는 자를 말한다. 예컨대 문화체육관광부가 국립전통예술관의 관리를 서울특별시장에게 맡긴 후 국립전통예술관이 일부 붕괴되는 사고가 발생한 경우, 문화체육관광부장관이 속한 국가는 국가배상법 제5조 제1항에 따라 사무의 귀속주체로서 배상책임을 지고, 서울특별시장이 속한 서울특별시는 국가배상법 제6조 제1항에 따라 비용부담자로서 배상책임을 진다.

(4) **종국적 배상책임자**　　　　국가배상법 제6조 제2항은 "제1항의 경우에 손해를 배상한 자는 내부관계에서 그 손해를 배상할 책임이 있는 자에게 구상(求償)할 수 있다"고 규정하고 있다. 제6조 제1항은 행정주체(비용부담자)와 국민(피해자) 사이의 관계를 규정하고 있고, 제6조 제2항은 행정주체 사이(공무원의 선임·감독자와 공무원의 봉급·급여 기타의 비용을 부담하는 자 사이, 영조물의 설치·관리를 맡은 자와 영조물의 설치·관리의 비용을 부담하는 자 사이)의 관계를 규정하고 있다. 제6조 제2항은 행정주체 사이에서 내부적인 구상권을 정하는 규정이다. 제6조 제2항과 관련하여 누가 종국적 배상책임자(終局的 賠償責任者)인가에 관해서는 견해가 나뉘고 있다. 예컨대 보건복지부장관의 노인에 관한 사무의 일부를 기관위임받아 서울특별시장이 사무처리를 하던 중 불법행위가 발생하였고, 서울특별시가 피해자에게 손해배상을 하였다면, 서울특별시는 국가에 구상권을 행사할 수 있는가의 여부가 종국적인 배상책임자의 문제이다. 학설로는 ① 사무의 귀속주체가 부담하여야 한다는 사무귀속자설(事務歸屬者說), ② 비용부담자가 부담하여야 한다는 비용부담자설(費用負擔者說), ③ 손해발생에 기여한 정도에 따라 최종적인 비용부담자가 정해져야 한다는 기여도설(寄與度說) 등이 있다. 판례의 입장은 명백하지 않다. 기여도설을 취한 것으로 보이는 판례도 있고, 귀속자설을 취한 것으로 보이는 판례도 있다.

[185]   선택적 청구와 가해공무원의 책임

1. 선택적 청구

피해자는 반드시 국가나 지방자치단체에 손해배상을 청구하여야 하는가 아니면 피해자는 자신의 선택에 따라 국가나 지방자치단체에 청구할 수도 있고, 가해행위를 한 공무원에게 청구할 수도 있는가의 문제가 선택적 청구(選擇的 請求)의 문제이다. 학설로는 ① 국가 또는 지방자치단체에만 청구할 수 있다는 견해(선택적 청구 부정론), ② 피해자의 선택에 따라 국가 또는 지방자치단체에 청구하든지 아니면 가해공무원에게 청구할 수 있다는 견해(선택적 청구 긍정론), ③ 경과실의 경우에는 국가 또는 지방자치단체에만 청구할 수 있고, 고의·중과실이 있는 경우에는 선택에 따라 국가 또는 지방자치단체에 청구하든지 아니면 가해공무원에게 청구할 수 있다는 견해(선택적 청구 제한적 긍정론)가 있다. 판례는 ③의 입장을 취한다.

2. 가해공무원의 책임

① 국가 또는 공공단체가 배상책임을 지는 경우, 공무원 자신의 책임은 면제되지 아니한다(헌법 제29조 제1항 단서). 판례는 "면제되지 아니하는 공무원 개인의 책임에는 민사상·형사상의 책임이나 국가 등의 기관내부에서의 징계책임 등 모든 법률상의 책임이 포함된다고 할 것이고, 여기에서 특별히 민사상의 불법행위의 책임이 당연히 제외된다고 보아야 할 아무런 근거가 없다"는 입장이다. ② 판례의 입장에서 보면, 앞에서 본 바와 같이 공무원에게 고의·중과실이 있는 경우에는 공무원은 피해자에 대하여 민사상 손해배상책임을 진다. 뿐만 아니라 ③ 국가나 지방자치단체가 피해자에게 배상하였을 경우, 가해공무원에게 고의 또는 중대한 과실이 있었다면, 국가나 지방자치단체는 그 가해공무원에게 구상할 수 있다(국가배상법 제2조 제2항).

<h2>제 4 항 손해배상금의 청구절차</h2>

[186] 행정절차

1. 배상신청

배상금을 지급받으려는 자는 그 주소지·소재지 또는 배상원인 발생지를 관할하는 지구심의회에 배상신청을 하여야 한다(국가배상법 제12조 제1항). 지구심의회가 배상신청을 받으면 지체 없이 증인신문·감정·검증 등 증거조사를 한 후 그 심의를 거쳐 4주일 이내에 배상금 지급결정·기각결정 또는 각하결정을 하여야 한다(국가배상법 제13조 제1항).

2. 배상심의회

국가 또는 지방자치단체에 대한 배상신청사건을 심의하기 위하여 법무부에 본부심의회(本部審議會)를 둔다. 다만, 군인이나 군무원이 타인에게 입힌 손해에 대한 배상신청사건을 심의하기 위하여 국방부에 특별심의회(特別審議會)를 둔다(국가배상법 제10조 제1항). 본부심의회와 특별심의회는 대통령령으로 정하는 바에 따라 지구심의회(地區審議會)를 둔다(국가배상법 제10조 제2항).

[187] 사법절차

1. 행정소송과 민사소송

① 손해배상청구의 절차는 국가배상법을 공법으로 보는 한 행정소송법상 당사자소송절차에 따라야 한다. 그러나 판례는 민사사건으로 다룬다. 한편, ② 처분의 취소를 구하는 소송을 제기하면서 손해배상의 청구를 병합하여 제기하는 것도 가능하다(행정소송법 제10조 제1항 제2호·제2항). 예컨대 서대문구청장이 위법하게 甲의 단란주점영업허가를 취소한 경우, 甲은 단란주점영업허가취소처분취소청구소송을 제기하면서 단란주점영업허가의 취소로 인

한 피해의 회복을 위하여 손해배상청구소송을 병합하여 제기하는 것도 가능하다.

2. 임의적 결정전치

국가배상법에 따른 손해배상의 소송은 배상심의회에 배상신청을 하지 아니하고도 제기할 수 있다(국가배상법 제 9 조). 이를 임의적 결정전치(任意的 決定前置)라 부른다. 결정전치제도는 신속한 배상금지급, 합리적인 처리, 법원의 업무경감을 위한 것이다.

제 2 절 손실보상제도

제 1 항 일 반 론

[188] 손실보상제도의 관념

1. 손실보상제도의 의의

서울특별시가 도로확장공사를 위하여 甲의 토지를 수용한다면, 甲에게 보상을 하여야 한다. 이와 같이 국가나 지방자치단체가 공공의 필요(예 : 도로확장)에 응하기 위한 적법한 공권력행사(예 : 수용권의 발동)로 인해 사인의 재산권에 특별한 희생(예 : 소유권의 박탈)을 가한 경우에 재산권보장과 공적 부담 앞의 평등이라는 견지에서 그 사인에게 조절적인 보상(예 : 토지소유권에 대한 보상)을 해 주는 제도가 바로 손실보상제도(損失補償制度)이다.

2. 손실보상청구권의 성질

① 손실보상청구권의 성질에 관해 학설은 공권설(손실보상의 원인행위가 공법적인 것이므로, 그 효과로서 손실보상 역시 공법적으로 보아야 한다는 견해)과 사권설(손실보상의 원인은 공법적이나 그 효과로서의 손실보상은 사법적인 것이라는 견해)로 나뉘고 있다. ② 판례는 손실보상의 원인이 공법적이라 하여도 손실의 내용이 사권이라면, 손실

보상은 사법적인 것이라는 입장을 취한다. 공용침해의 대상이 일반적으로 사권이라고 볼 때, 판례는 원칙적으로 사권설을 취한다고 하겠다. 판례의 입장을 따르면, 손실보상에 관한 소송은 원칙적으로 민사소송의 대상이 된다.

[189] 손실보상제도의 법적 근거

1. 이론적 근거

손실보상제도는 공익과 사익이 충돌하는 경우에 공익이 우선되어야 하지만, 공익을 위해 희생된 사익은 보호되어야 한다는 사고(思考)에 바탕을 두고 있다. 이러한 사고는 '희생사상'으로 불린다. 독일의 경우, 공공복지와 개인의 권리 사이의 충돌해결을 위한 특별한 형식으로서 희생사상이 명문으로 처음 규정된 것이 프로이센일반란트법이다. 이러한 희생사상은 그 후 바이마르헌법 제153조, 본기본법 제14조에 이어지고 있다. 우리 헌법 제23조 제 3 항도 희생사상을 받아들인 것이라 할 수 있다. 희생사상은 학설상 특별희생설(特別犧牲說)로 불리고 있다. 특별희생설은 우리의 통설·판례의 입장이다.

2. 실정법적 근거

① 헌법 제23조 제 3 항은 "공공필요에 의한 재산권의 수용·사용 또는 제한 및 그에 대한 보상은 법률로써 하되, 정당한 보상을 지급하여야 한다"고 규정하고 있다. 따라서 보상에 관한 사항은 법률로 정하여야 한다. ② 현재로서 손실보상에 관한 일반법은 없다. 공익사업에 필요한 토지 등의 수용 및 사용과 그 손실보상에 관한 일반법으로 '공익사업을 위한 토지 등의 취득 및 보상에 관한 법률'이 있다. 그 밖에 손실보상을 규정하는 개별 법률(예 : 도로법 제99조, 하천법 제76조)도 적지 아니하다.

■**도로법** 제99조(공용부담으로 인한 손실보상) ① 이 법에 따른 처분이나 제한으로 손실을 입은 자가 있으면 국토교통부장관이 행한 처분이나 제한으로 인한 손실은 국가가 보상하고, 행정청이 한 처분이나 제한으로 인한 손실은 그 행정청이 속해 있는 지방자치단체가 보상하여야 한다.

■**하천법** 제76조(공용부담 등으로 인한 손실보상) ① 제75조에 따른 처분이나 제한으로 손실을 입은 자가 있거나 하천관리청이 시행하는 하천공사로 손실을 입은 자가 있는 때에는 국토교통부장관 또는 환경부장관이 행한 처분이나 공사로 인한 것은 국고에서, 시·도지사가 행한 처분이나 공사로 인한 것은 해당 시·도에서 그 손실을 보상하여야 한다.

제 2 항   손실보상청구권의 성립요건

[190]   요건의 분석

1. 개   관

헌법 제23조 제 3 항은 "공공필요에 의한 재산권의 수용·사용 또는 제한 및 그에 대한 보상은 법률로써 하되, 정당한 보상을 지급하여야 한다"고 규정하고 있는바, 헌법이 예정하는 손실보상청구권의 요건으로 공공필요, 재산권, 침해와 특별한 희생(이 부분은 해석상 도출된다), 보상규정에 대한 검토가 필요하다.

2. 공공필요

손실보상청구권은 공공필요(公共必要)를 위해 재산권에 침해가 이루어지는 경우에 인정된다. 공공필요란 도로·항만의 건설 등 일정한 사업만을 의미하는 것은 아니다. 그것은 넓게 새겨야 하며, 무릇 일반 공익을 위한 것이면 공공필요에 해당하는 것으로 보아야 한다. 오로지 국고목적(國庫目的), 즉 재정확보를 목적으로 하는 것은 여기서 말하는 공공필요에 해당하지 않는다. 왜냐하면 수용은 국유재산의 증대를 위한 것이 아니기 때문이다.

3. 재산권

손실보상청구권은 재산권(財産權)에 대한 침해가 있는 경우에 인정된다.

재산권의 종류는 물권인가 채권인가를 가리지 않고 공법상의 권리인가 사법상의 권리인가도 가리지 않는다. 재산적 가치 있는 모든 공권과 사권이 침해의 대상이 될 수 있다. 다만 여기서 '가치 있는'이라는 의미는 현재 가치가 있는 것을 의미하며, 영업기회나 이득가능성은 이에 포함되지 아니한다.

[참고] 헌법상 재산권의 의미에 관한 판례　우리 헌법이 보장하고 있는 재산권은 경제적 가치가 있는 모든 공법상·사법상의 권리를 뜻한다. 이러한 재산권의 범위에는 동산·부동산에 대한 모든 종류의 물권은 물론, 재산가치가 있는 모든 사법상의 채권과 특별법상의 권리 및 재산가치 있는 공법상의 권리 등이 포함되나, 단순한 기대이익·반사적 이익 또는 경제적인 기회 등은 재산권에 속하지 않는다 [헌재 2024. 5. 30, 2020헌마1311, 2021헌마10(병합)].

4. 침　해

손실보상청구권은 재산권에 대한 침해(侵害)가 있는 경우에 인정된다. 침해에는 수용·사용·제한이 있다. 수용(收用)이란 재산권을 박탈하는 것을 의미하며, 사용(使用)이란 재산권을 일시 사용하는 것을 의미하며, 제한(制限)이란 재산권의 사용·수익을 제한하는 것을 말한다. 한편, 수용·사용·제한을 모두 내포하는 넓은 의미로 수용이라는 용어가 사용되기도 한다. 넓은 의미의 수용은 공용침해(公用侵害)라고도 한다.

5. 특별한 희생

아래의 [193]에서 보기로 한다.

6. 보상규정

① 보상규정이 있는 경우는 헌법 제23조 제 3 항이 예정하고 있는 형태의 손실보상이 되고, ② 개별 법률이 보상규정을 두지 않고 다만 특별한 희생을 수반하는 공용침해만을 규정한다면, 이러한 경우에는 제도의 보완이 필요한 부분이다. 이에 관해서는 제 3 절에서 특별한 희생에 대한 보상제도의 보완의 문제로서 살핀다.

[191] 특별한 희생

1. 의 의

손실보상청구권은 재산권에 대한 침해가 있고, 그 침해가 특별한 희생에 해당하는 경우에 인정된다. 특별한 희생이란 사회적 제약을 벗어나는 희생을 말한다. 따라서 사회적 제약을 벗어나는 재산권규제에는 보상이 따라야 한다.

2. 존부의 판단기준

특별희생의 존부여부를 판단하는 기준으로 학설은 ① 공행정주체의 공공의 복지를 위한 개별행위(個別行爲)로 특정인의 권리가 침해된 경우에 특별한 희생이 있다고 하는 견해(개별행위설), ② 관계된 개인이나 집단을 다른 개인이나 집단과 비교(比較)할 때 관계된 개인이나 집단을 불평등(不平等)하게 다루고, 또한 관계된 개인이나 집단에게 수인(受忍)을 요구할 수 없는 희생을 공익을 위해 강제하게 되는 경우에 특별한 희생이 있다고 하는 견해(특별희생설), ③ 침해의 중대성(重大性)과 범위(範圍)를 구분기준으로 하여 침해가 중대하고 침해의 범위가 넓어서 사인이 수인할 수 없는 경우에 특별한 희생이 있다고 하는 견해(중대설) 등이 있다. ④ 어느 견해도 만족할 만한 것으로 보이지 않는다. 중대설·특별희생설·수인가능성·경찰상 위험성·부동산의 상환구속성 등을 종합하여 특별희생의 존부를 판단하여야 할 것이다.

제 3 항 손실보상의 내용

[192] 보상의 범위

1. 정당한 보상

헌법 제23조 제 3 항은 "공공필요에 의한 재산권의 수용·사용 또는 제한 및 그에 대한 보상은 법률로써 하되, 정당(正當)한 보상을 지급하여야 한다"고 규정하고 있다. 정당한 보상의 의미와 관련하여 ① 손실보상이 재산권보장, 부담의 공평, 상실된 가치의 보전이라는 관점에서 인정된다고 보아 보상은 완전보상이어야 한다는 완전보상설(完全補償說)과 ② 재산권의 사회적 제약 내지 사회적 구속성, 재산권의 공공복리적합의무의 관점에서 공·사익을 형량하여 보상내용이 결정되어야 한다는 상당보상설(相當補償說)이 대립한다. 대법원과 헌법재판소는 완전보상설을 취한다.

2. 시가보상

공익사업을 위한 토지 등의 취득 및 보상에 관한 법률은 "보상액의 산정은 협의에 의한 경우에는 협의 성립 당시의 가격을, 재결에 의한 경우에는 수용 또는 사용의 재결 당시의 가격을 기준으로 한다(공익사업을 위한 토지 등의 취득 및 보상에 관한 법률 제67조 제 1 항)"고 하여 시가보상(時價補償)의 원칙을 규정하면서, 동시에 "협의나 재결에 의하여 취득하는 토지에 대하여는「부동산 가격공시에 관한 법률」에 따른 공시지가를 기준으로 하여 보상하되, 그 공시기준일부터 가격시점까지의 관계 법령에 따른 그 토지의 이용계획, 해당 공익사업으로 인한 지가의 영향을 받지 아니하는 지역의 대통령령으로 정하는 지가변동률, 생산자물가상승률(「한국은행법」 제86조에 따라 한국은행이 조사·발표하는 생산자물가지수에 따라 산정된 비율을 말한다)과 그 밖에 그 토지의 위치·형상·환경·이용상황 등을 고려하여 평가한 적정가격으로 보상하여야 한다(공익사업을 위한 토지 등의 취득 및 보상에 관한 법률 제70조 제 1 항)"고 하여 공시지가(公示地價)를 활용하고 있다.

[193] 보상의 내용

1. 대인적 보상

역사적으로 보면, 손실보상은 피수용자가 수용목적물에 대하여 갖는 주관적 가치(主觀的 價値)의 보상에서 시작되었다. 19세기 영국의 법제가 그러하였다. 주관적 가치란 시장에서의 객관적인 교환가치가 아니라 피수용자 스스로가 평가하는 주관적 가치를 의미한다. 이러한 보상을 대인적 보상(對人的補償)이라 부른다.

2. 대물적 보상

대인적 보상은 보상액산정에 기준이 없을 뿐더러 보상금액이 통상 고액이 된다. 이것은 공공사업의 시행에 장해가 있음을 의미하게 된다. 그리하여 20세기 초부터 시장에서의 객관적인 교환가치(交換價値)를 보상액으로 하는 것이 나타났다. 이것을 대물적 보상(對物的 補償) 또는 재산권보상이라 부른다. 대물적 보상은 현재 우리뿐만 아니라 각국의 기본적인 제도이다.

3. 생활보상

① 다목적댐을 건설하기 위하여 농지를 수용하는 경우, 수용당한 농민이 손실보상금만으로 다른 지역에서 농지를 구입하여 계속 농사를 짓는 것이 어려운 경우도 나타난다. 이러한 경우에는 수용농지에 대한 손실보상금 외에 이주대책·생계지원대책 등도 마련해 주어야만 그 농민은 수용 전과 같은 생활상태를 계속할 수 있다. 이와 같이 객관적 교환가치(손실보상금) 외에 삶의 터전(이주대책·생계지원대책 등)도 마련해주어야만 보상이 의미있게 되는 경우, 그러한 삶의 터전을 마련해주는 것을 생활보상(生活補償)이라 한다. ② 생활보상은 헌법 제23조 제 3 항과 제34조 제 1 항을 근거로 인정된다. 생활보상을 구체화하고 있는 법률로 공익사업을 위한 토지 등의 취득 및 보상에 관한 법률 등을 볼 수 있다.

■**헌법** 제34조 ① 모든 국민은 인간다운 생활을 할 권리를 가진다.
제23조 ③ 공공필요에 의한 재산권의 수용·사용 또는 제한 및 그에 대한 보상은 법률로써 하되, 정당한 보상을 지급하여야 한다.

[194] 보상의 지급

보상금의 지급에는 ① 보상금은 사업시행자 자신이 보상금을 지급하여야 한다는 사업시행자보상(事業施行者補償)의 원칙, ② 보상은 현물이 아니라 현금으로 지급함이 원칙이라는 현금보상(現金補償)의 원칙, ③ 보상은 보상을 받을 자의 대표에게 일괄하여 지급하는 것이 아니라 보상을 받을 자 개인별로 지급함이 원칙이라는 개인별 보상(個人別 補償)의 원칙, ④ 수용 또는 사용 후가 아니라 수용 또는 사용의 시기까지 보상금을 지급함이 원칙이라는 사전보상(事前補償)의 원칙, ⑤ 보상금은 나누어서 지급하는 것이 아니라 일시에 지급하여야 함이 원칙이라는 일시보상(一時補償)의 원칙이 적용된다.

제 4 항 손실보상절차

[195] 공익사업을 위한 토지 등의 취득 및 보상에 관한 법률의 경우

1. 개 관

① 보상금액 등은 사업시행자와 토지소유자 등이 협의(協議)하여 정한다. ② 협의가 성립되지 아니하거나 협의를 할 수 없으면 사업시행자가 관할 토지수용위원회에 재결(裁決)을 신청할 수 있다. ③ 관할 토지수용위원회의 재결에 이의가 있는 자는 중앙토지수용위원회에 이의(異議)를 신청할 수도 있고, 이의신청 없이 행정소송(行政訴訟)을 제기할 수도 있다. ④ 중앙토지수용위원회의 이의재결에 불복하는 자는 행정소송을 제기할 수 있다.

> [절차 요약]
> 협의 → 재결신청(관할 토지수용위원회) → 이의신청(중앙토지수용위원회) → 행정소송
> 협의 → 재결신청(관할 토지수용위원회) → 행정소송

2. 행정소송

① 행정소송은 원처분인 관할 토지수용위원회의 재결을 대상으로 한다

(공익사업을 위한 토지 등의 취득 및 보상에 관한 법률 제85조 제 1 항). 이의신청절차를 거친 경우에도 중앙토지수용위원회의 이의신청에 대한 재결이 아니라 관할 토지수용위원회의 재결을 대상으로 한다(행정소송법 제19조 본문). 물론 중앙토지수용위원회의 이의신청에 대한 재결에 고유한 위법이 있다면, 중앙토지수용위원회의 이의신청에 대한 재결을 다툴 수 있다(행정소송법 제19조 단서). ② 재결신청의 재결에 대하여 불복할 때에는 재결서를 받은 날부터 90일 이내에, 이의신청을 거친 때에는 이의신청에 대한 재결서를 받은 날부터 60일 이내에 각각 행정소송을 제기할 수 있다(공익사업을 위한 토지 등의 취득 및 보상에 관한 법률 제85조 제 1 항 제 1 문).

3. 보상금증감소송

행정소송이 보상금의 증감(增減)에 관한 소송인 경우 그 소송을 제기하는 자가 토지소유자 또는 관계인일 때에는 사업시행자를, 사업시행자일 때에는 토지소유자 또는 관계인을 각각 피고로 한다(공익사업을 위한 토지 등의 취득 및 보상에 관한 법률 제85조 제 2 항). 본 조항에 의한 소를 보상금증감소송(補償金增減訴訟)이라 부른다. 예컨대 서대문구청장이 甲의 토지를 수용하는 과정에서 관할 토지수용위원회는 수용면적을 100,000㎡, 수용가격을 ㎡당 3만원으로 하는 내용의 재결을 하였다고 하자. 이러한 경우에 ① 甲이 수용면적 100,000㎡가 많다고 하여 50,000㎡로 줄여줄 것을 구하는 소송이나 ② 서대문구청장이 수용면적 100,000㎡가 적다고 하여 150,000㎡로 늘여줄 것을 구하는 소송과 ③ 甲이 수용가격 ㎡당 3만원이 적다고 하여 ㎡당 5만원으로 올려줄 것을 구하는 소송이나 ④ 서대문구청장이 ㎡당 3만원이 많다고 하여 ㎡당 2만원으로 내려줄 것을 구하는 소송은 피고를 달리한다. ①과 ②는 통상의 보상소송에 해당하고, ③과 ④는 보상금증감소송에 해당한다. 각 소송의 원고와 피고를 도해하기로 한다.

통상의 보상소송(항고소송)
   →   ① 원고 : 갑   피고 : 관할 토지수용위원회(처분청)
           ② 원고 : 서대문구청   피고 : 관할 토지수용위원회(처분청)

보상금 증감소송(당사자소송)
   →   ③ 원고 : 갑   피고 : 서대문구청
           ④ 원고 : 서대문구청   피고 : 갑

[196] 기타 법률의 경우

하천법의 경우는 행정청(국토교통부장관 또는 시·도지사)이 손실을 입은 자와 협의하고(하천법 제76조 제2항), 협의가 성립되지 아니하거나 협의를 할 수 없는 때에는 대통령령으로 정하는 바에 따라 관할 토지수용위원회에 재결을 신청할 수 있다(하천법 제76조 제3항). 판례는 손실을 받은 자도 재결신청권이 있다고 한다. 공유수면 관리 및 매립에 관한 법률의 경우도 하천법의 경우와 같다(공유수면 관리 및 매립에 관한 법률 제57조 제2항·제3항).

제 3 절 국가책임제도의 보완

[197] 국가책임제도의 보완이 필요한 특별한 희생의 유형

1. 특별한 희생의 유형

국가나 지방자치단체의 공공복지를 위한 작용으로 인해 사인이 당할 수 있는 특별한 희생은 다음과 같이 나누어 볼 수 있다.

● 재산권에 대한 특별한 희생
① 수용·사용·제한과 보상의 규정이 있는 법률에 따른 특별한 희생(전통적·전형적 손실보상)
② 수용·사용·제한규정은 있으나 보상규정이 없는 법률에 따른 특별한 희생
③ 수용·사용·제한과 보상의 규정이 있는 법률의 위법한 집행에 따른 특별한 희생
④ 수용·사용·제한과 보상의 규정이 없는 법률에 따른 특별한 희생

● 비재산권에 대한 특별한 희생
⑤ 보상의 규정이 없는 법률에 따른 생명·신체 등에 대한 특별한 희생

2. 국가책임제도의 보완이 필요한 영역

(1) 재산권에 대한 특별한 희생의 경우   종래 행정법학에서는 ①에 대한 손실보상을 연구대상으로 하였다([190] 이하에서 살핀 것도 이 부분이다). 1990년대를 전후하여 ②와 ③은 독일법상 제도인 수용유사침해법리를 활용하여 검토하는 경향이 있었고, ④도 독일법상 제도인 수용적 침해보상의 법리를 활용하여 검토하는 경향이 있었다. 이 책도 제5판까지는 이러한 방식을 따랐다. 그러나 이제는 우리의 학설과 판례만으로도 문제해결이 가능할 뿐만 아니라 또한 바람직하다고 보아, 제6판부터는 [200] 재산권 침해에 대한 손실보상제도의 보완이라는 제목 하에 Ⅰ. 수용·사용·제한규정은 있으나 보상규정 없는 법률과 손실보상청구권(② 부분)과 Ⅱ. 수용·사용·제한과 보상의 규정이 있는 법률의 위법한 집행과 손실보상청구권(③ 부분), Ⅲ. 수용·사용·제한과 보상의 규정이 없는 법률의 집행과 손실보상청구권(④ 부분)으로 나누어 살핀다.

(2) 비재산권에 대한 특별한 희생의 경우   종래 행정법학에서 비재산권에 대한 특별한 희생의 보상에 대해서는 특별한 관심을 갖지 아니하였다. 저자는 1990년대 초부터 ⑤를 독일법상 제도인 희생보상청구권의 법리를 활용하여 검토하여 왔고, 다른 학자들도 동참하였다. 그러나 이제는 우리의 학설과 판례만으로도 문제해결이 가능할 뿐만 아니라 또한 바람직하다고 보아, 제6판부터는 이러한 방식을 폐기하고 [201] 비재산권 침해에 대한 보상청구권이라는 제목 하에 살핀다.

[198] 재산권 침해에 대한 손실보상청구권의 확장

1. 수용·사용·제한규정은 있으나 보상규정 없는 법률과 손실보상청구권

(1) 의 의   공익을 위한 법률이 재산권의 수용·사용 또는 제한에 관한 규정을 두면서 보상에 관한 규정을 두고 있지 아니하다면, 이러한

법률은 헌법위반의 법률이 된다. 이러한 법률에 따라 특별한 희생으로서 피해가 발생한다면(예컨대 개발제한구역의 지정 및 관리에 관한 특별조치법상 개발제한구역의 지정으로 인한 불이익으로서 공동체를 위해 참아야 할 정도를 벗어나는 특별한 희생이 있는 경우, 동법에는 보상규정이 없다), 피해자인 사인에게 손해배상청구권이 발생하는지, 손실보상청구권이 발생하는지의 여부가 문제된다.

(2) 손실보상청구권의 인정 여부

(가) 학 설　　학설은 ① 헌법 제23조 제 3 항에 근거하여 손실보상청구권이 나온다는 견해, ② 보상규정 없는 수용법률은 위헌무효의 법률이므로 그러한 법률에 수용이 행해지면 수용은 위법한 작용이 되는바, 사인은 손해배상청구권을 갖는다는 견해, ③ 보상규정이 없는 경우에는 헌법 제23조 제 1 항(재산권보장) 및 제11조(평등 원칙)에 근거하고, 헌법 제23조 제 3 항 및 관계규정의 유추해석을 통하여 보상을 청구할 수 있다는 견해가 있다.

> ■헌법 제11조 ① 모든 국민은 법 앞에 평등하다. 누구든지 성별·종교 또는 사회적 신분에 의하여 정치적·경제적·사회적·문화적 생활의 모든 영역에 있어서 차별을 받지 아니한다
> 제23조 ① 모든 국민의 재산권은 보장된다. 그 내용과 한계는 법률로 정한다.
> ③ 공공필요에 의한 재산권의 수용·사용 또는 제한 및 그에 대한 보상은 법률로써 하되, 정당한 보상을 지급하여야 한다.

(나) 판 례　　① 대법원은 직접적인 근거규정이 없는 경우에도 관련규정의 유추해석이 가능한 경우에는 유추해석을 통해 손실보상을 인정하기도 하고, 경우에 따라서는 법규에 보상규정이 없을 때에 공적 목적(공적 부담)을 위한 것임에도 손실보상 대신 불법행위로 처리하기도 하였다. ② 헌법재판소는 진정입법부작위로서의 위헌 또는 보상입법의무의 부과를 통해 문제를 해결하기도 한다.

(다) 사 견　　보상은 법률로 정하라는 헌법규정도 고려하고, 보상에 관한 법률의 규정유무를 불문하고 공공필요를 위한 침해는 동일하게 다루어져야 한다는 점을 고려할 때, ③의 견해가 타당하다.

(3) 전형적 손실보상청구권과 비교   ① 보상규정이 없다는 의미에서 침해의 위법 부분만 제외하면, 여기서 손실보상청구권의 성립요건은 [192]에서 본 전형적인 손실보상청구권의 요건과 같다. ② 손실보상의 내용과 절차도 전형적인 손실보상청구권과 같다.

[참고] 독일법상 수용유사침해보상   독일에서는 수용·사용·제한규정은 있으나 보상규정이 없는 법률에 따른 특별한 희생에 대한 손실보상을 수용유사침해보상의 문제로서 다룬다. 수용유사침해보상이란 수용유사침해에 대하여 손실을 보상하는 것을 말한다. 수용유사침해란 법상 허용되었더라면(예컨대, 보상규정이 있었다고 하면) 그 내용이나 효과가 수용이었을 재산권에 대한 위법한 침해를 말한다. 수용유사침해보상의 법적 근거는 헌법적 지위를 갖는 관습법인 희생사상이다. 희생사상이란 공익과 사익이 충돌되면 공익이 우선하고, 침해된 사익은 보상되어야 한다는 원리를 말한다. 희생사상은 프로이센일반란트법에서 유래한다. 희생사상은 침해의 대상이 재산권인가 비재산권인가를 구분하지 아니하고, 침해가 위법인가 적법인가를 가리지 아니한다. 우리나라에 헌법적 지위를 갖는 관습법으로서 희생사상은 없다. 따라서 독일의 수용유사침해보상의 법리를 그대로 활용하는 것은 곤란하다.

2. 수용·사용·제한규정과 보상규정 있는 법률의 위법한 집행과 손실보상청구권

(1) 의 의   수용·사용·제한과 보상을 규정하는 법률이 위법하게 집행되는 경우는 ① 공공복지에 응하기 위한 경우와 ② 그러하지 아니한 경우로 나눌 수 있다. 특별한 희생이 문제되는 것은 ①의 경우이다. 따라서 수용·사용·제한규정과 보상규정 있는 법률의 위법한 집행과 손실보상청구권의 문제는 ①과 관련한다. 여기서 법률에서 수용·사용·제한과 보상을 규정하지만 법률이 위법하게 집행되어 특별한 희생으로서 재산상 피해가 발생하는 경우, 피해자인 사인에게 손해배상청구권이 발생하는지, 손실보상청구권이 발생하는지의 여부가 문제된다(독일에서는 수용유사침해보상의 법리로 해결하고 있다).

(2) 손실보상청구권의 인정 여부   국가배상법상 국가배상청구권은

국가의 불법에 대한 속죄의 대가이지만, 손실보상청구권은 공동체를 위한 사인의 헌신 내지 희생에 대한 대가라는 점을 전제할 때, 법률에서 수용·사용·제한과 보상을 규정하지만 법률이 위법하게 집행되어 특별한 희생으로서 재산상 피해가 발생하는 경우, 사인의 피해는 공동체를 위한 희생이므로 그에게 손해배상청구권이 아니라 손실보상청구권이 인정되는 것이 타당하다.

(3) 전형적 손실보상청구권과 비교

(가) 성립요건　　　전형적인 손실보상청구권의 성립요건 중 공공필요, 재산권, 특별한 희생, 보상규정의 요건은 구비되어야 한다. 다만, 침해의 요건이 전형적인 손실배상의 경우에는 적법한 침해이지만, 수용·사용·제한과 보상을 규정하는 법률의 위법한 집행으로 인한 손실보상의 경우의 침해는 수용·사용·제한이 법률이 정하는 바를 따르지 아니하였다는 점에서 위법하다는 것이 다를 뿐이다.

(나) 보상의 내용과 절차　　　보상의 내용과 절차는 그 법률이 정하는 바에 따를 것이고, 그것은 전형적인 손실보상청구권의 경우와 같다.

3. 수용·사용·제한과 보상의 규정이 없는 법률의 집행과 손실보상청구권

(1) 의　의　　　사인의 재산권에 대한 침해를 직접적으로 의도하는 수용·사용·제한에는 해당하지 아니하지만, 공공복지를 위한 적법한 공권력행사로 인해 사인에게 특별한 희생으로서 재산상 피해가 발생하는 경우(예컨대 지하철공사를 위해 특정의 도로에 대해 상당한 기간 동안 통행을 금지함으로써 도로변 상인이 입게 된 불이익으로서 공동체를 위해 참아야 할 정도를 벗어나는 특별한 희생이 있는 경우), 사인에게 손실보상청구권이 발생하는지의 여부가 문제된다. 발생한다면, 이러한 경우의 손실보상청구권도 헌법 제23조 제 3 항이 예정하지 아니한 비전형적인 손실보상의 문제가 된다.

(2) 손실보상청구권의 인정 여부　　　① 입법적으로 별도의 손실보상규정을 마련하여야 한다는 견해, ② 헌법 제23조 제 3 항에 따라 보상을 청

구할 수 있다는 견해, ③ 헌법 제11조의 평등의 원리, 제23조 제 1 항의 재산
권보장의 원리, 제37조 제 1 항의 기본권보장의 원리와 함께 제23조 제 3 항
의 특별희생의 원리의 종합에서 손실보상청구권이 나온다는 견해가 있다.
③의 견해가 타당하다.

> ■**헌법** 제11조 ① 모든 국민은 법 앞에 평등하다. 누구든지 성별·종교 또는 사회
> 적 신분에 의하여 정치적·경제적·사회적·문화적 생활의 모든 영역에 있어서
> 차별을 받지 아니한다
> 제23조 ① 모든 국민의 재산권은 보장된다. 그 내용과 한계는 법률로 정한다.
> ③ 공공필요에 의한 재산권의 수용·사용 또는 제한 및 그에 대한 보상은 법률로
> 써 하되, 정당한 보상을 지급하여야 한다.
> 제37조 ① 국민의 자유와 권리는 헌법에 열거되지 아니한 이유로 경시되지 아니
> 한다.

(3) **전형적 손실보상청구권과 비교**　　　① 여기서 말하는 손실보상청
구권의 성립요건은 침해의 위법 부분과 보상규정 부분만 제외하면, [192]에
서 본 전형적인 손실보상청구권과 다를 바 없다. 말하자면 전형적인 손실보
상청구권의 성립요건 중 공공필요, 재산권, 특별한 희생의 요건은 구비되어
야 한다. 다만, 침해의 요건이 전형적인 손실보상의 경우에는 사인의 재산권
의 침해를 직접적으로 의도하는 수용·사용·제한을 의미하지만, 여기서는
입법에 의해 직접적으로 의도된 침해가 아니라 의도되지 아니한 침해라는
점에서 다르다. ② 손실보상의 내용과 절차는 전형적인 손실보상청구권을
규정하는 법률(예컨대 공익사업을 위한 토지 등의 취득 및 보상에 관한 법률)을 유추하여
정할 것이다.

> [참고] **독일법상 수용적 침해보상**　　　독일에서는 사인의 재산권의 침해를 직접적으
> 로 의도하는 수용·사용·제한에는 해당하지 아니하지만, 공공복지를 위한 적법
> 한 공권력행사로 인해 사인에게 특별한 희생으로서 재산상 피해가 발생하는 경
> 우, 손실보상을 수용적 침해보상의 문제로서 다룬다. 수용적 침해보상의 법적 근
> 거는 헌법적 지위를 갖는 관습법인 희생사상이다. 우리나라에 헌법적 지위를 갖
> 는 관습법으로서 희생사상은 없다. 따라서 독일의 수용적 보상의 법리를 그대로

활용하는 것은 곤란하다.

[199] 비재산권 침해에 대한 보상청구권

1. 의 의

공공복지를 위한 적법한 공권력행사로 인해 사인의 비재산적 법익에 특별한 희생을 가져오는 경우이나(예컨대 해변에서 위험방지를 위한 경찰관의 도움요청에 응하다가 해일로 인해 실종된 사인의 경우. 경범죄처벌법 제 3 조 제29호는 공무원조불응에 대하여 10만원 이하의 벌금, 구류 또는 과료의 형을 규정하고 있다), 보상을 규정하는 법률이 없을 때, 사인에게 보상청구권이 발생하는지의 여부가 문제된다. 긍정하는 경우, 이러한 보상청구권을 비재산권침해보상청구권이라 부르기로 한다.

2. 입법상황(법적 근거)

헌법은 비재산권침해보상청구권을 규정하는 바가 없다. 비재산권침해보상청구권을 규정하는 일반법도 없다. 현재로서는 개별 법률로 감염병의 예방 및 관리에 관한 법률(제71조 제 1 항), 소방기본법(제49조의2 제 1 항 제 2 호)·산림보호법(제44조) 등에서 비재산권침해보상청구권을 볼 수 있다.

> ■감염병의 예방 및 관리에 관한 법률 제71조(예방접종 등에 따른 피해의 국가보상)
> ① 국가는 제24조 및 제25조에 따라 예방접종을 받은 사람 또는 제40조 제 2 항에 따라 생산된 예방·치료 의약품을 투여받은 사람이 그 예방접종 또는 예방·치료 의약품으로 인하여 질병에 걸리거나 장애인이 되거나 사망하였을 때에는 대통령령으로 정하는 기준과 절차에 따라 다음 각 호의 구분에 따른 보상을 하여야 한다.
> 1. 질병으로 진료를 받은 사람 : 진료비 전액 및 정액 간병비
> 2. 장애인이 된 사람 : 일시보상금
> 3. 사망한 사람 : 대통령령으로 정하는 유족에 대한 일시보상금 및 장제비
> ② 제 1 항에 따라 보상받을 수 있는 질병, 장애 또는 사망은 예방접종약품의 이상이나 예방접종 행위자 및 예방·치료 의약품 투여자 등의 과실 유무에 관계없이 해당 예방접종 또는 예방·치료 의약품을 투여받은 것으로 인하여 발생한 피해로서 보건복지부장관이 인정하는 경우로 한다.

■**소방기본법** 제49조의2(손실보상) ① 소방청장 또는 시·도지사는 다음 각 호의 어느 하나에 해당하는 자에게 제 3 항의 손실보상심의위원회의 심사·의결에 따라 정당한 보상을 하여야 한다.

2. 제24조 제 1 항 전단에 따른 소방활동 종사로 인하여 사망하거나 부상을 입은 자

■**산림보호법** 제44조(사상자에 대한 보상) 산림청장 또는 지역산불관리기관의 장은 산불방지작업 또는 인명구조작업으로 사망하거나 부상을 입은 사람에게 대통령령으로 정하는 바에 따라 보상금을 지급할 수 있다. 다만, 산불을 낸 책임이 있는 사람에게는 보상금을 지급하지 아니할 수 있다.

3. 비재산권침해보상청구권의 인정 여부

① 생명·신체에 대한 침해가 있는 경우에 보상이 주어져야 한다는 규정이 없다면, 보상청구는 허용될 수 없다는 견해, ② 헌법 제23조 제 3 항을 유추적용하고, 헌법상 기본권보장규정 및 평등조항을 직접 근거로 하여 보상을 인정하여야 한다는 견해 등이 있다. 생각건대 ③ 재산권보다 생명, 신체에 대한 기본권이 우월하므로 그에 대한 침해가 있는 경우 당연히 그 희생에 대한 보상청구를 인정하는 것이 정당하며, 그 근거는 헌법상의 특정의 조항이 아니라 여러 기본권 규정 즉 헌법 제10조, 제12조, 제11조, 제37조 제 1 항, 그리고 제23조 제 3 항 등의 종합적 고려에서 간접적으로 도출된다고 할 것이다.

■**헌법** 제10조 모든 국민은 인간으로서의 존엄과 가치를 가지며, 행복을 추구할 권리를 가진다. 국가는 개인이 가지는 불가침의 기본적 인권을 확인하고 이를 보장할 의무를 진다

제11조 ① 모든 국민은 법 앞에 평등하다. 누구든지 성별·종교 또는 사회적 신분에 의하여 정치적·경제적·사회적·문화적 생활의 모든 영역에 있어서 차별을 받지 아니한다.

제12조 ① 모든 국민은 신체의 자유를 가진다. …

제23조 ③ 공공필요에 의한 재산권의 수용·사용 또는 제한 및 그에 대한 보상은 법률로써 하되, 정당한 보상을 지급하여야 한다.

제37조 ① 국민의 자유와 권리는 헌법에 열거되지 아니한 이유로 경시되지 아니한다.

4. 성립요건과 보상

① 손실보상청구권이나 비재산권침해보상청구권은 모두 공공복지를 위한 특별한 희생에 대하여 인정되는 것이므로 침해의 대상만 제외한다면 손실보상청구권의 성립요건을 활용하여 비재산권침해보상청구권의 성립요건으로 공공필요, 비재산권, 침해, 특별한 희생을 들 수 있다. ② 보상내용은 비재산적 침해에 따른 재산상 피해이며, 위자료도 포함된다고 볼 것이다.

[참고] 독일법상 희생보상청구권   독일에서는 공공복지를 위한 적법한 공권력행사로 인해 사인의 비재산적 법익에 특별한 희생을 가져오는 경우, 피해의 보상을 희생보상청구권의 보상의 문제로서 다룬다. 희생보상청구권의 법적 근거는 헌법적 지위를 갖는 관습법인 희생사상이다. 우리나라에 헌법적 지위를 갖는 관습법으로서 희생사상은 없다. 따라서 독일의 희생보상청구권의 법리를 그대로 활용하는 것은 곤란하다.

[200] 결과제거청구권

1. 의 의

결과제거청구권(結果除去請求權)이란 공법상 위법한 작용으로 인해 자기의 권리가 침해되고 또한 그 위법침해로 인해 야기된 사실상태가 계속되는 경우, 권리가 침해된 자가 행정주체에 대하여 불이익한 결과의 제거를 통해 계속적인 법익침해의 해소를 구할 수 있는 권리를 말한다. 예컨대 도로교통법에 따라 운전면허취소처분을 받은 甲은 주소지를 관할하는 A지방경찰청장에게 운전면허증을 반납하였다. 甲은 A지방경찰청장의 운전면허취소처분의 취소를 구하는 소송을 제기하여 승소하였다. 그런데 A지방경찰청장은 패소한 뒤에 甲에게 운전면허증을 되돌려 주지 않고 있다면, 이것은 A지방경찰청장이 甲에 대한 위법한 침해를 계속하고 있는 것이 된다. 이러한 경우에 甲이 A지방경찰청장에게 운전면허증을 되돌려 받아야 위법한 결과는 제거된다. 여기서 甲이 A지방경찰청장에게 운전면허증을 되돌려 줄 것을 요구할 수 있는 권리가 바로 결과제거청구권이다.

> ■**도로교통법** 제95조(운전면허증의 반납) ① 운전면허증을 받은 사람이 다음 각 호
> 의 어느 하나에 해당하면 그 사유가 발생한 날부터 7일 이내(제4호 및 제5호의
> 경우 새로운 운전면허증을 받기 위하여 운전면허증을 제출한 때)에 주소지를 관
> 할하는 지방경찰청장에게 운전면허증을 반납하여야 한다.
> 1. 운전면허 취소처분을 받은 경우(제2호 이하 생략)

2. 성 질

결과제거청구권은 손해의 배상청구권(賠償請求權)도 아니고 손실의 보상청
구권(補償請求權)도 아니다. 결과제거청구권은 다만 계속되는 위법한 침해의 제
거를 통해 원래의 상태로의 회복을 구하는 회복청구권일 뿐이다. 결과제거청
구권은 행정상의 원상회복청구권 또는 방해배제청구권으로 부르기도 한다.

3. 법적 근거

결과제거청구권의 법적 근거를 ① 헌법 제10조, 제23조 제1항 전단, 제
29조, 민법 제213조, 제214조 등에서 찾기도 하고, ② 일부 견해는 근거를
민법 제213조, 제214조에서 찾기도 한다. ③ 그러나 결과제거청구권을 공법
상 청구권으로 이해하는 한, 민법규정을 직접적인 근거규정으로 보기는 어
렵다. 생각건대 결과제거청구권의 법적 근거를 법치행정원리, 기본권규정,
민법상의 관계규정(민법 제213조, 제214조)의 유추적용에서 찾는 것이 타당하다.

4. 요 건

개별 법률에서 그 요건을 정함이 있는 경우에는 그에 따라야 한다. 개별
법률에 규정이 없는 경우에는 다음의 요건이 필요하다. 즉, ① 결과제거청
구권은 공법작용(예 : 도로교통법에 따른 운전면허증 보관)에서 인정된다. ② 결과제
거청구권은 법률상 이익(예 : 운전면허증의 소유권 내지 운전면허증 소지의 이익)이 침해
된 경우에 인정된다. ③ 결과제거청구권은 침해가 계속되는 경우(예 : A지방경
찰청장의 운전면허증 반환거부의 지속)에 인정된다. ④ 결과제거청구권은 침해행위

가 위법한 경우(예 : A지방경찰청장의 법적 근거 없는 운전면허증의 반환거부)에 인정된다. ⑤ 결과제거청구권은 지위회복(예 : 甲의 운전면허증의 회수)이 가능하고, 법상 허용되는 경우에 인정된다.

5. 상대방과 내용

① 결과제거청구권은 일반적으로 결과를 야기한 행정주체에 대해 행사된다. 만약 그 행정주체가 사후에 권한을 갖지 못하게 되면, 그 때부터는 결과제거를 위한 필요한 작용에 대해 권한을 갖게 된 행정주체가 청구권행사의 상대방이 된다. ② 결과제거청구권은 다만 소극적으로 위법한 공법작용으로 발생한 또는 사후적으로 위법하게 된 상태의 직접적인 제거만을 목적으로 한다. 말하자면 그것은 발생된 손해의 배상이나 보상이 아니라, 단지 행정청의 위법작용으로 인해 개인에게 손해가 되는 변경된 상태로부터 원래의 상태 또는 그와 유사한 상태로 회복하는 것을 내용으로 한다. 청구권의 내용은 원래 상태에로의 완전한 회복에 미달할 수도 있다(예 : 막힌 골목길을 무단으로 공사하여 차도로 연결함으로써 그 골목길의 주민의 권리가 침해를 받는 경우, 결과제거청구권은 복원공사가 아니라 무단으로 연결된 도로의 폐쇄처분을 내용으로 한다).

6장

행정기관에 의한 분쟁해결
(광의의 행정심판)

제 1 절 행정기관에 의한 분쟁해결절차(광의의 행정심판)

[201] 일 반 론

1. 의 의

행정기관에 의한 분쟁해결절차란 행정기관이 행정상 법률관계의 분쟁을 심리·재결하는 행정쟁송절차를 말한다. 이러한 절차는 어느 누구도 자기의 행위의 심판관이 될 수 없다는 자연적 정의의 원칙에 반하는 제도이다. 행정기관에 의한 분쟁해결절차는 분쟁해결의 성질을 갖는 광의의 재판의 일종이기는 하나, 그것은 행정기관이 진행하는 행정절차이며 법원에서 진행하는 사법절차는 아니다.

2. 근거법

행정기관에 의한 분쟁해결절차를 규정하는 일반법으로서 행정기본법과 행정심판법이 있다. 그 밖에 개별법도 적지 않다(예: 도로법 제71조의 이의신청, 지방자치법 제21조의 이의신청, 특허법 제132조의16의 특허심판, 국세기본법 제55조 이하의 불복절차 등).

3. 실정법상 유형

① 행정기본법상 분쟁해결절차로 처분에 대한 이의신청과 처분의 재심사가 있다. 두 경우 모두 처분청에 대하여 제기하는 쟁송절차이다. ② 행정심판법은 분쟁해결절차로 행정심판위원회에 대하여 제기하는 행정심판을 규정하고 있다. ③ 특별법인 특허법, 해양사고의 조사 및 심판에 관한 법률

등은 특별한 심판(특허심판, 해난심판) 등을 규정하고 있다. ④ 개별 법률에 따라서는 당사자쟁송을 규정하기도 한다. 이를 도해하면 다음과 같다.

[행정기관에 의한 분쟁해결절차의 유형]

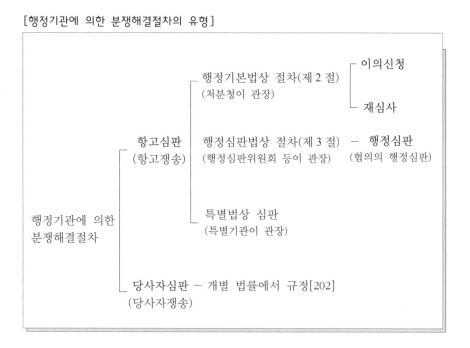

[202]   당사자심판(재결의 신청)

1. 의   의

(1) 개 념   당사자심판은 토지수용절차상 사업시행자와 피수용자(토지소유자 등) 사이에 협의가 성립되지 아니하는 경우에 사업시행자가 관할 토지수용위원회에 재결을 신청하는 경우에 보는 바와 같이 행정법관계의 형성・존부에 관한 분쟁이 있을 경우에 일정한 기관에 그에 관한 재결을 구하는 심판을 말한다.

(2) 항고심판과 구별   항고심판은 운전면허취소처분의 취소를 구하는 것과 같이 기존의 위법・부당한 처분의 시정을 구하는 심판을 말한다.

이에 반해 당사자심판은 공권력행사를 전제로 하지 않고 행정법관계의 형성 또는 존부에 관해 다툼이 있는 경우, 당사자의 신청에 의거하여 권한을 가진 행정기관이 그 법관계에 관해 처음으로 유권적으로 판정하는 심판을 말한다.

2. 성 질

당사자심판은 성질상 시심적 쟁송이다. 당사자심판을 구하는 절차를 재결신청(공익사업을 위한 토지 등의 취득 및 보상에 관한 법률 제30조 제 2 항 제 1 문; 수산업법 제84조, 제85조)이라 하고, 그 판정을 재결이라 부른다. 실정법상으로는 재결·재정·결정 등의 용어를 사용한다.

3. 법적 근거

당사자심판에 관한 일반적인 근거법은 없다. 다만 단행법률이 몇몇 있을 뿐이다. 재결신청도 행정기관에 심리·판단의 의무를 부과하는 것이므로 법적 근거를 요한다. 따라서 단행법에 근거가 없는 한 재결신청은 불가하다.

4. 종 류

당사자심판에는 법률관계의 존부에 관한 확인적 재결(예 : 수산업법 제84조)과 법률관계의 형성에 관한 형성적 재결(예 : 공익사업을 위한 토지 등의 취득 및 보상에 관한 법률 제34조 제 1 항)이 있다.

5. 심판기관

심판기관, 즉 재결기관은 일반행정청인 것이 보통이나 공정을 위해 토지수용위원회·농지위원회·노동위원회처럼 행정위원회가 설치되는 경우도 있고, 일반행정청이 재결기관인 때에도 조정위원회의 심의를 거치게 하는 경우(예 : 수산업법 제84조 제 2 항, 제85조 제 2 항)가 있다.

제2절 행정기본법상 이의신청·재심사

제1항 이의신청

[203] 이의신청의 관념

1. 의 의

서울지방경찰청장으로부터 운전면허를 받은 A가 음주운전을 이유로 운전면허취소처분을 받은 경우, 도로교통법에 의하면, A는 서울지방경찰청장에게 운전면허취소처분의 취소를 신청할 수도 있고, 바로 행정심판법에 따라 중앙행정심판위원회에 취소를 청구할 수도 있다. 운전면허취소처분의 처분청인 서울지방경찰청장에게 취소를 구하는 절차를 이의신청이라 한다. 이와 같이 위법·부당한 처분(운전면허취소)으로 법률상 이익(운전의 권리)이 침해된 자가 처분청(서울지방경찰청장)에 대하여 그러한 행위의 취소를 구하는 절차를 이의신청이라 한다. 불복신청·재결신청이라고도 한다.

> ■**도로교통법** 제94조(운전면허 처분에 대한 이의신청) ① 제93조 제1항 또는 제2항에 따른 운전면허의 취소처분 또는 정지처분이나 같은 조 제3항에 따른 연습운전면허 취소처분에 대하여 이의(異議)가 있는 사람은 그 처분을 받은 날부터 60일 이내에 행정안전부령으로 정하는 바에 따라 지방경찰청장에게 이의를 신청할 수 있다.
> ③ 제1항에 따라 이의를 신청한 사람은 그 이의신청과 관계없이 「행정심판법」에

따른 행정심판을 청구할 수 있다. 이 경우 이의를 신청하여 그 결과를 통보받은 사람(결과를 통보받기 전에 「행정심판법」에 따른 행정심판을 청구한 사람은 제외한다)은 통보받은 날부터 90일 이내에 「행정심판법」에 따른 행정심판을 청구할 수 있다.

2. 법적 근거

행정기본법 제36조가 이의신청에 관한 일반법이다. 개별법으로 도로교통법(제94조), 주민등록법(제21조), 공공기관의 정보공개에 관한 법률(제18조) 등을 볼 수 있다. 개별법에 관련규정이 없는 사항에 대하여는 일반법인 행정기본법이 적용된다(행정기본법 제36조 제 5 항).

■**주민등록법** 제21조(이의신청 등) ① 시장·군수 또는 구청장으로부터 제20조 제 5 항·제 6 항 또는 제20조의2 제 2 항 제 1 호·제 2 호에 따른 주민등록 또는 등록사항의 정정이나 말소 또는 거주불명 등록의 처분을 받은 자가 그 처분에 대하여 이의가 있으면 그 처분일이나 제20조 제 7 항 또는 제20조의2 제 3 항에 따른 통지를 받거나 공고된 날부터 30일 이내에 서면으로 해당 시장·군수 또는 구청장에게 이의를 신청할 수 있다.

■**공공기관의 정보공개에 관한 법률** 제18조(이의신청) ① 청구인이 정보공개와 관련한 공공기관의 비공개 결정 또는 부분 공개 결정에 대하여 불복이 있거나 정보공개 청구 후 20일이 경과하도록 정보공개 결정이 없는 때에는 공공기관으로부터 정보공개 여부의 결정 통지를 받은 날 또는 정보공개 청구 후 20일이 경과한 날부터 30일 이내에 해당 공공기관에 문서로 이의신청을 할 수 있다.

3. 대 상

이의신청을 할 수 있는 사항은 행정심판법 제 3 조에 따라 같은 법에 따른 행정심판의 대상이 되는 처분에 한한다(행정기본법 제36조 제 1 항). 그럼에도 공무원인사관계법령에 따른 징계등처분에 관한 사항을 비롯하여 행정기본법 제36조 제 7 항이 정하는 사항은 이의신청의 대상이 되지 아니한다.

4. 신청의 기간

행정청의 처분에 이의가 있는 당사자는 처분을 받은 날부터 30일 이내에 해당 행정청에 이의신청을 할 수 있다(행정기본법 제36조 제1항). 행정청은 행정기본법 제36조 제2항 단서에 따라 이의신청 결과의 통지 기간을 연장하려는 경우에는 연장 통지서에 연장 사유와 연장 기간 등을 구체적으로 적어야 한다(행정기본법 시행령 제11조 제2항).

5. 신청의 방법

행정기본법 제36조 제1항에 따라 이의신청을 하려는 자는 다음 각 호[1. 신청인의 성명·생년월일·주소(신청인이 법인이나 단체인 경우에는 그 명칭, 주사무소의 소재지와 그 대표자의 성명)와 연락처, 2. 이의신청 대상이 되는 처분의 내용과 처분을 받은 날, 3. 이의신청 이유]의 사항을 적은 문서를 해당 행정청에 제출해야 한다(행정기본법 시행령 제11조 제1항).

[204] 심사결과의 통지 등

1. 심사결과의 통지

행정청은 제1항에 따른 이의신청을 받으면 그 신청을 받은 날부터 14일 이내에 그 이의신청에 대한 결과를 신청인에게 통지하여야 한다. 다만, 부득이한 사유로 14일 이내에 통지할 수 없는 경우에는 그 기간을 만료일 다음 날부터 기산하여 10일의 범위에서 한 차례 연장할 수 있으며, 연장 사유를 신청인에게 통지하여야 한다(행정기본법 제36조 제2항).

2. 행정소송 등과의 관계

제1항에 따라 이의신청을 한 경우에도 그 이의신청과 관계없이 「행정심판법」에 따른 행정심판 또는 「행정소송법」에 따른 행정소송을 제기할 수 있다(행정기본법 제3조 제3항). 이의신청에 대한 결과를 통지받은 후 행정심판

또는 행정소송을 제기하려는 자는 그 결과를 통지받은 날(제2항에 따른 통지기간 내에 결과를 통지받지 못한 경우에는 같은 항에 따른 통지기간이 만료되는 날의 다음 날을 말한다)부터 90일 이내에 행정심판 또는 행정소송을 제기할 수 있다(행정기본법 제36조 제4항).

> **[참고] 이의신청 가부 등의 고지**   행정기본법에는 이에 관한 규정이 없다. 그러나 행정절차법 제26조(고지)는 "행정청이 처분을 할 때에는 당사자에게 그 처분에 관하여 행정심판 및 행정소송을 제기할 수 있는지 여부, 그 밖에 불복을 할 수 있는지 여부, 청구절차 및 청구기간, 그 밖에 필요한 사항을 알려야 한다"고 규정하고 있다. 이의신청은 불복의 한 종류이므로, 행정청이 행정기본법 제36조의 적용대상이 되는 처분을 하는 경우에는 당사자에게 행정절차법 제26조에 근거하여「행정기본법 제36조가 정하는 바에 따라 이의신청을 제기할 수 있음」을 알려야 한다.

제 2 항   처분의 재심사

[205]   재심사의 관념

1. 의   의

석궁판매업을 하는 A는 2030. 6. 6. 공공의 안녕질서를 해칠 우려가 있다고 믿을 만한 상당한 이유가 있다고 서울지방경찰청장으로부터 석궁판매업허가처분을 취소하는 통지서를 받았다. A는 2030. 12.이 되어 시간이 나서 석궁판매업허가처분의 취소를 다투려고 한다. 그러나 A는 이의신청이나 행정심판법상 행정심판, 행정소송을 제기할 수 없다. 왜냐하면 이의신청은 처분을 받은 날부터 30일 이내에(행정기본법 제37조 제1항), 행정심판법상 취소심판은 처분이 있음을 알게 된 날부터 90일 이내에(행정심판법 제27조 제1항), 취소소송은 처분등이 있음을 안 날부터 90일 이내에(행정소송법 제20조 제1항) 제기해야 하기 때문이다. 이와 같이 처분이 행정심판, 행정소송 및 그 밖의 쟁송을 통하여 다툴 수 없게 된 경우라도 일정한 사유가 있다면, 해당 처분

을 한 행정청에 처분을 취소·철회하거나 변경하여 줄 것을 신청할 수 있는
바, 이를 처분의 재심사라 한다(행정기본법 제37조 제 1 항).

2. 법적 근거

행정심판, 행정소송 및 그 밖의 쟁송을 통하여 다툴 수 없게 되었음에
도 불구하고 행정청으로 하여금 해당 처분을 다시 재심사토록 한다는 것은
법적 안정성을 침해하는 성격을 갖기 때문에 처분의 재심사를 위해서는 법
적 근거가 필요하다. 행정기본법 제37조가 처분의 재심사에 대한 일반조항
이다.

3. 대   상

재심사를 신청을 할 수 있는 사항은 행정심판, 행정소송 및 그 밖의 쟁
송을 통하여 다툴 수 없게 된 처분이며, 제재처분 및 행정상 강제는 재심사
신청의 대상으로서 처분에 해당하지 아니한다(행정기본법 제38조 제 1 항). 한편,
재심사 신청의 대상에서 배제되는 처분도 있다(행정기본법 제38조 제 8 항).

4. 신청사유

(1) 의   의   재심사의 신청은 ① 처분의 근거가 된 사실관계 또는
법률관계가 추후에 당사자에게 유리하게 바뀐 경우, ② 당사자에게 유리한
결정을 가져다주었을 새로운 증거가 있는 경우, 또는 ③ 「민사소송법」 제
451조에 따른 재심사유에 준하는 사유가 발생한 경우 등 대통령령으로 정
하는 경우에만 가능하다(행정기본법 제37조 제 1 항). 그러나 이러한 사유가 있다
고 하여도 당사자가 해당 처분의 절차, 행정심판, 행정소송 및 그 밖의 쟁송
에서 중대한 과실 없이 이러한 사유를 주장하지 못한 경우에만 재심사를 신
청할 수 있다(행정기본법 제37조 제 2 항).

(2) 대통령령으로 정하는 경우   행정기본법 제37조 제 1 항 제 3 호에
서 "「민사소송법」 제451조에 따른 재심사유에 준하는 사유가 발생한 경우
등 대통령령으로 정하는 경우"란 다음 각 호(1. 처분 업무를 직접 또는 간접적으로

처리한 공무원이 그 처분에 관한 직무상 죄를 범한 경우, 2. 처분의 근거가 된 문서나 그 밖의 자료가 위조되거나 변조된 것인 경우, 3. 제 3 자의 거짓 진술이 처분의 근거가 된 경우, 4. 처분에 영향을 미칠 중요한 사항에 관하여 판단이 누락된 경우)의 어느 하나에 해당하는 경우를 말한다(행정기본법 시행령 제12조).

5. 신청기간

제 1 항에 따른 신청은 당사자가 제 1 항 각 호의 사유를 안 날부터 60일 이내에 하여야 한다. 다만, 처분이 있은 날부터 5년이 지나면 신청할 수 없다(행정기본법 제37조 제 3 항).

6. 신청 방법

제37조 제 1 항에 따라 처분의 재심사를 신청하려는 자는 다음 각 호[1. 신청인의 성명·생년월일·주소(신청인이 법인이나 단체인 경우에는 그 명칭, 주사무소의 소재지와 그 대표자의 성명)와 연락처, 2. 재심사 대상이 되는 처분의 내용과 처분이 있은 날, 3. 재심사 신청 사유]의 사항을 적은 문서에 처분의 재심사 신청 사유를 증명하는 서류를 첨부하여 해당 처분을 한 행정청에 제출해야 한다(행정기본법 시행령 제13조 제 1 항).

[206] 심사결과의 통지 등

1. 심사결과의 통지

제 1 항에 따른 신청을 받은 행정청은 특별한 사정이 없으면 신청을 받은 날부터 90일(합의제행정기관은 180일) 이내에 처분의 재심사 결과(재심사 여부와 처분의 유지·취소·철회·변경 등에 대한 결정을 포함한다)를 신청인에게 통지하여야 한다. 다만, 부득이한 사유로 90일(합의제행정기관은 180일) 이내에 통지할 수 없는 경우에는 그 기간을 만료일 다음 날부터 기산하여 90일(합의제행정기관은 180일)의 범위에서 한 차례 연장할 수 있으며, 연장 사유를 신청인에게 통지하여야 한다(행정기본법 제36조 제 4 항).

2. 불 복

제 4 항에 따른 처분의 재심사 결과 중 처분을 유지하는 결과에 대해서는 행정심판, 행정소송 및 그 밖의 쟁송수단을 통하여 불복할 수 없다(행정기본법 제37조 제 5 항).

3. 취소 · 철회와의 관계

행정청의 제18조에 따른 취소와 제19조에 따른 철회는 처분의 재심사에 의하여 영향을 받지 아니한다(행정기본법 제37조 제 6 항). 말하자면 당사자가 처분의 재심사 청구를 하였다고 하여도 행정청은 행정기본법 제18조에 따라 취소할 수 있고, 제19조에 따라 철회를 할 수도 있다.

제 3 절   행정심판법상 행정심판(협의의 행정심판)

제 1 항   행정심판법의 관념과 활용(고지제도)

[207]   행정심판의 관념

1. 행정심판의 개념

(1) **강학상 개념**   강학상 넓은 의미(광의)로 행정심판이란 행정상 법률관계의 분쟁을 행정기관이 심리·재결하는 모든 행정쟁송절차를 말하고, 좁은 의미(협의)로 행정심판이란 행정심판법에 따른 행정심판을 말한다.

[참고] 행정심판 관련 용어
(1) **실질적 심판 · 형식적 심판**   강학상 넓은 의미의 행정심판은 실질적 심판·형식적 심판으로 구분할 수 있다. 실질적 심판은 실질적 쟁송으로서의 심판을 말하고, 형식적 심판은 형식적 쟁송으로서의 심판, 즉 행정절차로서의 행정심판을 말한다.
(2) **주관적 심판 · 객관적 심판**   강학상 넓은 의미의 행정심판은 주관적 심판·객관적 심판으로 구분할 수 있다. 주관적 심판이란 행정작용과 관련하여 자기의 권리(법률상 이익)의 보호를 위해 제기하는 심판을 말하고, 객관적 심판이란 공익에 반하는 행정작용의 시정을 구하는 심판을 말하며, 원칙적으로는 주관적 심판의 한 유형이라 할 특수한 심판이란 일반 행정이 아닌 전문적인 지식과 기술을 요하는 특수한 행정작용을 대상으로 하는 심판을 말한다.
(3) **항고심판 · 당사자심판**   강학상 넓은 의미의 행정심판은 항고심판과 당사자심판으로 구분할 수 있다. 항고심판은 운전면허취소처분의 취소를 구하는 것과

같이 기존의 위법·부당한 처분의 시정을 구하는 심판을 말한다. 항고심판은 행정기본법상 이의신청과 재심사, 행정심판법상 행정심판 등으로 구분된다. 당사자심판은 토지수용절차상 사업시행자와 피수용자(토지소유자 등) 사이에 협의가 성립되지 아니하는 경우에 사업시행자가 관할 토지수용위원회에 재결을 신청하는 경우에 보는 바와 같이 행정법관계의 형성·존부에 관한 분쟁이 있을 경우에 일정한 기관에 그에 관한 재결을 구하는 심판을 말한다. 당사자심판은 개별 법률에 규정이 있는 경우에만 인정된다(예: 공익사업을 위한 토지 등의 취득 및 보상에 관한 법률 제30조).

(2) 이 책에서 행정심판의 개념   이 책에서는 행정심판을 좁은 의미로 사용한다. 즉, 행정심판법상 행정심판의 의미로 사용한다. 행정심판법상 행정심판이란 행정청의 위법 또는 부당한 처분이나 부작위로 권리 또는 이익이 침해된 국민이 행정심판위원회에 대해 그 처분의 재심사를 구하고, 이에 대하여 행정심판위원회가 재결을 행하는 절차를 말한다. 행정심판법상 행정심판은 실질적 심판·주관적 심판·항고심판의 성격을 가진다. 행정심판법의 적용을 받는 행정심판을 형식적·제도적 의미의 행정심판이라 부르기도 한다.

2. 행정심판의 근거법

(1) 헌법상 근거   헌법은 행정심판제도를 배척하는 것이 아니다. 헌법 제107조 제 3 항은 "재판의 전심절차로서 행정심판을 할 수 있다. 행정심판의 절차는 법률로 정하되 사법절차가 준용되어야 한다"고 하여 오히려 행정심판절차의 헌법적인 근거를 마련하고 있다.

(2) 법률상 근거   행정심판에 관한 일반법으로 행정심판법이 있다. 행정심판법은 행정심판위원회 등이 심리·판단하는 행정심판을 규정하고 있다. 개별법에서 특별규정을 두기도 한다(예: 특허법 제132조의16의 특허심판, 국세기본법 제55조 이하의 불복절차 등).

3. 행정심판법의 성격(일반법)

행정심판법 제 3 조 제 1 항은 "행정청의 처분 또는 부작위에 대하여는 다른 법률에 특별한 규정이 있는 경우 외에는 이 법에 따라 행정심판을 청구할 수 있다"고 하고, 아울러 동법 제 4 조 제 2 항은 "다른 법률에서 특별행정심판이나 이 법에 따른 행정심판 절차에 대한 특례를 정한 경우에도 그 법률에서 규정하지 아니한 사항에 관하여는 이 법에서 정하는 바에 따른다"고 하여 동법이 행정심판에 관한 일반법임을 나타내고 있다(대판 1992. 6. 9, 92누565).

[208] 고지제도

1. 의 의

서대문구청장이 甲의 건축허가신청에 대하여 거부처분을 하게 되면, 서대문구청장은 甲에게 자신의 거부처분에 대하여 언제까지 누구에게 행정심판을 제기하여 다툴 수 있다는 것 등을 알려준다. 이와 같이 행정청이 처분을 하거나 또는 이해관계인으로부터 요구가 있는 경우에 그 상대방이나 이해관계인에게 처분에 관하여 행정심판을 청구할 수 있는지의 여부, 청구하는 경우의 심판청구절차·심판청구기간 등을 알리는 것을 고지제도(告知制度)라 한다(행정심판법 제58조). 불복고지라고도 한다.

2. 필요성

고지제도는 처분의 상대방 등에게 처분을 정당한 것으로 받아들일 수 없는 경우에 어떻게 다툴 수 있는지를 알려줌으로써 국민들에게 권익보호를 도모하는데 기여한다. 또한 고지제도가 있음으로 하여 행정청은 처분을 함에 있어서 보다 신중하고 합리적으로 행위하게 된다.

3. 성 질

고지는 사실행위(事實行爲)이다. 법적 효과의 발생을 목적으로 하는 의사표시로서의 행정작용인 준법률행위적 행정행위가 아니며, 사실행위일 뿐이다. 따라서 고지 그 자체는 행정쟁송의 대상이 되지 아니한다.

4. 법적 근거

불복고지를 규정하는 입법의 형태에는 세 가지가 있다. 즉 ① 행정절차법에서 규정하는 방법, ② 행정심판법에서 규정하는 방법, ③ 행정재판소법(행정심판과 관련된 부분)에서 규정하는 방법이 그것이다. 논리적으로 본다면 불복고지를 행정처분절차를 규정하는 행정절차법에서 규정하는 것이 합리적이다. 왜냐하면 시간적인 관점에서 볼 때, 불복고지는 행정심판이나 행정소송이 아니라 행정처분과 동시에 이루어질 때에 사인의 권리보호는 가장 용이하게 보장될 수 있기 때문이다. 우리의 경우, 고지제도는 1985년에 발효된 행정심판법(제42조)과 1998년에 발효된 행정절차법(제26조) 등에 규정되기 시작하였다. 내용상 행정심판법상 고지제도가 일반법으로 보인다.

> [참고] 행정심판법상 고지제도와 행정기본법상 이의신청   고지제도의 취지와 행정심판의 고지는 행정절차법에 규정되는 것이 합리적이라는 점을 고려할 때, 행정심판법상 행정심판의 고지에는 행정심판법상 행정심판에 대한 고지뿐만 아니라, 행정기본법상 이의신청(광의의 행정심판에 해당)에 대한 고지도 포함되는 것으로 볼 것이다.

5. 종 류

행정심판법 제58조는 행정청이 상대방에 대하여 스스로 하는 직권고지(職權告知)와 이해관계인의 요구가 있는 경우에 이루어지는 신청(申請)에 의한 고지의 두 가지를 규정하고 있다.

> ■행정심판법 제58조(행정심판의 고지) ① 행정청이 처분을 할 때에는 처분의 상대방에게 다음 각 호의 사항을 알려야 한다.

1. 해당 처분에 대하여 행정심판을 청구할 수 있는지
2. 행정심판을 청구하는 경우의 심판청구 절차 및 심판청구 기간
② 행정청은 이해관계인이 요구하면 다음 각 호의 사항을 지체 없이 알려 주어야한다. 이 경우 서면으로 알려 줄 것을 요구받으면 서면으로 알려 주어야 한다.
1. 해당 처분이 행정심판의 대상이 되는 처분인지
2. 행정심판의 대상이 되는 경우 소관 위원회 및 심판청구 기간

6. 고지의무의 위반

(1) **처분의 위법여부**   불복고지는 불복고지의 대상인 처분에 영향을 미치지 아니한다. 말하자면 서대문구청장이 甲에게 건축허가거부처분을 하면서 불복고지를 하지 아니하였다거나 잘못하였다고 하여도 건축허가거부처분이 위법한 처분이 되는 것은 아니다. 그러나 고지제도의 실효성을 확보하기 위하여 불복고지를 하지 아니한 불고지(不告知)나 잘못 고지한 오고지(誤告知)의 경우에 대하여는 아래의 (2) · (3) · (4)의 제약이 따른다.

(2) **청구서의 송부**   행정청이 제58조에 따른 고지를 하지 아니하거나 잘못 고지하여 청구인이 심판청구서를 다른 행정기관에 제출한 경우에는 그 행정기관은 그 심판청구서를 지체 없이 정당한 권한이 있는 피청구인에게 보내야 한다(행정심판법 제23조 제 2 항). 제27조에 따른 심판청구 기간을 계산할 때에는 제 1 항에 따른 피청구인이나 위원회 또는 제 2 항에 따른 행정기관에 심판청구서가 제출되었을 때에 행정심판이 청구된 것으로 본다(행정심판법 제23조 제 4 항).

(3) **청구기간**   행정청이 심판청구 기간을 제 1 항에 규정된 기간보다 긴 기간으로 잘못 알린 경우 그 잘못 알린 기간에 심판청구가 있으면 그 행정심판은 제 1 항에 규정된 기간에 청구된 것으로 본다(행정심판법 제27조 제 5 항). 행정청이 심판청구 기간을 알리지 아니한 경우에는 제 3 항(행정심판은 처분이 있었던 날부터 180일이 지나면 청구하지 못한다. 다만, 정당한 사유가 있는 경우에는 그러하지 아니하다)에 규정된 기간에 심판청구를 할 수 있다(행정심판법 제27조 제 6 항).

(4) **행정심판의 전치**   행정소송의 제기를 위해서는 행정심판을 반드시 거쳐야 하는 경우임에도 불구하고 처분을 행한 행정청이 행정심판을

거칠 필요가 없다고 잘못 알린 때에는 행정심판을 제기함이 없이 행정소송을 제기할 수 있다(행정소송법 제18조 제 3 항 제 4 호).

제 2 항 행정심판의 종류·기관

[209] 행정심판의 종류

1. 취소심판

(1) 의 의 취소심판(取消審判)이란 행정청의 위법 또는 부당한 처분을 취소하거나 변경하는 행정심판을 말한다(행정심판법 제 5 조 제 1 호). 예컨대 서울지방경찰청장이 의견제출절차를 거치지 아니하고 甲의 운전면허를 취소한 경우, 의견제출절차를 거치지 아니한 것은 위법하지만, 그 하자가 중대한 것은 아니므로 운전면허취소처분은 무효가 아니다. 서울지방경찰청장의 취소처분은 취소할 수 있는 행위로서 유효하다. 달리 말한다면 서울지방경찰청장의 취소처분은 공정력을 갖는다. 따라서 甲은 서울지방경찰청장의 취소처분이 유효하므로 운전을 할 수 없다. 만약 甲이 운전을 하려면 운전면허취소처분을 취소시켜야만 한다. 이러한 경우에 적합한 심판이 바로 취소심판이다.

(2) 특 징 ① 취소심판의 청구는 처분이 있음을 알게 된 날부터 90일 이내에 청구하여야 하는 등 청구기간에 제한이 있다(행정심판법 제27조). ② 취소심판에는 집행부정지(執行不停止)의 원칙이 적용된다(행정심판법 제30조). 예컨대 서울지방경찰청장의 운전면허취소처분에 대하여 甲이 취소심판을 제기한다고 하여 바로 운전면허취소처분의 효력이 정지되고 따라서 甲이 운전을 할 수 있게 되는 것은 아니다. ③ 취소심판에는 사정재결(事情裁決)이 가능하다(행정심판법 제44조). 예컨대 서대문구청장의 甲에 대한 건축허가취소처분이 위법하다고 하여도 건축허가취소처분을 취소하는 것이 공공복리에 적합하지 아니한 경우에는 甲의 청구를 기각할 수도 있다. 물론 기각을 하

는 경우에는 甲에 대한 구제가 따라야 한다. ④ 심판청구가 이유 있다고 인정되면, 위원회는 처분청에 대하여 당해 처분의 취소 또는 변경을 명할 수도 있고(이행재결), 위원회가 스스로 당해 처분을 취소하거나 변경할 수도 있다(형성재결).

2. 무효등확인심판

(1) 의 의　　　무효등확인심판(無效等確認審判)이란 행정청의 처분의 효력유무 또는 존재여부를 확인하는 심판을 말한다(행정심판법 제 5 조 제 2 호). 예컨대 甲과 乙이 이웃하면서 단란주점을 운영하던 중 乙이 식품위생법령을 위반하였음에도 송파구청장이 甲에게 영업정지명령을 하였다면, 송파구청장의 영업정지명령은 하자가 중대하고 명백하므로 무효이다. 따라서 甲은 계속 영업을 할 수 있다. 그러나 甲이 계속 영업을 하면, 송파구청장은 甲에 대한 영업정지명령이 유효하다고 주장하면서 영업정지명령 위반을 이유로 영업허가를 취소할 수도 있고, 영업정지명령 위반을 이유로 일단 기소될 수도 있는바, 甲에게 여러 가지의 불편·불리함이 따른다. 이러한 경우에 甲으로서는 송파구청장의 처분이 무효라는 것을 심판을 통해 확인하여 불편·불리함을 해소해둘 필요가 있다. 이러한 경우에 적합한 심판이 바로 무효등확인심판이다.

> ■**식품위생법** 제75조(허가취소 등) ② 식품의약품안전처장 또는 특별자치시장·특별자치도지사·시장·군수·구청장은 영업자가 제 1 항에 따른 영업정지 명령을 위반하여 영업을 계속하면 영업허가 또는 등록을 취소하거나 영업소 폐쇄를 명할 수 있다.
> 제97조(벌칙) 다음 각 호의 어느 하나에 해당하는 자는 3년 이하의 징역 또는 3천만원 이하의 벌금에 처한다.
> 7. 제75조 제 1 항에 따른 영업정지 명령을 위반하여 계속 영업한 자 …

(2) 특 징　　　① 무효등확인심판은 취소심판의 경우와 달리 심판청구기간에 제한이 없다(행정심판법 제27조 제 7 항). ② 사정재결도 없다(행정심판법 제

44조 제 3 항). ③ 행정심판법은 무효등확인심판을 「행정청의 처분의 효력유무 또는 존재여부를 확인하는 행정심판」으로 규정하고 있으므로 무효등확인 심판은 유효확인심판·무효확인심판·존재확인심판·부존재확인심판으로 구 분된다. 그 밖에 학설상으로 실효확인심판이 인정되고 있다.

3. 의무이행심판

(1) 의 의   의무이행심판(義務履行審判)이란 당사자의 신청에 대한 행정청의 위법 또는 부당한 거부처분이나 부작위에 대하여 일정한 처분을 하도록 하는 행정심판을 말한다(행정심판법 제 5 조 제 3 호). 예컨대 甲이 단란주 점을 경영하기 위하여 서대문구청장에게 단란주점영업허가를 신청하였는데, 서대문구청장이 허가를 거부하거나, 또는 아무런 조치도 취하지 아니한 채 가만히 있으면 甲은 단란주점을 경영할 수 없다. 이러한 경우에는 서대문구 청장이 적극적으로 영업허가처분을 할 수 있도록 하든지 아니면 서대문구청 장을 대신하여 다른 행정청(행정심판위원회)이 영업허가처분을 할 수 있도록 하 는 것이 필요하다. 이러한 필요에 응하기 위한 것이 바로 의무이행심판이다. 취소심판이 행정청의 적극적인 행위(권력의 적극적 행사)로 인한 침해로부터 권 익보호를 목적으로 하는 것인데 반해, 의무이행심판은 행정청의 소극적인 행 위(권력행사의 거부 내지 권력의 불행사)로 인한 침해로부터 국민의 권익보호를 목 적으로 한다.

(2) 특 징   ① 거부처분에 대한 의무이행심판에는 심판제기에 기 간상 제한이 따르지만, 부작위에 대한 의무이행심판에는 심판제기에 기간상 제한이 따르지 않는다(행정심판법 제27조 제 7 항). ② 의무이행심판에는 사정재결 의 적용이 있다(행정심판법 제44조 제 3 항). 예컨대 서대문구청장의 甲에 대한 단 란주점영업허가신청에 대한 거부처분이나 부작위가 위법하다고 하여도 서대 문구청장에게 단란주점영업허가를 하도록 하거나 행정심판위원회가 직접 단 란주점영업허가를 하는 것이 공공복리에 적합하지 아니한 경우에는 甲의 청 구를 기각할 수도 있다. 물론 기각을 하는 경우에는 甲에 대한 구제가 따라 야 한다. 한편 ③ 행정심판위원회는 의무이행심판의 청구가 이유가 있다고

인정하면 지체 없이 신청에 따른 처분을 하거나 처분을 할 것을 피청구인에게 명한다(행정심판법 제43조 제5항). 당사자의 신청을 거부하거나 부작위로 방치한 처분의 이행을 명하는 재결이 있으면 행정청은 지체 없이 이전의 신청에 대하여 재결의 취지에 따라 처분을 하여야 한다(행정심판법 제49조 제3항). 말하자면 甲의 청구가 이유 있다면, 행정심판위원회는 스스로 단란주점영업허가처분을 하든지 아니면 서대문구청장에게 단란주점영업허가처분을 할 것을 명하여야 하고, 후자의 경우에 서대문구청장은 지체 없이 행정심판위원회의 명령에 따라 甲의 신청에 대한 처분을 하여야 한다.

[210] 행정심판기관(행정심판위원회)

1. 의 의

예를 들어, 甲이 서대문구청장의 단란주점영업허가거부처분에 대한 의무이행심판을 서울특별시장 소속의 행정심판위원회에게 제기하면, 서울특별시행정심판위원회는 甲의 청구가 적법한지, 그리고 이유가 있는지의 여부를 심리·재결한 후 그 내용을 재결서라는 문서로 작성하여 甲에게 알려주게 된다. 여기서 서울특별시행정심판위원회와 같이 심판청구사항에 대하여 심리·재결한 후, 그 내용을 재결서라는 문서로 청구인에게 알리는 기관을 행정심판위원회(行政審判委員會)라 한다. 행정심판위원회는 합의제행정기관의 성격을 갖는다.

2. 유 형

행정심판위원회는 해당 행정청 소속 행정심판위원회(행정심판법 제6조 제1항), 중앙행정심판위원회(행정심판법 제6조 제2항), 시·도지사 소속 행정심판위원회(행정심판법 제6조 제2항), 직근 상급행정기관 소속 행정심판위원회가 있다(행정심판법 제6조 제4항).

3. 제척 · 기피 · 회피

공정한 심판을 위하여 일정한 사유가 있는 경우에 위원회의 위원이 심리 · 의결에서 배제되는 제척(除斥)(행정심판법 제10조 제 1 항), 위원에게 공정한 심리 · 의결을 기대하기 어려운 사정이 있는 경우에 당사자의 신청에 의해 위원장의 결정으로 심리 · 의결에서 물러나는 기피(忌避)(행정심판법 제10조 제 2 항), 위원회의 회의에 참석하는 위원이 제척사유 또는 기피사유에 해당되는 것을 알게 되었을 때 스스로 그 사건의 심리 · 의결에서 물러나는 회피(回避)(행정심판법 제10조 제 6 항 제 1 문)가 있다. 사건의 심리 · 의결에 관한 사무에 관여하는 위원 아닌 직원에게도 제척 · 기피 · 회피가 적용된다(행정심판법 제10조 제 8 항).

4. 권한과 의무

(1) 권 한   행정심판위원회는 선정대표자 선정권고권(행정심판법 제15조 제 2 항), 이해관계가 있는 제 3 자 또는 행정청에 대한 심판참가요구권(행정심판법 제21조 제 1 항), 청구의 변경에 대한 불허권(행정심판법 제29조 제 6 항), 집행정지의 결정권과 취소권(행정심판법 제30조 제 2 항 · 제 4 항), 심판청구보정요구권(행정심판법 제32조 제 1 항), 심리권(행정심판법 제39조, 제40조), 증거조사권(행정심판법 제35조, 제36조), 관련 심판청구의 병합 심리권과 병합된 관련청구의 분리 심리권(행정심판법 제37조), 재결권(행정심판법 제43조) 등을 갖는다.

(2) 의 무   피청구인에 대한 심판청구서 부본 송부의무(행정심판법 제26조 제 1 항), 다른 당사자에 대한 답변서 부본 송달의무(행정심판법 제26조 제 2 항), 제 3 자가 제기한 심판청구를 처분의 상대방에 통지할 의무(행정심판법 제24조 제 2 항), 당사자로부터 제출된 증거서류 부본의 다른 당사자에게 대한 송달의무(행정심판법 제34조 제 3 항), 증거서류 등의 반환의무(행정심판법 제55조), 재결서 정본 송달의무(행정심판법 제48조) 등을 부담한다.

제 3 항 행정심판의 당사자

[211] 심판청구인

1. 심판청구인적격의 의의

행정심판을 현실적으로 청구하는 자를 행정심판청구인(行政審判請求人)이라한다. 그러나 아무나 행정심판을 제기하여 행정심판위원회로부터 청구가 이유있는지에 관해 심리·재결을 받을 수는 없다. 예컨대 甲이 서대문구청장으로부터 단란주점영업허가거부처분을 받은 경우에 甲이 단란주점영업허가거부처분 대한 의무이행심판을 제기하면, 서울특별시행정심판위원회는 甲의청구가 이유있는지에 관해 심리하고 재결하지만, 만약 甲의 친구인 乙이 그단란주점영업허가거부처분에 대한 의무이행심판을 제기하면, 乙의 청구가이유있는지에 관해 심리하지 않고 각하결정을 하게 된다. 이와 같이 행정심판을 청구하여 행정심판위원회로부터 청구가 이유있는지에 관해 심리·재결을 받을 수 있는 자격을 청구인적격(請求人適格)이라 한다. 심판청구인적격은 심판청구인이 될 수 있는 적합한 자격이라 말할 수 있다.

2. 심판청구인적격이 있는 자

① 취소심판청구의 경우에는 처분의 취소 또는 변경을 구할 법률상 이익이 있는 자가 심판청구인적격을 가지며(행정심판법 제13조 제1항), ② 무효등확인심판청구는 처분의 효력유무 또는 존재여부의 확인을 구할 법률상 이익이 있는 자가 심판청구인적격을 가지며(행정심판법 제13조 제2항), ③ 의무이행심판청구는 처분을 신청한 자로서 행정청의 거부처분 또는 부작위에 대하여 일정한 처분을 구할 법률상 이익이 있는 자가 심판청구인적격을 가진다(행정심판법 제13조 제3항). 요컨대 취소심판·무효등확인심판·의무이행심판모두 법률상 이익이 있는 자가 행정심판을 청구할 수 있다.

3. 법률상 이익이 있는 자

① 법률상 이익(法律上 利益)의 의미에 관해서는 취소소송의 경우와 동일하므로 취소소송에서 살피기로 한다(이에 관해서는 이 책 [247]을 보라). ② 자(者)에는 자연인과 법인이 있다. 법인 아닌 사단 또는 재단으로서 대표자나 관리인이 정하여져 있는 경우에는 그 사단이나 재단의 이름으로 심판청구를 할 수 있다(행정심판법 제14조). 여러 명의 청구인이 공동으로 심판청구를 할 때에는 청구인들 중 3명 이하의 선정대표자를 선정할 수 있다(행정심판법 제15조 제1항). 선정대표자가 선정되면 다른 청구인들은 그 선정대표자를 통해서만 그 사건에 관한 행위를 할 수 있다(행정심판법 제15조 제4항).

4. 대리인

① 청구인은 법정대리인 외에 다음 각 호(1. 청구인의 배우자, 청구인 또는 배우자의 사촌 이내의 혈족, 2. 청구인이 법인이거나 제14조에 따른 청구인 능력이 있는 법인이 아닌 사단 또는 재단인 경우 그 소속 임직원, 3. 변호사, 4. 다른 법률에 따라 심판청구를 대리할 수 있는 자, 5. 그 밖에 위원회의 허가를 받은 자)의 어느 하나에 해당하는 자를 대리인으로 선임할 수 있다(행정심판법 제18조 제1항). ② 청구인이 경제적 능력으로 인해 대리인을 선임할 수 없는 경우에는 위원회에 국선대리인을 선임하여 줄 것을 신청할 수 있다(행정심판법 제18조의2 제1항).

[212] 심판피청구인

1. 심판피청구인의 의의

심판피청구인(審判被請求人)이란 심판청구의 상대방, 즉 심판청구를 당하는 자를 말한다. 심판피청구인은 행정청, 즉 처분청(處分廳)과 부작위청(不作爲廳)이다(행정심판법 제17조 제1항 본문). 처분청이란 처분을 행한 행정청을 말하고, 부작위청이란 처분을 하여야 함에도 처분을 하지 아니한 행정청을 말한다. 甲의 단란주점영업허가신청을 받고 서대문구청장이 거부처분을 하였다면 서대문구청장은 처분청이 되고, 아무런 처분도 하지 아니한 채 가만히 있다면 부작위청이 된다. 피청구인은 원래 권리주체로서 국가 또는 지방자치단체이어야 하나, 심판절차진행의 편의와 적정한 분쟁해결을 위해 행정심판법은 편의상 행정청을 피청구인으로 한 것이다. 한편, 행정청에는 행정에 관한 의사를 결정하여 표시하는 국가 또는 지방자치단체의 기관 외에 법령 또는 자치법규에 따라 행정권한을 가지고 있거나 위탁을 받은 공공단체나 그 기관 또는 사인(私人)도 포함된다(행정심판법 제2조 제4호). 예컨대 서대문구청장이 법령이 정하는 바에 따라 신촌동장에게 A권한을 위임하였다면, A권한을 행사하는 한 신촌동장도 행정청이 된다.

2. 권한승계와 심판피청구인

심판청구의 대상과 관계되는 권한이 다른 행정청에 승계된 경우에는 권한을 승계한 행정청을 피청구인으로 하여야 한다(행정심판법 제17조 제1항 단서). 예컨대 행정자치부장관의 처분에 대하여 행정심판을 제기하였는데, 정부조직법의 개정으로 행정자치부가 폐지되고 행정안전부가 신설되면서 행정안전부장관의 권한이 행정안전부장관의 권한으로 되었다면, 행정심판의 피청구인은 행정자치부장관에서 행정안전부장관으로 바뀐다.

3. 대리인

피청구인은 그 소속직원 또는 ① 변호사, ② 다른 법률에 따라 심판청구를 대리할 수 있는 자, ③ 그 밖에 위원회의 허가를 받은 자를 대리인으로 선임할 수 있다(행정심판법 제18조 제2항).

[213] 이해관계자(참가인)

1. 이해관계자의 의의

심판결과에 이해관계가 있는 제3자를 이해관계자(利害關係者)라 한다. 예컨대 甲이 연탄공장의 건설을 위하여 허가신청을 하였으나 거부당하자 연탄공장허가거부처분에 대한 의무이행심판을 제기하였다고 하자. 만약 행정심판에서 甲의 청구가 인용되면, 甲은 연탄공장을 지을 것이고, 이로 인해 공장주변에 사는 주민 乙은 환경권의 침해 등 생활환경상 불편·불이익을 당할 수 있게 된다. 乙과 같이 행정심판의 결과에 따라 법률상 이익에 직접 영향을 받는 자를 이해관계자라 한다.

2. 이해관계자의 참가(참가인)

이해관계자의 권익보호를 위해서는 이해관계자도 행정심판에 참가하여 자신의 권리를 보호하기 위해 주장할 수 있는 기회를 갖는 것이 필요하다. 예컨대 앞의 예에서 乙이 심판절차에 참가하여 피청구인(허가청)이 甲의 청구를 받아들여서는 아니 된다는 주장을 할 수 있게 할 필요가 있다. 행정청에도 유사한 경우가 있다. 예컨대 丙이 A건물을 신축하고자 서대문구청장에게 허가신청을 하였으나 서대문구청장은 서대문소방서장이 A건물의 건축허가에 소방시설 설치 및 관리에 관한 법률 제 6 조 제 1 항의 동의를 하지 아니하였다는 이유로 거부처분을 하자, 丙이 서대문구청장의 건축허가거부처분에 대한 의무이행심판을 청구한 경우, 서대문소방서장이 심판절차에 참가하여 丙의 청구를 받아들여서는 아니 된다는 주장을 할 수 있게 할 필요가 있다. 이러한 경우에는 행정청도 이해관계자 유사의 지위에 서게 된다. 이해관계자가 행정심판절차에 참가하는 경우, 이해관계자를 참가인(參加人)이라 부른다.

■ **소방시설 설치 및 관리에 관한 법률** 제 6 조(건축허가등의 동의) ① 건축물 등의 신축·증축·개축·재축(再築)·이전·용도변경 또는 대수선(大修繕)의 허가·협의 및 사용승인(「주택법」 제15조에 따른 승인 및 같은 법 제49조에 따른 사용검사, 「학교시설사업 촉진법」 제 4 조에 따른 승인 및 같은 법 제13조에 따른 사용승인을 포함하며, 이하 "건축허가등"이라 한다)의 권한이 있는 행정기관은 건축허가등을 할 때 미리 그 건축물 등의 시공지(施工地) 또는 소재지를 관할하는 소방본부장이나 소방서장의 동의를 받아야 한다.

3. 이해관계자의 참가의 유형

이해관계자의 행정심판절차에의 참가에는 ① 허가에 의한 참가와 ② 요구에 의한 참가가 있다. ① 허가(許可)에 의한 참가란 심판결과에 이해관계가 있는 제 3 자나 행정청이 행정심판위원회의 허가를 받아 그 사건에 참가하는 것을 말한다(행정심판법 제20조). 한편, ② 행정심판위원회는 필요하다고 인정하면 그 행정심판 결과에 이해관계가 있는 제 3 자나 행정청에게 그 사건 심판에 참가할 것을 요구할 수 있는바(행정심판법 제21조 제 1 항), 이에 따른 참가가 바로 요구(要求)에 의한 참가이다.

제 4 항   행정심판절차

제 1 목   행정심판의 청구

[214]   심판청구의 대상

행정심판은 처분(處分)과 부작위(不作爲)를 대상으로 한다(행정심판법 제 3 조 제 1 항). 처분과 부작위의 개념에 관해서는 취소소송에서 살피기로 한다(이에 관해서는 이 책 [240] 이하에서 살핀다). 다만 특기할 것은 ① 대통령의 처분 또는 부작위에 대하여는 다른 법률에서 행정심판을 청구할 수 있도록 정한 경우 외에는 행정심판을 청구할 수 없다는 점(행정심판법 제 3 조 제 2 항)과 ② 심판청구에 대한 재결이 있으면 그 재결 및 같은 처분 또는 부작위에 대하여 다시 행정심판을 청구할 수 없다는 점(행정심판법 제51조)이다.

행정심판 청구서

접수번호		접수일	

	성명	
청구인	주소	
	주민등록번호(외국인등록번호)	
	전화번호	
[ ] 대표자	성명	
[ ] 관리인	주소	
[ ] 선정대표자	주민등록번호(외국인등록번호)	
[ ] 대리인	전화번호	
피청구인		
소관 행정심판위원회	[ ] 중앙행정심판위원회 [ ] ○○시·도행정심판위원회 [ ] 기타	

처분 내용 또는 부작위 내용	
처분이 있음을 안 날	
청구 취지 및 청구 이유	별지로 작성
처분청의 불복절차 고지 유무	
처분청의 불복절차 고지 내용	
증거 서류	

「행정심판법」 제28조 및 같은 법 시행령 제20조에 따라 위와 같이 행정심판을 청구합니다.

년   월   일

청구인   (서명 또는 인)

○○행정심판위원회 귀중

첨부서류	1. 대표자, 관리인, 선정대표자 또는 대리인의 자격을 소명하는 서류(대표자, 관리인,선정대표자 또는 대리인을 선임하는 경우에만 제출합니다.) 2. 주장을 뒷받침하는 증거서류나 증거물	수수료 없음

처리 절차

청구서 작성	→	접수	→	재결	→	송달
청구인		○○행정심판위원회		○○행정심판위원회		

[215] 심판청구의 방식

심판청구는 서면으로 하여야 한다(행정심판법 제28조 제1항). 서면청구주의를 택한 것은 청구의 내용을 명백히 하여 법적 안정을 도모하기 위함이다. ① 처분에 대한 심판청구의 경우에는 심판청구서에 다음 각 호(1. 청구인의 이름과 주소 또는 사무소(주소 또는 사무소 외의 장소에서 송달받기를 원하면 송달장소를 추가로 적어야 한다), 2. 피청구인과 위원회, 3. 심판청구의 대상이 되는 처분의 내용, 4. 처분이 있음을 알게 된 날, 5. 심판청구의 취지와 이유, 6. 피청구인의 행정심판 고지 유무와 그 내용)의 사항이 포함되어야 한다(행정심판법 제28조 제2항). ② 부작위에 대한 심판청구의 경우에는 제2항 제1호·제2호·제5호의 사항과 그 부작위의 전제가 되는 신청의 내용과 날짜를 적어야 한다(행정심판법 제28조 제3항).

[216] 심판청구의 기간

1. 심판청구기간의 제한

① 취소심판과 거부처분에 대한 의무이행심판을 청구할 수 있는 기간은 행정심판법에 정해져 있다. 행정심판청구기간을 법률에서 정하고 있는 것은 행정법관계의 신속한 확정을 도모하기 위한 것이다. 말하자면 일정한 기간을 경과하면 행정처분을 더 이상 다툴 수 없도록 함으로써 행정의 안정을 기하기 위한 것이다. ② 무효등확인심판청구와 부작위에 대한 의무이행심판청구에는 기간상 제한이 없다(행정심판법 제27조 제7항).

2. 심판청구기간제한의 내용

① 행정심판은 처분이 있음을 알게 된 날부터 90일 이내에 청구하여야 한다(행정심판법 제27조 제1항). 청구인이 천재지변, 전쟁, 사변(事變), 그 밖의 불가항력으로 인하여 제1항에서 정한 기간에 심판청구를 할 수 없었을 때에는 그 사유가 소멸한 날부터 14일 이내에 행정심판을 청구할 수 있다. 다만, 국외에서 행정심판을 청구하는 경우에는 그 기간을 30일로 한다(행정심판법 제

27조 제 2 항). 제 1 항과 제 2 항의 기간은 불변기간으로 한다(행정심판법 제27조 제 4 항). ② 행정심판은 처분이 있었던 날부터 180일이 지나면 청구하지 못한다. 다만, 정당한 사유가 있는 경우에는 그러하지 아니하다(행정심판법 제27조 제 3 항). ③ 행정청이 심판청구 기간을 제 1 항에 규정된 기간보다 긴 기간으로 잘못 알린 경우 그 잘못 알린 기간에 심판청구가 있으면 그 행정심판은 제 1 항에 규정된 기간에 청구된 것으로 본다(행정심판법 제27조 제 5 항). ④ 행정청이 심판청구 기간을 알리지 아니한 경우에는 제 3 항에 규정된 기간에 심판청구를 할 수 있다(행정심판법 제27조 제 6 항).

[217] 심판청구서의 제출 · 변경

1. 제출기관

행정심판을 청구하려는 자는 제28조에 따라 심판청구서를 작성하여 피청구인이나 위원회에 제출하여야 한다. 이 경우 피청구인의 수만큼 심판청구서 부본을 함께 제출하여야 한다(행정심판법 제23조 제 1 항). 행정청이 제58조에 따른 고지를 하지 아니하거나 잘못 고지하여 청구인이 심판청구서를 다른 행정기관에 제출한 경우에는 그 행정기관은 그 심판청구서를 지체 없이 정당한 권한이 있는 피청구인에게 보내야 한다(행정심판법 제23조 제 2 항). 그리고 제 2 항에 따라 심판청구서를 보낸 행정기관은 지체 없이 그 사실을 청구인에게 알려야 한다(행정심판법 제23조 제 3 항).

2. 접수기관의 조치

(1) **처분청에 제출된 경우**　　행정심판법 제23조 제 1 항 · 제 2 항 또는 제26조 제 1 항에 따라 심판청구서를 받은 피청구인은 그 심판청구가 이유 있다고 인정하면 심판청구의 취지에 따라 직권으로 처분을 취소 · 변경하거나 확인을 하거나 신청에 따른 처분(이하 이 조에서 "직권취소등"이라 한다)을 할 수 있다. 이 경우 서면으로 청구인에게 알려야 한다(행정심판법 제25조 제 1 항). 피청구인은 제 1 항에 따라 직권취소등을 하였을 때에는 청구인이 심판청구를 취

하한 경우가 아니면 제24조 제1항 본문에 따라 심판청구서·답변서를 보내거나 같은 조 제3항에 따라 답변서를 보낼 때 직권취소등의 사실을 증명하는 서류를 위원회에 함께 제출하여야 한다(행정심판법 제25조 제2항).

(2) **위원회에 제출된 경우**　위원회는 제23조 제1항에 따라 심판청구서를 받으면 지체 없이 피청구인에게 심판청구서 부본을 보내야 한다(행정심판법 제26조 제1항). 위원회는 제24조 제1항 본문 또는 제3항에 따라 피청구인으로부터 답변서가 제출된 경우 답변서 부본을 청구인에게 송달하여야 한다(행정심판법 제26조 제2항).

3. 심판청구의 변경

① 청구인은 청구의 기초에 변경이 없는 범위에서 청구의 취지나 이유를 변경할 수 있다(행정심판법 제29조 제1항). 예컨대 무효인 행위를 취소할 수 있는 행위로 오해하여 취소심판을 제기하였다가 무효확인심판으로 변경하는 경우가 이에 해당한다. ② 행정심판이 청구된 후에 피청구인이 새로운 처분을 하거나 심판청구의 대상인 처분을 변경한 경우에는 청구인은 새로운 처분이나 변경된 처분에 맞추어 청구의 취지나 이유를 변경할 수 있다(행정심판법 제29조 제2항). 예컨대 서대문구청장으로부터 단란주점영업허가취소처분을 받은 甲이 단란주점영업허가취소처분에 대한 취소심판을 제기하자 서대문구청장이 단란주점영업허가취소처분을 단란주점영업정지 6월의 처분으로 변경한 경우, 甲은 단란주점영업허가취소처분에 대한 취소심판을 단란주점영업정지 6월의 처분에 대한 취소심판으로 변경할 수 있다. 심판청구의 변경제도가 있기 때문에 종전의 심판을 취하하고 새로운 심판을 제기하여야 하는 번거로움을 피할 수 있다. ③ 청구의 변경은 서면으로 신청하여야 한다(행정심판법 제29조 제3항).

[218] 심판청구의 효과

① 행정청의 처분 또는 부작위에 대한 행정심판의 청구가 제기되면 행정

심판위원회는 심리·재결할 의무를 진다(행정심판법 제6조, 제32조 이하). 한편, 심판청구인은 심판을 받을 권리, 그 밖에 행정심판법상 인정되는 절차상의 권리를 갖게 된다. ② 심판청구가 있어도 처분의 효력이나 그 집행 또는 절차의 속행에 영향을 주지 아니한다(행정심판법 제30조 제1항). 이를 집행부정지(執行不停止)의 원칙이라 한다. 예컨대 서대문구청장이 甲에게 단란주점영업허가취소처분을 하자 甲이 단란주점영업허가취소처분에 대한 취소심판을 제기하였다고 하여도 서대문구청장이 甲에게 한 단란주점영업허가취소처분의 효력이 정지되어 甲이 영업을 할 수 있게 되는 것은 아니다. 집행부정지의 원칙의 내용에 관해서는 취소소송에서 살피기로 한다(이에 관해서는 이 책 [271]에서 살핀다).

[219] 심판청구의 취하

청구인이나 참가인은 심판청구에 대하여 제7조 제6항 또는 제8조 제7항에 따른 의결이 있을 때까지 서면으로 심판청구를 취하할 수 있다(행정심판법 제42조 제1항·제2항).

[220] 가구제(잠정적 권리보호)

1. 집행정지

위원회는 처분, 처분의 집행 또는 절차의 속행 때문에 중대한 손해가 생기는 것을 예방할 필요성이 긴급하다고 인정할 때에는 직권으로 또는 당사자의 신청에 의하여 처분의 효력, 처분의 집행 또는 절차의 속행의 전부 또는 일부의 정지를 결정할 수 있다(행정심판법 제30조 제2항).

2. 임시처분

위원회는 처분 또는 부작위가 위법·부당하다고 상당히 의심되는 경우로서 처분 또는 부작위 때문에 당사자가 받을 우려가 있는 중대한 불이익이나 당사자에게 생길 급박한 위험을 막기 위하여 임시지위를 정하여야 할 필요가 있는 경우에는 직권으로 또는 당사자의 신청에 의하여 임시처분을 결정할 수 있다(행정심판법 제31조 제1항).

[221] 전자정보처리조직을 통한 심판청구

행정심판법에 따른 행정심판 절차를 밟는 자는 심판청구서와 그 밖의 서류를 전자문서화하고 이를 정보통신망을 이용하여 위원회에서 지정·운영하는 전자정보처리조직(행정심판 절차에 필요한 전자문서를 작성·제출·송달할 수 있도록 하는 하드웨어, 소프트웨어, 데이터베이스, 네트워크, 보안요소 등을 결합하여 구축한 정보처리능력을 갖춘 전자적 장치를 말한다)을 통하여 제출할 수 있다(행정심판법 제52조 제1항).

제 2 목 행정심판의 심리와 조정

[222] 심리의 관념

1. 심리의 의의

분쟁의 대상이 되고 있는 사실관계와 그에 관한 법률관계를 분명히 하기 위해 당사자나 관계자의 주장이나 반대주장을 듣고, 아울러 그러한 주장을 정당화시켜 주는 각종의 증거·자료를 수집·조사하는 일련의 절차를 심리(審理)라고 한다.

2. 심리의 내용

(1) 요건심리 요건심리(要件審理)란 청구인적격을 가진 자가 행정심판을 제기한 것인지, 행정심판의 제기기간 내에 제기된 것인지 등 행정심판의 제기요건을 구비하였는가에 관한 심리를 말한다. 만약 요건에 미비가 있어서 부적법한 경우, 보정(補正)이 가능한 것이면 보정을 명하거나 직권으로 보정하고, 그렇지 않으면 각하심판(却下審判)을 행한다. 본안재결 전까지는 언제

라도 요건심리가 가능하다.

(2) **본안심리**   요건이 구비되었으면 본안심리에 들어간다. 본안심리(本案審理)란 청구인의 청구가 이유있는지의 여부, 즉, 행정처분의 적법여부를 심리하는 것을 말한다. 만약 청구인의 청구가 정당하다면 인용재결(認容裁決), 그렇지 않다면 기각재결(棄却裁決)을 하게 된다.

[223] 심리의 방식

1. 대심주의와 구술심리

① 행정심판은 대심주의에 의한다. 대심주의(對審主義)란 행정심판청구인과 피청구인이 서로 대등한 입장에서 공격·방어를 하고, 이를 바탕으로 심리를 진행하는 원칙을 말한다. ② 행정심판의 심리는 구술심리(口述審理)나 서면심리(書面審理)로 한다. 다만, 당사자가 구술심리를 신청한 경우에는 서면심리만으로 결정할 수 있다고 인정되는 경우 외에는 구술심리를 하여야 한다(행정심판법 제40조 제 1 항).

2. 심리의 병합·분리

행정심판위원회는 필요하면 관련되는 심판청구를 병합(倂合)하여 심리하거나 병합된 관련청구를 분리(分離)하여 심리할 수 있다(행정심판법 제37조). 병합은 여러 문제를 통일적으로 해결하고 그 심리의 촉진을 위한 것이다.

3. 답변서·보충서면의 제출

① 피청구인이 행정심판법 제23조 제 1 항·제 2 항 또는 제26조 제 1 항에 따라 심판청구서를 접수하거나 송부받으면 10일 이내에 심판청구서(제23조 제 1 항·제 2 항의 경우만 해당된다)와 답변서를 위원회에 보내야 한다. 다만, 청구인이 심판청구를 취하한 경우에는 그러하지 아니하다(행정심판법 제24조 제 1 항). 피청구인은 제 1 항 본문에 따라 답변서를 보낼 때에는 청구인의 수만큼 답변서 부본을 함께 보내되, 답변서에는 다음 각 호(1. 처분이나 부작위의 근거와

이유, 2. 심판청구의 취지와 이유에 대응하는 답변, 3. 제 2 항에 해당하는 경우에는 처분의 상대방
의 이름·주소·연락처와 제 2 항의 의무 이행여부)의 사항을 명확하게 적어야 한다(행정
심판법 제24조 제 4 항). ② 당사자는 심판청구서·보정서·답변서·참가신청서
등에서 주장한 사실을 보충하고 다른 당사자의 주장을 다시 반박하기 위하
여 필요하면 위원회에 보충서면을 제출할 수 있다. 이 경우 다른 당사자의
수만큼 보충서면 부본을 함께 제출하여야 한다(행정심판법 제33조 제 1 항).

4. 증거조사

위원회는 사건을 심리하기 위하여 필요하면 직권으로 또는 당사자의 신
청에 의하여 다음 각 호(1. 당사자나 관계인(관계 행정기관 소속 공무원을 포함한다. 이하
같다)을 위원회의 회의에 출석하게 하여 신문(訊問)하는 방법, 2. 당사자나 관계인이 가지고 있는
문서·장부·물건 또는 그 밖의 증거자료의 제출을 요구하고 영치(領置)하는 방법, 3. 특별한 학식
과 경험을 가진 제 3 자에게 감정을 요구하는 방법, 4. 당사자 또는 관계인의 주소·거소·사업장이
나 그 밖의 필요한 장소에 출입하여 당사자 또는 관계인에게 질문하거나 서류·물건 등을 조사·
검증하는 방법)의 방법에 따라 증거조사를 할 수 있다(행정심판법 제36조 제 1 항).

[224]   조 정

1. 의 의

위원회는 당사자의 권리 및 권한의 범위에서 당사자의 동의를 받아 심판
청구의 신속하고 공정한 해결을 위하여 조정을 할 수 있다. 다만, 그 조정이
공공복리에 적합하지 아니하거나 해당 처분의 성질에 반하는 경우에는 그러
하지 아니하다(행정심판법 제43조의2 제 1 항). 조정은 양 당사자 간의 합의가 가능
한 사건의 경우 위원회가 개입·조정하는 절차를 통해 갈등을 조기에 해결하
기 위한 것이다. 조정제도는 2017. 10. 31. 개정 행정심판법에 반영되었다.

2. 성립·효력

① 조정은 당사자가 합의한 사항을 조정서에 기재한 후 당사자가 서명

또는 날인하고 위원회가 이를 확인함으로써 성립한다(행정심판법 제43조의2 제 3 항). ② 제 3 항에 따른 조정에 대하여는 제48조부터 제50조까지, 제50조의2, 제51조의 규정을 준용한다(행정심판법 제43조의2 제 4 항). 즉, 재결과 같은 효력을 갖는다.

제 3 목   행정심판의 재결

[225]   재결의 의의

재결(裁決)이란 행정심판의 청구에 대하여 행정심판법 제 6 조에 따른 행정심판위원회가 행하는 판단을 말한다(행정심판법 제 2 조 제 3 호). 말하자면 행정심판위원회가 행정심판의 청구에 대하여 심리한 후 그 청구에 대하여 각하·기각·인용 여부 등을 결정하는 것을 말한다.

[226]   재결의 기간과 방식

1. 재결의 기간

재결은 행정심판법 제23조에 따라 피청구인 또는 위원회가 심판청구서를 받은 날부터 60일 이내에 하여야 한다. 다만, 부득이한 사정이 있는 경우에는 위원장이 직권으로 30일을 연장할 수 있다(행정심판법 제45조 제 1 항). 위원장은 제 1 항 단서에 따라 재결 기간을 연장할 경우에는 재결 기간이 끝나기 7일 전까지 당사자에게 알려야 한다(행정심판법 제45조 제 2 항). 재결에 기간의 제한을 두는 것은 법적 불안정상태를 조속히 시정하고자 하는 데 있다.

2. 재결의 방식

재결은 서면(書面)으로 한다(행정심판법 제46조 제 1 항). 그 서면을 재결서(裁決書)라 한다. 재결을 서면으로 한 것은 법적 안정성을 위한 것이다. 구두(口頭)

에 의한 재결은 무효이다. 재결서에는 사건번호와 사건명, 당사자·대표자 또는 대리인의 이름과 주소, 주문, 청구의 취지, 이유, 재결한 날짜가 포함되어야 한다(행정심판법 제46조 제2항). 한편, 재결 역시 행정처분의 일종이므로, 재결서에는 행정심판법이 정하는 바에 따라 불복고지(不服告知)에 관한 사항도 기재하여야 한다(행정심판법 제58조).

[227] 재결의 범위

① 위원회는 심판청구의 대상이 되는 처분 또는 부작위 외의 사항에 대하여는 재결하지 못한다(행정심판법 제47조 제1항). 이를 불고불리(不告不理)의 원칙이라 한다. 예컨대 甲이 서대문구청장을 상대로 단란주점영업허가취소처분의 취소를 구하는 행정심판절차에서 위원회는 甲의 영업용 건물의 건축허가에 대하여 취소재결을 할 수는 없다. 불고불리원칙은 심판청구인의 이익을 위한 것이다. ② 위원회는 심판청구의 대상이 되는 처분보다 청구인에게 불리한 재결을 하지 못한다(행정심판법 제47조 제2항). 이를 불이익변경금지(不利益變更禁止)의 원칙이라 한다. 예컨대 甲이 서대문구청장을 상대로 6월의 단란주점영업정지처분의 취소를 구하는 행정심판절차에서 위원회는 영업허가취소의 재결을 할 수는 없다. 불이익변경금지의 원칙 역시 청구인의 이익을 위한 것이다.

[228] 재결의 종류

1. 각하재결

위원회는 심판청구가 적법하지 아니하면(예 : 청구기간경과 후의 심판청구) 그 심판청구를 각하(却下)한다(행정심판법 제43조 제1항). 이로써 본안심리는 거부된다. 각하재결은 요건재결(要件裁決)이라고도 한다.

2. 기각재결

① 위원회는 심판청구가 이유 없다고 인정하면 그 심판청구를 기각(棄却)한다(행정심판법 제43조 제2항). 이는 원처분이 적법·타당함을 인정하는 재결이다. ② 한편, 위원회는 심판청구가 이유 있다고 인정하면 인용재결을 하는 것이 원칙이나, 인용하는 것이 공공복리에 크게 위배된다고 인정하면 그 심판청구를 기각하는 재결을 할 수 있다(행정심판법 제44조 제1항 전단). 이러한 재결을 사정재결(事情裁決)이라 한다. 위원회가 사정재결을 하고자 할 때, 위원회는 재결의 주문(主文)에서 그 처분 또는 부작위가 위법하거나 부당하다는 것을 구체적으로 밝혀야 한다(행정심판법 제44조 제1항 후단). 그리고 위원회는 사정재결을 할 때에는 청구인에 대하여 상당한 구제방법(예: 손해배상명령)을 취하거나 상당한 구제방법을 취할 것을 피청구인에게 명할 수 있다(행정심판법 제44조 제2항).

3. 인용재결

심판청구가 이유 있다고 인정할 때에는 인용재결이 이루어진다. ① 위원회는 취소심판의 청구가 이유 있다고 인정하면 취소(예: '서대문구청장의 甲에 대한 영업허가취소처분을 취소한다'라는 재결. 이 경우에는 형성재결이다) 또는 다른 처분으로 변경하거나(예: '서대문구청장의 甲에 대한 영업허가취소처분을 영업정지 6월의 처분으로 변경한다'라는 재결. 이 경우에는 형성재결이다), 처분을 다른 처분으로 변경할 것(예: '서대문구청장은 甲에 대한 영업허가취소처분을 영업정지 6월의 처분으로 변경하라'는 재결. 이 경우에는 이행재결이 된다)을 피청구인에게 명한다(행정심판법 제43조 제3항). 따라서 취소심판의 인용재결에는 취소재결·변경재결·변경명령재결이 있다. ② 위원회는 무효등확인심판의 청구가 이유 있다고 인정하면 처분의 효력유무 또는 존재여부를 확인한다(행정심판법 제43조 제4항). 따라서 무효등확인재결에는 유효확인재결·무효확인재결·실효확인재결·존재확인재결·부존재확인재결이 있다. 통설은 명문의 규정이 없지만 실효확인재결을 인정한다. ③ 위원회는 의무이행심판의 청구가 이유 있다고 인정하면 지체 없이 신청에 따른 처분을 하거나 처분할 것을 피청구인에게 명한다(행정심판법 제43조 제 5 항). 따라서 의무이행재결에는 처분재결(예 : '甲에게 건축을 허가한다'라는 재결)과 처분명령재결(예 : '서대문구청장은 甲에게 건축허가를 내주라'는 재결)이 있다. 처분재결은 형성재결의 성질을 갖는다.

[229] 재결의 송달

1. 송 달

위원회는 지체 없이 당사자에게 재결서의 정본을 송달(送達)하여야 한다(행정심판법 제48조 제 1 항 전단 · 제 4 항). 재결은 청구인에게 제 1 항 전단에 따라 송달되었을 때에 효력이 생긴다(행정심판법 제48조 제 2 항). 아울러 재결서의 등본을 지체 없이 참가인에게 송달하여야 한다(행정심판법 제48조 제 3 항). 처분의 상대방이 아닌 제 3 자가 심판청구를 한 경우 위원회는 재결서의 등본을 지체 없이 피청구인을 거쳐 처분의 상대방에게 송달하여야 한다(행정심판법 제48조 제 4 항).

2. 공 고

법령의 규정에 따라 공고하거나 고시한 처분이 재결로써 취소되거나 변경되면 처분을 한 행정청은 지체 없이 그 처분이 취소 또는 변경되었다는 것을 공고하거나 고시하여야 하고(행정심판법 제49조 제 4 항), 법령의 규정에 따라 처분의 상대방 외의 이해관계인에게 통지된 처분이 재결로써 취소되거나 변경되면 처분을 한 행정청은 지체 없이 그 이해관계인에게 그 처분이 취소 또는 변경되었다는 것을 알려야 한다(행정심판법 제49조 제 6 항).

[230] 재결의 효력

1. 효력의 발생

재결은 위원회가 청구인에게 지체 없이 재결서의 정본을 송달하여 청구인에게 정본이 송달되었을 때에 그 효력(效力)이 생긴다(행정심판법 제48조 제 2 항).

2. 효력의 개관

① 재결에는 형성력과 기속력이 발생한다. ② 재결은 행정행위의 일종
이므로 여타의 행정행위와 마찬가지로 내용상 구속력·공정력·구성요건적
효력·형식적 존속력과 실질적 존속력(재심판청구의 금지, 행정심판법 제51조) 등의
효력을 갖는다. ①에 관해서 보기로 한다.

3. 형성력

위원회가 스스로 취소하는 재결과 처분청에 변경을 명령하는 것이 아니
라 위원회 스스로 변경하는 재결은 형성력(形成力)을 갖는다. 후자의 예를 보
면, 甲이 서대문구청장의 영업허가취소처분을 다툰 취소심판에서 서울특별
시행정심판위원회가 서대문구청장에게 영업정지 3개월의 처분으로 변경할
것을 명하는 재결이 아니라 서울특별시행정심판위원회가 스스로 '서대문구
청장이 甲에게 한 영업허가취소처분을 영업정지 3개월의 처분으로 변경한
다'라는 재결을 하면 그것만으로 서대문구청장이 甲에게 한 영업허가취소처
분은 영업정지 3개월의 처분으로 변경되는 효과를 가져온다.

4. 기속력

(1) 의 의   심판청구를 인용하는 재결은 피청구인인 행정청과 그
밖의 관계행정청을 기속하는바(행정심판법 제49조 제 1 항), 이러한 재결의 효력을
기속력(覊束力)이라 한다. 기속이란 피청구인인 행정청과 관계행정청이 재결
의 취지에 따라야 함을 의미하는데, 재결의 취지에 따른다는 것은 소극적인
면과 적극적인 면에서 재결의 취지에 따라야 함을 의미한다.

(2) 소극적 의무로서 반복금지의무   소극적(消極的)인 면에서 재결
의 취지에 따라야 한다는 것은 재결에 반하는 행위를 할 수 없다는 것을 의
미한다. 예컨대 甲이 서대문구청장의 건축허가취소처분을 다툰 취소심판에
서 서울특별시행정심판위원회가 스스로 '서대문구청장이 甲에게 한 건축허

가취소처분을 취소한다'라는 재결을 하면 서대문구청장이 다시 동일한 상황에서 甲에게 건축허가를 취소하는 처분을 할 수 없다. 이러한 의무를 반복금지의무(反復禁止義務)라고도 한다.

(3) 적극적 의무로서 재처분의무

(가) 재처분의무의 유형

(a) 신청 거부처분에 대한 취소재결·무효확인재결·부존재확인재결과 재처분의무 재결에 의하여 취소되거나 무효 또는 부존재로 확인되는 처분이 당사자의 신청을 거부하는 것을 내용으로 하는 경우에는 그 처분을 한 행정청은 재결의 취지에 따라 다시 이전의 신청에 대한 처분을 하여야 한다(행정심판법 제49조 제2항). 예컨대 甲의 건축허가신청에 대하여 서대문구청장이 거부처분을 하자, 甲이 건축허가거부처분 무효확인심판을 제기하였고, 서울특별시행정심판위원회가 인용재결(무효확인재결)을 한 경우, 서대문구청장은 재결의 취지에 따라 甲의 건축허가신청에 대하여 처분을 하여야 한다.

(b) 신청을 거부하거나 방치한 처분에 대한 이행재결과 재처분의무 당사자의 신청을 거부하거나 부작위로 방치한 처분의 이행을 명하는 재결이 있으면 행정청은 지체 없이 이전의 신청에 대하여 재결의 취지에 따라 처분을 하여야 한다(행정심판법 제49조 제3항). 예컨대 甲의 건축허가신청에 대한 서대문구청장의 건축허가거부처분을 다툰 의무이행심판에서 서울특별시행정심판위원회가 서대문구청장에게 '甲에게 건축허가를 내주라'는 재결을 하면, 서대문구청장은 지체 없이 甲에게 건축허가를 내주어야 한다. 만약 당해 행정청(예 : 서대문구청장)이 처분(예 : 건축허가)을 하지 아니하는 때에는 서울특별시행정심판위원회는 당사자(예 : 甲)의 신청에 따라 기간을 정하여 서면으로 시정을 명하고, 그 기간 내에 이행하지 아니하는 경우에는 당해 처분을 할 수 있다

(c) 절차하자를 이유로 취소하는 재결에 따른 재처분의무 신청에 따른 처분이 절차의 위법 또는 부당을 이유로 재결로써 취소된 경우에도 재결의 취지에 따라 다시 처분을 하여야 한다(행정심판법 제49조 제4항). 예컨대 甲이 A영업허가를 신청하였고, 서대문구청장이 甲에게 A영업허가를 내주었

으나, 甲의 경쟁자인 乙이 「서대문구청장이 甲에게 A영업허가를 내주기 전에 자신에게 의견제출의 기회를 부여하지 아니하였음」을 이유로 甲에게 내준 A영업허가취소심판을 제기하였고, 서울특별시행정심판위원회가 인용재결(취소재결)을 한 경우, 서대문구청장은 재결의 취지에 따라 甲의 영업허가신청에 대하여 다시 처분을 하여야 한다.

(나) 재처분의무 이행의 확보

(a) 위원회의 직접처분(이행재결의 취지에 따른 처분을 아니한 경우)

위원회는 피청구인이 제49조 제3항에도 불구하고 처분을 하지 아니하는 경우에는 당사자가 신청하면 기간을 정하여 서면으로 시정을 명하고 그 기간에 이행하지 아니하면 직접 처분을 할 수 있다. 다만, 그 처분의 성질이나 그 밖의 불가피한 사유로 위원회가 직접 처분을 할 수 없는 경우에는 그러하지 아니하다(행정심판법 제50조 제1항).

(b) 위원회의 간접강제(배상명령을 통한 강제)   위원회는 피청구인이 제49조 제2항(제49조 제4항에서 준용하는 경우를 포함한다) 또는 제3항에 따른 처분을 하지 아니하면 청구인의 신청에 의하여 결정으로 상당한 기간을 정하고 피청구인이 그 기간 내에 이행하지 아니하는 경우에는 그 지연기간에 따라 일정한 배상을 하도록 명하거나 즉시 배상을 할 것을 명할 수 있다(행정심판법 제50조의2 제1항).

[231] 재결의 불복

재심판청구는 금지된다. 즉 심판청구에 대한 재결이 있으면 그 재결 및 같은 처분 또는 부작위에 대하여 다시 행정심판을 청구할 수 없다(행정심판법 제51조). 재결에 불복이 있으면 행정소송의 제기로 나아갈 수밖에 없다. 예외적이지만, 개별법(예 : 국세기본법)에서 재결에 대하여 다시 행정심판을 제기할 수 있다고 규정하는 경우도 있다.

7장

법원에 의한 분쟁해결
(행정소송)

제1절 일 반 론

제1항 행정소송의 관념

[232] 행정소송의 의의

1. 행정소송의 개념

행정소송(行政訴訟)이란 행정상 법률관계의 분쟁을 법원이 심리·판단하는 행정쟁송절차를 말한다. 예컨대 서대문구청장이 甲에게 유흥주점영업의 허가를 취소하자 甲이 서대문구청장의 처분이 위법하다고 주장하면서 서울행정법원에 유흥주점영업허가취소처분의 취소를 구하는 소송(취소소송)을 제기하고 서울행정법원이 심리를 거쳐 판결을 하는 재판절차가 바로 행정소송이다.

2. 행정소송의 의미(기능)

행정소송법은 "행정소송절차를 통하여 행정청의 위법한 처분 그 밖에 공권력의 행사·불행사 등으로 인한 국민의 권리 또는 이익의 침해를 구제하고, 공법상의 권리관계 또는 법적용에 관한 다툼을 적정하게 해결함을 목적으로 한다"고 규정하고 있다(행정소송법 제1조). 논리적으로 보아 행정소송의 기능으로 권리구제기능, 행정통제기능 등을 들 수 있다.

3. 민사소송과 구별

행정소송은 행정에 관한 공법상의 분쟁, 즉 행정사건을 대상으로 하는 소송을 말한다. 따라서 행정소송은 사법상 권리관계에 관한 소송인 민사소송과 구별된다. 행정소송사항과 민사소송사항의 구별은 공법과 사법의 구별기준에 따라 판단된다. 양자의 구별기준에 관한 확립된 견해는 없다. 공법과 사법의 구별기준으로 귀속설이 많은 지지를 받지만, 귀속설이 해결하지 못하는 영역도 있다. 학설과 판례는 공법과 사법의 구별에 관한 여러 학설과 관련법령의 여러 규정을 종합적으로 해석하는 방식을 취하고 있다.

[참고] 민법상으로는 사인 외에 국가나 지방자치단체도 권리와 의무의 귀속주체가 될 수 있다. 그러나 세법의 경우에는 국가만이 세금의 부과주체가 될 수 있고, 사인은 세금의 부과주체가 될 수 없고 다만 부과의 대상이 될 수 있을 뿐이다. 여기서 민법과 같이 사인 외에 국가나 지방자치단체도 권리와 의무의 귀속주체가 될 수 있음을 규정하고 있는 법이 사법이고, 세법과 같이 국가나 지방자치단체만이 권리의 귀속주체가 될 수 있고, 사인은 다만 의무의 귀속주체가 될 수 있음을 규정하고 있는 법이 공법이라는 것이 귀속설의 내용이다.

[233] 행정소송의 종류

1. 주관적 소송과 객관적 소송

① 주관적 소송(主觀的 訴訟)은 행정작용과 관련하여 자기의 권리(법률상 이익)의 보호를 위해 제기하는 소송을 말한다. 주관적 소송에는 항고소송과 당사자소송이 있다. 항고소송(抗告訴訟)은 운전면허취소처분의 취소를 구하는 것과 같이 기존의 위법한 처분의 시정을 구하는 소송을 말하고, 당사자소송(當事者訴訟)은 공무원이 보수를 청구하는 소송과 같이 당사자가 대등한 지위에서 공법상 권리와 의무를 다투는 소송을 말한다. ② 객관적 소송(客觀的 訴

訟)은 공직선거법상 선거소송이나 당선소송과 같이 공익에 반하는 행정작용
의 시정을 구하는 소송을 말한다. 객관적 소송은 개별 법률에 규정이 있는
경우에만 인정된다.

2. 행정소송법상 행정소송의 종류

행정소송법은 행정소송의 종류를 항고소송·당사자소송·민중소송·기
관소송의 4가지로 규정하고(행정소송법 제 3 조), 항고소송을 다시 3가지로 규정
하고 있다(행정소송법 제 4 조). 행정소송법상 항고소송과 당사자소송은 주관적
소송이고, 민중소송과 기관소송은 객관적 소송이다.

■**행정소송법** 제 3 조(행정소송의 종류) 행정소송은 다음의 네 가지로 구분한다.
1. 항고소송 : 행정청의 처분등이나 부작위에 대하여 제기하는 소송
2. 당사자소송 : 행정청의 처분등을 원인으로 하는 법률관계에 관한 소송 그 밖에
공법상의 법률관계에 관한 소송으로서 그 법률관계의 한쪽 당사자를 피고로 하는
소송
3. 민중소송 : 국가 또는 공공단체의 기관이 법률에 위반되는 행위를 한 때에 직접
자기의 법률상 이익과 관계없이 그 시정을 구하기 위하여 제기하는 소송
4. 기관소송 : 국가 또는 공공단체의 기관 상호 간에 있어서의 권한의 존부 또는
그 행사에 관한 다툼이 있을 때에 이에 대하여 제기하는 소송. 다만, 헌법재판소
법 제 2 조의 규정에 의하여 헌법재판소의 관장사항으로 되는 소송은 제외한다.
제 4 조(항고소송) 항고소송은 다음과 같이 구분한다.
1. 취소소송 : 행정청의 위법한 처분등을 취소 또는 변경하는 소송
2. 무효등 확인소송 : 행정청의 처분등의 효력유무 또는 존재여부를 확인하는 소송
3. 부작위위법확인소송 : 행정청의 부작위가 위법하다는 것을 확인하는 소송

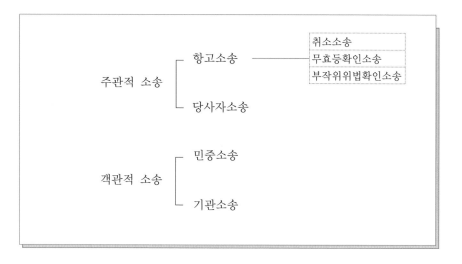

[234] 행정소송법

1. 일반법으로서 행정소송법

1985년 10월 1일부터 발효된 현행 행정소송법은 행정소송에 관한 일반법(一般法)이다. 특허법이나 디자인법 등 개별 법률에서 행정소송법의 특례를 규정하는 경우가 있다. 그러한 법률에 규정이 없는 사항은 당연히 일반법인 행정소송법이 적용된다.

2. 행정소송법의 문제점

행정소송법에는 의무이행소송에 관한 규정이 없다. 뿐만 아니라 가처분에 대해서도 규정이 없고, 원고의 행정심판자료의 열람·복사청구권에 관한 규정도 없다. 이러한 상황에서 법무부는 행정소송법을 손질하기 위해 2006년 4월 행정소송법특별분과위원회를 발족시켜 행정소송법 개정안을 마련하고 2007년 11월 19일에 이를 국회에 제출하였다. 개정안에는 의무이행소송과 예방적 금지소송, 가처분제도 등이 새로이 도입되었다.

제 2 항 행정소송의 한계

[235] 문제상황

1. 열기주의와 개괄주의

행정소송의 대상을 규정하는 방법에는 열기주의와 개괄주의가 있다. 열기주의(列記主義)란 행정법원이 관할권을 갖는 대상을 입법자가 명시적으로 나열하는 방식을 말한다. 열기주의에서 행정법원은 입법자가 명시하지 아니한 사건에 대하여 재판권을 갖지 못한다. 개괄주의(槪括主義)란 행정법원이 기본적으로 모든 공법상의 분쟁에 대하여 관할권을 갖는 방식을 말한다. 개괄주의에서 국민들은 행정청의 위법한 공법작용을 행정법원에서 다툴 수 있다. 행정소송법은 개괄주의를 채택하고 있다(행정소송법 제 1 조, 제 4 조 제 1 호, 제19조).

2. 개괄주의의 한계

행정소송에 개괄주의가 적용된다고 하여 모든 행정사건이 행정소송의 대상이 되는 것은 아니다. 행정소송은 행정사건을 판단의 대상으로 하는 것이지만, 행정소송은 사법작용의 일부이므로, 행정소송도 당연히 사법권이 미치는 한계 내에서만 인정될 수 있다. 행정소송에 대한 사법심사의 한계는 ① 사법의 본질에서 나오는 한계와 ② 권력분립원리에서 나오는 한계로 나누어 살펴볼 필요가 있다.

[236] 사법본질적 한계

1. 법률상 쟁송으로서 행정소송

법원의 조직과 법관의 재판은 법률이 정하는 바에 의한다(헌법 제102조 제 3 항, 제103조). 헌법에 근거한 법원조직법 제 2 조 제 1 항은 '법원은 헌법에 특별한 규정이 있는 경우를 제외한 일체의 법률상의 쟁송을 심판한다'고 규정하고 있다. 따라서 법률상 쟁송(法律上 爭訟)이 아니면 행정소송의 대상이 아니며, 따라서 법원은 재판할 수 없다. 확립된 법률상 쟁송의 개념은 없다. 이 책에서는 법률상 쟁송의 개념을「① 권리주체 간의 구체적인 법률관계(이와 관련하여 추상적 규범통제와 사실행위가 문제된다) 하에서 특정인(이와 관련하여 객관적 소송이 문제된다)의 법률상 이익(이와 관련하여 반사적 이익이 문제된다)에 관한 법령(이와 관련하여 방침규정이 문제된다)의 ② 해석・적용(이와 관련하여 소위 법으로부터 자유로운 행위인 재량행위・특별권력관계에서의 행위・통치행위가 문제된다)에 관한 분쟁」으로 정의하기로 한다. ①은 권리주체 간의 구체적인 법률관계를 둘러싼 특정인의 법률상 이익에 관한 분쟁의 부분이고, ②는 법령의 해석・적용의 부분이다. 간단히 말한다면 ①은 구체적 사건성의 문제이고, ②는 법적용상의 문제이다. ①과 ②의 어느 한 부분이라도 미흡함이 있는 행위는 법률상 쟁송이 아니고, 따라서 행정소송의 대상이 되지 아니한다.

■ **헌법** 제102조 ③ 대법원과 각급법원의 조직은 법률로 정한다.
제103조 법관은 헌법과 법률에 의하여 그 양심에 따라 독립하여 심판한다.

■ **법원조직법** 제 2 조(법원의 권한) ① 법원은 헌법에 특별한 규정이 있는 경우를 제외한 일체의 법률상의 쟁송을 심판하고, 이 법과 다른 법률에 의하여 법원에 속하는 권한을 가진다.

2. 구체적 사건성의 한계

구체적 사건성(具體的 事件性)이 있어야 한다는 것은 이해가 대립되는 당사자 사이에서 구체적이고도 현실적인 권리・의무관계에 관한 분쟁이 존재하여야 한다는 것을 의미한다. 구체적 사건성이 없으면 법률상 쟁송이 되지 아니한다. 다음의 경우는 구체적 사건성이 있다고 보기 어렵다.

(1) **사실행위**　　　행정소송은 법률적 쟁송의 문제, 즉 공법상 권리・의무관계에 관한 소송이므로, 사실행위(事實行爲)는 행정소송의 대상이 되지 아니한다. 예컨대 도로공사의 위법여부나 무효여부를 행정소송으로 다툴 수는 없다. 도로공사로 사고를 당한 사람이 재산상 피해의 배상을 구하는 소

송을 제기하는 것은 가능하지만, 도로공사 그 자체의 위법여부나 무효여부를 행정소송으로 다툴 수는 없다. 또한 공문서가 원본인지 복사본인지의 여부를 행정소송으로 다툴 수는 없다.

(2) 추상적 규범통제   예컨대 소득세법 시행령 제X조에 근거하여 A과세처분을 받은 甲이 소득세법 시행령 제X조가 위법하므로 소득세법 시행령 제X조에 근거한 A과세처분도 위법하다고 하여 취소소송을 제기한 경우, 甲은 구체적 사건인 A과세처분의 취소를 구하면서 근거가 되는 대통령령인 소득세법 시행령 제X조를 다투는 것이 된다. 이와 같이 구체적 사건에 대한 재판의 전제로서 법령의 위헌·위법 여부를 다투는 것을 구체적 규범통제(具體的 規範統制)라 한다. 이와 달리 아무런 처분과 관계없이 甲이 소득세법 시행령 제X조의 위헌·위법 여부를 다투는 것을 추상적 규범통제(抽象的 規範統制)라 한다. 전통적 견해와 판례는 헌법 제107조 제 1 항과 제 2 항에 비추어 추상적 규범통제는 인정되지 아니한다고 본다. 다만, 법령 그 자체가 직접 국민의 권리·의무를 침해하는 경우에는 구체적 사건성을 갖게 되므로 행정소송의 대상이 된다고 한다. 예컨대 B분교(分校)설치폐지조례가 효력을 발생하면, B분교(分校)는 자동적으로 폐지되므로, B분교의 재학생들은 B분교(分校)설치폐지조례가 처분이 아닌 규범이지만, 행정소송으로 다툴 수 있다고 한다.

■**헌법** 제107조 ① 법률이 헌법에 위반되는 여부가 재판의 전제가 된 경우에는 법원은 헌법재판소에 제청하여 그 심판에 의하여 재판한다.
② 명령·규칙 또는 처분이 헌법이나 법률에 위반되는 여부가 재판의 전제가 된 경우에는 대법원은 이를 최종적으로 심사할 권한을 가진다.

(3) 객관적 소송   민중소송이나 기관소송 같은 행정의 적법성의 보장을 주된 내용으로 하는 객관적 소송(客觀的 訴訟)은 개인의 구체적인 권리·의무에 직접 관련되는 것은 아니어서 법률상 쟁송으로 보기 어렵다. 따라서 행정소송의 대상이 되지 아니한다. 다만 법률에 특별한 규정이 있으면 제기할 수 있다(행정소송법 제45조).

(4) **반사적 이익**   행정소송은 구체적인 법률관계에서 법률상 이익 (法律上 利益)이 침해된 자가 소송을 제기함으로써 진행되는 절차이므로(행정소 송법 제12조, 제35조, 제36조), 법률상 이익의 침해가 아닌 반사적 이익(反射的 利益) 의 침해는 행정소송의 대상이 되지 아니한다(법률상 이익과 반사적 이익의 구분에 관 해서는 이 책 [27]을 보라).

3. 법적용상의 한계

행정소송은 행정법상 권리·의무에 관한 분쟁을 대상으로 한다. 법령의 해석·적용상의 분쟁이 아니면 법률상 쟁송이 되지 아니한다. 다음의 경우 는 법령의 해석·적용상의 분쟁이라 보기 어렵다.

(1) **행정상 훈시규정·방침규정**   훈시규정(訓示規定) 내지 방침규정 (方針規定)이란 단순히 행정상의 방침 내지 기준만을 제시하고 있을 뿐, 직접 개인의 권리나 이익의 보호를 목적으로 하는 것은 아닌 규정을 말한다. 훈 시규정 내지 방침규정의 해석·적용에 관해서는 행정소송으로 다툴 수 없 다. 어떠한 규정이 훈시규정 내지 방침규정인지의 여부는 관련법령의 종합 적인 해석을 통해서 판단할 수밖에 없다.

(2) **재량행위·판단여지**   ① 재량행위(裁量行爲)에서 재량행사의 잘 못은 원칙적으로 부당을 의미할 뿐 위법을 의미하는 것은 아니므로, 재량행 위는 위법성의 통제를 내용으로 하는 행정소송의 대상이 될 수 없고, 행정 심판의 대상이 될 수 있을 뿐이다. 그러나 재량권남용이나 재량권일탈의 경 우에는 위법한 권한행사가 되어 행정소송의 대상이 된다(행정소송법 제27조)(이 와 관련하여 이 책 [67]을 보라). ② 예외적인 것이나, 요건부분의 해석과 관련하여 불확정개념의 해석상 판단여지(判斷餘地)가 인정되는 경우에는 사법심사 밖에 놓인다고 볼 것이다(이와 관련하여 이 책 [66]을 보라).

(3) **소위 특별권력관계에서의 행위**   종래 특별권력관계 내부질서 유지를 위한 지배 내지 관리행위는 법률적 쟁송이 아니어서 행정소송의 대 상이 되지 않는다고 함이 통설이었다. 그 이유는 ① 특별권력관계에서의 행 위는 행정행위에 해당하지 않고, ② 사법권은 일반 시민사회의 법질서의 유

지를 목적으로 하는 것이지 특별권력관계 내부질서유지를 목적으로 하는 것은 아니라는 것이었다. 그러나 이미 살펴본 대로 법적 통제 밖에 놓이는 특별권력관계라는 것은 인정될 수가 없다. 행정처분의 성질을 갖는 한 소위 특별권력관계에서의 행위도 사법심사의 대상이 된다. 특별행정법관계(소위 특별권력관계)에서의 행위는 특별한 행정목적달성을 위해 인정되는 것이어서 행정주체에 비교적 광범위한 재량이 주어질 것이고, 따라서 실제상 행정소송의 대상이 되는 범위는 비교적 좁다(이와 관련하여 이 책 [19]를 보라).

(4) **통치행위**   고도의 정치적 성격을 갖기 때문에 재판으로부터 거리가 먼 행위를 통치행위라 부른다. 학설・판례는 통치행위(統治行爲)의 관념을 인정한다(이와 관련하여 이 책 [1] 2.를 보라).

[237] 권력분립적 한계

1. 문제상황

예컨대 甲이 서대문구청장에게 건축허가를 신청하였으나 서대문구청장이 거부한 경우, 甲이 법원에 '서대문구청장이 甲에게 한 건축허가거부처분을 취소한다'라는 판결을 구하는 소송을 제기하면, 법원은 서대문구청장의 건축허가거부처분이 위법하다면 甲의 청구를 인용하는 재판을 하는데 별다른 문제가 없다. 그러나 甲이 법원에 '서대문구청장은 甲에게 건축허가를 내주라'라는 판결을 구하는 소송을 제기하면, 법원은 서대문구청장의 건축허가거부처분이 위법하다고 할 때 과연 '서대문구청장은 甲에게 건축허가를 내주라'고 하는 이행판결(履行判決)을 할 수 있는가의 여부는 문제이다. 왜냐하면 법원이 행정부에 대하여 명령을 하는 것이 권력분립의 원칙상 가능한가의 문제가 있기 때문이다. 이것이 행정소송의 권력분립적 한계의 문제이다.

2. 입법례

영미의 경우에는 직무집행명령・이송명령 등 행정청에 의무를 부과하는 소송을 인정하고 있고, 독일의 경우에도 의무화소송이 인정되고 있다. 일본도 의무이행소송을 인정하고 있다.

3. 학설·판례

(1) 학 설   학설은 소극설과 적극설 그리고 절충설로 나뉘고 있다. ① 소극설(부정설)은 법원은 행정기관 또는 행정감독기관도 아니고 행정에 대한 1차적 판단권은 행정기관에 있으므로, 법원은 취소 또는 무효확인 판결을 할 수 있을 뿐이라는 입장이다. 소극설은 행정소송법 제 4 조 제 1 호의 변경을 일부취소(一部取消)를 의미하는 것으로 보게 된다. ② 적극설(긍정설)은 행정소송법이 변경이라는 용어를 사용하고 있고, 행정의 적법성 보장과 동시에 개인의 권리보호도 효과적으로 이루어져야 하는바 이행판결이 인정되어야 한다는 입장이다. 적극설은 행정소송법 제 4 조 제 1 호의 변경을 일부취소가 아니라 문자 그대로 적극적인 변경을 의미하는 것으로 새긴다. ③ 절충설은 행정소송법이 규정하는 항고소송으로는 실효성 있는 권익구제가 기대될 수 없는 경우에 이행판결이 인정되어야 한다는 입장이다.

■ 행정소송법 제 4 조(항고소송) 항고소송은 다음과 같이 구분한다.
1. 취소소송 : 행정청의 위법한 처분등을 취소 또는 변경하는 소송

(2) 판 례   판례는 소극설을 취한다. 판례는 의무이행소송(예 : '甲에게 건축허가를 내주라'라는 판결을 구하는 소송)과 작위의무확인소송(예 : '교육부장관은 초등학교 6학년 국어교과서 00쪽의 내용을 새로이 고쳐 써야 할 의무가 있다'라는 판결을 구하는 소송)을 인정하지 아니하며, 예방적 부작위소송(예 : '서대문경찰서장은 소속 경찰관이 서대문구청직원 甲을 미행하여서는 아니 된다'라는 판결을 구하는 소송, 또는 '서대문구청장은 乙의 건축물에 대하여 준공처분을 하여서는 아니 된다'라는 판결을 구하는 소송)도 인정하지 아니한다.

(3) 사 견   ① 이행판결은 행정권이 법령상 명령되는 바를 따르지 않은 경우에 주어지는 것이므로 그것이 행정권의 일차적 판단권을 침해하는 것이라는 논거는 타당하지 않고, ② 권력분립이라는 것도 인권의 보장

에 참뜻이 있는 것이지 권력의 분립 그 자체에 참뜻이 있는 것은 아니고,
③ 사법의 적극성이 인정되는 예가 외국에서 볼 수 없는 것도 아니다. 따라
서 해석상 행정소송법 제 4 조 제 1 호의 '변경'을 적극적으로 이해하여 이행
판결 등을 긍정하는 것이 타당하다.

제 2 절 항고소송

제 1 항 취소소송

제 1 목 취소소송 일반론

[238] 취소소송의 관념

1. 의 의

취소소송(取消訴訟)이란 행정청의 위법한 처분등을 취소 또는 변경하는 소송을 말한다(행정소송법 제4조 제1호). 예컨대 서대문구청장이 의견제출절차를 거치지 아니하고 甲에게 단란주점영업허가를 취소한 경우, 의견제출절차를 거치지 아니한 것은 위법하지만, 그 하자가 중대한 것은 아니므로 단란주점영업허가취소처분은 무효가 아니다. 서대문구청장의 단란주점영업허가취소처분은 취소할 수 있는 행위로서 유효하다. 달리 말한다면 서대문구청장의 취소처분은 공정력을 갖는다. 따라서 甲은 서대문구청장의 취소처분이 유효하므로 단란주점영업을 할 수 없다. 만약 甲이 단란주점영업을 하려면 단란주점영업허가취소처분을 취소시켜야만 한다. 이러한 경우에 적합한 소송이 바로 취소소송이다. 취소소송은 항고소송의 중심에 놓인다.

2. 종 류

취소소송이란 행정청의 위법한 처분등을 취소 또는 변경하는 소송인데, 처분등은 처분과 재결을 의미하므로(행정소송법 제2조 제1항 제1호), 취소소송에는 처분취소소송·처분변경소송·재결취소소송·재결변경소송이 있다. 그리고 판례상 인정된 무효선언을 구하는 취소소송이 인정되고 있다.

3. 성 질

취소소송은 개인의 권익구제를 직접적인 목적으로 하는 주관적 소송(主觀的 訴訟)이다. 취소소송은 위법처분으로 인해 발생한 위법상태의 제거를 위한 소송형식이고, 취소소송의 판결은 유효한 행위의 효력을 소멸시키는 것이므로 형성소송(形成訴訟)에 속한다. 통설의 입장이자 판례의 입장이다. 행정소송법 제29조 제1항(처분등을 취소하는 확정판결은 제3자에 대하여도 효력이 있다)은 취소소송이 형성소송임을 말해 주는 하나의 실정법상 근거로 볼 수 있다.

4. 취소소송과 무효등확인소송의 관계

(1) 병렬관계　　　취소소송과 무효등확인소송은 양립할 수 있는 것이 아니라 선택적인 관계에 놓인다. 예컨대 서대문세무서장이 甲에게 양도소득세를 부과한 경우, 甲은 양도소득세부과처분의 취소를 구하든지 아니면 양도소득세부과처분의 무효확인을 구하든지 하여야지, 양도소득세부과처분의 취소를 구하면서 동시에 무효확인을 구할 수는 없다. 왜냐하면 하나의 행정행위는 무효이든지 아니면 취소할 수 있는 것이지, 무효이자 동시에 취소할 수 있는 것은 아니기 때문이다. 물론 취소소송과 무효등확인소송은 주위적·예비적 청구로서 병합이 가능하다. 예컨대 주위적(主位的)으로 양도소득세부과처분의 취소를 구하면서, 예비적(豫備的)으로 취소소송이 받아들여지지 아니하는 경우를 대비하여 무효확인을 구하는 소송을 병합하여 제기하는 것은 가능하다.

(2) 포섭관계　　　① 무효인 처분을 취소소송으로 다투면, 원고가 취소만을 다투는 것이 명백한 것이 아니라면 무효확인을 구하는 취지까지 포

함되어 있는 것으로 본다. 물론 이러한 경우에는 취소소송의 요건을 구비하여야 한다(무효선언을 구하는 취소소송). 한편, ② 취소할 수 있는 행위를 무효등확인소송으로 다투면, 역시 원고가 무효확인만을 구한다는 것이 명백한 것이 아니라면 취소를 구하는 취지까지 포함되어 있는 것으로 본다. 물론 이러한 경우에는 취소소송의 요건을 구비하여야 한다.

제 2 목 본안판단의 전제요건

[239] 일 반 론

1. 의 의

소(訴)가 없으면 재판은 없다. 법원은 행정소송법과 법원조직법 등이 정하는 요건을 구비한 소의 제기가 있는 경우에만 재판한다. 만약 법원이 행정소송법과 법원조직법 등이 정하는 요건을 구비하지 아니한 소를 재판한다면, 법원이 법률을 위반하는 것이 된다. 여기서 행정소송법과 법원조직법 등이 정하는 요건은 2단계로 구성된다. ① 첫 번째 단계는 법원으로부터 처분이 위법한지 여부의 판단을 받기 위한 전제요건의 단계이고, ② 두 번째 단계는 첫 번째 단계가 구비되었음을 전제로 처분이 위법한지의 여부에 대한 판단의 단계이다. ①의 전제요건을 본안판단(本案判斷)의 전제요건(前提要件)이라 하고, ②에서 위법여부를 본안요건(本案要件)이라 한다.

2. 종 류

본안판단의 전제요건으로는 처분등이 존재하고(Ⅰ), 관할법원에(Ⅱ) 원고가 피고를 상대로(Ⅲ) 일정한 기간 내에(Ⅳ) 소장을 제출하여야 하고(Ⅴ), 일정한 경우에는 행정심판전치를 거쳐야 하되(Ⅵ), 원고에게는 처분등의 취소 또는 변경을 구할 이익(권리보호의 필요)이 있어야 하며(Ⅶ), 아울러 당사자 사이의 소송대상에 대하여 기판력 있는 판결이 없어야 하고 또한 중복제소도 아니어야 한다(Ⅷ).

3. 성 질

본안판단의 전제요건의 구비여부는 법원에 의한 직권심사사항(職權審査事項)이다. 말하자면 당사자가 주장하지 아니하여도 법원은 당연히 본안판단의 전제요건의 구비여부를 심사하여야 한다. 본안판단의 전제요건이 결여되면, 법원은 소송판결(각하판결)을 한다. 본안판단의 전제요건이 구비되지 아니하였음에도 법원이 각하판결을 하지 아니하고 본안에 대하여 심리한다면, 법원이 권한을 남용하는 것이 된다.

Ⅰ. 처분등의 존재(대상적격)

[240] 처분등의 정의

취소소송은 "행정청의 위법한 처분등을 취소 또는 변경하는 소송"이다. 취소소송은 위법하지만 유효한 처분등을 취소하는 소송이므로 취소소송을 제기하기 위해서는 처분등이 존재하여야 한다. 행정소송법은 「"처분등"이라 함은 행정청이 행하는 구체적 사실에 관한 법집행으로서의 공권력의 행사 또는 그 거부와 그 밖에 이에 준하는 행정작용(이하 "처분"이라 한다) 및 행정심판에 대한 재결을 말한다」라고 규정하고 있다(행정소송법 제2조 제1항 제1호). 따라서 행정소송법은 처분등을 처분과 재결을 합한 개념으로 사용하고 있는 셈이다(처분등 = 처분 + 재결). 아래에서 처분과 재결을 나누어서 살피기로 한다.

[241] 처 분

1. 처분개념의 구조

행정소송법상 처분은 「① 행정청이 행하는 구체적 사실에 관한 법집행으로서의 공권력의 행사 또는 ② 그 거부와 ③ 그 밖에 이에 준하는 행정작

용」으로 정의되고 있다. 따라서 행정소송법상 처분에 해당하기 위해서는 ①
과 ②, 그리고 ③ 중에서 그 어느 하나에 해당하여야 한다. 이해의 편의를
위해 ①의 부분을 「2. 행정청의 공권력 행사」에서, ②의 부분을 「3. 행정청
의 공권력 행사의 거부」에서, ③의 부분을 「4. 이에 준하는 행정작용」에서
분석하기로 한다(이와 관련하여 [63] 6.을 보라).

[행정소송법 제 2 조 제 1 항 제 1 호 처분 개념의 구성]
- 행정청이 행하는 구체적 사실에 관한 법집행으로서의 공권력의 행사
- 행정청이 행하는 구체적 사실에 관한 법집행으로서의 공권력의 행사의 거부
- 그 밖에 이에 준하는 행정작용

---

2. 행정청의 공권력 행사

(1) **행정청**　　　　행정소송법상 처분은 행정청(行政廳)이 행하는 공권력
행사이다. 행정조직법상 행정청이란 행정권의 의사를 정하고 이를 대외적으
로 표시할 수 있는 행정기관을 말한다(예 : 행정각부의 장관). 그러나 행정소송법
상 행정청에는 법령에 의하여 행정권한의 위임 또는 위탁을 받은 행정기관,
공공단체 및 그 기관 또는 사인이 포함된다(행정소송법 제 2 조 제 2 항). 따라서
행정소송법에서 말하는 행정청은 행정조직법상 행정청의 개념보다 넓다.

(2) **구체적 사실**　　　　행정소송법상 처분은 구체적 사실(具體的 事實)에
관한 공권력행사이다. 구체적 사실이란 기본적으로 관련자가 개별적이고 규
율대상이 구체적인 것을 의미한다. 일반·추상적 사실에 대한 규율은 입법
(立法)을 의미한다. 관련자가 일반적이고 규율사건이 구체적인 경우의 규율
(예 : 교통신호등)은 일반처분이라 하고 이것 역시 처분에 해당한다(이와 관련하여
이 책 [63] 4. (1)을 보라).

(3) **법집행**　　　　행정소송법상 처분은 법집행(法執行)으로서의 공권력행
사이다. 법집행행위라는 점에서 처분과 사법(판결)은 유사한 면을 갖는다(이와
관련하여 이 책 [63] 7.을 보라). 그러나 처분은 법집행행위이므로 법정립행위인 입
법과는 구별된다(이와 관련하여 이 책 [63] 4. (1)을 보라).

(4) **공권력 행사**　　　　행정소송법상 처분은 공권력 행사(公權力行使)이다. 공권력 행사란 공법에 근거하여 행정청이 우월한 지위에서 일방적으로 행하는 일체의 행정작용을 의미한다. 따라서 행정청이 행하는 사법작용(私法作用)이나 사인과의 대등한 관계에서 이루어지는 공법상 계약 등은 여기서 말하는 공권력 행사에 해당하지 아니한다.

(5) **법적 행위**

(가) **의 의**　　　　행정소송법 제 2 조 제 1 항 제 1 호는 처분개념을 정의함에 있어 「법적 행위」라는 용어는 사용하고 있지 않다. 그런데 취소소송의 본질은 위법성의 소급적 제거에 있다. 또한 사실적인 것은 소급적인 제거가 불가능하지만, 법적 행위(法的 行爲)에 있는 위법성은 소급적으로 제거할 수 있으므로, 취소소송의 대상이 되는 공권력행사(처분)는 법적 행위에 한정된다. 판례도 같은 입장이다.

> [참고] 처분의 의미에 관한 판례　　　항고소송의 대상이 되는 행정청의 처분이라 함은 원칙적으로 행정청의 공법상의 행위로서 특정 사항에 대하여 법규에 의한 권리의 설정 또는 의무의 부담을 명하거나 기타 법률상의 효과를 직접 발생하게 하는 등 국민의 권리의무에 직접 관계가 있는 행위를 말하므로, 행정청의 내부적인 의사결정 등과 같이 상대방 또는 관계자들의 법률상 지위에 직접적인 법률적 변동을 일으키지 아니하는 행위는 그에 해당하지 아니한다(대판 2024. 6. 19, 2024무689).

(나) **권력적 사실행위**　　　　행정소송의 실제상 법적 행위인가 아닌가의 문제는 권력적 사실행위와 관련된다. 예컨대 ① 불법건물의 철거행위는 이중의 의미를 갖는다. 즉. 건물의 철거행위는 ⓐ 사실행위로서의 철거하는 행위와 ⓑ 철거시에 건물의 주인이 철거를 참아야 하는 수인의무가 결합되어 있다고 새긴다(이러한 행위를 합성적 행위라 한다). 여기서 건물의 철거행위는 ⓑ의 수인의무를 발생시킨다는 점에서 법적 행위로 이해된다. 철거공무원에게 대항한 건물의 주인이 처벌을 받지 아니하려면 건물의 철거에 수인의무가 없었어야 한다. 건물의 철거에 수인의무가 없었다고 하려면 철거처분의 취소를 구하여 철거행위를 원천적으로 무력화하여야 한다. 이를 위한 것이 바로 철거행위에 대한 취소소송이다. 건물의 철거행위는 권력적 사실행위이

지만 취소소송의 대상이 된다. 그러나 권리보호의 필요와 관련하여서는 제한을 받는다(이와 관련하여 이 책 [164] 6.7.을 보라). 한편, ② 경찰관 A가 세무공무원 B에게 뇌물을 준 甲을 미행한다고 할 때, 법원이 경찰관 A에게 甲에 대한 미행을 취소하라고 명령한다고 하여 이미 이루어진 미행행위가 없어지지 아니한다. 따라서 甲이 미행을 당하지 아니하려면 법원이 경찰관 A에게 미행을 더 이상 하지 말라는 판결을 구해야 한다(현재 이러한 판결은 인정되고 있지 않다). 미행행위와 같이 성질상 소급적인 제거가 불가능한 순수한 사실행위는 여기서 말하는 법적 행위가 아니다. 미행행위에는 수인의무가 발생하지 아니한다. ③ 요컨대 권력적 사실행위 중에도 불법건물의 철거와 같이 법적 요소를 갖는 것은 처분에 해당하여 취소소송의 대상이 되지만, 경찰관의 미행행위와 같이 법적 요소를 갖지 아니하는 것은 처분에 해당하지 아니하므로 취소소송의 대상이 되지 아니한다.

3. 행정청의 공권력 행사의 거부

(1) **행정청 등**　　　　행정청, 구체적 사실, 법집행, 공권력 행사, 법적 행위의 의미는 앞의 「2. 행정청의 공권력 행사」의 경우와 같다. 다만 검토를 요하는 것은 거부의 의미이다.

(2) **거부의 대상**　　　　거부란 공권력을 적극적으로 발동하지 아니하는 소극적 태도를 말한다. 여기서 공권력 행사의 거부(拒否)란 모든 공권력 행사의 거부가 아니라, 거부된 행정작용이 '행정청이 행하는 구체적 사실에 관한 법집행으로서의 공권력 행사의 거부'인 경우, 즉 거부된 행정작용이 처분에 해당하는 경우의 공권력 행사의 거부만을 의미한다.

(3) **거부와 신청권**　　　　판례는 "행정청이 국민의 신청에 대하여 한 거부행위가 항고소송의 대상이 되는 행정처분이 된다고 하기 위하여는 국민이 그 신청에 따른 행정행위를 요구할 수 있는 법규상 또는 조리상 권리가 있어야 한다"는 입장이다. 그러나 판례의 태도는 정당하지 않다. 왜냐하면 행정소송법 제 2 조 제 2 항 제 1 호가 처분개념에 관해 정의하고 있기 때문에, 어떠한 거부행위가 행정소송의 대상이 되는 처분에 해당하는가의 여

부는「그 거부된 행위가 행정소송법 제 2 조 제 2 항 제 1 호의 처분에 해당하는가」의 여부에 따라 판단하는 것이 논리적이기 때문이다. 그럼에도 판례는 거부행위의 처분성에 관한 판단에 있어서 신청권(신청에 따른 행정행위를 요구할 수 있는 법규상 또는 조리상 권리)의 유무를 기준으로 하고 있는데, 신청권(申請權)의 유무는 원고적격(행정소송법 제12조)의 문제로 처리하는 것이 논리적이다.

4. 이에 준하는 행정작용

'이에 준하는 행정작용'이 무엇을 의미하는지에 관해 확립된 견해는 없다. 이에 관해 판례가 정의한 것도 찾아보기 어렵다. '이에 준하는 행정작용'의 예(例)로 권력적 사실행위를 제시하는 견해도 있고, 일반처분을 제시하는 견해도 있고, 일반처분과 처분법령을 제시하는 견해도 있다. 그러나 이러한 예들은 모두 앞의「2. 행정청의 공권력 행사」에서 살펴본 '행정청이 행하는 구체적 사실에 관한 법집행으로서의 공권력의 행사'에 해당될 수도 있는 것이므로 적절한 예라고 말하기 어렵다. '이에 준하는 행정작용'의 의미에 대해서는 연구를 요한다.

[242] 재결과 재결소송

1. 재결의 개념

행정심판법에서 재결(裁決)이란 "행정심판의 청구에 대하여 행정심판법 제 6 조에 따른 행정심판위원회가 행하는 판단"을 말한다(행정심판법 제 2 조 제 3 호)(재결에 관해서는 이 책 [224] 이하를 보라). 행정소송법에서 말하는 재결은 행정심판법이 정하는 절차에 따른 재결만을 뜻하는 것은 아니다. 이 밖에 당사자심판이나 이의신청에 의한 재결도 포함된다.

2. 원처분중심주의

행정소송법상 재결에 대한 취소소송은 재결 자체에 고유한 위법이 있음을 이유로 하는 경우에 한한다(행정소송법 제19조 단서). 따라서 취소소송은 원칙적으로 원처분을 대상으로 하며, 재결은 예외적으로만 취소소송의 대상이 될 수 있다. 이를 원처분중심주의(原處分中心主義)라 부른다. 예컨대 甲이 서대문구청장에게 단란주점영업허가를 신청하였으나 거부처분을 받고, 이어서 단란주점영업허가거부처분에 대한 의무이행심판을 제기하였으나 기각의 재결을 받게 되자 행정소송으로 다투려고 하는 경우, 甲은 ① 서대문구청장을 피고로 하여 서대문구청장의 단란주점영업허가거부처분을 다투는 소송을 제기하여야 하는가, 아니면 ② 서울특별시행정심판위원회를 피고로 하여 기각재결을 다투는 소송을 제기하여야 하는가의 문제가 있다. 원처분중심주의에 따라 甲은 ①의 소송을 제기하여야 한다. 다만, 서울특별시행정심판위원회가 재결을 하지 않고 서울특별시행정심판위원회의 위원 중 1명이 재결을 한 경우와 같이 기각재결에 고유한 위법이 있는 경우에는 ②의 소송을 제기할 수 있다. ②에 관해서는 아래에서 살핀다.

3. 재결소송

앞의 ②와 같이 재결을 분쟁대상으로 하는 항고소송을 재결소송(裁決訴訟)이라 한다. 재결소송은 재결 자체에 고유(固有)한 위법(違法)이 있는 경우에 한한다. 재결 자체에 고유한 위법이 없다면 원처분(原處分)을 다투어야 한다. 재결 자체에 고유한 위법이란 재결 자체에 주체 · 절차 · 형식의 위법 또는 내용상의 위법이 있는 경우를 의미한다. 주체의 위법은 서울특별시행정심판위원회가 아닌 자가 재결한 경우, 절차의 위법은 서울특별시행정심판위원회의 의결절차를 거치지 않고 재결한 경우, 형식의 위법은 서면에 의하지 않고 구두로 재결한 경우, 내용의 위법은 심판제기기간을 경과하지 아니한 심판청구를 심판제기기간이 경과하였다고 하여 각하재결을 한 경우 등에서 그 예를 볼 수 있다.

4. 원처분중심주의의 예외

개별 법률에서 원처분중심주의의 예외(例外)로서 재결을 취소소송의 대상으로 규정하는 경우도 있다. 이를 재결주의(裁決主義)라 부른다. 예컨대 감사원의 변상판정처분에 대하여는 행정소송을 제기할 수 없고, 재결에 해당하는 재심의판정에 대해서만 감사원을 피고로 하여 행정소송을 제기할 수 있다(감사원법 제40조 제2항). 중앙노동위원회의 재심판정도 재결주의의 예에 해당한다.

■ **감사원법** 제36조(재심의 청구) ① 제31조에 따른 변상 판정에 대하여 위법 또는 부당하다고 인정하는 본인, 소속 장관, 감독기관의 장 또는 해당 기관의 장은 변상판정서가 도달한 날부터 3개월 이내에 감사원에 재심의를 청구할 수 있다.
② 감사원으로부터 제32조, 제33조 및 제34조에 따른 처분을 요구받은 소속 장관, 임용권자나 임용제청권자, 감독기관의 장 또는 해당 기관의 장은 그 요구가 위법 또는 부당하다고 인정할 때에는 그 요구를 받은 날부터 1개월 이내에 감사원에 재심의를 청구할 수 있다.

■ **노동위원회법** 제26조(중앙노동위원회의 재심권) ① 중앙노동위원회는 당사자의 신청이 있는 경우 지방노동위원회 또는 특별노동위원회의 처분을 재심하여 이를 인정·취소 또는 변경할 수 있다.
제27조(중앙노동위원회의 처분에 대한 소송) ① 중앙노동위원회의 처분에 대한 소송은 중앙노동위원회위원장을 피고로 하여 처분의 송달을 받은 날부터 15일 이내에 제기하여야 한다.

■ **노동조합 및 노동관계조정법** 제85조(구제명령의 확정) ① 지방노동위원회 또는 특별노동위원회의 구제명령 또는 기각결정에 불복이 있는 관계 당사자는 그 명령서 또는 결정서의 송달을 받은 날부터 10일 이내에 중앙노동위원회에 그 재심을 신청할 수 있다.
② 제1항의 규정에 의한 중앙노동위원회의 재심판정에 대하여 관계 당사자는 그 재심판정서의 송달을 받은 날부터 15일 이내에 행정소송법이 정하는 바에 의하여 소를 제기할 수 있다.

Ⅱ. 관할법원

[243] 삼 심 제

1. 삼심제

행정소송에도 행정법원-고등법원-대법원의 삼심제(三審制)가 적용된다. 행

정법원은 행정소송법에서 정한 행정사건과 다른 법률에 의하여 행정법원의
권한에 속하는 사건을 제1심으로 심판한다(법원조직법 제40조의4). 고등법원은
행정법원의 제1심 판결·심판·결정·명령에 대한 항소 또는 항고사건을
심판한다(법원조직법 제28조). 대법원은 고등법원의 판결에 대한 상고사건과 결
정·명령에 대한 재항고사건을 심판한다(법원조직법 제14조).

2. 재판관할

① 취소소송의 제1심 관할법원은 피고의 소재지를 관할하는 행정법원
으로 한다(행정소송법 제9조 제1항). ② 제1항에도 불구하고 다음 각 호(1. 중앙
행정기관, 중앙행정기관의 부속기관과 합의제행정기관 또는 그 장, 2. 국가의 사무를 위임 또는 위
탁받은 공공단체 또는 그 장)의 어느 하나에 해당하는 피고에 대하여 취소소송을
제기하는 경우에는 대법원소재지를 관할하는 행정법원에 제기할 수 있다(행
정소송법 제9조 제2항). ③ 토지의 수용 기타 부동산 또는 특정의 장소에 관계
되는 처분등에 대한 취소소송은 그 부동산 또는 장소의 소재지를 관할하는
행정법원에 이를 제기할 수 있다(행정소송법 제9조 제3항).

3. 행정법원의 설치

행정법원이 설치되지 않은 지역에 있어서 행정법원의 권한에 속하는 사
건은 행정법원이 설치될 때까지 해당 지방법원본원이 관할한다(1994. 7. 27 개정
법원조직법 부칙 제2조). 행정법원에는 부(특별부)를 두며(법원조직법 제40조의3 제1항),
행정법원의 심판권은 판사 3인으로 구성된 합의부에서 이를 행한다(법원조직법
제7조 제3항 본문). 다만 행정법원에 있어서 단독판사가 심판할 것으로 행정법원
합의부가 결정한 사건의 심판권은 단독판사가 행한다(법원조직법 제7조 제3항 단서).

[244] 관할이송

관할권이 없는 법원에 소송이 제기된 사건을 관할권이 있는 법원(관할법
원)으로 보내는 것을 관할이송(管轄移送)이라 한다. ① 예컨대 다른 모든 소송

요건을 갖추었지만 서울행정법원에 제기하여야 할 것을 수원지방법원에 제기한 경우에는 수원지방법원(특별부)은 결정으로 서울행정법원에 이송하여야 하는 것과 같이 관할권이 없는 법원에 소송이 제기된 경우, 다른 모든 소송요건을 갖추고 있는 한 각하할 것이 아니라 결정으로 관할법원에 소송을 이송하여야 한다(행정소송법 제8조 제2항, 민사소송법 제34조 제1항). ② 민사소송법 제34조 제1항의 규정은 원고의 고의 또는 중대한 과실없이 행정소송이 심급을 달리하는 법원에 잘못 제기된 경우에도 적용된다(행정소송법 제7조). 예컨대 서울행정법원에 제기할 것을 서울고등법원에 제기한 경우, 서울고등법원은 결정으로 서울행정법원으로 이송하여야 한다. ③ 행정사건을 민사법원에 제기한 경우에도 관할이송이 적용된다.

> ■ **민사소송법** 제34조(관할위반 또는 재량에 따른 이송) ① 법원은 소송의 전부 또는 일부에 대하여 관할권이 없다고 인정하는 경우에는 결정으로 이를 관할법원에 이송한다.

[245] 관련청구소송의 이송 · 병합

1. 제도의 취지

예컨대 서대문구청장이 악의로 甲에 대하여 단란주점영업허가취소처분을 한 경우, 甲으로서는 ① 단란주점영업허가취소처분의 취소청구소송을 제기한 후 승소하여 다시 단란주점영업을 할 것이고, 아울러 ② 단란주점영업허가취소처분으로 인한 재산상 손해를 서대문구로부터 배상받을 것이다. 원리적으로 본다면, ①을 위해서는 서울행정법원에 행정소송인 단란주점영업허가취소처분 취소청구소송을 제기하여야 하고, ②를 위해서는 서울서부지방법원에 손해배상청구소송을 제기하여야 한다. 그런데 ①과 ②는 상호관련이 있으므로 하나의 법원에서 하나의 절차로 재판하는 것이 재판의 모순도 방지하고 심리의 중복도 방지하는 효과를 갖는다. 이와 같이 상호관련성이 있는 여러 청구를 하나의 절차에서 심판함으로써 심리의 중복, 재판상 모순을 방지하고 아울러 신속하게 재판을 진행시키기 위한 제도가 바로 행정소송법

제10조가 규정하는 관련청구소송(關聯請求訴訟)의 이송 및 병합의 제도이다.

■ 행정소송법 제10조(관련청구소송의 이송 및 병합) ① 취소소송과 다음 각 호의
1에 해당하는 소송(이하 "관련청구소송"이라 한다)이 각각 다른 법원에 계속되고
있는 경우에 관련청구소송이 계속된 법원이 상당하다고 인정하는 때에는 당사자
의 신청 또는 직권에 의하여 이를 취소소송이 계속된 법원으로 이송할 수 있다.
1. 당해 처분등과 관련되는 손해배상 · 부당이득반환 · 원상회복등 청구소송
2. 당해 처분등과 관련되는 취소소송
② 취소소송에는 사실심의 변론종결시까지 관련청구소송을 병합하거나 피고외의 자
를 상대로 한 관련청구소송을 취소소송이 계속된 법원에 병합하여 제기할 수 있다.

2. 관련청구소송의 의의

행정소송법은 ① 당해 처분등과 관련되는 손해배상 · 부당이득반환 · 원
상회복 등 청구소송, ② 당해 처분등과 관련되는 취소소송을 관련청구소송
으로 규정하고 있다(행정소송법 제10조 제 1 항). ①의 경우로는 처분등이 원인이
되어 발생한 손해배상청구소송(예 : 서대문구청장이 악의로 甲에 대하여 단란주점영업허
가취소처분을 한 경우에 있어서 甲이 제기하는 손해배상청구소송), 처분등의 취소 · 변경이
원인이 되어 발생한 손해배상청구소송 등이 있고, ②의 경우로는 원처분에
대한 소송에 병합하여 제기하는 재결의 취소소송(예 : 甲이 서대문구청장에게 단란
주점영업허가를 신청하였으나 거부처분을 받고, 이어서 단란주점영업허가거부처분에 대한 의무이
행심판을 제기하였으나 기각의 재결을 받게 되자 행정소송으로 다투려고 하는 경우, 甲이 주위적
으로 서대문구청장을 피고로 하여 서대문구청장의 단란주점영업허가거부처분을 다투는 소송을 제
기하면서, 예비적으로 그 소송이 인용되지 아니하는 경우를 대비하여 서울특별시장을 피고로 하여
기각재결을 다투는 소송을 병합하여 제기하는 경우), 당해 처분과 함께 하나의 절차를
구성하는 행위의 취소청구소송, 상대방이 제기하는 취소소송 외에 제 3자가
제기하는 취소소송 등의 경우가 있다.

3. 관련청구소송의 이송

취소소송과 관련청구소송이 각각 다른 법원에 계속되고 있는 경우에 관
련청구소송이 계속된 법원이 상당하다고 인정하는 때에는 당사자의 신청 또

는 직권에 의하여 이를 취소소송이 계속된 법원으로 보내는 것을 관련청구의 이송(移送)이라 한다. 예컨대 서울행정법원에 단란주점영업허가취소처분 취소청구소송이 제기되어 있고, 서울서부지방법원에 관련청구소송으로 손해배상청구소송이 제기되어 있는 경우, 서울서부지방법원은 상당하다고 인정하는 때에는 당사자의 신청에 의하거나 직권으로 관련청구소송을 서울행정법원으로 이송할 수 있다. 이송결정이 확정되면 관련청구소송은 처음부터 이송받은 법원에 계속된 것으로 간주된다(행정소송법 제8조 제2항, 민사소송법 제40조 제1항).

4. 관련청구소송의 병합

(1) **병합심리**　　　취소소송이 계속된 법원이 관련청구소송을 한꺼번에 심리하는 것을 관련청구소송의 병합심리(倂合審理)라 한다. 예컨대 甲이 서대문구청장에게 단란주점영업허가를 신청하였으나 거부처분을 받자, ① 서울행정법원에 거부처분에 대한 취소소송을 제기하고, 아울러 단란주점영업허가거부처분에 대한 의무이행심판을 제기하였으나 서울특별시장으로부터 기각의 재결을 받자, ② 기각재결의 취소를 구하는 소송도 서울행정법원에 제기하였다고 하자. ①은 취소소송이고, ②는 관련청구소송인데, 서울행정법원은 ①의 소송을 심리할 때에 ②의 소송을 병합하여 동시에 심리할 수 있다. 소송의 병합여부는 법원의 재량에 속한다. 관련청구소송의 병합은 취소소송의 사실심의 변론종결시까지만 허용된다(행정소송법 제10조 제2항 전단). 특별한 절차를 요하지 아니한다.

(2) **병합제기**　　　예컨대 서대문구청장이 위법하게 甲에 대하여 단란주점영업허가취소처분을 한 경우, 甲으로서는 ① 서울행정법원에 단란주점영업허가취소처분의 취소청구소송(피고 : 서대문구청장)을 제기하면서 동시에 ② 서울행정법원에 단란주점영업허가취소처분으로 인한 손해배상청구소송(피고 : 서대문구)을 병합하여 제기할 수도 있다. 다만 관련청구소송인 ②의 병합은 ①의 사실심 변론종결시까지만 가능하다. 원고가 관련청구소송을 병합하여 제기하였다고 하여 법원이 반드시 병합심리를 하여야 하는 것은 아니다.

(3) **적용법규**　　　병합된 관련청구소송이 민사사건인 경우, 민사사건

에 대한 적용법규는 행정소송법인가 민사소송법인가의 문제가 있다. 생각건
대 병합심리는 재판상의 편의를 위한 것일 뿐이고, 병합한다고 하여 민사사
건이 행정사건으로 성질이 변하는 것은 아니므로 병합된 청구에 대해서는
민사소송법이 적용되어야 할 것이다.

Ⅲ. 당사자와 참가인

[246] 당 사 자

1. 당사자의 의의

행정소송을 제기하는 자를 원고(原告), 제기당하는 자를 피고(被告)라 한
다. 원고와 피고를 합하여 당사자(當事者)라 한다. 민사소송에서 원고와 피고
는 모두 자기의 권익을 주장하는 자이지만, 행정소송인 취소소송에서 원고
는 자기의 권익을 주장하는 자이나 피고는 공동체를 대표하는 행정기관이
라는 점에서 민사소송과 차이점을 갖는다.

2. 당사자능력

소송상 당사자(원고·피고)가 될 수 있는 능력(자격)을 당사자능력(當事者能力)
이라 한다. 말하자면 당사자능력은 소송법관계의 주체가 될 수 있는 능력을
의미한다. 행정소송상 당사자능력은 민법 등의 법률에 의해 권리능력이 부
여된 자(자연인·법인)에게 인정될 뿐만 아니라 대표자 또는 관리인이 있으면
권리능력 없는 사단이나 재단의 경우에도 인정된다(행정소송법 제 8 조 제 2 항, 민
사소송법 제52조).

3. 당사자적격

당사자능력을 가진 자가 개별·구체적인 사건에서 원고나 피고로서 소
송을 수행하고 본안판결(本案判決)을 받을 수 있는 능력(자격)을 당사자적격(當
事者適格)이라 한다. 행정소송상 당사자적격은 항고소송의 대상인 처분등의

존재여부·위법여부의 확인·확정 등에 대하여 법률상 대립하는 이해관계를 갖는 자에게 인정된다. 당사자적격에는 원고적격과 피고적격이 있다.

[247] 원고적격

1. 원고적격의 의의

행정소송에서 원고가 될 수 있는 자격을 원고적격(原告適格)이라 한다. 취소소송은 처분등의 취소를 구할 법률상 이익이 있는 자가 제기할 수 있다(행정소송법 제12조 제1문). 처분등의 효과가 기간의 경과, 처분등의 집행 그 밖의 사유로 인하여 소멸된 뒤에도 그 처분등의 취소로 인하여 회복되는 법률상 이익이 있는 자의 경우에는 또한 같다(행정소송법 제12조 제2문). 법률상 이익이 없는 자는 취소소송을 제기할 수 없다. 「법률상 이익이 있는 자」의 의미를 법률상 이익의 주체와 법률상 이익의 의의로 나누어서 살피기로 한다. 참고로, 간혹 원고적격의 의미로 소의 이익이라는 용어가 사용되기도 하나, 이 책에서 소의 이익이라는 용어는 권리보호의 필요의 의미로 사용한다.

2. 법률상 이익의 주체

① 법률상 이익이 있는 '자'에는 권리주체로서 자연인(自然人)과 법인(法人)이 있다. 법인에는 공법인(公法人)과 사법인(私法人)이 있다. 법인으로서 지방자치단체 또한 자기의 고유한 권리가 침해되었을 때에 당사자적격을 갖는다. 법인격 없는 단체는 대표자를 통해 단체의 이름으로 출소할 수 있다(행정소송법 제8조 제2항, 민사소송법 제52조). ② 법률상 이익이 있는 '자'에는 처분의 상대방뿐만 아니라 법률상 이익이 침해된 제3자도 포함된다(제3자의 법률상 이익과 관련하여 이 책 [30]을 보라).

[참고] 행정심판의 피청구인과 원고적격 　행정심판에서 기각재결이 있는 경우, 사인(私人)인 청구인은 당연히 취소소송을 제기할 수 있다. 그러나 인용재결이 있는 경우, 피청구인인 행정청은 재결의 기속력(행정심판법 제49조 제1항)으로 인해 취소소송을 제기할 수 없다는 것이 판례의 태도이다. 예컨대 ⓐ 甲이 서대문구청장에게 단란주점영업허가를 신청하였으나 거부처분을 받자, 의무이행심판을 제기하였으나 서울특별시행정심판위원회로부터 기각의 재결을 받았다면, 甲은 서대문구청장의

단란주점영업허가거부처분의 취소를 구하는 소송을 제기할 수 있다. 그러나 ⓑ 甲이 서울특별시행정심판위원회로부터 인용재결을 받았다면, 서대문구청(장)은 서울특별시행정심판위원회의 인용재결의 취소를 구하는 소송을 제기할 수 없다.

3. 법률상 이익의 의의

(1) 학 설　　　① 과거에는 법률상 이익(法律上 利益)이 권리(權利)와 동일한 개념인지의 여부를 중심으로 논란이 많았다. 그러나 ② 오늘날에는 연혁적으로는 법률상 이익을 전통적 의미의 권리와 청주시연탄공장사건을 계기로 하여 판례상 인정되어온 법률상 보호이익을 포함하는 상위개념으로 새기지만(법률상 이익 = 전통적 의미의 권리 + 판례상 인정되어온 법률상 보호이익), 논리적으로는 법률상 이익과 전통적 의미의 권리, 그리고 판례상 인정되어온 법률상 보호이익이 같은 개념으로 새기는 것(법률상 이익 = 전통적 의미의 권리 = 판례상 인정되어온 법률상 보호이익)이 일반적인 경향이다.

[참고] 청주시연탄공장사건　　　청주시연탄공장사건이란 청주시장이 주거지역 내에 연탄공장건축허가를 내주자 주거지역 내의 (구)도시계획법 제19조 제 1 항과 (구)건축법 제32조 제 1 항 소정 제한면적을 초과한 연탄공장건축허가 처분으로 불이익을 받고 있는 이웃주민들이 청주시장을 상대로 건축허가처분취소청구소송을 제기한 사건이다. 판결요지는 다음과 같다.

[대판 1975. 5. 13, 73누96, 97] 도시계획법과 건축법의 규정취지에 비추어 볼 때 이 법률들이 주거지역 내에서의 일정한 건축을 금지하고 또한 제한하고 있는 것은 (구)도시계획법과 (구)건축법이 추구하는 공공복리의 증진을 도모하는데 그 목적이 있는 동시에, 한편으로는 주거지역 내에 거주하는 사람의 주거안녕과 생활환경을 보호하고자 하는 데도 그 목적이 있는 것으로 해석된다. 그러므로 주거지역 내에 거주하는 사람의 주거의 안녕과 생활환경을 보호받을 이익은 단순한 반사적 이익이나 사실상의 이익이 아니라 바로 법률에 의하여 보호되는 이익이라고 할 것이다.

(2) 판 례　　　오늘날 판례는 "법률상의 이익은 당해 처분의 근거 법률에 의하여 보호되는 직접적이고 구체적인 이익이 있는 경우를 말하고 다만 공익보호의 결과로 국민 일반이 공통적으로 가지는 추상적·평균적·일반적 이익과 같이 간접적이거나 사실적·경제적 이해관계를 가지는 데 불과한 경우는 여기에 포함되지 않는다"고 정의하고 있다. 판례의 입장이나

일반적 견해의 입장에는 별 차이가 없다.

　(3) **판단기준**　　　권리 또는 법률상 보호되는 이익의 존부의 문제는 개인적 공권의 성립요건 중 첫 번째 요건인 행정청의 의무의 존재(강행규범성)를 전제로 하고, 개인적 공권의 성립요건 중 두 번째 요건인 사익보호(私益保護)의 존부의 문제이다(이와 관련하여 이 책 [29] 3.을 보라). 한편, 사익보호목적의 존부는 당해 처분의 근거되는 법률의 규정과 취지 외에 관련 법률의 규정과 취지, 그리고 기본권규정도 고려하여 판단한다는 것이 학설과 판례의 태도이다.

[248] 피고적격

1. 원칙(처분청)

　피고적격(被告適格)이란 행정소송에서 피고가 될 수 있는 자격을 의미한다. 다른 법률에 특별한 규정이 없는 한 취소소송에서는 그 처분등을 행한 행정청이 피고가 된다(행정소송법 제13조 제 1 항 전단)(처분의 취소·변경의 경우에는 처분청, 재결의 취소·변경의 경우에는 행정심판위원회가 피고가 된다). 처분등을 행한 행정청을 처분청(處分廳)이라 부른다. 논리상 피고는 권리주체(법인격자)인 국가나 지방자치단체가 되어야 할 것이나 행정소송수행의 편의상 행정소송법은 행정청을 피고로 규정하고 있다. 행정청에는 단독기관(예 : 장관)도 있고, 합의제기관(예 : 배상심의회·토지수용위원회)도 있다. 예컨대 단독기관인 보건복지부장관의 처분을 다투는 경우에는 보건복지부가 아니라 보건복지부장관이 피고가 되지만, 합의제기관인 중앙토지수용위원회의 재결처분을 다투는 경우에는 중앙토지수용위원회의 위원장이 아니라 중앙토지수용위원회가 피고가 된다.

2. 예 　외

　① 처분등이 있은 뒤에 그 처분등에 관계되는 권한이 다른 행정청에 승계된 때에는 이를 승계한 행정청을 피고로 한다(행정소송법 제13조 제 1 항 단서). 예컨대 서대문구청장이 A처분을 하였으나, 그 후 A처분의 권한이 마포구청장에게 넘어간 경우에는 마포구청장이 피고가 된다. ② 행정청이 없게 된

때에는 그 처분등에 관한 사무가 귀속되는 국가 또는 공공단체를 피고로 한다(행정소송법 제13조 제2항). 예컨대 내무부가 A사무를 처리하였으나, A사무를 승계하는 기관이 없이 내무부가 폐지된 경우에는 국가를 피고로 하여야 한다. ③ 행정권한의 위임·위탁이 있는 경우에는 현실적으로 처분을 한 수임청·수탁청이 피고가 된다(행정소송법 제2조 제2항). ④ 국가공무원법 제16조 제1항에 따른 행정소송을 제기할 때에는 대통령의 처분 또는 부작위의 경우에는 소속 장관(대통령령으로 정하는 기관의 장을 포함한다. 이하 같다)을, 중앙선거관리위원회위원장의 처분 또는 부작위의 경우에는 중앙선거관리위원회사무총장을 각각 피고로 한다(국가공무원법 제16조 제2항).

> ■ **국가공무원법** 제16조(행정소송과의 관계) ② 제1항에 따른 행정소송을 제기할 때에는 대통령의 처분 또는 부작위의 경우에는 소속 장관(대통령령으로 정하는 기관의 장을 포함한다)을, 중앙선거관리위원회위원장의 처분 또는 부작위의 경우에는 중앙선거관리위원회사무총장을 각각 피고로 한다.

3. 피고경정

행정안전부장관을 피고로 하였다가 경찰청장을 피고로 변경하는 것과 같이 피고를 변경하는 것을 피고경정(被告更正)이라 한다. 피고경정제도를 두는 것은 피고를 잘못 지정한 경우에 소송요건(본안판단의 전제요건)의 미비를 이유로 각하판결을 하고, 원고로 하여금 새로운 소를 제기하게 하는 것보다는 피고를 경정하게 하는 것이 보다 효과적이라는 데 있다. 원고가 피고를 잘못 지정한 때에는 법원은 원고의 신청에 의하여 결정으로써 피고의 경정을 허가할 수 있다(행정소송법 제14조 제1항). 피고경정의 허가가 있으면 새로운 피고에 대한 소송은 처음에 소를 제기한 때에 제기된 것으로 보며(행정소송법 제14조 제4항) 아울러 종전의 피고에 대한 소송은 취하된 것으로 본다(행정소송법 제14조 제5항).

[249] 소송참가

1. 의 의

취소소송과 이해관계 있는 제3자나 다른 행정청을 소송에 참여시키는 것을 소송참가(訴訟參加)라 한다. 행정소송에서 소송참가는 원고나 피고를 돕기 위한 보조참가(補助參加)이며, 원고나 피고에 대립되는 독립적인 당사자로서의 이익의 확보를 위한 독립당사자참가는 아니다. 소송참가에는 제 3 자의 소송참가와 다른 행정청의 소송참가가 있다.

2. 취 지

참가제도는 제 3 자가 자신의 법률상 이익의 보호를 위해 직접 공격·방어방법을 제출하여 다툴 수 있으므로 제 3 자의 권리보호에 기여하며(권리보호 기능), 아울러 분쟁대상에 대한 모순되는 판결을 방지함으로써 법적 안정에도 기여한다(법적 안정의 보장).

3. 제 3 자의 소송참가

법원은 소송의 결과에 따라 권리 또는 이익의 침해를 받을 제 3 자가 있는 경우에는 당사자 또는 제 3 자의 신청 또는 직권에 의하여 결정으로써 그 제 3 자를 소송에 참가시킬 수 있다(행정소송법 제16조 제 1 항). 이를 제 3 자의 소송참가라고 한다. 예컨대 甲이 고층빌딩의 건축을 위하여 허가신청을 하였으나 서대문구청장이 거부처분을 하였다. 이에 甲이 건축허가거부처분에 대한 취소소송을 제기하였다고 하자. 만약 행정소송에서 甲의 청구가 인용되면, 甲은 고층빌딩을 지을 것이고, 이로 인해 고층빌딩주변에 사는 주민 乙은 일조권과 조망권의 침해를 당할 수 있게 된다. 이러한 경우에 법원이 乙의 신청이나 직권으로 乙을 소송에 참가시키는 것을 제 3 자의 소송참가라 한다. 소송에 참가하는 乙은 서대문구청장을 보조하는 역할을 하게 될 것이다.

4. 다른 행정청의 소송참가

법원은 다른 행정청을 소송에 참가시킬 필요가 있다고 인정할 때에는 당사자 또는 당해 행정청의 신청 또는 직권에 의하여 결정으로써 그 행정청을 소송에 참가시킬 수 있다(행정소송법 제17조 제 1 항). 이를 다른 행정청의 소송참가라 한다. 예컨대 甲이 A건물을 신축하고자 서대문구청장에게 허가신청을 하였으나 서대문구청장은 서대문소방서장이 A건물의 건축허가에 소방시설 설치 및 관리에 관한 법률 제6조 제1항의 동의를 하지 아니하였다는 이유로 거부처분을 하였다. 이에 甲이 서대문구청장의 건축허가거부처분에 대한 취소소송을 제기하였다고 하자. 만약 행정소송에서 甲의 청구가 인용되면, 서대문소방서장의 부동의(不同意)에도 불구하고 甲은 일정 절차를 거쳐 A건물을 지을 것이고, 이렇게 되면 서대문소방서장은 서대문구에서 화재예방, 소방시설 설치·유지 및 안전관리에 관한 법률에 관한 사무를 집행하는 데 어려움을 겪게 된다. 이러한 경우에 법원이 소송에 참가시킬 필요가 있다고 인정할 때에는 甲이나 서대문구청장, 또는 서대문소방서장의 신청, 아니면 서울행정법원이 직권에 의하여 결정으로 서대문소방서장을 소송에 참가시키는 것을 다른 행정청의 소송참가라 한다. 소송에 참가하는 서대문소방서장은 서대문구청장을 보조하는 역할을 하게 될 것이다.

> ■소방시설 설치 및 관리에 관한 법률 제6조(건축허가등의 동의) ① 건축물 등의 신축·증축·개축·재축(再築)·이전·용도변경 또는 대수선(大修繕)의 허가·협의 및 사용승인(「주택법」 제15조에 따른 승인 및 같은 법 제49조에 따른 사용검사, 「학교시설사업 촉진법」 제4조에 따른 승인 및 같은 법 제13조에 따른 사용승인을 포함하며, 이하 "건축허가등"이라 한다)의 권한이 있는 행정기관은 건축허가등을 할 때 미리 그 건축물 등의 시공지(施工地) 또는 소재지를 관할하는 소방본부장이나 소방서장의 동의를 받아야 한다.

Ⅳ. 제소기간

[250] 일 반 론

1. 의 의

제소기간(提訴期間)이란 처분의 상대방등이 소송을 제기할 수 있는 시간적 간격을 말한다. 제소기간이 경과하면 취소소송을 제기할 수 없다. 제소기간이 경과한 후에 제소하면, 법원은 그 소를 각하하여야 한다.

2. 성 질

제소기간의 준수여부는 법원의 직권조사사항(職權調査事項)이다. 말하자면 피고가 제소기간경과 후의 제소라고 이의(본안전 항변)를 제기하지 않는다고 하여도 법원은 제소기간의 준수여부를 명백히 하여야 한다.

3. 적용범위

① 제소기간의 요건은 처분의 상대방이 소송을 제기하는 경우는 물론이고, 법률상 이익이 침해된 제 3 자가 소송을 제기하는 경우에도 적용된다. ② 무효등확인소송의 경우에는 제소기간의 제한이 없다. 그러나 행정처분의 당연무효(當然無效)를 선언하는 의미에서 그 취소를 구하는 행정소송을 제기하는 경우에는 제소기간의 준수 등 취소소송의 제소요건을 갖추어야 한다는 것이 판례의 입장이다. ③ 공익사업을 위한 토지 등의 취득 및 보상에 관한 법률 등 개별 법률에서 제소기간에 관해 특례를 두기도 한다.

> ■ 공익사업을 위한 토지 등의 취득 및 보상에 관한 법률 제85조(행정소송의 제기) ① 사업시행자, 토지소유자 또는 관계인은 제34조에 따른 재결에 불복할 때에는 재결서를 받은 날부터 90일 이내에, 이의신청을 거쳤을 때에는 이의신청에 대한 재결서를 받은 날부터 60일 이내에 각각 행정소송을 제기할 수 있다. …

[251] 종류(안 날과 있은 날)

1. 안 날부터 90일

① 행정심판을 거치지 않은 경우에 제기하는 취소소송은 처분등(處分等)이 있음을 안 날부터 90일 이내에 제기하여야 한다(행정소송법 제20조 제 1 항 본문). 처분등이 있음을 안 날이란 통지·공고 기타의 방법에 의하여 당해 처분이 있었다는 사실을 현실적으로 안 날을 의미하며, 구체적으로 그 행정처분의 위법여부를 판단한 날을 가리키는 것은 아니다. 예컨대 서대문구청장의 甲에 대한 A처분이 2020년 6월 2일에 등기우편으로 甲의 아파트에 도달하였

다고 하여도, 한국에 가족이 없는 노인인 甲이 2020년 6월 1일에 미국으로 갔다가 2020년 12월 20일에 귀국하였다면, 甲이 처분등이 있음을 안 날이란 2020년 12월 21일이라 할 것이다. ② 제18조 제1항 단서에 규정한 경우와 그 밖에 행정심판청구를 할 수 있는 경우 또는 행정청이 행정심판청구를 할 수 있다고 잘못 알린 경우에 행정심판청구가 있은 때의 기간은 재결서(裁決書)의 정본(正本)을 송달받은 날부터 기산한다(행정소송법 제20조 제1항 단서). ③ 90일은 불변기간이다(행정소송법 제20조 제3항).

■행정소송법 제18조(행정심판과의 관계) ① 취소소송은 법령의 규정에 의하여 당해 처분에 대한 행정심판을 제기할 수 있는 경우에도 이를 거치지 아니하고 제기할 수 있다. 다만, 다른 법률에 당해 처분에 대한 행정심판의 재결을 거치지 아니하면 취소소송을 제기할 수 없다는 규정이 있는 때에는 그러하지 아니하다.

2. 있은 날부터 1년

① 행정심판을 거치지 않고 취소소송을 제기하는 경우에는 처분등(處分等)이 있은 날부터 1년을 경과하면 이를 제기하지 못한다(행정소송법 제20조 제2항 본문). 처분등이 있은 날이란 상대방 있는 행정행위의 경우에는 특별한 규정이 없는 한 의사표시의 일반적 법리에 따라 그 행정처분이 상대방에게 도달되어 효력을 발생한 날을 의미한다. ② 행정소송법 제18조 제1항 단서에 규정된 경우와 그 밖에 행정심판청구를 할 수 있는 경우 또는 행정청이 행정심판청구를 할 수 있다고 잘못 알린 경우에 행정심판청구가 있은 때의 제소기간은 재결(裁決)이 있은 날부터 역시 1년이다(행정소송법 제20조 제2항 본문). ③ 정당한 사유가 있으면 상기의 두 경우 모두 1년의 기간이 경과하여도 제소할 수 있다(행정소송법 제20조 제2항 단서).

3. 안 날과 있은 날의 관계

처분이 있음을 안 날부터 90일과 처분이 있은 날부터 1년 중 어느 하나의 기간 만이라도 경과하면, 제소기간은 종료하게 된다. 두 가지 기간 모두가 경과하여야 하는 것은 아니다.

V. 소 장

[252] 양식(예)

소 장

원 고   ○ ○ ○ (주민등록번호)
　　　　　서울 구로구 구로동 102의 3
　　　　　(전화 000-000, 팩스 000-000)

피 고   서울특별시 구로구청장

과징금부과처분취소 청구의 소

소 가	169,331,890÷3
첩부할인지액	258,900 (소가×0.0045+5,000 원)
송 달 료	59,200원 (2,960원×10회×당사자수)

청 구 취 지

1. 피고가 2015. 12. 24. 원고에 대하여 한 과징금 169,331,890원의 부과 처분을 취소한다.
2. 소송비용은 피고의 부담으로 한다.
　　라는 판결을 구합니다.

청 구 원 인

(원고가 피고를 상대로 위 청구취지와 같은 청구를 하게 된 원인을 구체적으로 기재)

입 증 방 법

1. 갑 제1호증 과징금부과통지서

첨 부 서 류

1. 위 각 입증방법 각 1부.
1. 송달료 납부서　　1부.
1. 소장 부본　　　　1부.

2015.　　　.　　　.

위 원고　○○○ (서명 또는 날인)

○○법원　　　귀중

[253] 일 반 론

취소소송은 구두로 제기할 수 없다. 소는 법원에 소장(訴狀)을 제출함으로써 제기한다(민사소송법 제248조, 행정소송법 제 8 조 제 2 항). 소장(訴狀)에는 당사자, 법정대리인, 청구의 취지와 원인을 기재하여야 한다(민사소송법 제249조 제 1 항, 행정소송법 제 8 조 제 2 항). 그 밖에 준비서면에 기재하는 사항도 소장에 기재하여야 한다(민사소송법 제249조 제 2 항, 행정소송법 제 8 조 제 2 항).

Ⅵ. 행정심판의 전치(행정심판과 행정소송의 관계)

[254] 일 반 론

1. 의 의

행정심판의 전치(前置)란 행정소송의 제기에 앞서서 피해자가 먼저 행정청에 행정심판의 제기를 통해 처분의 시정을 구하고, 그 시정에 불복이 있을 때 행정소송을 제기하는 것을 말한다. 예컨대 甲이 서울지방경찰청장으로부터 운전면허취소처분을 받은 경우, 甲이 서울행정법원에 운전면허취소처분 취소청구소송을 제기하기에 앞서서 먼저 국무총리행정심판위위회에 운전면허취소처분 취소심판을 제기하는 것을 행정심판의 전치라 한다. 행정심판의 전치에는 필요적 심판전치주의와 임의적 심판전치주의가 있다.

2. 취 지

행정심판의 전치제도는 ① 행정청에 대하여는 행정권 스스로에 의한 시정의 기회를 줌으로써 행정권의 자율성 내지 자기통제를 확보하고(이것이 본질적 기능이다), ② 법원에 대하여는 행정청의 전문적인 지식을 활용하고 아울러 법원의 부담을 경감해 줌으로써 경제적이고 신속한 분쟁의 해결에 기여하고, ③ 개인에 대하여는 자신의 권리를 보호하는 데 그 의미가 있다.

3. 법적 근거

행정심판전치의 헌법적 근거는 헌법 제107조 제 3 항이다. 행정심판전치의 일반법상 근거규정으로는 헌법 제107조 제 3 항에 따른 행정소송법 제18조가 있다. 행정소송법 제18조는 임의적 심판전치주의를 원칙으로 규정하고 있다.

■**헌법 제107조 ③** 재판의 전심절차로서 행정심판을 할 수 있다. 행정심판의 절차는 법률로 정하되, 사법절차가 준용되어야 한다.

[255] 임의적 심판전치(원칙)

1. 의 의

취소소송은 법령의 규정에 의하여 당해 처분에 대한 행정심판을 제기할 수 있는 경우에도 이를 거치지 아니하고 제기할 수 있다(행정소송법 제18조 제 1 항 본문). 따라서 행정소송법상으로는 임의적 심판전치(任意的 審判前置)가 원칙이다. 말하자면 법률상 행정심판의 전치에 관해 규정하는 바가 없거나 또는 법률상 행정심판의 전치에 관한 규정이 있어도 그것이 강제되는 경우가 아니라면, 행정심판을 거쳐 소송을 제기할 것인지의 여부는 취소소송을 제기할 사람이 알아서 판단할 사항이다. 예컨대 식품위생법에는 단란주점영업허가취소처분에 대하여 취소소송을 제기하는 경우에 행정심판절차를 거쳐야 하는지에 관해 규정하는 바가 없다. 따라서 단란주점영업허가가 취소된 자는 바로 취소소송을 제기할 수도 있고, 아니면 먼저 행정심판을 제기하고 행정심판에서 자기의 청구가 인용되지 아니하면 취소소송을 제기할 수도 있다.

2. 문제점

행정소송법은 임의적 심판전치를 원칙으로 규정하고 있으나, 개별 법률이 필요적 행정심판전치를 규정하게 되면, 임의적 행정심판전치주의는 결과적으로 필요적 행정심판전치제도로 변할 수 있다. 따라서 개별 법률의 제 정·개정시 필요적 행정심판전치의 도입에는 신중을 기하여야 한다.

[256] 필요적 심판전치(예외)

1. 의 의

다른 법률에 당해 처분에 대한 행정심판의 재결을 거치지 아니하면 취 소소송을 제기할 수 없다는 규정이 있는 때에는 반드시 행정심판의 재결을 거쳐야만 제소할 수 있다(행정소송법 제18조 제1항 단서). ① 다른 법률의 규정이 란 국회 제정 법률상 명문의 규정을 말하며, 재결을 거치는 것이 필수적이 라는 점을 해석을 통해서 주장할 수는 없다. 그리고 ② 다른 법률의 예로 도로교통법, 국가공무원법, 국세기본법 등을 볼 수 있다.

■ **도로교통법** 제142조(행정소송과의 관계) 이 법에 따른 처분으로서 해당 처분에 대한 행정소송은 행정심판의 재결(裁決)을 거치지 아니하면 제기할 수 없다.

■ **국가공무원법** 제16조(행정소송과의 관계) ① 제75조에 따른 처분, 그 밖에 본인 의 의사에 반한 불리한 처분이나 부작위(不作爲)에 관한 행정소송은 소청심사위 원회의 심사·결정을 거치지 아니하면 제기할 수 없다.
② 제1항에 따른 행정소송을 제기할 때에는 대통령의 처분 또는 부작위의 경우 에는 소속 장관(대통령령으로 정하는 기관의 장을 포함한다. 이하 같다)을, 중앙 선거관리위원회위원장의 처분 또는 부작위의 경우에는 중앙선거관리위원회사무총 장을 각각 피고로 한다.

■ **국세기본법** 제56조(다른 법률과의 관계) ② 제55조에 규정된 위법한 처분에 대 한 행정소송은 「행정소송법」 제18조 제1항 본문·제2항 및 제3항의 규정에 불 구하고 이 법에 의한 심사청구 또는 심판청구와 그에 대한 결정을 거치지 아니하 면 이를 제기할 수 없다.

2. 성 질

필요적 행정심판전치가 적용되는 경우, 그 요건을 구비하였는가의 여부 는 소송요건으로서 당사자의 주장의 유무에 불구하고 법원이 직권으로 조사할 사항에 속한다. 예컨대 운전면허가 취소된 자가 운전면허취소처분에 대한 취소심판절차를 거치지 아니하고 운전면허취소처분 취소청구소송을 제기하면, 피고의 이의(본안전 항변)가 없다고 하여도 법원은 소송요건(본안판단 의 전제요건)의 미비를 이유로 각하하여야 한다. 필요적 행정심판전치의 구비 여부는 사실심 변론종결시를 기준으로 한다.

3. 예 외

필요적 행정심판전치가 적용되는 경우라 하여도 이를 강행하는 것이 국민의 권익을 침해하는 결과가 되는 경우도 있는바, 이러한 경우에는 필요적 심판전치의 예외를 인정할 필요가 있다. 그 예외의 경우로서 행정소송법은 ① 행정심판은 제기하되 재결을 거치지 아니하고 소송을 제기할 수 있는 경우(행정소송법 제18조 제2항)와 ② 행정심판조차 제기하지 않고 소송을 제기할 수 있는 경우를 규정하고 있다(행정소송법 제18조 제3항).

■ **행정소송법** 제18조(행정심판과의 관계) ② 제1항 단서의 경우에도 다음 각 호의 1에 해당하는 사유가 있는 때에는 행정심판의 재결을 거치지 아니하고 취소소송을 제기할 수 있다.
1. 행정심판청구가 있은 날로부터 60일이 지나도 재결이 없는 때
2. 처분의 집행 또는 절차의 속행으로 생길 중대한 손해를 예방하여야 할 긴급한 필요가 있는 때
3. 법령의 규정에 의한 행정심판기관이 의결 또는 재결을 하지 못할 사유가 있는 때
4. 그 밖의 정당한 사유가 있는 때
③ 제1항 단서의 경우에 다음 각 호의 1에 해당하는 사유가 있는 때에는 행정심판을 제기함이 없이 취소소송을 제기할 수 있다.
1. 동종사건에 관하여 이미 행정심판의 기각재결이 있은 때
2. 서로 내용상 관련되는 처분 또는 같은 목적을 위하여 단계적으로 진행되는 처분 중 어느 하나가 이미 행정심판의 재결을 거친 때
3. 행정청이 사실심의 변론종결 후 소송의 대상인 처분을 변경하여 당해 변경된 처분에 관하여 소를 제기하는 때
4. 처분을 행한 행정청이 행정심판을 거칠 필요가 없다고 잘못 알린 때

4. 적용범위

① 취소소송에 적용되는 행정심판의 전치는 부작위위법확인소송에도 준용된다(행정소송법 제38조 제 2 항). 그러나 ② 무효등확인소송에는 적용이 없다(행정소송법 제38조 제 1 항). ③ 당사자소송의 경우에도 행정심판의 전치는 적용이 없다. ④ 제 3 자에 의한 소송제기의 경우에는 행정심판의 전치는 적용된다. ⑤ 무효선언을 구하는 의미의 취소소송(이 책 [238] 4. (2)를 보라)의 경우에도 행정심판의 전치는 적용된다.

5. 행정소송과 행정심판의 관련성

(1) **행정심판제기의 적법성여부**   필요적 행정심판전치의 경우, ① 적법한 심판제기를 하였으나, 기각된 경우에는 심판전치의 요건이 구비된 것이므로 취소소송을 제기할 수 있다. ② 적법한 심판제기가 있었으나 본안심리를 하지 않고 각하된 경우에도 심판전치의 요건이 구비된 것이므로 취소소송을 제기할 수 있다. ③ 심판제기기간의 경과 등으로 부적법한 심판제기가 있었고 이에 대해 각하재결이 있었다면, 심판전치의 요건이 구비되지 않은 것이므로 취소소송을 제기할 수 없다. ④ 심판제기기간의 경과 등으로 부적법한 심판제기가 있었고, 위원회가 각하하지 않고 기각재결을 한 경우에 판례는 심판전치의 요건이 구비되지 않은 것으로 본다. 따라서 취소소송을 제기할 수 없다.

(2) **사후재결의 구비**   필요적 행정심판전치의 경우, 행정소송의 제기시에는 심판전치의 요건을 구비하지 못하였으나, 판결(사실심 변론종결시)이 있기 전까지 원고가 심판전치의 요건을 구비하였다면 행정심판전치의 요건은 구비한 것이 된다. 말하자면 심판전치요건의 사후구비는 하자치유의 사유가 된다는 것이 일반적 견해이고, 또한 판례의 태도이다.

(3) **사건의 동일성**   필요적 행정심판전치의 경우에 행정심판전치의 요건이 구비되려면, 행정심판의 대상인 처분과 행정소송의 대상인 처분의 내용이 동일하여야 하는데, 그것은 청구의 취지나 청구의 이유가 기본적

인 점에서 일치하면 족하다(사항적 관련성). 예컨대 서대문세무서장으로부터 2020년도분 종합소득세부과처분을 받은 甲이 종합소득세부과처분에 대한 심사청구를 하였으나 기각재결을 받았다. 그런데 甲이 종합소득세부과처분 취소청구소송을 준비하는 중에 사망하였다고 하자. 이제는 甲의 배우자겸 상속인인 乙이 서대문세무서장을 상대로 종합소득세부과처분을 다툴 수밖에 없다. 이러한 경우에 乙이 종합소득세부과처분 취소청구소송을 제기하려면 심사청구절차를 거쳐야 하는가의 문제가 발생하지만, 乙은 다시 심사청구절차를 거칠 필요 없이 바로 종합소득세부과처분 취소청구소송을 제기할 수 있다. 왜냐하면 甲의 심사청구의 취지나 이유와 乙의 취소소송의 청구의 취지나 이유가 기본적인 점(2020년도분 종합소득세부과처분을 다툰다는 점)에서 일치하기 때문이다.

Ⅷ. 권리보호의 필요(협의의 소의 이익)

[257] 관 념

1. 의 의

예컨대 甲이 철거명령에 불응하자 서대문구청장이 강제로 철거하려고 하는바, 甲은 강제철거처분 취소청구소송을 제기하려고 한다. 서대문구청장의 철거명령이 위법하기 때문에 甲의 청구가 정당하다고 하여도 甲이 승소판결을 받기 위해서는 ① 서대문구청장의 강제철거행위가 현실로 이루어지기 전에 취소청구소송을 제기하고 판결이 선고될 때까지 서대문구청장이 강제철거를 하지 않고 있거나, 또는 ② 서대문구청장의 강제철거행위가 현실로 이루어지기 전에 취소청구소송을 제기하고 아울러 강제철거행위에 대한 집행정지(執行停止)를 신청하여 판결이 나기 전에 서대문구청장의 강제철거행위가 현실로 이루어질 수 없도록 집행정지결정을 받아두어야 한다. 만약 ③ 서대문구청장의 강제철거행위가 현실로 이루어지기 전에 강제철거처분 취소청구소송을 제기하여도 판결 전에 강제철거가 현실로 이루어지거나,

④ 서대문구청장의 강제철거행위가 현실로 이루어진 후에 강제철거처분 취소청구소송을 제기하면 법원은 甲의 청구를 인용하지 아니한다. 왜냐하면 강제철거처분을 취소하는 판결을 한다고 하여도 이미 철거된 건물이 판결만으로 저절로 복원되는 것은 아니기 때문이다. 취소소송은 위법상태로부터 법률상 이익(권리와 이익)의 원상회복(예 : 위법한 처분으로 인해 발생한 철거의무를 제거하여 건물을 소유할 수 있는 권리의 회복)을 위한 것이지, 사실상태의 회복(예 : 부서진 건물의 자동 복원)을 위한 것은 아니기 때문이다. 이와 같이 원고적격에서 말하는 법률상 이익을 실제적으로 보호할 필요성을 권리보호(權利保護)의 필요(必要)라 한다. 권리보호의 필요를 협의의 소(訴)의 이익(利益)이라고도 한다. 권리보호의 필요는 법원의 직권조사사항이다.

2. 근 거

행정소송법에는 재판청구권을 제한하는 권리보호의 필요라는 소송요건(본안판단의 전제요건)을 규정하는 조문이 없다. 권리보호의 필요의 요건은 유용성이 없는 재판청구, 과도한 재판청구는 금지되어야 한다는 소송경제의 원칙과 소송법에도 적용되는 신의성실의 원칙(소권남용의 부인)으로부터 나온다. 권리보호의 필요(소의 이익)는 사인의 남소방지와 이로 인한 법원·행정청의 부담완화, 그리고 원활한 행정작용을 위한 것이다.

[258] 유무의 판단기준

1. 원 칙

권리보호의 필요의 유무에 대한 판단은 이성적인 형량에 따라야 한다. 권리보호의 필요의 유무에 대한 판단의 대상은 법률상 이익에만 한정되는 것은 아니고, 그 밖에 경제상 또는 정신상 이익도 포함된다. 권리보호의 필요는 넓게 인정하는 것이 국민의 재판청구권의 보장에 적합하다. 다른 본안판단의 전제요건을 모두 구비하게 되면, 일반적으로 권리보호의 필요의 요건을 구비하게 된다.

2. 권리보호의 필요가 없는 경우

① 원고가 추구하는 목적을 소송보다 간이한 방법으로 달성할 수 있는 경우(예 : 제 1 심법원의 판결문에 있는 오기(誤記)를 판결정정절차를 거치면 간편한데 구태여 고등법원에 항소하여 시정하려는 경우), ② 원고가 추구하는 권리보호가 오로지 이론상으로만 의미 있는 경우(예 : 현역병입영대상자로 병역처분을 받은 자가 그 취소소송중 모병에 응하여 현역병으로 자진 입대한 경우), ③ 원고가 오로지 부당한 목적으로 소구하는 경우(예 : 범죄행위로 파면된 자가 공소시효 경과 후에 파면절차의 하자를 이유로 파면처분의 취소를 구하는 경우)에는 권리보호의 필요가 없다.

[259] 효력소멸의 경우

1. 원 칙

처분등이 소멸하면 권리보호의 필요는 없게 됨이 원칙이다. 행정처분에 그 효력기간이 정하여져 있는 경우에는 그 처분의 효력 또는 집행이 정지된 바 없다면, 그 기간의 경과로 그 행정처분의 효력은 상실되는 것이므로 그 기간경과 후에는 그 처분이 외형상 잔존함으로 인하여 어떠한 법률상 이익이 침해되고 있다고 볼 만한 별다른 사정이 없는 한, 그 처분의 취소 또는 무효확인을 구할 법률상 이익이 없다는 것이 판례의 입장이기도 하다. 예컨대 甲이 2020년 6월 1일부터 30일 간의 운전면허정지처분을 받았다면, 6월 30일이 경과함으로써 운전면허정지처분은 소멸된다. 따라서 7월 1일 이후부터는 원칙적으로 운전면허정지처분의 취소를 구할 권리보호의 필요는 없게 된다.

2. 예 외

처분등의 집행 그 밖의 사유로 인하여 소멸된 뒤에 그 처분등의 취소를 구하거나 처분등의 취소를 구하는 도중에 처분등의 집행 그 밖의 사유로 인하여 소멸되는 경우에도 예외적으로 권리보호의 필요가 있는 경우도 있다.

이러한 소송에 있어서는 ① 위법한 처분이 반복될 위험성이 있는 경우, 그러나 반복의 위험은 추상적인 것이 아니라 구체적이어야 한다(예 : 유사한 집회를 위해 종전의 집회금지처분을 다투는 경우). ② 회복하여야 할 불가피한 이익이 있는 경우(예 : 가중된 제재적 처분이 따르는 경우. 이에 관해서는 후술하는 3. 제재적 행정처분을 보라)에 권리보호의 필요가 있는 것으로 본다.

3. 제재처분

　　예컨대 ① 국토교통부장관은 건축사 甲에게 A건물의 공사감리를 위법하게 하였다는 이유로 건축사법 제28조 제1항 제4호에 근거하여 2020년 4월 1일부터 6월의 업무정지를 명하였다고 하자. 그리고 집행정지를 받아 두지 아니하고 국토교통부장관의 건축사업무정지명령의 취소를 구하는 소송을 제기하였다고 하자. 만약 甲이 2020년 10월 이후에 승소판결을 받는다면 실익이 없다. 왜냐하면 승소로 업무를 하지 못한 6개월이 되살아나는 것은 아니기 때문이다. 그러나 ② 2020년 11월 1일에 B건물의 공사감리를 위법하게 하였다는 이유로 건축사 甲이 국토교통부장관으로부터 다시 6월의 건축사업무정지명령을 받게 될 처지에 놓이게 되었다고 하자. 이렇게 되면, 甲은 1년 안에 2회의 건축사업무정지명령을 받고, 업무정지기간이 통산하여 12월이 된다. 이러한 경우에 국토교통부장관은 건축사법 제28조 제1항 제5호에 근거하여 甲에게 건축사업무신고등의 효력상실처분을 하여야 한다. 이와 같이 ②의 제재가 발생하는 경우에 대비하여 ①의 제재기간이 경과하였다고 하여도 ①의 제재를 다툴 수 있도록 하는 것이 필요하다. 이와 같이 제재적 행정처분에 있어서 제재기간 경과 후에도 추후의 제재적 처분이 가중될 수 있다는 것이 법령에서 규정된 경우에는 법률상 이익(권리보호의 필요라는 의미에서 법률상 이익)이 있다는 것이 판례의 태도이다. 가중요건은 식품위생법 시행규칙과 같이 부령에서도 나타난다.

　　■ **건축사법** 제28조(건축사사무소개설신고의 효력상실처분 등) ① 시·도지사는 건축사사무소개설자 또는 그 소속 건축사가 다음 각 호의 어느 하나에 해당하는

경우에는 건축사사무소개설신고의 효력상실처분을 하거나 1년 이내의 기간을 정하여 그 업무정지를 명할 수 있다. 다만, 제1호, 제2호, 제4호 및 제5호에 해당하는 경우에는 건축사사무소개설신고의 효력상실처분을 하여야 한다.

4. 건축물의 구조상 안전에 관한 규정을 위반하여 설계 또는 공사감리를 함으로써 사람을 죽거나 다치게 한 경우

5. 연 2회 이상 업무정지명령을 받고 그 정지기간이 통틀어 1년을 초과하는 경우

■ **식품위생법 시행규칙** 제89조(행정처분의 기준) 법 제71조, 법 제72조, 법 제74조부터 법 제76조까지 및 법 제80조에 따른 행정처분의 기준은 별표 23과 같다.

[별표 23] 행정처분 기준(제89조 관련)

Ⅱ. 개별기준

3. 식품접객업(영 제21조 제8호의 식품접객업을 말한다)

위반사항	근거법령	행정처분기준		
		1차 위반	2차 위반	3차 위반
11. 법 제44조제2항을 위반한 경우	법 제75조			
라. 청소년에게 주류를 제공하는 행위(출입하여 주류를 제공한 경우 포함)를 한 경우		영업정지 2개월	영업정지 3개월	영업허가 취소 또는 영업소폐쇄

Ⅷ. 중복제소의 배제 등

[260] 기판력 있는 판결이 없을 것

소송당사자 사이의 소송물(분쟁대상)에 대하여 이미 기판력(旣判力) 있는 판결이 있으면 새로운 소송은 허용되지 아니한다(기판력의 확보). 기판력 있는 판결로써 사법절차는 종료되고, 당사자는 판결내용(법적 형성, 법적 확인)에 구속된다. 소송절차의 목적은 당사자 사이에 기판력 있는 판결을 통해 법적 안전과 법적 평화를 구축하는데 있다. 기판력 있는 판결의 유무는 법원의 직권조사사항이다.

[261] 중복제소가 아닐 것

소송물이 이미 다른 법원에 계속중이면, 새로운 소송은 허용되지 아니한다(중복제소의 금지). 소송의 계속은 법원에 소송을 제기함으로써 시작된다. 중복제소(重複提訴)가 금지되는 동일한 소송이란 당사자가 동일하고 소송물이 동일한 소송을 말한다.

[262] 제소권의 포기가 없을 것

원고가 제소권(提訴權)을 포기하면, 피고는 제소포기의 항변을 제출할 수 있다. 사인은 행정청으로부터 처분의 통지를 받은 후에는 권리구제수단을 포기할 수 있다. 한편, 제소권의 포기와 실체법상 청구권의 포기는 구분되어야 한다. 제소권을 포기하여도 실체법상 청구권은 그대로 존속한다.

제3목 소제기의 효과

[263] 주관적 효과(법원의 심리의무와 중복제소금지)

소가 제기되면(소장이 수리되면) 법원은 이를 심리하고 판결하지 않으면 아니될 기속을 받는다. 그것이 법원의 존재이유이기 때문이다. 한편 당사자는 법원에 계속(係屬)된 사건에 대하여 다시 소를 제기하지 못한다(행정소송법 제8조 제2항, 민사소송법 제259조).

[264] 객관적 효과(집행부정지의 원칙)

취소소송의 제기는 처분등의 효력이나 그 집행 또는 절차의 속행에 영향을 미치지 아니하는바(행정소송법 제23조 제1항), 이를 집행부정지(執行不停止)의 원칙이라 한다. 현행법이 집행정지 대신 집행부정지의 원칙을 택한 것은 행정행위의 공정력의 결과가 아니라, 공행정의 원활하고 영속적인 수행을 위한 정책적인 고려의 결과이다.

제 4 목 본안요건

[265] 위 법 성

1. 위법의 의의

취소소송은 '행정행위의 위법성 그 자체, 즉 행정행위의 위법성 일반'을 분쟁의 대상(소송물)으로 한다는 것이 판례와 전통적 견해의 입장이다. 이러한 견해에 의하면, 원고가 승소하기 위해서는 처분이 위법하다는 원고의 주장이 정당하여야 하는데, 여기서 처분의 위법성(違法性)을 본안요건(本案要件)이라 한다. 부당(不當)은 행정소송에서 문제되지 아니한다. 위법이란 외부효를 갖는 법규의 위반을 의미한다. 외부효를 갖는 법률보충규칙의 위반은 위법이 된다(이와 관련하여 이 책 [41] 4.를 보라). 그러나 행정규칙의 위반은 위법이 되지 아니한다(이와 관련하여 이 책 [55] 2.를 보라). 행정규칙에 따른 것이라 하여도 재량행위의 경우, 단순한 재량위반행위는 비합목적적인 행위로서 부당한 행위가 될 뿐, 위법한 행위가 아니다. 그러나 재량하자(재량일탈·재량결여·재량남용)의 경우에는 위법이 된다(이와 관련하여 이 책 [67] 6.을 보라). 한편, 행정처분의 위법여부는 공무원의 고의나 과실여부에 관계없이 객관적으로 판단되어야 한다.

2. 위법의 심사

처분의 위법여부의 심사(審査)는 ① 처분이 정당한 권한행정청에 의한 것인지의 여부, ② 적법하게 이유제시가 된 것인지의 여부 등 적법한 절차를 거친 것인지의 여부, ③ 적법한 형식을 구비하였는지의 여부, ④ 적법한 통지나 공고가 있었는지의 여부, 그리고 ⑤ 내용상 처분이 법률의 우위의 원칙과 법률의 유보의 원칙에 반하는 것인지의 여부, 행정법의 일반원칙에 적합한지의 여부, 상대방이 정당한지의 여부, 내용이 가능하고 명확한지의 여부, 재량행사가 정당한 것인지의 여부 등 행정행위의 적법요건 전반에 대한 평가를 통해 이루어진다.

3. 위법의 승계

일반적인 견해는 위법의 승계(承繼)여부와 관련하여 선행행위와 후행행위가 하나의 효과를 목표로 하는가, 아니면 별개의 효과를 목표로 하는가의 문제로 구분하고, 전자의 경우에는 선행행위의 위법을 후행행위에서 주장할 수 있지만, 후자의 경우에는 선행행위의 위법을 후행행위에서 주장할 수 없다는 입장이다(이와 관련하여 이 책 [93]을 보라).

제5목 소의 변경

[266] 의 의

예컨대 서대문구청장으로부터 건축허가취소처분(A처분)을 받은 甲이 A처분을 취소할 수 있는 행위로 이해하여 A처분취소청구소송을 제기하였으나 A처분이 무효인 처분으로 드러나는 경우, A처분취소청구소송을 각하하고 甲으로 하여금 새로이 A처분무효확인청구소송을 제기할 수 있게 하기보다는 甲의 신청이 있는 경우에 A처분취소청구소송을 A처분무효확인청구소송으로 변경하는 것을 허락하는 것이 甲의 권리보호에 효과적이고, 또한 소송경제에 유익하다. 이와 같이 소송의 계속중 당사자(피고), 청구의 취지, 청구의 원인 등의 전부 또는 일부를 변경하는 것을 소(訴)의 변경(變更)이라 부른다. 소의 변경 후에도 변경 전의 절차가 그대로 유지된다. 행정소송법상 소의 변경에는 소의 종류의 변경, 처분변경 등으로 인한 소의 변경, 그리고 기타의 소의 변경의 세 경우가 있다.

[267] 소의 종류의 변경

법원은 취소소송을 당해 처분등에 관계되는 사무가 귀속하는 국가 또는 공공단체에 대한 당사자소송 또는 취소소송 외의 항고소송으로 변경하는 것이 상당하다고 인정할 때에는 청구의 기초에 변경이 없는 한 사실심의 변론종결시까지 원고의 신청에 의하여 결정으로써 소의 변경을 허가할 수 있다(행정소송법 제21조 제 1 항). 앞의 [266]에서 본 사례가 소(訴)의 종류(種類)의 변경에 해당한다. 행정소송의 종류가 다양한 까닭에 소의 종류를 잘못 선택할 가능성은 항시 있을 수 있고, 따라서 사인의 권리구제에 만전을 기하기 위해서 소의 종류의 변경은 인정될 수밖에 없다.

[268] 처분변경으로 인한 소의 변경

행정청이 소송의 대상인 처분을 소가 제기된 후 변경한 때에는 원고의 신청에 의하여 법원은 결정으로써 청구의 취지 또는 원인의 변경을 허가할 수 있다(행정소송법 제22조 제 1 항). 예컨대 서대문구청장이 甲에게 단란주점영업허가취소처분을 하자 甲이 단란주점영업허가취소처분에 대한 취소청구소송을 제기하였는데 다시 서대문구청장이 단란주점영업허가취소처분을 단란주점영업정지처분(정지기간 6월)으로 변경한 경우, 甲은 단란주점영업허가취소처분 취소청구소송을 단란주점영업정지처분(정지기간 6월) 취소청구소송으로 변경할 수 있다. 원고의 처분변경(處分變更)으로 인한 소의 변경의 신청은 처분의 변경이 있음을 안 날로부터 60일 이내에 하여야 하되(행정소송법 제22조 제 2 항), 변경되는 청구가 필요적 행정심판전치의 대상이 되는 행위라 할지라도 행정심판을 거칠 필요는 없다(행정소송법 제22조 제 3 항).

[269] 기 타

① 소의 변경은 무효등확인소송 및 부작위위법확인소송의 경우에도 준

용된다(행정소송법 제37조). 무효확인의 소를 취소소송으로 변경하는 경우에는 취소소송의 요건을 구비하여야 한다. ② 소의 변경은 당사자소송을 항고소송으로 변경하는 경우에도 준용된다(행정소송법 제42조). ③ 행정소송법 제 8 조 제 2 항에 의거하여 민사소송법에 따른 소의 변경 또한 가능하다.

제 6 목 가구제(잠정적 권리보호)

[270] 관 념

1. 의 의

취소소송을 제기하여 판결을 받기까지 상당한 기간이 걸린다. 경우에 따라서는 재판에 오랜 기간이 소요된 결과 승소하여도 권리보호의 목적이 상당히 퇴색하는 경우도 있다. 예컨대 A국립대학교 총장이 범법행위 등을 이유로 학생 甲에게 퇴학처분을 한 경우, 甲이 퇴학처분취소청구소송을 제기하여 승소한다고 하여도 재판이 2년이나 걸렸다고 한다면, 甲의 졸업은 2년 이상 지연된다. 승소가 甲에게 의미가 없는 것은 아니지만, 甲의 학습권을 온전하게 보호하지는 못하는 것이 된다. 따라서 판결이 나기까지 퇴학처분의 효력을 잠정적으로 묶어두고 甲이 일단 학교에 다닐 수 있게 하고, 추후에 판결내용에 따라 퇴학처분의 효과를 발생케 하든지 아니면 퇴학처분을 무력화시키는 것이 필요하다. 이와 같이 판결이 있기 전에 일시적인 조치를 취하여 잠정적으로 권리를 보호하여야 할 필요가 생긴다. 이것이 가구제(假救濟)의 문제이다. 잠정적 권리보호의 문제라고 한다.

2. 문제점

가구제를 인정한다는 것은 행정처분의 효력을 묶어둔다는 것을 뜻하기 때문에 행정목적의 실현이 지연된다는 것을 의미한다. 따라서 가구제를 광범위하게 인정하면 오히려 행정목적의 실현이 상당한 제한을 받을 수 있다.

또한 법원이 가구제를 쉽게 인정해주면, 누구나 일단 취소소송을 제기하여 가구제를 받아 두어야겠다는 유혹을 느끼기 쉽고, 그 결과 취소소송의 남용이 발생할 수도 있다. 이 때문에 행정목적의 실현과 국민의 권리보호의 조화가 이루어질 수 있는 범위 안에서 가구제를 인정하는 것이 가구제의 중심 문제가 된다.

[271] 집행정지

1. 의 의

취소소송이 제기된 경우에 처분등이나 그 집행 또는 절차의 속행으로 인하여 생길 회복하기 어려운 손해를 예방하기 위하여 긴급한 필요가 있다고 인정할 때에는 본안이 계속되고 있는 법원은 당사자의 신청 또는 직권에 의하여 처분등의 효력이나 그 집행 또는 절차의 속행의 전부 또는 일부의 정지를 결정할 수 있다(행정소송법 제23조 제 2 항 본문). 이것이 (광의의) 집행정지(執行停止)의 제도이다(집행정지 = 처분등의 효력정지 + 처분등의 집행정지 + 절차의 속행정지). 다만 처분의 효력정지는 처분등의 집행 또는 절차의 속행을 정지함으로써 목적을 달성할 수 있는 경우에는 허용되지 아니한다(행정소송법 제23조 제 2 항 단서).

2. 요 건

법원으로부터 집행정지결정을 받기 위한 요건으로 행정소송법은 ① 본안이 계속중이어야 하고, ② 처분등이 존재하여야 하고, ③ 회복하기 어려운 손해(특별한 사정이 없는 한 금전보상이 불가능하거나 금전보상으로는 사회관념상 행정처분을 받은 당사자가 참고 견딜 수 없거나 참고 견디기가 현저히 곤란한 경우의 유형·무형의 손해)를 예방하기 위한 것이어야 하고, ④ 긴급한 필요가 있어야 하고, ⑤ 공공복리에 중대한 영향이 없어야 한다는 것을 규정하고 있다. 판례는 이 밖에 ⑥ 본안청구의 이유 없음이 명백하지 않을 것을 요구한다. 본안청구의 이유 없음이 명백하지 않다는 것은 승소가능성이 있다는 것을 의미한다. 판례가 ⑥의 요건을 추가한 것은 승소가능성이 없음에도 오로지 처분의 집행을 고의로 지연시키기 위해 집행정지를 신청하는 것을 방지하기 위한 것이다. 참고로, 행정처분 자체의 위법여부는 본안요건이지, 집행정지여부를 결정하는 데 요구되는 요건이 아님을 유의할 필요가 있다.

[회복하기 어려운 손해의 예] 현역병입영처분취소의 본안소송에서 신청인이 승소판결을 받을 경우에는 신청인이 특례보충역으로 해당 전문분야에서 2개월 남짓만 더 종사하여 5년의 의무종사기간을 마침으로써 구 병역법 제46조 제 1 항에 의하여 방위소집복무를 마친 것으로 볼 것이나, 만일 위 처분의 효력이 정지되지 아니한 채 본안소송이 진행된다면 신청인은 입영하여 다시 현역병으로 복무하지 않을 수 없는 결과 병역의무를 중복하여 이행하는 셈이 되어 불이익을 입게 되고 상당한 정신적 고통을 받게 될 것임은 짐작하기 어렵지 아니하며 이와 같은 손해는 쉽게 금전으로 보상할 수 있는 성질의 것이 아니어서 사회관념상 위 '가'항의 '회복하기 어려운 손해'에 해당된다(대결 1992. 4. 29. 92두7).

3. 신 청

정지결정절차는 당사자의 신청(申請)이나 법원의 직권(職權)에 의해 개시된다(행정소송법 제23조 제 2 항). 당사자의 신청에 의한 경우에는 집행정지신청에 대한 이유에 관해 소명이 있어야 한다(행정소송법 제23조 제 4 항). 정지는 결정의 재판에 의한다(행정소송법 제23조 제 2 항 본문). 관할법원은 본안이 계속된 법원이다.

4. 대 상

(1) 처분등의 효력의 정지   ① 처분등의 효력이 정지된다는 것은 처분등이 갖는 효력(예 : 구속력 · 공정력 · 존속력)이 정지되는 것을 의미한다. 달리 말한다면 처분등이 형식상으로는 있으되 실질상으로는 없는 것과 같은 상태가 된다. 예컨대 파면처분을 당한 공무원 甲이 파면처분 취소청구소송을 제기하면서 파면처분의 집행정지(효력정지)를 신청하여 법원으로부터 정지결정을 받았다면, 甲은 파면처분을 받지 아니한 것과 같은 지위에서 자신의 직무를 계속 수행하게 된다. ② 다만, 처분의 효력정지는 처분의 집행 또는 절차의 속행을 정지함으로써 그 목적을 달성할 수 있을 때에는 허용되지 아니한다(행정소송법 제23조 제 2 항 단서). 즉, 아래의 (2)와 (3)이 적용될 수 있는 경

우에는 효력의 정지는 인정되지 아니한다. 왜냐하면 ⓐ「효력의 정지」과 ⓑ 「집행의 정지 및 절차의 속행 정지」 중에서 ⓐ가 ⓑ보다 처분청의 권한에 대한 제약이 강하기 때문에 ⓑ가 가능하다면 ⓐ가 아니라 ⓑ를 선택하는 것 이 행정권의 의사를 보다 존중하는 것이 되기 때문이다.

(2) **처분등의 집행의 정지**　　　처분등의 집행(執行)의 정지(停止)란 처 분등의 내용을 강제적으로 실현하기 위한 공권력행사의 정지를 의미한다. 예컨대 밀입국을 이유로 강제퇴거명령을 받은 외국인 A가 강제퇴거명령 취 소청구소송을 제기하면서 집행정지를 신청한 경우, 법원은 강제퇴거명령의 효력정지를 결정할 수 없고, 강제퇴거명령의 집행의 정지를 결정하여야 한 다. 여기서 강제퇴거명령의 집행의 정지란 강제퇴거를 현실적으로 집행하는 것을 정지하는 것을 말한다.

(3) **절차의 속행의 정지**　　　절차의 속행의 정지란 단계적으로 발전 하는 법률관계에서 선행행위의 하자를 다투는 경우에 후행행위를 하지 못 하게 함을 말한다. 예컨대 세금을 납부하지 아니한 탓으로 서대문세무서장 이 甲의 재산을 압류한 경우, 甲이 압류처분취소청구소송을 제기하면서 집 행정지를 신청한 경우, 법원은 압류처분의 효력정지를 결정할 수는 없고, 압 류절차에 이어지는 후행행위인 매각절차의 정지를 결정하여야 한다. 여기서 후행행위인 매각절차를 정지하는 것이 절차의 속행의 정지에 해당한다.

5. 효　과

(1) **형성력**　　　집행정지결정 중 처분등의 효력정지결정은 효력 그 자체를 정지시키는 것이므로 행정처분이 없었던 원래상태와 같은 상태를 가져온다. 그러나 집행정지결정 중 처분등의 집행의 정지결정과 절차속행의 정지결정은 처분의 효력에는 영향을 미치지 아니하지만, 처분의 현실화(집행) 만을 저지하는 효과를 갖는다. 제 3 자효 있는 행위의 경우에는 제 3 자에게 까지 효력을 미친다(행정소송법 제29조 제 2 항).

(2) **기속력**　　　집행정지결정은 당사자인 행정청과 그 밖의 관계행정 청을 기속한다(행정소송법 제23조 제 6 항, 제30조 제 1 항). 따라서 집행정지결정에 반

하는 행정행위를 발령할 수 없다. 행정청이 집행정지결정에 반하는 행위를 하면, 그러한 행위는 무효이다. 예컨대 법원이 서대문세무서장의 甲의 재산에 대한 압류에 대하여 집행정지(절차의 속행의 정지)를 결정하였음에도 서대문세무서장이 甲의 압류재산을 공매하면, 그 공매는 무효이다.

(3) **시간적 효력**　　　　집행정지결정의 효력은 정지결정의 대상인 처분의 발령시점에 소급하는 것이 아니라, 집행정지를 결정한 시점부터 발생한다. 예컨대 법원이 집행정지결정을 하면서 결정문에 결정일자를 2020년 5월 1로 하였다면, 2020년 5월 1일부터 집행정지의 효력이 발생한다. 그리고 집행정지결정의 효력은 결정주문에서 정한 시기까지 존속하며, 그 주문에 특별한 제한이 없다면 본안판결이 확정될 때까지 그 효력이 존속한다는 것이 판례의 입장이다.

6. 취　소

① 집행정지의 결정이 확정된 후 집행정지가 공공복리(公共福利)에 중대한 영향을 미치거나, 그 정지사유가 없어진 때에는 당사자의 신청 또는 직권에 의하여 결정으로써 집행정지의 결정을 취소할 수 있다(행정소송법 제24조 제1항). ② 집행정지결정이 취소되면 처분의 원래의 효과가 발생한다. 따라서 행정처분효력정지결정으로 행정처분의 정지기간이 지나갔다 하여도 그 정지결정이 취소되면 그 정지기간은 특별한 사유가 없는 한 이 때부터 다시 진행하게 된다. 예컨대 서대문구청장이 2020년 2월 10일에 甲에게 2020년 3월 1일부터 60일 간의 영업정지처분을 하였으나, 甲이 영업정지처분 취소청구소송을 제기하면서 집행정지를 신청하자, 법원이 2020년 2월 27일에 집행정지결정을 하였다가 2020년 6월 1일에 집행정지결정을 취소하였다면, 서대문구청장의 60일 간의 영업정지처분의 효력이 되살아나기 때문에 甲은 2020년 6월 1일부터 60일 간 영업을 할 수가 없다.

[272] 가 처 분

1. 의 의

가처분이란 금전 이외의 급부를 목적으로 하는 청구권의 집행을 보전하거나 다툼이 있는 법률관계에 관하여 잠정적으로 임시의 지위를 보전하는 것을 내용으로 하는 가구제 제도이다. 예컨대 甲이 연세대학교 입학시험에 불합격되자 불합격처분취소청구소송을 제기하여 승소한다고 하여도 재판이 오래 걸리므로 甲은 정상적으로 연세대학교에 입학하기 어렵다. 따라서 甲으로서는 승소하는 경우를 대비하여 잠정적으로 연세대학교의 신입생의 지위를 인정받아 학교에 다닐 필요가 있다. 여기서 법원이 甲에게 잠정적으로 연세대학교의 신입생의 지위를 인정하는 것이 가처분의 예에 해당한다. 민사집행법 제300조에 가처분에 관한 규정이 있으므로 이 사례와 같은 민사사건에는 가처분이 인정된다. 그러나 행정소송법상 이에 관한 명문의 규정은 없다. 행정소송상 가처분의 인정여부에 관해 견해가 나뉘고 있다.

■ **행정소송법** 제8조(법적용례) ① 행정소송에 대하여는 다른 법률에 특별한 규정이 있는 경우를 제외하고는 이 법이 정하는 바에 의한다.

■ **민사집행법** 제300조(가처분의 목적) ① 다툼의 대상에 관한 가처분은 현상이 바뀌면 당사자가 권리를 실행하지 못하거나 이를 실행하는 것이 매우 곤란할 염려가 있을 경우에 한다.
② 가처분은 다툼이 있는 권리관계에 대하여 임시의 지위를 정하기 위하여도 할 수 있다. 이 경우 가처분은 특히 계속하는 권리관계에 끼칠 현저한 손해를 피하거나 급박한 위험을 막기 위하여, 또는 그 밖의 필요한 이유가 있을 경우에 하여야 한다.

2. 인정가능성

① 판례는 행정소송상 가처분을 인정하지 아니한다. ② 학설상으로는 행정소송상 가처분제도의 인정여부에 관해 논란이 있으나, 일반적 견해는 권리보호의 확대, 가처분의 잠정적 성격 등을 고려하여 행정소송상 가처분

제도를 인정하되 행정소송법이 처분등의 집행정지제도를 두고 있는 관계상 처분등의 집행정지제도가 미치지 않는 범위에서만 가처분 제도가 인정된다고 본다. 예컨대 甲이 서울대학교 입학시험에 불합격되자 불합격처분취소청구소송을 제기하여 승소한다고 하여도 재판이 오래 걸리므로 甲은 정상적으로 서울대학교에 입학하기 어렵다. 따라서 甲으로서는 승소하는 경우를 대비하여 잠정적으로 서울대학교의 신입생의 지위를 인정받아 학교에 다닐 필요가 있다. 여기서 법원이 甲에게 잠정적으로 서울대학교의 신입생의 지위를 인정하는 것이 필요하다는 것이 지배적 견해의 입장이다. 물론 판례는 불합격처분(입학거부처분)에 대한 가처분을 인정하지 아니한다. 법원이 행정소송에서 가처분을 인정하지 아니하기 때문에 현재로서는 甲이 승소한다고 하여도 입학이 지연될 수밖에 없다.

제7목 취소소송의 심리

[273] 심리상 원칙

1. 처분권주의

행정소송에도 처분권주의(處分權主義)가 적용된다. 처분권주의란 당사자가 분쟁대상 및 소송절차의 개시(예 : 소송의 제기)와 종료(예 : 소송취하 · 재판상 화해)에 대하여 결정할 수 있다는 원칙을 말한다(민사소송법 제203조, 행정소송법 제8조 제2항).

■ 행정소송법 제8조(법적용례) ② 행정소송에 관하여 이 법에 특별한 규정이 없는 사항에 대하여는 법원조직법과 민사소송법의 규정을 준용한다.

■ 민사소송법 제203조(처분권주의) 법원은 당사자가 신청하지 아니한 사항에 대하여는 판결하지 못한다.

2. 변론주의와 직권탐지주의

직권탐지주의와 변론주의는 '누가 판결에 중요한 사실의 탐구에 책임을 부담하는가'의 문제와 관련한다. 변론주의(辯論主義)란 판결에 기초가 되는 사실과 증거의 수집을 당사자의 책임으로 하는 원칙을 말한다. 직권탐지주의(職權探知主義)란 법원이 판결에 중요한 사실을 당사자의 신청여부와 관계없이 직접 조사할 수 있는 원칙을 말한다. 행정소송법은 "법원은 필요하다고 인정할 때에는 직권으로 증거조사를 할 수 있고, 당사자가 주장하지 아니한 사실에 대하여도 판단할 수 있다(행정소송법 제26조)"고 규정하고 있는바, 변론주의의 원칙 하에 직권증거조사와 직권탐지주의가 적용될 수 있음을 규정하고 있는 것이라 하겠다.

3. 구두변론주의

구두변론주의(口頭辯論主義)란 특별한 규정이 없는 한, 소송절차는 구두로 진행되어야 하고, 판결도 구두변론에 근거하여야 한다는 원칙을 말한다. 구두변론주의는 법원과 당사자 모두 사실상황과 법적 상황에 대해 구두로 변론할 것을 요구한다. 당사자는 구두변론을 포기할 수도 있다.

4. 공개주의

공개주의(公開主義)란 재판절차(심리·판결)는 공개적으로 진행되어야 한다는 원칙을 말한다. 헌법 제109조 제 1 문은 "재판의 심리와 판결은 공개한다"고 하여 공개원칙을 규정하고 있다. 공개원칙은 재판에 참가하는 자가 아닌 자도 변론의 시기와 장소를 알 수 있어야 하고, 또한 참석할 수 있어야 함을 요구한다. 공개주의는 법원에 대한 공공의 통제를 강화시킨다. 법정이 협소하면, 출입이 제한될 수 있다. 한편, 헌법 제109조 제 2 문은 "다만, 심리는 국가의 안전보장 또는 안녕질서를 방해하거나 선량한 풍속을 해할 염려가 있을 때에는 법원은 결정으로 공개하지 아니할 수 있다"고 규정하고 있다.

[274] 심리의 범위

1. 요건심리와 본안심리

요건심리(要件審理)란 본안판단의 전제요건(소송요건)을 구비한 적법한 소송인가를 심리하는 것을 말하고, 소송요건이 구비되어 있지 않다면, 소를 각하하게 된다. 한편, 본안심리(本案審理)란 본안판단의 전제요건(소송요건)이 구비된 경우, 청구를 인용할 것인가 또는 기각할 것인가를 판단하기 위해 본안에 대해 심리하는 것을 말한다.

2. 재량문제

당·부당의 재량문제(裁量問題)는 법원의 심리범위 밖에 놓이는 것이 원칙이다. 그러나 재량권의 일탈이나 재량권의 남용 등 재량하자는 위법사유이므로 심리의 대상이 된다(행정소송법 제27조).

[275] 심리의 방법

1. 행정심판기록제출명령

법원은 당사자의 신청이 있는 때에는 결정으로써 재결을 행한 행정청에 대하여 행정심판에 관한 기록의 제출을 명할 수 있다(행정소송법 제25조 제 1 항). 법원의 제출명령을 받은 행정청은 지체 없이 당해 행정심판에 관한 기록을 법원에 제출하여야 한다(행정소송법 제25조 제 2 항). 행정심판에 관한 기록이란 당해 사건과 관련하여 행정심판위원회에 제출된 일체의 서류를 의미한다.

2. 주장책임

분쟁의 중요한 사실관계(事實關係)를 주장하지 않음으로 인하여 일방당사자가 받는 불이익부담을 주장책임(主張責任)이라 한다. 주장책임은 변론주의에서 문제된다. 예컨대 서대문세무서장이 甲에게 과세처분을 하자 甲이 그 과세처분의 취소를 구하는 소송을 제기하였다면, 甲은 그 과세처분이 위법하다는 사실을 주장하여야 하며, 그 사실의 주장에는 甲은 비과세대상자라는 주장이 있을 수 있다. 甲이 그 과세처분이 위법하다는 사실을 주장하지 못한다면, 甲은 주장책임을 지고 패소할 수밖에 없다.

3. 입증책임(증명책임)

어떠한 사실관계에 대한 명백한 입증(立證)이 없을 때, 누가 이로 인한 불이익을 부담하여야 할 것인가의 문제가 입증책임(立證責任)의 문제이다. 예컨대 2.의 예에서 甲이 자신은 비과세대상자라는 것을 입증하는 세무관행 등을 제시하여야 하며, 그러한 입증자료를 제시하지 못한다면, 甲은 입증책임을 지고 패소할 수밖에 없다. 한편, 입증책임은 직권탐지주의가 적용되는 경우에도 여전히 의미를 갖는다. 왜냐하면 직권탐지가 언제나 입증문제를 분명히 해결해 주는 것은 아니기 때문이다. 일반적으로 말한다면, 당사자는 각각 자기에게 유리한 요건사실의 존재에 대하여 입증책임을 부담한다고 볼 것이다(입증책임분배설).

[참고] 입증책임(증명책임)에 관한 판례   도시항고소송에서 해당 처분의 적법성에 대한 증명책임은 원칙적으로 처분의 적법을 주장하는 처분청에 있지만, 처분청이 주장하는 해당 처분의 적법성에 관하여 합리적으로 수긍할 수 있는 정도로 증명이 있는 경우에는 그 처분은 정당하고, 이와 상반되는 예외적인 사정에 대한 주장과 증명은 상대방에게 책임이 돌아간다(대판 2023. 12. 21, 2023두42904).

4. 처분이유의 사후변경

(1) 의 의   행정처분의 발령시점에 존재하던 사실상 또는 법상의 상황이 처분의 근거로 사용되지 않았으나, 사후에 행정소송절차에서 행정청이 그 상황을 처분의 근거로 제출하거나 법원이 직권으로 회부하여 고려하는 것을 처분이유(處分理由)의 사후변경(事後變更)이라 한다. 처분의 근거변경이라고도 한다. 예컨대 甲이 서대문구청장에게 건축허가를 신청하였으나 서대문구청장은 소방시설설치유지 및 안전관리에 관한 법률 위반을 이유로 거부처분을 하였다. 이에 甲은 자신의 건축허가신청이 소방시설설치유지 및 안

전관리에 관한 법률에 위반되지 아니함을 이유로 건축허가거부처분 취소청구소송을 제기하였다. 그런데 재판절차에서 서대문구청장은 거부처분의 사유를 건축법상 이웃과의 거리제한규정의 위반으로 변경하였다. 여기서 서대문구청장이 처분의 근거를 소방시설설치유지 및 안전관리에 관한 법률 위반에서 건축법 위반으로 변경하는 것이 처분사유의 사후변경에 해당한다.

(2) 인정여부   행정소송법에는 처분사유의 사후변경에 관한 규정이 없다. 따라서 행정소송에 처분사유의 사후변경이 인정될 것인가의 문제가 있다. ① 처분사유의 사후변경을 넓게 인정하면 원고의 보호가 미흡하게 되고, 인정하지 아니하면 행정의 원활한 운용에 다소의 지장이 발생한다. 이 때문에 처분의 상대방 보호와 소송경제를 고려할 때 제한적인 범위 내에서 처분이유의 사후변경이 인정되어야 한다는 것이 일반적 견해이다. ② 판례는 취소소송에서 행정청은 당초 처분의 근거로 삼은 사유와 기본적 사실관계(基本的 事實關係)가 동일하다고 인정되는 한도 내에서만 다른 처분사유를 새로 추가하거나 변경할 수 있을 뿐, 기본적 사실관계가 동일하다고 인정되지 않는 별개의 사실을 들어 처분사유로 주장할 수 없다고 한다. 그리고 처분사유의 추가·변경은 사실심 변론종결시까지만 허용된다고 한다.

[276] 위법성의 판단

1. 기준시점

취소소송의 대상이 되는 처분의 위법성판단의 기준시(基準時)와 관련하여 학설은 판결시기준설과 처분시기준설, 그리고 절충설이 있다. 처분시기준설이 통설이다. 판례도 처분시기준설을 취한다. 행정소송의 본질은 개인의 권익구제에 중점이 있고, 권익구제는 처분시에 이미 위법한 처분으로부터 원고의 권익을 구제하는 것을 뜻하므로, 처분시기준설이 타당하다. 물론 법령에 특별히 정하는 바가 있으면, 그에 의하여야 한다. 다만, 부작위위법확인소송의 경우에는 판결시가 기준이 된다.

[참고] 위법상 판단의 기준시점에 관한 판례   항고소송에서 행정처분의 위법 여부
는 행정처분이 있을 때의 법령과 사실 상태를 기준으로 판단하여야 하고, 법원은
행정처분 당시 행정청이 알고 있었던 자료뿐만 아니라 사실심 변론종결 당시까지
제출된 모든 자료를 종합하여 처분 당시 존재하였던 객관적 사실을 확정하고 그 사
실에 기초하여 처분의 위법 여부를 판단할 수 있다(대판 2024. 7. 18, 2022두43528).

2. 판단자료의 범위

법원은 행정처분 당시 행정청이 알고 있었던 자료뿐만 아니라 사실심
변론종결 당시까지 제출된 모든 자료를 종합하여 처분 당시 존재하였던 객
관적 사실을 확정하고 그 사실에 기초하여 처분의 위법여부를 판단할 수
있다.

제 8 목 취소소송의 판결

[277] 판결의 종류

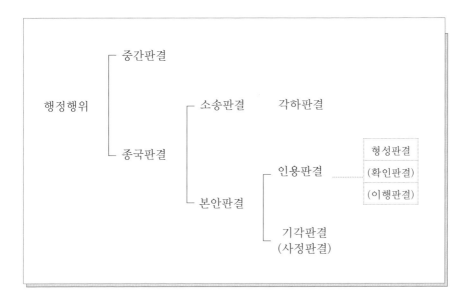

1. 각하판결

각하판결(却下判決)이란 소송요건(본안판단의 전제요건)의 결여로 인하여 본안의 심리를 거부하는 판결을 말한다. 각하판결은 취소청구의 대상인 처분의 위법성에 관한 판단은 아니므로 원고는 결여된 요건을 보완하여 다시 소를 제기할 수 있고, 아울러 법원은 새로운 소에 대해 판단하여야 한다. 본안판단의 전제요건의 구비여부는 직권조사사항이다. 본안판단의 전제요건은 구두변론의 종결시점까지 구비되어야 한다.

2. 기각판결과 사정판결

(1) 기각판결　　　　기각판결(棄却判決)이란 원고의 청구를 배척하는 판결을 말한다. 기각판결에도 ① 원고의 청구에 합리적인 이유가 없기 때문에 배척하는 일반적인 기각판결과 ② 원고의 청구에 이유가 있으나 배척하는 경우인 사정판결의 2종류가 있다. 일반적인 기각판결의 사유인 '청구에 합리적인 이유가 없다'는 것은 원고가 다투는 행정행위의 적법요건(예: 주체·형식·절차·내용의 요건)에 하자가 없다는 것을 의미한다.

(2) 사정판결　　　　원고의 청구가 이유 있다고 인정하는 경우에도, 즉 처분등이 위법한 경우에 처분등을 취소하는 것이 현저히 공공복리에 적합하지 아니하다고 인정하는 때에는 법원은 원고의 청구를 기각할 수 있다(행정소송법 제28조 제1항 본문). 이에 따라 원고의 청구를 기각하는 판결을 사정판결(事情判決)이라 한다. 사정판결은 공공복리의 유지를 위해 극히 예외적으로 인정된 제도인 만큼 그 적용은 극히 엄격한 요건 아래 제한적으로 하여야 한다. 법원이 사정판결을 하기 위해서는 원고가 그로 인하여 입게 될 손해의 정도와 배상방법, 그 밖의 사정을 미리 조사하여야 한다(행정소송법 제28조 제2항).

3. 인용판결

인용판결(認容判決)이란 원고의 청구가 이유 있음을 인정하여 처분등의 취소·변경을 행하는 판결을 의미한다. 성질상 취소소송에서 인용판결은 형성판결(形成判決)이 된다. 판결의 주문은 그 내용이 특정되어야 하고, 그 주문 자체에 의하여 특정할 수 있어야 한다. 인용판결은 청구의 대상에 따라 처분(거부처분포함)의 취소판결과 변경판결, 재결의 취소판결과 변경판결이 있고, 아울러 무효선언으로서의 취소판결이 있다.

[278] 판결의 효력

1. 자박력

① 법원이 판결을 선고하면 선고법원 자신도 판결의 내용을 취소·변경할 수 없게 된다. 이를 판결의 자박력(自縛力) 또는 불가변력(不可變力)이라 부른다. ② 자박력은 선고법원에 관련된 효력이다.

2. 확정력

(1) 형식적 확정력   ① 상고의 포기, 모든 심급을 거친 경우 혹은 상고제기기간의 경과 등으로 인해 판결에 불복하는 자가 더 이상 판결을 상고로써 다툴 수 없게 되는바, 이 경우에 판결이 갖는 구속력을 형식적 확정력(形式的 確定力) 또는 불가쟁력(不可爭力)이라 한다. ② 형식적 확정력은 법원의 판결에 불복할 수 있는 자인 당사자와 이해관계자에 관련된 효력이다.

(2) 실질적 확정력(기판력)   ① 판결이 형식적 확정력(불가쟁력)을 발생하게 되면 그 후의 절차(예 : 후소)에서 동일한 사항(동일한 소송물)이 문제되는 경우에도 당사자와 이들의 승계인은 기존 판결의 주문에 반하는 주장을 할 수 없을 뿐만 아니라 법원도 그것에 반하는 판단을 할 수 없는 구속을 받는바, 이러한 구속력을 실질적 확정력(實質的 確定力)이라 부른다. 기판력(旣判力)이라 부르기도 한다. 실질적 확정력은 사실심의 변론종결시를 기준으로 하여 효력을 발생한다. ② 실질적 확정력은 당사자와 이들의 승계인 및 법원에 관련된 효력이다.

3. 형성력

(1) 의 의   ① 취소소송에서 청구인용판결은 형성판결의 성질을 갖는다. 형성력에 관한 명시적 규정은 없지만 행정소송법 제29조 제1항(처분 등을 취소하는 확정판결은 제3자에 대하여도 효력이 있다)에 비추어 당연하다. 즉 취소판결이 확정되면 행정청에 의한 취소나 취소통지의 의사표시 내지 절차 없이 당연히 행정상 법률관계의 발생·변경·소멸의 효과를 가져온다. 이를 형성력(形成力)이라 한다. 예컨대 甲이 서대문구청장을 상대로 제기한 단란주점영업허가취소처분 취소청구소송에서 법원이 "서대문구청장이 甲에게 한 단란주점영업허가취소처분을 취소한다"라는 청구인용판결을 하면, 그것만으로 서대문구청장의 단란주점영업허가취소처분은 취소되는 것이지, 서대문구청장이 판결에 근거하여 甲에게 단란주점영업허가취소처분을 취소하는 처분을 새로이 하여야 단란주점영업허가취소처분이 취소되는 것은 아니다. 그리고 취소판결의 형성력은 소급한다. 예컨대 2020년 4월 1일자 서대문구청장의 단란주점영업허가취소처분에 대하여 법원이 2020년 10월 1일에 단란주점영업허가취소처분을 취소하는 판결을 하면, 2020년 4월 1일부터 단란주점영업허가취소의 효과는 없는 것이 된다. ② 형성력은 당사자와 제3자에 관련된 효력이다.

(2) 제3자효   형성력은 제3자에 대해서도 발생한다(행정소송법 제 29조 제1항). 처분등을 취소하는 확정판결이 제3자에 대하여도 효력이 있다는 것은 취소판결의 존재와 그 판결에 의해 형성되는 법률관계를 제3자도 용인하여야 함을 의미한다. 예컨대 A세무서장이 세금을 미납한 甲의 B건물을 공매한 결과 乙이 B건물의 소유권을 취득하였다고 할지라도 甲이 공매처분취소소송을 제기하여 승소하게 되면, 乙은 甲의 승소를 인정하여야 한다. 따라서 甲은 乙에게 B건물의 소유권의 반환을 청구할 수도 있다.

4. 기속력

(1) 의 의   ① 처분등을 취소하는 확정판결은 그 사건에 관하여
당사자인 행정청과 그 밖의 관계행정청을 기속하는바(행정소송법 제30조 제 1 항),
이를 기속력(羈束力)이라 한다. 기속력은 당사자인 행정청과 관계행정청에 대
하여 판결의 취지에 따라야 할 실체법상의 의무를 발생시키는 효력이다. 기
속력을 구속력(拘束力)으로 부르는 경우도 있다. 자박력·확정력·형성력과
달리 기속력은 민사소송에서는 찾아볼 수 없다. ② 기속력은 당사자인 행정
청과 그 밖의 관계행정청에 관련된 효력이다.

(2) 내 용

(가) 소극적 관점에서의 기속력(반복금지효)   기속력은 소극적으
로는 반복금지효(反復禁止效)를 의미한다. 말하자면 당사자인 행정청은 물론이
고 그 밖의 관계행정청(예 : 재결취소소송에서 원처분청)도 확정판결에 저촉되는 처
분을 할 수 없음을 의미한다. 이를 부작위의무(不作爲義務)라고도 한다. 반복금
지에 위반한 행위는 무효가 된다. 그러나 확정판결에서 적시된 위법사유(예 :
형식·절차상 하자)를 보완하여 행한 새로운 처분은 확정판결에 의하여 취소된
종전의 처분과는 별개의 처분으로서 확정판결의 기판력에 저촉되는 것은
아니다. 예컨대 甲이 「의견제출의 기회도 주지 아니한 채 이루어진 서대문
구청장의 단란주점영업허가취소처분」을 다툰 취소소송에서 법원이 청구인
용판결, 즉 단란주점영업허가취소처분 취소판결을 한 경우, 다시 서대문구
청장이 甲에게 의견제출의 기회를 주지 아니한 채 단란주점영업허가취소처
분을 한다면, 그것은 반복금지에 위반되는 행위로서 무효인 처분이 된다. 그
러나 甲에게 의견제출의 기회를 준 후에 단란주점영업허가취소처분을 한다
면, 그것은 반복금지에 위반되는 행위가 아니다.

(나) 적극적 관점에서의 기속력(재처분의무)   기속력은 적극적으
로는 재처분의무(再處分義務)를 의미한다. 이를 적극적 처분의무라 부르기도
한다. 말하자면 ① 판결에 의하여 취소되는 처분이 당사자의 신청을 거부(拒
否)하는 것을 내용으로 하는 경우에는 그 처분을 행한 행정청은 판결의 취

지에 따라 다시 이전의 신청에 대한 처분을 하여야 한다(행정소송법 제30조 제2항). 예컨대 甲이 자신의 단란주점영업허가신청에 대한 서대문구청장의 거부처분을 다툰 취소소송에서 법원이 청구인용판결, 즉 단란주점영업허가거부처분 취소판결을 하면, 서대문구청장은 판결의 취지에 따라 甲의 종전의 단란주점영업허가신청에 대하여 다시 처분을 하여야 한다. ② 신청에 따른 처분이 절차(節次)의 위법을 이유로 취소되는 경우에도 행정청에 재처분의무가 부과된다(행정소송법 제30조 제3항). 예컨대 甲의 신청에 따라 서대문구청장이 화학공장설립을 허가하자 甲의 이웃 주민인 乙등이 서대문구청장의 허가에 자신들의 의견을 청취하지 아니한 절차상 위법이 있음을 이유로 제기한 허가취소청구소송에서 법원이 인용판결을 한 경우, 서대문구청장은 乙등의 의견을 청취한 후에 다시 처분을 하여야 한다.

(3) **기속력 위반행위**   취소판결의 기속력에 반하는 행위, 즉 취소판결에 반하는 행정청의 처분은 위법한 행위로서 무효이다. 행정소송법상 기속력에 관한 규정은 강행규정으로서 일종의 효력규정이다. 한편, 처분의 위법성심사는 처분시를 기준으로 하는바, 처분 후에 사실상태 또는 법률상태가 변동되었다면, 동일한 사유로 취소된 처분과 동일한 처분을 하여도 기속력에 위반되는 것은 아니다. 예컨대 甲의 신청에 따라 서대문구청장이 A공장설립을 허가하자 甲의 이웃 주민인 乙등이 서대문구청장의 허가에 자신들의 의견을 청취하지 아니한 절차상 위법이 있음을 이유로 제기한 허가취소청구소송에서 법원이 인용판결을 하였으나, 인용판결 후에 관련 법령의 개정으로 A공장설립허가에 이웃 주민들의 의견청취가 불필요하게 되었다면, 서대문구청장은 乙등의 의견을 청취하지 않고 다시 甲의 신청에 따라 A공장설립을 허가한다고 하여도 기속력 위반이 아니다.

5. 집행력(간접강제)

(1) 의 의   ① 집행력(執行力)이란 통상 이행판결에서 명령된 이행의무를 강제집행절차로써 실현할 수 있는 효력을 의미한다. 따라서 형성판결인 취소판결에는 성질상 강제집행할 수 있는 효력, 즉 집행력이 인정되지

않는다. 예컨대 운전면허취소처분을 취소하는 판결이 나면, 운전면허취소의 효과는 당연히 소멸되므로, 운전면허취소처분의 취소를 위한 집행절차가 필요한 것이 아니다. 그러나 취소판결과 관련하는 한, 앞서 본 바 있는 거부처분취소판결의 확정시에 행정청에 부과되는 재처분의무의 이행을 확보하기 위해 행정소송법은 다음의 간접강제제도를 도입하고 있다. 예컨대 甲이 자신의 단란주점영업허가신청에 대한 서대문구청장의 거부처분을 다툰 취소소송에서 법원이 청구인용판결, 즉 단란주점영업허가거부처분 취소판결을 하면, 서대문구청장은 판결의 취지에 따라 甲의 종전의 단란주점영업허가신청에 대하여 다시 처분을 하여야 하는데, 만약 서대문구청장이 재처분을 하지 아니한다면, 재처분을 강제하는 방법이 필요한데, 행정소송법은 강제의 방법으로 아래의 (2) 간접강제제도를 도입하고 있다. 한편, ② 집행력은 당사자에 관련된 효력이다.

  (2) **간접강제**　　　　행정청이 행정소송법 제30조 제 2 항의 규정에 의한 처분을 하지 아니한 때에는 제 1 심수소법원은 당사자의 신청에 의하여 결정으로써 상당한 기간을 정하고 행정청이 그 기간 내에 이행하지 아니하는 때에는 그 지연기간에 따라 일정한 배상을 할 것을 명하거나, 즉시 손해배상을 할 것을 명할 수 있다(행정소송법 제34조 제 1 항).

■**행정소송법** 제30조(취소판결등의 기속력) ② 판결에 의하여 취소되는 처분이 당사자의 신청을 거부하는 것을 내용으로 하는 경우에는 그 처분을 행한 행정청은 판결의 취지에 따라 다시 이전의 신청에 대한 처분을 하여야 한다.
③ 제 2 항의 규정은 신청에 따른 처분이 절차의 위법을 이유로 취소되는 경우에 준용한다.

[참고 예문] 피신청인(서울시 광진구청장)은 결정정본을 받은 날로부터 30일 이내에 신청인이 90년 12월 29일자에 낸 광장동 381의 5 등 5필지 토지에 대한 형질변경신청에 대하여 허가처분을 하고, 만약 동 기간 내(30일)에 이를 이행하지 않을 때에는 이 기간만료의 다음 날로부터 이행완료시까지 1일 500만원의 비율에 의한 돈을 지급하라(서울고법 96부904)(법률신문 1996. 11. 28).

제 2 항 무효등확인소송

[279] 무효등확인소송의 관념

1. 의 의

무효등확인소송(無效等確認訴訟)이란 행정청의 처분등의 효력유무 또는 존재여부를 확인하는 소송을 말한다(행정소송법 제 4 조 제 2 호). 예컨대 甲이 식품위생법을 위반한 행위를 한 바가 전혀 없음에도 불구하고 서대문구청장이 착오로 甲에게 단란주점영업허가 취소처분을 하였다면, 서대문구청장의 취소처분은 하자가 중대하고 명백하므로 무효이다. 따라서 甲은 영업을 계속할 수 있다. 그러나 서대문구청장이 甲에 대한 단란주점영업허가 취소처분이 유효하다고 주장하면서 甲에 대하여 영업장의 폐쇄를 요구하게 되면, 甲으로서는 여러 가지 불편·불리함이 따른다. 이러한 경우에 甲으로서는 서대문구청장의 처분이 무효라는 것을 재판을 통해 확인하여 불편·불리함을 해소해둘 필요가 있다. 이러한 경우에 적합한 소송이 바로 무효등확인소송이다.

2. 종 류

무효등확인소송에는 처분등의 유효확인소송, 처분등의 무효확인소송, 처분등의 존재확인소송, 처분등의 부존재확인소송이 있다. 그리고 학설은 행정소송법에 규정이 없지만, 처분등의 실효확인소송을 인정하고 있다.

3. 성 질

① 무효등확인소송은 주관적 소송으로서 처분등의 효력유무 또는 존재여부를 확인하는 확인의 소이며, 이 소송에 의한 판결은 형성판결이 아니고 확인판결(確認判決)에 속한다. ② 기능상으로 본다면 무효등확인판결의 효력은 취소판결의 경우와 같이 제 3 자에게도 미치는 까닭에 형성판결과 유사한 기능을 갖는다.

[280] 본안판단의 전제요건

1. 의 의

① '訴 없으면 재판없다'는 원칙은 무효등확인소송의 경우에도 당연히 적용된다. 무효등확인소송을 제기하여 법원으로부터 본안에 관한 승소판결을 받기 위해서는 본안판단의 전제요건(소송요건)과 본안요건을 갖추어야 한다. ② 본안판단의 전제요건으로는 무효라고 주장하는 처분등이 존재하고 (2.), 관할법원에(3.) 원고가 피고를 상대로(4.), 소장을 제출하여야 하고(5.), 원고는 처분등의 무효등의 확인을 구할 이익(권리보호의 필요)이 있어야 하며(6.), 아울러 당사자 사이의 소송대상에 대하여 기판력 있는 판결이 없어야 하고, 또한 중복제소도 아니어야 한다(7.). 취소소송과 비교할 때, 무효등확인소송의 경우에는 제소기간의 적용이 없고, 또한 행정심판전치의 문제가 없다는 점이 다르다. ③ 본안판단의 전제요건의 결여의 효과는 취소소송의 경우와 같다(이와 관련하여 이 책 [239] 3.을 보라).

2. 처분등

무효등확인소송도 취소소송의 경우와 같이 처분등을 대상으로 한다(이와 관련하여 이 책 [240] 이하를 보라). 한편 재결무효등확인소송의 경우에는 재결 자체에 고유한 위법이 있음을 이유로 하는 경우에 한한다(행정소송법 제38조 제 1항, 제19조)(이와 관련하여 이 책 [242]를 보라). 법규범의 무효확인이나 문서의 진위 등의 사실관계의 확인은 무효등확인소송의 대상이 아니다. 다만 집행행위를 요하지 아니하고 그 자체로서 사인의 권리를 침해하는 법규명령이나 조례는 처분(또는 처분에 준하는 작용)으로서 무효확인의 대상이 된다(이와 관련하여 이 책 [236] 2. (2)를 보라). 무효등확인소송의 대상은 법률관계가 아니라 처분등임을 유념하여야 한다.

3. 관할법원

재판관할(행정소송법 제38조 제 1 항, 제 9 조), 관할의 이송(행정소송법 제 7 조), 관련청구소송의 이송 및 병합(행정소송법 제38조 제1항, 제10조) 등의 문제는 취소소송의 경우와 같다(이와 관련하여 이 책 [243] 이하를 보라).

4. 당사자와 참가인

(1) **원고적격**　　무효등확인소송은 처분등의 효력유무 또는 존재여부의 확인을 구할 법률상 이익이 있는 자가 제기할 수 있다(행정소송법 제35조). 법률상 이익이 있는 자의 의미는 취소소송의 경우와 같다(이와 관련하여 이 책 [247]을 보라). 공동소송도 인정된다(행정소송법 제15조, 제38조 제1항).

(2) **피고적격**　　취소소송의 관련규정이 준용된다(이와 관련하여 이 책 [248]을 보라). 즉 무효등확인소송은 다른 법률에 특별한 규정이 없는 한, 그 처분등을 행한 행정청을 피고로 한다. 다만 그 처분등이 있은 뒤에 그 처분 등에 관계되는 권한이 다른 행정청에 승계된 때에는 이를 승계한 행정청을 피고로 한다(행정소송법 제38조 제1항, 제13조 제1항). 그러나 권한을 승계한 행정청이 없는 경우에는 그 처분등에 관한 사무가 귀속되는 국가 또는 공공단체를 피고로 한다(행정소송법 제13조 제2항). 그리고 원고가 피고를 잘못 지정한 때에는 법원은 원고의 신청에 의하여 결정으로써 피고의 경정을 허가할 수 있다(행정소송법 제38조 제1항, 제14조).

(3) **소송참가·공동소송**　　취소소송에 적용되고 있는 제3자의 소송참가(행정소송법 제16조)와 행정청의 소송참가(행정소송법 제17조)도 준용된다(행정소송법 제38조 제1항)(이와 관련하여 이 책 [249]를 보라).

5. 소　장

취소소송의 경우와 같다(이와 관련하여 이 책 [252] 이하를 보라).

6. 권리보호의 필요

(1) **의　의**　　취소소송의 경우와 같이(이와 관련하여 이 책 [257] 이하를 보라) 무효등확인소송의 경우에도 권리보호의 필요가 있어야 한다. 부존재확인을 구하는 경우도 마찬가지이다. 판례는 이것을 "행정청의 처분에 대한 부

존재확인을 구하기 위하여는 행정청에 의하여 마치 그와 같은 처분이 존재하는 듯한 외관이 작출되는 등으로 그 이해당사자에게 어떤 법적 불안이 발생하여 이를 제거하여야 할 필요가 있어야 한다"고 표현한다.

(2) **확인소송의 보충성**   ① 종래의 판례는 무효확인의 소에 있어서 법률상 이익(권리보호의 필요)은 원고의 권리 또는 법률상 지위에 현존하는 불안·위험이 있고, 그 불안·위험을 제거함에는 확인판결을 받는 것이 '가장 유효적절한 수단'일 때 인정된다고 하여 무효등확인소송을 보충적인 것으로 보았다. 이러한 판례 입장에서는 다른 효과적인 소송(예 : A과세처분의 무효를 청구이유로 한 부당이득반환청구소송)이 인정되는 경우에는 무효등확인소송(예 : A과세처분 무효등확인청구소송)을 인정하지 아니하였다.

② 그러나 대법원은 2008년 3월 20일 판례를 변경하여 「무효등확인소송의 보충성」이 요구되는 것은 아니라고 하여 입장을 변경하였다. 따라서 이제는 행정처분의 무효를 전제로 한 이행소송 등과 같은 직접적인 구제수단(예 : A과세처분의 무효를 청구이유로 한 부당이득반환청구소송)이 있다고 하여도 그와 관계없이 무효등확인소송(예 : A과세처분 무효등확인청구소송)을 제기할 수 있게 되었다.

7. 중복제소의 배제 등

취소소송의 경우와 같다(이와 관련하여 이 책 [260] 이하를 보라).

[281]   소제기의 효과

취소소송의 경우와 같다(이와 관련하여 이 책 [263] 이하를 보라). 무효등확인소송의 경우에도 집행부정지의 원칙이 적용되나, 특별한 사정이 있는 경우에는 법원이 결정으로써 집행정지를 결정할 수 있고 또한 정지결정을 취소할 수도 있다(행정소송법 제38조 제1항, 제23조, 제24조)(이와 관련하여 이 책 [271]을 보라).

[282] 본안요건(이유의 유무)

무효등확인소송이나 유효확인소송에 있어서 위법의 판단기준 등은 취소소송의 경우와 같다(이와 관련하여 이 책 [276]을 보라). 다만 인용판결을 위해서는 단순위법으로 충분한 취소소송의 경우와 달리, 무효등확인소송의 경우에 위법의 하자가 중대하고 명백하여야 한다. 존재확인소송이나 부존재확인소송의 경우에는 행정행위의 부존재의 원리가 기준이 된다.

[283] 소의 변경

취소소송에서 살펴본 소의 변경(행정소송법 제21조)의 규정은 무효등확인소송을 취소소송 또는 당사자소송으로 변경하는 경우에 준용한다(행정소송법 제37조)(이와 관련하여 이 책 [267]을 보라). 처분변경으로 인한 소의 변경(행정소송법 제22조) 역시 무효등확인소송에 준용된다(행정소송법 제38조 제 1 항)(이와 관련하여 이 책 [268]을 보라).

[284] 심 리

1. 심리의 범위 등

심리의 범위·방법 등이 취소소송의 경우와 특별히 다른 것은 없다. 행정심판기록제출명령제도(행정소송법 제25조)·직권탐지주의(행정소송법 제26조) 등이 준용되고 있다(행정소송법 제38조 제 1 항). 위법성판단의 기준시점도 취소소송의 경우(처분시설)와 같다(이와 관련하여 이 책 [273] 이하를 보라).

2. 입증책임

① 입증책임과 관련하여서는 학설은 입증책임분배설·원고책임부담설·피고책임부담설로 나뉘고 있다. 입증책임분배설은 취소소송의 경우와 같다는 견해이고, 원고책임부담설은 하자가 중대하고 명백하다면 원고가 부담하

여야 한다는 견해이고, 피고책임부담설은 유효성·적법성을 행정청이 부담하여야 한다는 견해이다. ② 판례는 원고책임부담설을 취한다(대판 2023. 6. 29, 2020두46). ③ 생각건대 무효등확인소송에서의 입증책임을 취소소송의 경우와 달리 볼 특별한 이유는 없다. 입증책임분배설이 타당하다.

[285] 판 결

1. 판결의 종류

취소소송의 경우와 같다(이와 관련하여 이 책 [277] 이하를 보라). 다만 무효등확인소송에는 사정판결을 준용한다는 규정이 없다. 준용여부와 관련하여 견해가 나뉘고 있다. 판례는 부정설을 취한다. 무효를 유효로 변경하는 것은 논리적으로 타당성을 갖지 아니한다고 볼 때, 부정설이 타당하다.

2. 판결의 효력

기본적으로 취소소송의 경우와 같다(이와 관련하여 이 책 [278] 이하를 보라). 제 3 자효를 갖는다(행정소송법 제38조 제 1 항, 제29조). 이 때문에 제 3 자의 보호를 위해 제 3 자의 소송참가(행정소송법 제38조 제 1 항, 제16조), 제 3 자에 의한 재심청구(행정소송법 제31조, 제38조 제 1 항)가 역시 인정된다. 기속력도 갖는다(행정소송법 제38조 제 1 항, 제31조). 한편, 무효등확인판결은 형성판결과 달리 법관계의 변동을 가져오지 아니하고, 아울러 간접강제를 준용한다는 규정도 없다. 무효등확인판결의 기판력은 다만 처분등의 효력유무와 존부에만 미칠 뿐이다.

[286] 선결문제

행정소송법은 처분등의 효력유무 또는 존재여부가 본안으로서가 아니라 민사소송에서 본안판단의 전제로서 문제가 될 때, 이를 선결문제라 하고(행정소송법 제11조 제 1 항)(이와 관련하여 이 책 [86] 4. (1)을 보라), 당해 민사소송의 수소법원이 이를 심리·판단하는 경우에 행정청의 소송참가(행정소송법 제17조), 행정심판기록의 제출명령(행정소송법 제25조), 직권심리(행정소송법 제26조), 소송비용에 관한 재판의 효력(행정소송법 제33조) 등이 준용됨을 규정하고 있다(행정소송법 제11조 제1항). 행정소송법은 선결문제의 개념을 민사소송에 관해서만 규정하고, 형사소송이나 당사자소송의 경우에는 규정하는 바가 없다. 행정소송법에 규정이 없는 사항은 학설과 판례가 보충하여야 한다.

제 3 항 부작위위법확인소송

[287] 부작위위법확인소송의 관념

1. 의   의

부작위위법확인소송(不作爲違法確認訴訟)이란 행정청의 부작위가 위법하다는 것을 확인하는 소송을 말한다(행정소송법 제 4 조 제 3 호). 예컨대 甲이 단란주점을 경영하기 위하여 서대문구청장에게 단란주점영업허가를 신청하였는데 서대문구청장이 아무런 조치(허가나 거부)도 취하지 아니한 채 가만히 있으면 甲은 단란주점을 경영할 수 없다. 이러한 경우에 서대문구청장이 부작위하는 것(소극적으로 가만히 있는 것)이 위법하다는 확인을 구하는 소송이 부작위위법확인소송이다.

2. 한   계

부작위위법확인소송은 부작위가 위법하다는 것을 확인하는 소송일 뿐, 법원이 행정청에 대하여 처분을 할 것을 명하는 것은 아니다. 따라서 부작위위법확인소송에서 원고가 승소한다고 하여도 피고 행정청이 자발적으로 판결의 취지에 따르지 아니하면 다시 이를 강제하는 수단이 필요하다. 따라서 법원이 행정청에 대하여 처분을 할 것을 명하는 소송(이행소송)이 원고의 권리보호에 직접적인데 반하여, 부작위위법확인소송은 원고의 권리보호에 간접적이다. 여기에 부작위위법확인소송은 한계를 갖는다. 이 때문에 부작

위위법확인소송을 폐지하고 이행소송을 도입하여야 한다는 주장이 강하게
제기되고 있다.

[288] 본안판단의 전제요건

1. 의 의

① '訴 없으면 재판없다'는 원칙은 부작위위법확인소송의 경우에도 당
연히 적용된다. 부작위위법확인소송을 제기하여 법원으로부터 본안에 관한
승소판결을 받기 위해서는 본안판단의 전제요건(소송요건)과 본안요건을 갖추
어야 한다. ② 본안판단의 전제요건으로는 부작위가 존재하고(2.), 관할법원
에(3.) 원고가 피고를 상대로(4.) 경우에 따라서는 일정한 기간 내에(5.) 소장
을 제출하여야 하고(6.), 경우에 따라서는 행정심판전치를 거쳐야 하고(7.), 원
고에게는 부작위위법의 확인을 구할 이익(권리보호의 필요)이 있어야 하며(8.),
아울러 당사자 사이의 소송대상에 대하여 기판력 있는 판결이 없어야 하고
또한 중복제소도 아니어야 한다(9.). 부작위위법확인소송의 소송요건은 취소
소송의 소송요건과 기본적으로 다를 바가 없다. 그러나 부작위위법확인소송
은 무효등확인소송의 경우와 달리 제소기간의 적용가능성이 있고, 행정심판
전치의 적용가능성도 있다. ③ 본안판단의 전제요건의 결여의 효과는 취소
소송의 경우와 같다(이와 관련하여 이 책 [239] 3.을 보라).

2. 부작위의 존재

부작위(不作爲)란 행정청이 당사자의 신청에 대하여 상당한 기간 내에 일
정한 처분을 하여야 할 법률상 의무가 있음에도 불구하고 이를 하지 아니하
는 것을 말한다(행정소송법 제 2 조 제 1 항 제 2 호). 부작위가 성립하기 위해서는 ①
당사자의 신청이 있을 것, ② 상당한 기간이 경과할 것, ③ 행정청에 일정
처분을 할 법률상 의무가 있을 것, ④ 행정청이 아무런 처분도 하지 않았을
것이 요구된다.

[참고] 부작위의 위법에 관한 판례   원고는 2017. 3. 7. 피고 광명시장에게 '수도권 대중교통 통합 환승요금할인'을 시행한 데에 따른 보조금 지급을 신청하였다. …피고 광명시장은 구「경기도 여객자동차 운수사업 관리 조례」제15조가 정한 보조금 지급 사무 권한자로서 위 보조금의 지급을 구하는 원고의 신청에 대하여 상당한 기간 내에 그 신청을 인용하는 적극적 처분을 하거나 각하 또는 기각하는 등의 소극적 처분을 하여야 할 법률상의 응답의무가 있다. 피고 광명시장이 원심 변론종결일인 2021. 4. 7.까지 원고의 신청에 응답하지 아니한 부작위는 그 자체로 위법하다(대판 2023. 2. 23, 2021두44548).

3. 관할법원

취소소송에서 규정되고 있는 재판관할, 관련청구소송의 이송 및 병합 등은 부작위위법확인소송의 경우에도 준용된다(행정소송법 제38조 제 2 항, 제 9 조, 제10조). 관할의 이송(사건의 이송)제도 역시 적용된다(행정소송법 제 7 조)(이와 관련하여 이 책 [243] 이하를 보라).

4. 당사자와 참가인

(1) 원고적격   부작위위법확인소송은 처분의 신청을 한 자로서 부작위의 위법을 구할 법률상의 이익이 있는 자만이 제기할 수 있다(행정소송법 제36조). 법률상 이익이 있는 자의 의미는 취소소송의 경우와 같다(이와 관련하여 이 책 [247]을 보라). 그리고 공동소송이 인정되는 것도 취소소송의 경우와 같다(행정소송법 제15조, 제38조 제 2 항). 그런데 ① 학설상 원고적격이 인정되기 위해서는 ⓐ 일정한 처분을 신청한 것으로 족하다는 견해와 ⓑ 법령(명시적 규정이나 해석상 인정되는 경우 포함)에 의해 신청권을 가지는 자에 한한다는 견해, ⓒ 행정청의 부작위로 자기의 법률상의 이익이 침해되었다고 주장하는 자에게 인정된다는 견해의 대립이 있다. 생각건대 부작위의 성립에 원고의 신청권이 요구된다는 점을 고려할 때, ⓑ설이 보다 타당하다. ② 판례도 원고에게 신청권이 있어야 한다는 입장이다.

(2) 피고적격   취소소송의 피고적격에 관한 규정이 부작위위법확인소송에도 준용된다(행정소송법 제13조, 제38조 제 2 항(이와 관련하여 이 책 [248]을 보

라). 따라서 부작위행정청이 피고가 된다. 또한 원고가 피고를 잘못 지정한 때에는 법원은 원고의 신청에 의하여 결정으로써 피고의 경정을 허가할 수 있다(행정소송법 제38조 제 2 항, 제14조).

(3) 소송참가·공동소송　　　취소소송에 적용되고 있는 행정청의 소송참가(행정소송법 제17조), 제 3 자의 소송참가(행정소송법 제16조), 공동소송(행정소송법 제15조)에 관한 규정들은 부작위위법확인소송에도 준용된다(행정소송법 제38조 제 2 항)(이와 관련하여 이 책 [249]를 보라).

5. 제소기간

(1) 문제점　　　① 행정심판을 거쳐 부작위위법확인소송을 제기하는 경우에는 처분등이 존재하는바 제소기간에 관한 행정소송법 제20조의 적용에 문제가 없다. 그러나 ② 임의적 행정심판전치의 원칙에 따라 행정심판을 거치지 아니하고 부작위위법확인소송을 제기하는 경우에는 문제가 있다. 왜냐하면 이 경우에는 외관상 아무런 명시적인 처분등이 없기 때문에 처분등을 기준으로 제소기간을 정하고 있는 행정소송법 제20조는 그대로 적용할 수 없기 때문이다.

> ■행정소송법 제20조(제소기간) ① 취소소송은 처분등이 있음을 안 날부터 90일 이내에 제기하여야 한다. 다만, 제18조 제 1 항 단서에 규정한 경우와 그 밖에 행정심판청구를 할 수 있는 경우 또는 행정청이 행정심판청구를 할 수 있다고 잘못 알린 경우에 행정심판청구가 있은 때의 기간은 재결서의 정본을 송달받은 날부터 기산한다.
> ② 취소소송은 처분등이 있은 날부터 1년(제 1 항 단서의 경우는 재결이 있은 날부터 1년)을 경과하면 이를 제기하지 못한다. 다만, 정당한 사유가 있는 때에는 그러하지 아니하다.
> ③ 제 1 항의 규정에 의한 기간은 불변기간으로 한다.
> 제38조(준용규정) ② … 제20조 …의 규정은 부작위위법확인소송의 경우에 준용한다.

(2) 사　견　　　행정심판법상 부작위에 대한 의무이행심판의 경우에는 심판청구기간에 제한이 없다는 점(행정심판법 제27조 제 7 항), 부작위에 대한

행정심판의 제기기간에 제한이 없는바 실제상 부작위에 대한 재결을 거쳐 행정소송을 제기하는 경우에는 출소기간에 제한이 없다고 할 수 있다는 점 등을 고려하면, 앞의 ②의 경우에는 제소기간에 제한이 없다고 본다.

6. 소 장

취소소송의 경우와 같다(이와 관련하여 이 책 [252] 이하를 보라).

7. 행정심판의 전치

취소소송의 경우와 같다(이와 관련하여 이 책 [254] 이하를 보라).

8. 권리보호의 필요

취소소송의 경우와 같다(이와 관련하여 이 책 [257] 이하를 보라).

9. 중복제소의 배제 등

취소소송의 경우와 같다(이와 관련하여 이 책 [260] 이하를 보라).

[289] 소제기의 효과

주관적 효과는 취소소송의 경우와 동일하나(이와 관련하여 이 책 [263]을 보라), 객관적 효과(집행정지)의 문제는 생기지 않는다. 부작위에 대한 집행정지는 성질상 인정할 수가 없기 때문이다. 또한 일시적으로 어떠한 처분을 하도록 명하는 가처분도 기본적으로 피해의 방지가 아니라 이익의 확보를 구하는 부작위위법확인소송의 성질에 비추어 인정하기 어렵다. 그러나 행정소송절차가 지나치게 상당한 기간 동안 지속할 수도 있다는 점, 그리고 성질상 가구제가 필요한 영역도 있다는 점(예 : 외국인의 비자신청시 지나친 기간 동안 무응답의 경우)을 고려할 때, 재고의 여지가 있다.

[290] 본안요건(이유의 유무)

취소소송의 논리와 유사하다(이와 관련하여 이 책 [265]를 보라). 만약 부작위에 대한 법적인 정당화사유가 있다면, 위법이 아니고, 인용판결을 받을 수 없다.

[291] 소의 변경

부작위위법확인소송의 계속 중 경우에 따라 취소소송 또는 당사자소송으로 소의 변경이 가능한 것도 취소소송의 경우와 같다(행정소송법 제37조, 제21조)(이와 관련하여 이 책 [267]을 보라). 다만 처분변경으로 인한 소의 변경은 문제될 여지가 없다.

[292] 심 리

1. 심리의 범위

① 심리의 범위와 관련하여 학설은 실체적 심리설과 절차적 심리설의 대립이 있다. 실체적 심리설(實體的 審理說)이란 부작위의 위법여부만이 아니라 신청의 실체적인 내용도 심리하여 행정청의 처리방향까지 제시하여야 한다는 견해이고, 절차적 심리설(節次的 審理說)이란 부작위의 위법여부만을 심사하여야 하며, 만약 실체적인 내용을 심리한다면 그것은 의무이행소송을 인정하는 결과가 되어 정당하지 않다는 견해를 말한다. ② 판례는 절차적 심리설을 취한다. ③ 생각건대 부작위위법확인소송의 소송물이 부작위의 위법성이라는 점과 행정소송법상 부작위위법확인소송의 개념(행정청의 부작위가 위법하다는 것을 확인하는 소송)에 비추어 절차적 심리설이 타당하다. 그러나 무명항고소송(이에 관해서는 이 책 [294]에서 살핀다)으로서 이행소송이 인정되기까지 정책적인 관점에서 본안심리의 경우에 신청의 내용도 심리하는 것이 필요하다고 본다.

2. 심리의 방법

행정심판기록제출명령(행정소송법 제38조 제 2 항, 제25조) · 직권심리주의(행정소송법 제38조 제 2 항, 제26조) 등 취소소송의 관련규정이 준용된다(이와 관련하여 이 책 [275] 이하를 보라).

3. 위법성판단의 기준시

취소소송이나 무효등확인소송과는 달리 부작위위법확인소송의 경우에는 위법성판단의 기준시점을 판결시(사실심의 구두변론종결시)로 보는 것이 타당하다. 부작위위법확인소송은 이미 이루어진 처분을 다투는 것이 아니고 다투는 시기에 행정청에 법상의 의무가 있음을 다투는 것이기 때문이다.

[293] 판 결

1. 판결의 종류

기본적으로 취소소송의 경우와 같다(이와 관련하여 이 책 [277] 이하를 보라). 다만 취소소송의 경우와 달리 부작위위법확인소송에서는 사정판결의 문제가 생기지 않는다.

2. 판결의 효력

형성력이 생기지 않는 점만 제외하면, 취소소송의 경우와 다를 바가 없다(이와 관련하여 이 책 [278] 이하를 보라). 말하자면 제 3 자효(행정소송법 제38조 제 2 항, 제29조) · 기속력(행정소송법 제38조 제 2 항, 제30조) · 간접강제(행정소송법 제38조 제 2 항, 제34조) 등이 준용된다.

제 4 항 무명항고소송

[294] 무명항고소송의 관념

1. 의 의

행정소송법 제 4 조에서 항고소송으로 규정되고 있는 취소소송·무효등확인소송·부작위위법확인소송의 세 종류를 법정항고소송(法定抗告訴訟)이라 부른다. 그리고 행정소송법에서 규정된 이 세 가지의 항고소송 이외의 항고소송을 무명항고소송(無名抗告訴訟) 또는 법정외(法定外)항고소송이라 부른다.

2. 인정가능성

① 학설은 국민생존권의 강화, 행정의 복잡·다양성으로 인해 전통적인 법정항고소송만으로는 행정구제가 미흡하고 행정구제제도의 실질화를 위해 무명항고소송이 인정되어야 한다는 견해(긍정설)와 부작위위법확인소송이 인정되고 있는 점 등을 고려하여 무명항고소송을 부인하는 견해(부정설)로 나뉘고 있다. ② 판례는 무명항고소송을 인정하지 아니한다, 즉 판례는 의무이행소송(예 : '서대문구청장은 甲에게 건축허가를 내주라'는 판결을 구하는 소송), 적극적 형성판결(예 : '甲에게 건축을 허가한다'라는 판결을 구하는 소송), 작위의무확인소송(예 : '국가보훈처장은 독립기념관 전시관의 해설문, 전시물 중 잘못된 부분을 고쳐 다시 전시 및 배치할 의무가 있음을 확인한다'라는 판결을 구하는 소송), 예방적 부작위소송(예 : '서대문구청장은 甲에게 준공처분을 하여서는 아니 된다'라는 판결을 구하는 소송) 등을 인정하지 아니한다. ③ 생각건대, 국민의 권익구제의 폭을 넓힌다는 점, 행정소송법상 소송의 종류에 관한 규정은 예시규정이라는 점, 소송형식의 인정은 학문과 판례에 의해서도 발전될 수 있다는 점 등을 고려할 때, 긍정설이 타당하다.

[295]　입 법 례

1. 의무화소송

의무화소송(義務化訴訟)이란 사인이 국가에 대해 일정한 행정행위를 청구하였음에도 국가에 의해 거부되었거나 방치된 경우, 거부되었거나 발령되지 않은 행정행위의 발령을 위해 권한 있는 행정청에 대하여 행정행위의 발령 의무를 부과할 것을 구하는 소송을 말한다. 이것은 독일의 행정법원법에 규정된 소송형태이다.

2. 일반적 급부소송

일반적 급부소송(一般的 給付訴訟)이란 단순공행정작용(예 : 사실행위 · 행정법상 의사표시)의 실행이나 부작위를 구하는 소송이다(예 : 일반적 급부소송절차에서 공법상 계약의 체결 또는 미체결에 대한 행정청의 결정이 심사될 수 있다). 행정행위의 발령을 구하는 의무화소송과 일반적 급부소송을 합하여 넓은 의미의 급부소송(공법상 작위 · 부작위 · 수인의 청구권을 다투는 소송)이라 부른다. 이것은 독일의 행정법원법에 규정된 소송형태이다. 일반적 급부소송과 의무화소송은 소송대상을 달리한다. 일반적 급부소송은 단순공행정작용의 거부(부작위) 또는 단순공행정작용의 실행으로 권리가 침해된 자만이 제기할 수 있다.

3. 직무집행명령

직무집행명령(職務執行命令)이란 사인의 제기에 의해 재판소가 공행정기관에 대하여 자기(공행정기관)의 의무를 이행할 것을 발하는 명령으로서, 행정기관이 자신에 부과된 제정법상 공의무를 이행하지 않는 경우에 이의 이행(예 : 공직회복 · 과오납조세반환 · 문서제공)을 강요하는 효과적인 수단이다. 직무집행명령은 위법한 부작위에 대한 구제제도이다. 이것은 영 · 미의 제도이다.

제 3 절 기타 소송

제 1 항 당사자소송

[296] 당사자소송의 관념

1. 의 의

당사자소송(當事者訴訟)이란 행정청의 처분등을 원인으로 하는 법률관계에 관한 소송, 그 밖에 공법상의 법률관계에 관한 소송으로서 그 법률관계의 한쪽 당사자를 피고로 하는 소송을 말한다(행정소송법 제 3 조 제 2 호). ① 항고소송은 공행정주체가 우월한 지위에서 갖는 공권력의 행사·불행사와 관련된 분쟁의 해결을 위한 절차인 데 반해, 당사자소송은 그러한 공권력행사·불행사의 결과로서 생긴 법률관계에 관한 소송, 그 밖에 대등한 당사자 간의 공법상의 권리·의무에 관한 소송이다. ② 당사자소송은 공법상의 법률관계(공권·공의무)를 소송의 대상으로 하는 점에서 사법상의 법률관계(사권·사의무)를 소송의 대상으로 하는 민사소송과 다르다.

2. 종 류

(1) **실질적 당사자소송**   실질적 당사자소송(實質的 當事者訴訟)은 대등 당사자 사이의 공법상의 권리관계에 관한 소송으로서 통상의 당사자소송이

이에 해당한다. 행정소송법 제 3 조 제 2 호가 규정하는 당사자소송이 이에 해당한다. 행정소송법 제 3 조 제 2 호에서 말하는 ① 처분등을 원인으로 하는 법률관계에 관한 소송의 예로 과세처분의 무효를 전제로 이미 납부한 세금의 반환을 구하는 소송(예 : 부당이득반환청구소송)(대판 2013. 3. 21, 2011다95564 전원합의체), 직무상 불법행위로 인한 손해배상청구소송(실무상 민사사건으로 다룬다) 등을 볼 수 있고, ② 기타 공법상 법률관계에 관한 소송의 예로 ⓐ 공법상 계약의 불이행시에 제기하는 소송(예 : 토지수용시 협의성립 후 보상금미지급시 보상금지급청구소송. 판례는 이를 민사소송으로 다룬다), ⓑ 공법상 금전지급청구를 위한 소송(예 : 공무원보수미지급시 지급청구), ⓒ 공법상 지위·신분의 확인을 구하는 소송(예 : 국가유공자의 확인을 구하는 소송) 등이 있다.

(2) **형식적 당사자소송**   형식적 당사자소송(形式的 當事者訴訟)은 실질적으로 행정청의 처분등을 다투는 것이나 형식적으로는 처분등의 효력을 다투지도 않고, 또한 처분청을 피고로 하지도 않고, 그 대신 처분등으로 인해 형성된 법률관계를 다투기 위해 관련 법률관계의 일방당사자를 피고로 하여 제기하는 소송을 말한다. 말하자면 소송의 내용은 처분등에 불복하여 다투는 것이지만, 소송형식은 당사자소송인 것이 바로 형식적 당사자소송이다. 형식적 당사자소송의 예로 공익사업을 위한 토지 등의 취득 및 보상에 관한 법률 제85조 제 2 항이 규정하는 보상금증감소송을 볼 수 있다(보상금증감소송의 당사자에 관해 이 책 [197] 3.을 보라).

■**공익사업을 위한 토지 등의 취득 및 보상에 관한 법률** 제85조(행정소송의 제기) ① 사업시행자, 토지소유자 또는 관계인은 제34조에 따른 재결에 불복할 때에는 재결서를 받은 날부터 90일 이내에, 이의신청을 거쳤을 때에는 이의신청에 대한 재결서를 받은 날부터 60일 이내에 각각 행정소송을 제기할 수 있다. 이 경우 사업시행자는 행정소송을 제기하기 전에 제84조에 따라 늘어난 보상금을 공탁하여야 하며, 보상금을 받을 자는 공탁된 보상금을 소송이 종결될 때까지 수령할 수 없다. ② 제 1 항에 따라 제기하려는 행정소송이 보상금의 증감(增減)에 관한 소송인 경우 그 소송을 제기하는 자가 토지소유자 또는 관계인일 때에는 사업시행자를, 사업시행자일 때에는 토지소유자 또는 관계인을 각각 피고로 한다.

[297] 관할법원

1. 행정법원

당사자소송의 관할법원은 취소소송의 경우와 같다(행정소송법 제40조 본문)(이와 관련하여 이 책 [243]을 보라). 다만 국가 또는 공공단체가 피고인 경우에는 관계행정청의 소재지를 피고의 소재지로 한다(행정소송법 제40조 단서).

2. 관할이송

취소소송의 경우와 같다(이와 관련하여 이 책 [244]를 보라). 즉 원고의 고의 또는 중대한 과실 없이 행정소송이 심급을 달리하는 법원에 잘못 제기된 경우에는 법원은 소송의 전부 또는 일부가 그 관할에 속하지 아니함을 인정한 때에는 결정으로 관할법원에 이송한다(행정소송법 제 7 조, 제 8 조 제 2 항, 민사소송법 제34조 제 1 항).

[298] 당사자 및 참가인

1. 당사자의 의의

당사자소송의 당사자에는 국가·공공단체·사인이 있다. 즉 당사자소송은 국가와 공공단체, 국가와 사인, 공공단체와 사인, 공공단체와 공공단체, 사인과 사인(국가적 공권을 위탁받은 사인) 사이에서 볼 수 있다. 그리고 국가가 당사자인 경우에는 법무부장관이 국가를 대표한다(국가를 당사자로 하는 소송에 관한 법률 제 2 조).

2. 원고적격

행정소송법상으로 당사자소송의 원고적격에 관하여 규정하는 바는 없다. 그런데 당사자소송은 민사소송에 유사한 것이므로 당사자소송에도 민사소송의 경우와 같이 권리보호의 이익이 있는 자가 원고가 된다(행정소송법 제 8 조 제 2 항). 공동소송이 인정되는 것도 취소소송의 경우와 같다(행정소송법 제15

조, 제44조 제 1 항).

3. 피고적격

항고소송의 경우와 달리 행정청이 피고가 아니다. 국가·공공단체 그밖의 권리주체가 당사자소송의 피고가 된다(행정소송법 제39조). 국가를 당사자로 하는 소송(국가소송)의 경우에는 '국가를 당사자로 하는 소송에 관한 법률'에 의거하여 법무부장관이 국가를 대표한다(국가를 당사자로 하는 소송에 관한 법률 제 2 조). 법무부장관은 법무부의 직원이나 검사 또는 공익법무관, 그리고 행정청의 직원을 지정하여 소송을 수행하게 할 수도 있고, 변호사를 소송수행인으로 선임할 수도 있다(국가를 당사자로 하는 소송에 관한 법률 제 3 조). 지방자치단체를 당사자로 하는 소송의 경우에는 지방자치단체의 장이 당해 지방자치단체를 대표한다(지방자치법 제101조). 피고경정도 인정된다. 즉 원고가 피고를 잘못 지정한 때에는 법원은 원고의 신청에 의하여 결정으로써 피고의 경정을 허가할 수 있다(행정소송법 제14조 제 1 항).

[299] 소송참가

취소소송의 경우와 같다(행정소송법 제16조, 제17조, 제44조). 말하자면 당사자소송에 있어서도 제 3 자의 소송참가(행정소송법 제16조, 제44조)와 행정청의 소송참가(행정소송법 제17조, 제44조)가 인정되고 있다(이와 관련하여 이 책 [249]를 보라).

[300] 소송의 제기

1. 소송요건

취소소송의 경우와 비교할 때, ① 행정심판의 전치, ② 제소기간의 요건이 없다는 점이 다르다. 그러나 ① 개별법에서 행정절차를 규정하는 경우에는 그러한 절차를 거쳐야 하며, ② 당사자소송에 관하여 법령에 제소기간이 정하여져 있는 때에는 그에 따라야 할 것이다. 그리고 그 기간은 불변기간이다(행정소송법 제41조). 만약 기간의 정함이 없다고 하면 권리가 소멸되지 않는 한 소권이 존재한다. ③ 소의 대상이 취소소송의 경우와 다르다.

2. 소의 변경, 관련청구의 이송·병합

① 법원은 당사자소송을 당해 처분등에 관계되는 사무가 귀속하는 국가 또는 공공단체에 대한 항고소송으로 변경하는 것이 상당하다고 인정할 때에는 청구의 기초에 변경이 없는 한, 사실심의 변론종결시까지 원고의 신청에 의하여 결정으로써 소의 변경을 허가할 수 있다(행정소송법 제42조, 제21조 제1항). 뿐만 아니라 처분변경으로 인한 소의 변경도 인정되고 있다(행정소송법 제44조 제1항, 제22조). ② 한편 당사자소송과 관련청구소송이 각각 다른 법원에 계속되고 있는 경우에는 법원은 당사자의 신청 또는 직권에 의하여 이를 당사자소송이 계속된 법원으로 이송할 수 있고(행정소송법 제44조 제2항, 제10조 제1항), 또한 당사자소송에는 사실심의 변론종결시까지 관련청구소송을 병합하거나 피고 외의 자를 상대로 한 관련청구소송을 당사자소송이 계속된 법원에 병합하여 제기할 수 있다(행정소송법 제44조 제2항, 제10조 제1항).

[301] 소제기의 효과

주관적 효과는 취소소송의 경우와 같다(이와 관련하여 이 책 [263]을 보라). 말하자면 주관적 효과로서 법원에는 심리의무가 주어지고, 당사자에게 중복제소금지의무가 주어진다. 그러나 객관적 효과(집행정지)는 취소소송의 경우와 달리 적용이 없다.

[302] 심 리

취소소송의 경우와 특별히 다른 것은 없다(이와 관련하여 이 책 [275] 이하를 보라). 말하자면 행정심판기록의 제출명령(행정소송법 제44조 제1항, 제25조), 법원의 직권심리(행정소송법 제44조 제1항, 제26조) 등의 당사자소송에도 준용된다. 입증책임 역시 민사소송법상 일반원칙인 법률요건분류설에 따른다.

[303] 판 결

1. 판결의 종류

판결의 종류는 기본적으로 취소소송의 경우와 같다(이와 관련하여 이 책 [277] 이하를 보라). 말하자면 이 경우에도 각하판결·기각판결·인용판결의 구분이 가능하다. 그리고 소송물의 내용에 따라 확인판결·이행판결의 구분 또한 가능하다. 다만 사정판결의 제도가 없음은 취소소송의 경우와 다르다.

2. 판결의 효력

당사자소송의 확정판결도 자박력·확정력·기속력을 갖는다. 확정판결은 당사자인 행정청과 관계행정청을 기속한다(행정소송법 제44조 제1항, 제30조 제1항). 그러나 취소판결에서 인정되는 효력 중 취소판결의 제3자효(행정소송법 제29조), 재처분의무(행정소송법 제30조 제2항·제3항), 간접강제(행정소송법 제34조) 등은 당사자소송에는 적용이 없다.

제2항 객관적 소송

[304] 민중소송

1. 의 의

민중소송(民衆訴訟)이란 국가 또는 공공단체의 기관이 법률에 위반되는 행위를 한 때에 직접 자기의 법률상 이익과 관계없이 그 시정을 구하기 위하여 제기하는 소송을 말한다(행정소송법 제3조 제3호).

2. 성 질

민중소송은 당사자 사이의 구체적인 권리・의무에 관한 분쟁의 해결을 위한 것이 아니라, 행정감독적 견지에서 행정법규의 정당한 적용을 확보하거나 선거 등의 공정의 확보를 위한 소송으로서 객관적 소송에 속한다. 따라서 민중소송은 법률이 규정하고 있는 경우에 한하여 제기할 수 있다(행정소송법 제45조).

3. 예

민중소송의 예로 공직선거법상 선거소송과 당선소송, 국민투표법상 국민투표무효소송, 지방자치법상 주민소송, 주민투표법상 주민투표소송 등을 볼 수 있다.

4. 적용법규

민중소송에 적용될 법규는 민중소송을 규정하는 각 개별법규가 정하는 것이 일반적이다(예 : 선거소송의 경우 공직선거법 제222조, 당선소송의 경우 공직선거법 제223조). 그러나 각 개별법규가 특별히 정함이 없는 경우에는 ① 처분등의 취소를 구하는 소송에는 그 성질에 반하지 않는 한 취소소송에 관한 규정을 준용하고, ② 처분등의 효력유무 또는 존재여부나 부작위위법의 확인을 구하는 소송에는 그 성질에 반하지 아니하는 한 각각 무효등확인소송 또는 부작위위법확인소송에 관한 규정을 준용하며, ③ 상기 ①과 ②의 경우에 해당하지 않는 소송에는 그 성질에 반하지 아니하는 한 당사자소송에 관한 규정을 준용한다(행정소송법 제46조).

[305] 기관소송

1. 의 의

① 기관소송이란 국가 또는 공공단체의 기관 상호 간에 있어서의 권한

의 존부 또는 그 행사에 관한 다툼이 있을 때에 이에 대하여 제기하는 소송을 말한다(행정소송법 제3조 제4호). 요컨대 기관소송은 단일의 법주체내부에서 행정기관 상호 간의 권한분쟁에 관한 소송이다. 다만 헌법재판소법 제2조의 규정에 의하여 헌법재판소의 관할사항이 되는 소송(예 : 국가기관 상호 간, 국가기관과 지방자치단체 및 지방자치단체 상호 간의 기관쟁의)은 행정소송인 기관소송으로부터 제외된다. ② 권한상의 분쟁은 원칙적으로 행정조직내부의 문제이므로 법원이 개입할 성질은 아니고 행정권 스스로가 정할 문제이다. 현행법상 국가행정의 경우 권한쟁의는 상급행정청이, 최종적으로는 국무회의가 정하도록 되어 있으나(헌법 제89조 제10호·제11호), 권한쟁의심판제도로 인해 실제상 문제가 생길 여지는 거의 없다.

> ■**헌법** 제89조 다음 사항은 국무회의의 심의를 거쳐야 한다.
> 10. 행정각부 간의 권한의 획정
> 11. 정부안의 권한의 위임 또는 배정에 관한 기본계획

2. 성 질

기관소송은 객관적 소송이다. 기관소송을 제기할 수 있는 권능은 기본권이 아니다. 그것은 단지 넓은 의미에서 주관적 성격을 띠는 객관적 권리이다. 기관소송은 법률이 정한 경우에 법률에 정한 자에 한하여 제기할 수 있다(행정소송법 제45조).

3. 예

국가기관 간(국회·정부·법원·중앙선거관리위원회 상호 간)의 분쟁은 헌법재판소의 권한쟁의의 문제가 된다(헌재법 제62조 제1항 제1호). 현행 행정소송법상 기관소송은 동일 지방자치단체의 기관 간에서 문제된다. 지방자치법 제120조 제3항 또는 지방자치법 제192조 제4항에 의거하여 지방자치단체의 장이 지방의회를 상대로 대법원에 제기하는 소송과 지방교육자치에 관한 법률 제28조 제3항에 의거하여 교육감이 교육위원회를 상대로 대법원에 제기하

는 소송을 볼 수 있다.

■ **지방자치법** 제120조(지방의회의 의결에 대한 재의 요구와 제소) ③ 지방자치단체의 장은 제2항에 따라 재의결된 사항이 법령에 위반된다고 인정되면 대법원에 소(소)를 제기할 수 있다. 이 경우에는 제192조 제4항을 준용한다.

제192조(지방의회 의결의 재의와 제소) ④ 지방자치단체의 장은 제3항에 따라 재의결된 사항이 법령에 위반된다고 판단되면 재의결된 날부터 20일 이내에 대법원에 소를 제기할 수 있다. 이 경우 필요하다고 인정되면 그 의결의 집행을 정지하게 하는 집행정지결정을 신청할 수 있다.

■ **지방교육자치에 관한 법률** 제28조(시·도의회 등의 의결에 대한 재의와 제소) ③ 제2항의 규정에 따라 재의결된 사항이 법령에 위반된다고 판단될 때에는 교육감은 재의결된 날부터 20일 이내에 대법원에 제소할 수 있다.

4. 적용법규

민중소송의 경우와 같다. 즉 기관소송에 적용될 법규는 기관소송을 규정하는 각 개별법규가 정하는 것이 일반적이다. 그러나 각 개별법규가 특별히 정함이 없는 경우에는 ① 처분등의 취소를 구하는 소송에는 그 성질에 반하지 않는 한 취소소송에 관한 규정을 준용하고, ② 처분등의 효력유무 또는 존재여부나 부작위위법의 확인을 구하는 소송에는 그 성질에 반하지 아니하는 한 각각 무효등확인소송 또는 부작위위법확인소송에 관한 규정을 준용하며, ③ 상기 ①과 ②의 경우에 해당하지 않는 소송에는 그 성질에 반하지 아니하는 한 당사자소송에 관한 규정을 준용한다(행정소송법 제46조).

사 항 색 인

저자약력

서울대학교 법과대학 졸업

서울대학교 대학원 졸업(법학박사)

독일 Universität Tübingen, Universität Wuppertal, Freie Universität Berlin, 미국 University of California at Berkeley 등에서 행정법연구

한국공법학회 회장(현 고문)

한국지방자치법학회 회장(현 명예회장)

국가행정법제위원회 위원장(현) · 행정법제혁신자문위원회 위원장 · 지방자치단체 중앙분쟁조정위원회 위원장 · 서울특별시민간위탁운영평가위원회 위원장 · 주식백지신탁심사위원회 위원장 · 행정자치부 정책자문위원회 위원장 · 지방분권촉진위원회위원 · 민주화운동관련자명예회복및보상심의위원회위원 · 헌법재판소공직자윤리위원회위원 · 행정소송법개정위원회위원 · 국무총리행정심판위원회위원 · 중앙분쟁조정위원회위원 · 중앙토지평가위원회위원 · 경찰혁신위원회위원 · 전국시장군수구청장협의회자문교수 · 서울특별시강남구법률자문교수 등

사법시험 · 행정고시 · 입법고시 · 외무고시 · 지방고등고시 등 시험위원

이화여자대학교 법과대학 교수

연세대학교 법학전문대학원 · 법과대학 교수

저   서

헌법과 정치(법문사, 1986)

행정법원리(박영사, 1990)

판례행정법(길안사, 1994)

사례행정법(신조사, 1996)

행정법연습(신조사, 초판 1999, 제 8 판 2008)

신행정법연습(신조사, 초판 2009, 제 2 판 2011)

행정법원론(상)(박영사, 초판 1992, 제32판 2024)

행정법원론(하)(박영사, 초판 1993, 제32판 2024)

경찰행정법(박영사, 초판 2007, 제 3 판 2013)

신지방자치법(박영사, 초판 2009, 제 6 판 2025)

신행정법특강(박영사, 초판 2002, 제23판 2024)

행정기본법 해설(박영사, 초판 2021, 제 3 판 2025)

신행정법입문(박영사, 초판 2008, 제18판 2025)

신판례행정법입문(박영사, 2018)

신경찰행정법입문(박영사, 초판 2019, 제 4 판 2025)

기본 행정법(박영사, 초판 2013, 제12판 2024)

기본 경찰행정법(박영사, 2013)

기본 CASE 행정법(박영사(공저), 2016)

최신행정법판례특강(박영사, 초판 2011, 제 2 판 2012)

로스쿨 객관식 행정법특강(박영사(공저), 2012)

민간위탁의 법리와 행정실무(박영사, 2015)

공직자 주식백지신탁법(박영사, 2018)

제18판

신행정법입문

초판발행	2008년 1월 15일
제18판발행	2025년 1월 5일

지은이	홍정선
펴낸이	안종만·안상준

편 집	김선민
기획/마케팅	조성호
표지디자인	권아린
제 작	고철민·김원표

펴낸곳	(주) **박영사**
	서울특별시 금천구 가산디지털2로 53, 210호(가산동, 한라시그마
	등록 1959. 3. 11. 제300-1959-1호(倫)
전 화	02)733-6771
f a x	02)736-4818
e-mail	pys@pybook.co.kr
homepage	www.pybook.co.kr
I S B N	979-11-303-4875-9 93360

정 가   36,000원